DEZVĂLUIREA ADEVĂRATEI NOASTRE REALITĂȚI

DEZVĂLUIREA ADEVĂRATEI NOASTRE REALITĂȚI

CU INȚELEPCIUNEA MAEȘTRILOR ILUMINAȚI

STELIAN ACONI

A catalogue record for this book is available from the National Library of Australia

Editor: Ursula Acton
Traducere din Engleză în Română, de Stelian Aconi
Copertă: Helen Christie, Blue Wren Books
Formatare: Shaun Stevens, RosaType.com

Publicare de Stelian Aconi:
onemodernyogi@gmail.com

*Această carte o dedic tuturor Maeştrilor Spir-
ituali din trecut, prezent şi viitor şi tuturor
fiinţelor.*

Dar special,

*Domnului Iubirii care locuieşte în toate fiinţele,
şi care prin dragostea Sa dă viaţă tuturor
şi aşteaptă cu răbdare
întoarcerea noastră în Iubirea supremă.*

Iubirea este Viaţă şi Viaţa este Iubire.

CUPRINS

CAPITOLUL 1

INTRODUCERE

Am ales acest titlu pentru carte deoarece în multe scripturi este scris că suntem cu toții o parte a aceleiași realități și dezvăluind această realitate, fiecare dintre noi, la timpul său, ne câștigăm adevărata libertate. Am fost îndemnat să scriu această carte în primul rând pentru mine, astfel încât să pot înțelege și poate să le fie de ajutor altora care caută să înțeleagă energia din spatele cuvintelor precum Iubire, Viață, Adevăr, Realitate și Dumnezeu. Înainte de a intra în ceea ce cartea ar dori să transmită, ar trebui să stabilim ceva important. Orice limbă vorbită în lume este doar un instrument de comunicare a celor văzute și nevăzute și este limitată în capacitatea sa de a descrie cu adevărat ceea ce este real. Așa cum unul dintre marii învățători spirituali, Jiddu Krishnamurti, a declarat de nenumărate ori: „Cuvântul nu este obiectul în sine".

Cuvintele în sine au un înțeles limitat, dar odată puse în fraze și propoziții ele devin concepte și idei care indică ceva. Înainte de a putea avea o înțelegere profundă a ceea ce este real, am putea fi înclinați să vedem și să ne raportăm la cuvinte în sensul lor literar și astfel să nu avem o înțelegere profundă a energiei pe care cuvântul, ideea sau conceptul o indică. Adevăratul limbaj este tăcerea. Tăcerea este limbajul inimii, care este adevăratul limbaj al comuniunii: restul nu este decât o traducere slabă.

De exemplu, ne uităm la un munte, dar cuvântul munte nu este muntele în sine. Cuvintele definesc cu greu obiectul pe care îl indică. Cuvântul este doar un indicator al energiei. La fel este și cu cuvântul Dumnezeu, un cuvânt care este un indicator către o energie care nu poate fi cuprinsă doar prin auzirea cuvântului. Acesta este motivul pentru care învățăturile celor mai mari profeți ai noștri dau naștere la contradicții nesfârșite, atunci când încercăm să le înțelegem urmându-le cuvintele și nu realizându-le în propriile noastre vieți. Problema pe care o avem este că suntem prea pierduți în cuvinte și ne lipsește energia din spatele cuvintelor. Devenim ca un pescar prins cu repararea plaselor și neglijând astfel pescuitul. Cuvintele pe care le spunem conduc realitatea noastră și noi doar urmăm în loc să fie invers. Sper că atunci când cineva va citi această carte, va încerca să acorde atenție energiei din spatele cuvintelor pentru a se conecta cu adevărat și a înțelege semnificația a ceea ce ideea, conceptul sau lucrul a reprezentat în propria sa plinătate. Este nevoie de mult timp pentru a obține o înțelegere care pătrunde prin tot, fără a fi condiționată de nici o idee, concept sau lucru și foarte puțini sunt înzestrați cu această înțelegere de la naștere.

Această carte încearcă să transmită ideile într-un limbaj simplu și va încerca să evite capcanele de a fi prea preocupat de plase în detrimentul pescuitului. Maestrul chinez Lao Tzu, în minunata sa carte Tao Tee Ching, a afirmat că simplicitatea, umilitatea și răbdarea sunt cele trei adevărate comori. Sperăm că această carte vă va ajuta să vă conectați la rădăcina întregii înțelepciuni și să vedeți cum înțelepciunea realizată de maeștrii tuturor tradițiilor religioase și non-religioase ne poate ajuta să pătrundem și să înțelegem adevărata realitate a cine suntem. Odată ce această înțelepciune este atinsă, nu va mai rămâne nicio întrebare fără răspuns. Nimic din ceea ce este scris în această carte nu este nou;

Totul a fost spus și scris înainte și este același adevăr, scris într-o formă nouă pentru a corespunde timpului prezent.

Adevărul transmis de această carte va afecta pe toată lumea în mod diferit și se va conecta la cunoașterea care este deja în mod natural în noi. Fiecare dintre noi o va recunoaște, mai mult sau mai puțin, dar dacă citiți cu inima deschisă, atunci conexiunea dintre viața interioară și viața exterioară se contopește într-o unitate și prin aceasta lumea dualități dispare. De-a lungul vieții oricui, sunt destul de sigur că la un moment dat, tânăr sau bătrân, ne-am pus întrebarea:

„Care este adevăratul scop al vieții noastre?" Ni s-au dat răspunsuri diferite în funcție de nivelul de înțelegere al persoanei care a răspuns la întrebare. Este posibil să fi primit răspunsul de la un profesor, părinte sau figură religioasă sau de la propria noastră înțelepciune. De oriunde ar fi venit răspunsul, nu ar fi fost prea satisfăcător, pentru că răspunsul ar fi venit din cuvinte. Chiar dacă răspunsul ar fi descris adevărul în esența sa, nu am fi avut capacitatea de a ne conecta pe deplin cu energia din spatele cuvintelor, astfel încât răspunsul ar fi rămas doarca idee sau concept și nu ar fi avut un impact prea mare, deoarece a fost doar o înțelegere intelectuală.

Când eram copil, am fost condiționat de ideea de Dumnezeu de către familia mea, biserică și așa mai departe. În acel moment, biserica mi s-a părut plictisitoare și tristă și toată lumea de acolo era serioasă și avea frică. În acea atmosferă de sobrietate, mă gândeam la Dumnezeu ca la un bătrân cu barbă albă care stă pe tron și ne privește de sus. În schimb, când obișnuiam să mă rog singur în camera mea, simțeam întotdeauna o căldură, o energie pașnică, înconjurându-mă. Am simțit cumva că Dumnezeu – oriunde s-ar afla – nu ar putea fi doar acel bătrân plictisitor care stă pe tron judecând și pedepsind oamenii pentru greșelile lor. Acest lucru nu avea sens pentru mine și sunt destul de sigur că pentru majoritatea dintre noi.

După o lungă căutare a realității, pot spune că dacă cineva are intenția de a afla adevărul pentru sine, și de a răspunde pentru sine la marile întrebări la care majoritatea profeților și maeștrilor iluminați ai tuturor tradițiilor au răspuns deja, atunci acea intenție ne va duce acolo, nu există nici o îndoială. Această intenție crește atunci când există singurătate în noi și când am ajuns la un punct de nemulțumire față de viață și căutarea nesfârșită a fericirii prin urmărirea plăcerilor. Isus Hristos a declarat:

Cine a ajuns să cunoască lumea a găsit trupul (mort).
Dar oricine a găsit trupul (mort), lumea nu este vrednică
de el.

- Evanghelia lui Toma: 80

Aici Isus arată că orice ai face în lume, orice ai avea, nimic nu-ți poate aduce bucurie veșnică. El arată clar că fericirea acestei lumi nu ne poate satisface niciodată pe deplin. Când ne dăm seama de acest fapt, începem să fim nemulțumiți de lume și intenția noastră de a găsi bucuria veșnică va începe să se manifeste, pentru că acea intenție sau dorință este inerentă în noi toți.

Cea mai înaltă învățătură a lui Hristos încorporează toate învățăturile tuturor tradițiilor și este chiar motivul pentru care este scrisă această carte: Pentru a ne conecta în acea energie prin care toată existența și non-existența apare ca și iubire pură.

Isus spune:

Iubește-ți fratele ca pe viața ta! Protejează-l ca lumina
ochilor!

- Evanghelia după Toma: 25

Aici, prin *frate*, Hristos înțelege o ființă umană (bărbat sau femeie) și pentru a ajunge la cea mai curată iubire trebuie să iubești și să protejezi toate ființele umane, indiferent de situație. Aceasta este învățătura tuturor tradițiilor pentru a ne face să ne dezvăluim esența interioară, care este Iubirea în forma sa cea mai pură, neatinsă de gândire. În cărțile Cabalei, este scris, de asemenea, că cea mai înaltă poruncă este „Iubește-ți prietenul ca pe tine însuți", *prieten* aici însemnând toate ființele.

Buddha, de asemenea, a predicat această Iubire atunci când le-a spus discipolilor săi cum să ajungă la starea de Brahma-Vihara, bucuria de a trăi în Brahman (Dumnezeu).

> *Cel care vrea să ajungă la acest stadiu, potrivit lui Buddha, „nu va înșela pe nimeni, nu va nutri ură pentru nimeni și nu va dori niciodată să rănească prin furie. El va avea o iubire nemăsurată pentru toate creaturile, așa cum o mamă are pentru singurul ei copil, pe care îl protejează cu propria ei viață. Sus, jos și peste tot în jurul lui, el își va extinde iubirea, care este fără limite și obstacole și care este liberă de orice cruzime și antagonism. În timp ce stă în picioare, șezând, mergând, întins, până adoarme, el își va menține mintea activă în acest exercițiu al bunăvoinței universale.*

> *- Rabindranath Tagore*

Aici vedem că Buddha, Hristos și toate celelalte tradiții insistă că fără a înțelege energia Iubirii ca o energie inerentă în noi toți și fără a realiza plenitudinea Iubirii în noi înșine și peste tot în jurul nostru, nu poate exista niciodată pace și armonie în lume.

Upanișadele, scripturile indiene, afirmă:

> *Din bucurie izvorăște toată această creație, prin bucurie este menținută, spre bucurie progresează și în bucurie intră. Înseamnă că creația lui Dumnezeu nu își are sursa în nici o necesitate; Ea vine din plinătatea bucuriei Sale.*

> *- Rabindranath Tagore*

Înainte de a continua, v-aș ruga să continuați să citiți cu credință adevărată, dar trebuie să facem distincția între credință și cred-

inţă adevărată şi aici îl citǎm pe Alan Watts din cartea sa *Înţelepci-
unea nesiguranţei: un mesaj pentru o epocă a anxietăţii:*

> *Aici trebuie să facem o distincţie clară între credinţă şi
> credinţă adevărată, deoarece, în practica generală, credinţa
> a ajuns să însemne o stare de spirit care este opusă credinţei
> adevărate. Credinţa, aşa cum folosesc eu cuvântul aici, este
> insistenţa că adevărul este ceea ce cineva ar crede sau ar
> dori să fie. Credinciosul îşi va deschide mintea către adevăr,
> cu condiţia ca acesta să se potrivească cu ideile şi dorinţele
> sale preconcepute. Credinţa adevărată, pe de altă parte, este
> o deschidere fără rezerve a minţii către adevăr, oricare ar fi
> acesta. Credinţa adevărată nu are idei preconcepute; Este
> o plonjare în necunoscut. Credinţa se agaţă, dar credinţa
> adevărată eliberează. În acest sens al cuvântului, credinţa
> adevărată este virtutea esenţială a ştiinţei şi, de asemenea, a
> oricărei religii care nu este autoamăgire.*

> *- Alan Watts*

Isus vorbeşte despre această credinţă:

> *Deci, Isus le-a zis:*
> *„Din pricina necredinţei voastre; căci adevărat vă spun că,
> dacă veţi avea credinţă cât un grăunte de muştar, veţi zice
> muntelui acestuia: „Mută-te de aici acolo” şi se va muta; şi
> nimic nu va fi imposibil pentru tine."*

> *- Matei 17:20*

Buddha îşi exprimă credinţa astfel:

> *Credinţa şi rugăciunea sunt ambele invizibile, dar fac
> lucrurile imposibile posibile.*

> *- Buddha*

La fel ca și Hristos, Buddha explică faptul că credința este fundamentul și este motorul tuturor lucrurilor, dacă cineva o are, totul este posibil. Kabir, unul dintre marii mistici sufiți, a declarat că credința vine din inimă.

Nu veți intra niciodată în paradis până când nu veți avea credință și nu vă veți completa credința până când nu vă iubiți unul pe altul.

- Muhammad

La fel ca Muhammad, Krishna îi spune lui Arjuna cum credința formează cine suntem:

Credința fiecărui om se conformează naturii sale înnăscute, Arjuna. Credința este nucleul unei persoane; Oricare ar fi credința lui, el este.

- Lord Krishna

Guru Nanak în Japji Sahib spune:

Cei credincioși au conștiință intuitivă și inteligență. Cei credincioși cunosc toate lumile și tărâmurile. Credincioșii nu vor fi niciodată loviți peste față. Credincioșii nu trebuie să meargă cu Mesagerul Morții. Acesta este Numele Celui Neprihănit Adevărat. Numai cel care are credință ajunge să cunoască o astfel de stare de spirit.

- Guru Nanak

Guru Nanak afirmă că în credință se află vigilența intuitivă, inteligența și, de asemenea, toată cunoașterea, iar prin această cunoaștere se ajunge să se cunoască o stare de spirit care este liberă de moarte.

Credința este o putere relațională sau o relație care realizează unirea imediată, perfectă și supranaturală a credinciosului cu Dumnezeul în care crede.

- Sf Maxim Mărturisitorul

Sfântul Maxim Mărturisitorul descrie și el credința ca o unire directă a celui care crede cu cel în care crede, deoarece credința adevărata aruncă aici credința care se bazează pe o idee preconcepută. Din mesajele tuturor ființelor iluminate putem înțelege că fără credință nu ne putem mișca în tărâmurile spirituale și nu putem avea mijloacele de a ne găsi propria realitate. Oriunde este o tradiție sau o cale, fără credință va fi ca o corabie pe mare fără catarg. Toți maeștrii spirituali au reverberat același adevăr, iar în această carte am citat câțiva dintre acești maeștri iluminați pentru că nu se pot încorpora toate tradițiile și toți maeștrii într-o singură carte, dar dacă ați citit învățături care nu au fost incluse în această carte, sunteți bineveniți să priviți și să vedeți cum și acele învățături se integrează cu acestea prezentate aici.

În capitolele care urmează, vom explora creația, Dumnezeu, cele cinci simțuri, mintea, eul-sinele, lumea dualității, suferința, atașamentul și identificarea, fricile și dorințele, moartea și reîncarnarea, cele cinci otrăvuri (ignoranța, atașamentul, aversiunea, mândria, invidia), yoga, societatea, fericirea și multe altele. La final, veți avea o perspectivă asupra modului în care toate tradițiile și maeștrii indică aceeași ușă și această ușă nu are o încuietoare sau o cheie pentru a fi deschisă. De asemenea, nu poate fi deschisă de altul; Ea poate fi deschisă numai de cel a cărui inimă este deschisă ca și cerul și în ea este iubirea supremă care include totul și pe toți, fără nici o excludere. Când putem ajunge să înțelegem pe deplin că suntem cu toții ființe de lumină, atunci suntem acasă și raiul este aici și acum.

După cum a declarat Hristos:

> *Acum, fiind întrebat de farisei când va veni împărăția lui Dumnezeu, El le-a răspuns și le-a zis: „Împărăția lui Dumnezeu nu vine cu semne care să fie păzite; nici nu vor spune: „Uite, iată-l!" sau „Iată-l!" Căci iată, Împărăția lui Dumnezeu este în mijlocul vostru."*

- Luca 17:20-21

Deci, iertați-l pe scriitor dacă nu toți maeștrii au fost citați aici, pentru că aceasta ar fi fost o sarcină extraordinară și ar fi durat vieți întregi. Sunt sigur că toți ne învață același adevăr și cântă același cântec de dragoste. Să încercăm acum să ne uităm la modul în care a avut loc creația și să încercăm să înțelegem adevărata creație, care este dincolo de orice descriere, deoarece descrierile sunt doar indicii către ea. Desigur, există multe moduri de interpretare și aici am ales doar câteva.

CAPITOLUL 2

CREAȚIA

Am putea privi cu perspectiva că toate lucrurile create au un creator – fie Dumnezeu, Brahman, Allah, Goliciune sau Marea Explozie – având in vedere că o anumită energie a creat și susține întreaga existență. Astăzi, știința din fizica cuantică a dovedit că toată existența este energie, iar conștiința omului a evoluat pentru a ne permite să înțelegem adevărul că totul este energie și se învârte în jurul atomului. Swami Sri Yukteswar Giri, un renumit astrolog și yoghin iluminat, descrie într-una din cărțile sale, *Știința sfântă*, cum a fost făcută creația din perspectivă hindusă și creștină, făcând referințe la scripturile vedice și la Sfânta Biblie demonstrând cum cele două tradiții indică în mod clar același proces, dar, desigur, fiecare cu un limbaj diferit legat de cultura și vremurile scrierilor.

Prin urmare, trebuie să înțelegem și să observăm că creația, așa cum o numim noi, și tot ceea ce este văzut și nevăzut, este doar energie în mișcare; Chiar și o stare solidă are fluiditate în ea. Anticii, hindușii și maeștrii din toate tradițiile au înțeles acest lucru cu mii de ani în urmă.

Viața însăși, trebuie observat, este energie, da, energia primară a creaturii vii și la fel este întreaga economie a creaturii vii, funcțiile sale de nutriție și creștere, adică partea vegetativă a naturii sale și mișcarea stârnită de impuls, adică partea simțitoare, și activitatea sa de intelect și de voință. Energia, în plus, este realizarea perfectă a puterii. Deci, dacă contemplăm toate acestea în Hristos, cu siguranță că trebuie să susținem și că El posedă energie umană.

- Sf Ioan Damaschinul

Sfântul Ioan, în afirmația de mai sus, relatează că totul este energie și această energie o găsim și în oameni, deoarece el relatează că chiar Hristos poseda energia umană.

Aici avem nevoie de o înțelegere generală a modului în care s-a desfășurat creația. Sri Yukteswar explică faptul că toate creaturile, de la cea mai înaltă la cea mai joasă în legătura creației, se găsesc dornice să realizeze trei lucruri: existență, conștiință și euforie. În primul capitol, Sri Yukteswar explică – din punct de vedere astronomic – cum au evoluat planetele în jurul Soarelui, așa cum este explicat și în știința actuală, dar merge mai departe spunând:

Soarele are, de asemenea, o altă mișcare prin care se învârte în jurul unui mare centru numit Vishnunabhi, care este sediul puterii creatoare, Brahma (Dumnezeu), magnetismul universal. Brahma reglează dharma, virtutea mentală a lumii interne.

- Swami Sri Yukteswar

El descrie, de asemenea, cum, în această mișcare, există patru yugas (epoci). Soarele face o mișcare descendentă și ascendentă de-a lungul acestor epoci. În momentul prezent, el arată cum tocmai am intrat în Dvapara Yuga, a doua epocă a ascensiunii, care este o epocă în care omenirea va înțelege toate energiile electrice și magnetismul, iar conștiința umană va începe să se trezească la energii mai subtile. Această epocă, în conformitate cu

Swami Sri Yukteswar, ne va duce din 1899 până în 4099. Dacă doriți să aflați mai multe, vă recomand să citiți cartea sa, *Sfânta știință*. Un alt punct pe care aș dori să-l subliniez este că Swami a fost o ființă realizată, cu o cunoaștere spirituală foarte profundă, iar următorul citat din cartea *Sfânta știință* oferă lumină în acest sens.

În această carte au fost menționate anumite adevăruri, cum ar fi cele despre proprietățile magnetismului, aurele sale, diferite tipuri de electricitate etc., deși știința modernă nu le-a descoperit încă pe deplin. Cele cinci tipuri de electricitate pot fi ușor înțelese dacă cineva își va îndrepta atenția asupra proprietăților nervoase, care sunt pur electrice în natură. Fiecare dintre cei cinci nervi senzoriali are funcția sa caracteristică și unică de îndeplinit. Nervul optic poartă lumină și nu îndeplinește funcțiile nervilor auditivi și a altor nervi; Nervul auditiv, la rândul său, poartă numai sunet, fără a îndeplini funcțiile altor nervi și așa mai departe. Astfel, este clar că există cinci tipuri de electricitate, corespunzătoare celor cinci proprietăți ale electricității cosmice. În ceea ce privește proprietățile magnetice, puterea de înțelegere a intelectului uman este în prezent atât de limitată încât ar fi cu totul inutil să încercăm să facem materia înțeleasă pentru publicul larg. Intelectul omului din Treta Yuga va înțelege atributele magnetismului divin (următoarea Treta Yuga va începe în anul 4099). Există într-adevăr personaje excepționale care trăiesc acum și care, după ce au depășit influența Timpului, pot înțelege astăzi ceea ce oamenii obișnuiți nu pot înțelege; Dar această carte nu este pentru acei exaltați, care nu cer nimic de la ea.

- Swami Sri Yukteswar

Dumnezeu este descris în toate tradițiile și religiile ca atotputernic, atotprezent, atotștiutor și creatorul a tot ce există. Numai Buddha a făcut o excepție, deoarece nu a vrut să-l facă pe Dumnezeu o ființă personală sau un obiect, așa că a numit-o goliciune și a indicat că noi toți trebuie să aflăm singuri ce este în acel gol. Așa cum am afirmat mai devreme, Biblia se referă la Dumnezeu Tatăl de la care vine toată creația:

Deci, Dumnezeu l-a făcut pe om după chipul Său, l-a făcut după chipul lui Dumnezeu; parte bărbătească și parte femeiască i-a făcut.

- Geneza 1:27

Sutra 3

Parambrahma (Dumnezeu) emană creația, Natura inertă (Prakriti), pentru a apărea. De la Om (Pranava, Cuvântul, manifestarea Forței Atotputernice), vine Kala, Timpul; Desa, Spațiul; și Anu, Atomul (structura vibratorie a creației).

- Swami Sri Yukteswar

Imaginea lui Dumnezeu nu este ideea că el este ca noi, care este percepția ignorantă, ci adevărul e că noi suntem ca el în ființa noastră interioară, așa cum explică Sutra 3. Sami Sri Yukteswar merge mai departe în explicație.

Cuvântul, Amin (Om), este începutul Creației. Manifestarea Forței Atotputernice (Repulsia și expresia ei complementară, Sentimentul Atotștiutor sau Iubirea, atracția este vibrația, care apare ca un sunet aparte: Cuvântul, Amin (Om), în diferitele sale aspecte, Om prezintă ideea schimbării, care este Timpul (Kala), întotdeauna Neschimbat; și ideea de diviziune, care este Spațiul (Desa), întotdeauna Indivizibil.

- Sami Sri Yukteswar

Biblia vorbește despre aceasta așa:

Acestea spun Amin, martorul credincios și adevărat, începutul creației lui Dumnezeu.

- Apocalipsa 3:14

La început era Cuvântul, și Cuvântul era cu Dumnezeu, și Cuvântul era Dumnezeu. ... Toate lucrurile au fost făcute de El; și nimic din ce a fost făcut, n-a fost făcut fără El, și Cuvântul S-a făcut trup și a locuit printre noi.

- Ioan 1:1,3,14

Biblia spune, de asemenea, că toată creația provine dintr-un singur cuvânt: Amin (Om); energia cuvântului Om a dat naștere tuturor manifestărilor. Acesta este motivul pentru care yoghinii din trecut au meditat asupra Omului, pentru că știau că, înțelegându-l și fuzionându-se în el, deveneau una cu întreaga existență. Swami Sri Yukteswar explică modul în care totul se învârte în jurul atomului și al ființei noastre ca Purusha, fiul lui Dumnezeu, după cum afirmă:

Douăzeci și patru de bătrâni. Aceste cinci elemente brute și cele cincisprezece atribute menționate mai sus împreună cu Manas, Mintea; Buddhi, Inteligența; Chitta, inima; și Ahamkara, Eul (Ego), constituie cele douăzeci și patru de principii sau Bătrâni, așa cum sunt menționate în Biblie.

Cele cinci elemente (pământ, apă, foc, vânt, spațiu) împreună cu cincisprezece atribute. Cele cinci simțuri (mirosul, gustul, văzul, atingerea, auzul) + cele cinci organe de acțiune (excreția, generarea, mișcarea (picioarele), îndemânarea manuală (mâinile) și vorbirea) + cele cinci organe de simț (nasul, limba, ochii, pielea, urechile), plus mintea, inteligența, inima și eul (Ego) constituie cele douăzeci și patru de principii descrise în Biblie.

În Apocalipsa 4:4 face referință la:

> *Și împrejurul tronului erau patru și douăzeci de scaune; și pe scaune am văzut patru și douăzeci de bătrâni.*
>
> - Apocalipsa 4:4:

Mai mult, Swami Sri Yukteswar explică modul în care atât Vedele, cât și Biblia descriu modul în care Dumnezeu l-a creat pe om după chipul Său:

> *Cele douăzeci și patru de principii menționate mai sus, care au completat crearea Întunericului, Maya, nu sunt altceva decât dezvoltarea Ignoranței, Avidya; și cum această Ignoranță este compusă numai din idei așa cum am menționat mai sus, creația nu are în realitate o existență substanțială, ci este un simplu joc de idei despre Substanța Eternă, Dumnezeu Tatăl.*
>
> - Swami Sri Yukteswar

Sutra 13

> *Acest univers este diferențiat în paisprezece stagii, șapte Sfere (Swargas) și șapte Puncte(Patala).*
>
> - Swami Sri Yukteswar

Aici această Sutra explică modul în care creația constă în a avea paisprezece etape cunoscute sub numele de Swargas (Sfere) și Patalas (Puncte). Scripturile vedice explică cele șapte Swargas ca sfere de energie care încep de la perineu până la creștetul capului, în timp ce Patalas (Puncte) încep de la perineu până la picioare. În Biblie, același concept este menționat astfel:

Şi întorcându-mă, am văzut şapte sfeşnice de aur, şi în mijlocul celor şapte sfeşnice unul ca fiul omului.
Şi avea în mâna dreaptă şapte stele...
Cele şapte stele sunt îngerii celor şapte biserici.
... şi cele şapte sfeşnice pe care le-ai văzut sunt cele şapte biserici.

- Apocalipsa 1:12,13,16,20

Biblia descrie, de asemenea, cele patru etape ale creaţiei, dar sunt date multe interpretări, toate diferite, datorită nivelului de conştiinţă al individului care face interpretarea. Aici trebuie să mergem mai departe în înţelegerea modului în care am fost creaţi. Scripturile vedice şi Biblia ne ajută să ne înţelegem mai bine propria fiinţă.

Sutra 14

Sufletul (Purusha) este acoperit de cinci koshas sau teci.

- Swami Sri Yukteswar

Isus spune:
Ferice de Cel ce a fost, înainte de a veni în existenţă.
Dacă deveniţi discipoli ai Mei (şi) ascultaţi cuvintele Mele, aceste pietre vă vor sluji.
Căci în Rai ai cinci pomi care nu se schimbă vara (şi) iarna, şi frunzele lor nu cad. Oricine le va cunoaşte nu va gusta moartea.

- Evanghelia după Toma: 19

Cei cinci copaci sunt identici cu cele cinci Koshas, referinduse la cele Cinci Lumi ale Cabalei mistice evreieşti: Asiyah, Yetzirah, Beriah, Atzilut şi Adam Kadamon – descriptive ale nivelurilor dimensionale legate de progresul sufletului spre unitatea sau întoarcerea la Creator.

Cinci koshas sau straturi. Acest Purusha, Fiul lui Dumnezeu, este ecranat de cinci învelișuri numite koshas sau învelișuri care sânt:

- Annamaya-kosha (învelișul alimentar, element Pământ)
- Pranamaya-kosha (învelișul vital, element de apă)
- Manomaya-kosha (învelișul mental, element de foc)
- Vijnanamaya-kosha (învelișul intuitiv, element de aer)
- Anandamaya-kosha (învelișul fericirii, elementul eter/spațiu)

Swami Sri Yukteswar continuă să explice în continuare modul în care cei cinci copaci (koshas) funcționează și se raportează la lume.

Atracția, atomii, fiind atrași de unul pe altul, se apropie din ce în ce mai mult, luând forme eterice, gazoase, înflăcărate, lichide și solide. Regatul neînsuflețit. Astfel, această lume vizibilă devine împodobită cu sori, planete și luni, pe care le numim împărăția „neînsuflețită" a creației.

Regnul vegetal. În acest fel, atunci când acțiunea Iubirii Divine devine bine dezvoltată, evoluția lui Avidya, a Ignoranței (particula Întunericului, Maya, Energia Omnipotentă manifestată), începe să fie retrasă. Annamaya Kosha, învelișul exterior de materie brută al Atomului fiind astfel retras, Pranamaya Kosha (învelișul compus din Karmendriyas, organele de acțiune) începe să funcționeze. În această stare organică, atomii, îmbrățișându-se mai aproape de inima lor, apar ca regnul vegetal în creație.

Regnul animal. Când Pranamaya Kosha devine retrasă, Manomaya Kosha (învelișul compus din Jnanendriyas, organele simțului) iese la lumină. Atomii percep apoi natura lumii exterioare și, atrăgând alți atomi de natură diferită, formează corpuri după cum este necesar pentru plăcere și, astfel, regnul animal apare în creație.

Omenire. Când Manomaya Kosha devine retrasă, Jnanamaya Kosha (corpul Inteligenței compus din electricități) devine perceptibilă. Atomul, dobândind puterea de a deter-

mina binele și răul, devine om, ființa rațională din creație.
Devata sau Înger. Când omul, cultivând Spiritul Divin sau
Iubirea atotcunoscătoare în inima sa, este capabil să retragă
această Jnanamaya Kosha, atunci învelișul cel mai inte-
rioar, Chitta, Inima (compusă din patru idei), devine mani-
festă. Omul este apoi numit Devata sau Înger în creație.

- Swami Sri Yukteswar

Acesta este motivul pentru care Hristos a declarat că cel care va cunoaște cei cinci copaci este liber de orice necaz, și prin urmare, nu va gusta niciodată moartea. Aici vedem cum două tradiții se referă la același adevăr. Acest proces este, de asemenea, indicat în învățăturile Tantrice budiste unde sunt date descrieri similare, dar nu vom intra în ele, deoarece cosmologia budistă își are rădăcinile în cosmologia hindusă oricum și ambele descriu același proces. Oamenii iluminați ca Sri Yukteswar au avut o înțelegere profundă a naturii lucrurilor și înțelegerea lor a pătruns adevărul. Toată tradițiile se referă la un singur Dumnezeu, o singură energie a conștiinței pure, inteligență pură nepătată de gândire. Toate indică unitatea în diversitate. Întregul cosmos este o singură ființă vie care se ridică din Dumnezeu, conștiință pură. Adi Shankara a afirmat că (1) Brahman (Dumnezeu) este real, (2) cosmosul este ireal și (3) cosmosul este Brahman (Dumnezeu). Aici se poate crede că prima și a doua se contrazic reciproc, dar a treia afirmație explică faptul că lumea este reală dacă este percepută ca sine și ireală dacă este percepută separat de sine. Acesta este motivul pentru care vom înțelege greșit creația dacă privim din punctul de vedere că suntem separați de creație și nu o parte a ei. Jiddu Krishnamurti a spus: „Tu ești lumea și lumea ești tu" și atâta timp cât credem că suntem separați de ea și ne gândim la lume ca la un obiect care trebuie manipulat după bunul plac, suntem adesea prinși în iluzie, și prin urmare, creăm răutate și suferință pentru noi înșine și pentru lumea largă.

Cineva s-ar putea întreba de ce, dacă suntem o parte a creației, producem atât de multă suferință și părem să nu fim niciodată în pace cu noi înșine și cu ceilalți. S-ar putea să fi avut loc o greșeală atunci când am fost creați sau că am vrut să experimentăm libertatea de a cunoaște realitatea și nu doar să stăm în grădina Edenului, ca să spunem așa, și să fim în acea stare de spirit veșnică de bucurie și iubire? De asemenea, putem considera că, în Big Bang (Marea Explozie), Dumnezeu însuși s-a extins din goliciune într-un număr infinit de forme pentru a se bucura de cele fără formă, într-o multitudine de forme și apoi pentru a aduce toate formele înapoi în golul de unde vin toate. Am putut vedea posibilitatea ca viața să fie o modalitate pentru toate ființele de a se bucura de acest joc, așa cum se spune în Upanișade:

> *Din bucurie a venit toată această creație, prin bucurie este menținută, spre bucurie este îndreptată și în bucurie intră.*
>
> *- Upanișadele*

Upanișadele explică, de asemenea, creația într-o afirmație simplă:

> *„Acum pot să vă întreb, unde este acel Sine? Înțeleptul a răspuns: „În acest corp locuiește Sinele cu cele șaisprezece forme ale sale, prieten blând". Sinele s-a întrebat: „Ce Mă face să plec dacă merge și să rămân dacă rămâne?" Așa că a creat prana și din ea dorință; și din dorință a făcut spațiu, aer, foc, apă, pământ, simțuri, minte și hrană; din mâncare veneau puterea, austeritatea, scripturile, sacrificiul și toate lumile; Și totul a primit nume și formă. Așa cum râurile își pierd numele și forma privată atunci când ajung la mare, astfel încât oamenii vorbesc numai despre mare, tot așa toate aceste șaisprezece Forme dispar atunci când Sinele este realizat. Atunci nu mai există nume și formă pentru noi și atingem nemurirea. Sinele este centrul roții vieții, iar cele șaisprezece forme sunt doar spițele. Sinele este scopul primordial al vieții. Atinge acest scop și mergi dincolo de moarte!"*
>
> *- Upanișadele*

Putem privii creația din mai multe perspective și tradiții. Indiferent de unghiul și prin ce lentile tradiționale am putea privi, niciunul nu va descrie realitatea modului în care a avut loc cu adevărat creația. Sperăm că acum avem o înțelegere generală a creației și în următorul capitol am putea privi forța creatoare prin care se mișcă toată creația. Când cineva se contopește în totalitatea supremă, atunci va înțelege cum se mișcă, creează și distruge materia, până atunci nu o poate înțelege pe deplin.

Deoarece diferitele tradiții i-au dat multe nume, să presupunem că toate tradițiile, indiferent de numele dat acestei forțe creatoare, indică aceeași sursă și, de dragul simplității, o vom numi Dumnezeu.

CAPITOLUL 3

DUMNEZEU

Dumnezeu nu poate fi descris prin gândire, pentru că gândul nu poate atinge niciodată realitatea, iubirea sau adevărul. Dumnezeu a fost descris de toți maeștrii și profeții ca fiind energia incontestabilă care este toată existența și non-existența. Dumnezeul care poate fi descris nu este adevăratul Dumnezeu; Este doar o idee sau un concept. Cuvintele pot doar să indice cumva adevărul, dar nu să-l descrie, sunt limitate și incapabile să descrie adevărata realitate. Realitatea poate fi doar trăită și niciodată nu poate fi fixată pe o tablă ca un obiect.

În Tao Te Ching, Lao-tsu îl descrie pe Dumnezeu astfel:

Universul este etern, iar pământul este durabil.
Motivul pentru care sunt eterne și durabile este că ele nu
există pentru ele însele.
De aceea îndură.
Cei înțelepți se smeresc —
și datorită smereniei lor, ei sunt vrednici de laudă.
Ei îi pun pe ceilalți pe primul loc și astfel devin măreți.
Nu se concentrează pe rezultate sau realizări; prin urmare,
ei reușesc întotdeauna."

\- Lao Tzu

Hristos spune:

Imaginile sunt vizibile pentru omenire, dar lumina din ele
este ascunsă în imagine.
Lumina Tatălui se va descoperi, dar chipul Său este ascuns
de lumina Sa.

- Evanghelia lui Toma: 83

Aici Hristos ne arată cum lucrăm cu imagini, idei și concepte și tot ceea ce apare în minte vine din lumină și acea lumină este ascunsă în chipul însuși. Lumina va fi revelată oamenilor care au atins starea de iluminare, dar imaginea Tatălui va fi ascunsă în lumină. Moise pe Muntele Sinai a văzut rugul aprins ca lumina lui Dumnezeu care i-a vorbit, dar nu L-a văzut pe Dumnezeu de nici o formă anume. Dumnezeu nu poate fi văzut ca un obiect și imaginea sa nu poate fi văzută; El nu poate fi reflectat într-o oglindă, pentru că el este și oglinda.

De aici putem vedea că Dumnezeu nu poate fi cuprins într-o imagine a propriei noastre gândiri. Ne putem imagina cum ne place, dar orice vedem nu este adevăratul Dumnezeu.

În Bhagavad Gita, Krishna se descrie pe sine.

Bine, Arjuna:
Vă voi spune câteva dintre manifestările mele, cele mai
glorioase;
căci infinite sunt formele în care Eu apar.
Eu sunt Sinele, Arjuna, așezat în inima tuturor ființelor;
Eu sunt începutul și durata vieții ființelor, precum și
sfârșitul lor. Dintre zeii cerului, eu sunt Vishnu;
a luminilor cerești, a soarelui; Marichi, căpetenia zeilor
vântului; printre stele, Eu sunt luna;
Dintre Vede, eu sunt imnurile; Indra printre zei;
mintea dintre cele șase simțuri; conștiința tuturor ființelor;
dintre zeii furtunii, eu sunt Shiva; a semizeilor, Kubera;

Agni printre zeii strălucitori;
și Meru, cel mai înalt dintre munți.
Să știi, Arjuna, că printre preoți eu sunt Brihaspati; de
generali, zeul războiului Skanda;
al apelor, eu sunt oceanul;
dintre marii văzători, eu sunt Bhrigu; de cuvinte, silaba
Ôm;
de închinare, eu sunt mantra; de lanțuri muntoase, Hima-
laya; de copaci, smochinul sacru;
a înțelepților divine, Narada;
a marilor muzicieni celești, Chitraratha; al sfinților,
înțeleptul Kapila;
de cai, Ucchaishravas, preferatul lui Indra, născut din
spuma mării; de elefanți, Airavata înaripată a lui Indra;
dintre oameni, Eu sunt regele; de arme, fulgerul lui Indra;
de vaci, Kamadhuk, cel care îndeplinește dorințele;
Kandarpa, zeul iubirii;
regele reptilelor, Vasuki;
al șerpilor divini, eu sunt Ananta, șarpele cosmic; Varuna
printre zeii oceanului;
dintre fericiții strămoși, eu sunt Aryaman; al controlorilor,
Yama, zeul morții;
a demonilor, devotata Prahlada;
despre lucrurile care obligă, Eu sunt timpul; regele
animalelor, leul;
Garuda printre păsări; de purificatoare, vântul;
de războinici, eu sunt Rama; de monștri marini, Makara; a
râurilor, sfântul Gange;
a creațiilor, începutul și sfârșitul și mijlocul, Arjuna; de
cunoaștere, de cunoaștere a Sinelui;
dintre oratori, eu sunt discursul; de litere, prima, A;
Eu sunt timpul nepieritor;
a cărui față este pretutindeni; moartea care devorează toate
lucrurile; sursa tuturor lucrurilor viitoare;
de puterile feminine, eu sunt faima, bogăția, vorbirea și
memoria, inteligența, loialitatea, iertarea;

*de cântări, eu sunt marele Brihat; de metri poetici, gayatri;
de luni, Margashirsha, prima lună; de anotimpuri, primă-
vară luxuriantă; de escrocherii, eu sunt jocul de zaruri;
splendoarea celor înalți și puternici; determinare și victorie;
curajul tuturor oamenilor curajoși; din clanul Vrishi,
eu sunt Krishna; din Pandava, eu sunt Arjuna; dintre
înțelepți, eu sunt Vyasa;
a poeților, sublimele Ushanas; dintre pedepsitori, eu sunt
sceptrul; iscusința marilor conducători; tăcerea lucrurilor
secrete;
iar eu sunt înțelepciunea celor înțelepți.
Eu sunt sămânța divină din toate ființele, Arjuna;
Nimic, neînsuflețit sau însuflețit, nu ar putea exista nici
măcar o clipă fără mine. Acestea sunt doar un număr mic
din manifestările mele infinite; Dacă v-aș spune mai multe,
povestirea nu ar avea sfârșit.*

- Lordul Krishna

În aceste versete, Krishna indică infinitul, supremul (Dumnezeu) ca fiind esența întregii existențe și non-existențe. Hristos arată aceeași esență în trei versete.

Isus spune:

*Eu sunt lumina care este tot. Eu sunt Totul. Totul a ieșit
din mine. Și pentru mine Totul a venit.
Despică o bucată de lemn — Eu sunt acolo.
Ridică piatra și mă vei găsi acolo.*

- Evanghelia lui Toma: 77

Ne-am întâlnit cu aceste versete în capitolul Creației, dar merită să le menționăm din nou pentru a arăta cum toate tradițiile descriu același Dumnezeu Suprem. Nimic nu există fără el; Totul este în El și El este în toate. El este esența și manifestarea tuturor în Unul. Îl putem numi pe orice nume, el răspunde la toate: Dumnezeu, Allah, Brahman etc.

Kena Upanișad spune că Realitatea Supremă este dincolo de percepția simțurilor și a minții, deoarece simțurile și mintea pot vizualiza și concepe numai obiecte, în timp ce Realitatea este Subiectul Suprem, însăși condiția prealabila a tuturor senzațiilor, gândirii, înțelegerii etc. Nimeni nu-L poate privi pe Dumnezeu pentru că El este privitorul tuturor lucrurilor.

Trebuie să ajungem la înțelegerea faptului că Dumnezeu nu poate fi limitat de nicio imagine sau concept: el poate fi cunoscut numai atunci când ne cunoaștem propria realitate și am eliminat toate iluziile și ignoranța pe care Eul le inventează. Putem da mai multe exemple și explicații, dar depinde de fiecare individ să găsească realitatea lui Dumnezeu și fiecare o va găsi în timpul și în felul său.

Dumnezeu este descris ca Domnul Iubirii în rugăciunea de început a Katha Upanișad:

> *Domnul Iubirii să ne ocrotească. Domnul iubirii să ne hrănească. Domnul iubirii să ne întărească.*
> *Fie ca noi să-L realizăm pe Domnul Iubirii. Fie ca noi să trăim cu dragoste pentru toți; Fie ca noi să trăim în pace cu toți.*

> *- Katha Upanișad*

Muhammad în Coran a spus:

> *Dumnezeul vostru nu este decât un singur Dumnezeu. Nu există alt dumnezeu în afară de El, Compasional și Milostiv. În crearea cerurilor și a pământului, în alternanța nopții și a zilei, în navele care străbat mările în folosul omului, în apa trimisă din ceruri pentru a reînvia pământul după moartea sa, în diferitele specii de animale împrăștiate pe pământ, în rotația vânturilor, în norii care sunt subordonați poruncii lui Dumnezeu între cer și pământ, în toate acestea există semne pentru oamenii care își folosesc intelectul.*

> *- Coranul 2:163-164*

La fel ca Krishna, Hristos și toți maeștrii, Muhammad îl descrie pe Dumnezeu ca fiind singura existență reală și un singur Dumnezeu care este atotputernic, atotprezent și atotștiutor.

Buddha a fost adesea întrebat dacă există un Dumnezeu, iar el a răspuns că nu știe. Când era întrebat despre conduita corectă, el răspundea: „Fă bine și fii bun". Au venit cinci Brâhmani, care l-au rugat să rezolve discuția lor. Unul a spus: „Domnule, cartea mea spune că Dumnezeu este cutare și cutare și că aceasta este calea de a veni la Dumnezeu." Un altul a spus:

„Acest lucru este greșit, deoarece cartea mea spune așa și așa, și aceasta este calea de a veni la Dumnezeu"; și la fel și celelalte. El i-a ascultat calm pe toți și apoi i-a întrebat unul câte unul: „Spune vreuna din cărțile voastre că Dumnezeu Se mânie, că El rănește vreodată pe cineva, că El este impur?"

„Nu, domnule, toți învață că Dumnezeu este pur și bun."

„Atunci, prietenii mei, de ce nu deveniți mai întâi curați și buni, ca să știți ce este Dumnezeu?"

- Swami Vivekananda

Toate ființele realizate au afirmat că Dumnezeu este în toate și este peste tot, dar trebuie să realizăm acest lucru pentru noi înșine; Cealaltă cale este doar o declarație. De aceea Hristos ne-a spus: „Împărăția cerurilor este înăuntrul vostru." Numai prin înțelegere intelectuală nu se poate înțelege ceea ce nu poate fi înțeles.

Un maestru al non-dualismului dintr-o linie de profesori din Navnath Sampradaya, Shri Siddharameshwar Maharaj a fost învățătorul spiritual a lui Shri Nisargadatta Maharaj, un bine-cunoscut maestru contemporan. El Îl descrie pe Dumnezeu astfel:

Acest Dumnezeu este același cu „Regele Cunoașterii" care, în timp ce înghite o gură de mâncare, gustă și se bucură de ea. El este Cel care face deosebire între mireasmă și duhoare. El este Cel care înțelege care sunet este plăcut urechii și care sunet este aspru. El este Cel care observă diferența dintre o formă frumoasă sau una feroce și urâtă. El este Cel care înțelege atingerea moale sau tare. El este întotdeauna prezent, domnind suprem în inima fiecărei ființe. Cât de greșită este ideea că noi ne închinăm oricărui alt Dumnezeu decât acesta. Gândiți-vă doar la care Dumnezeu este venerat atunci când creștinii se închină lui Hristos, hindușii se închină lui Vishnu sau Shiva, Parșii se închină lui Zoroastru sau budiștii la Buddha lor? Nu se închină ei doar cadavrelor acestor zei menționați? Cu toate acestea, care este sentimentul devotatului care se închină? Întreabă pe oricine din orice religie „Descrie-L pe Dumnezeul tău» și va răspunde: «Dumnezeul meu este conștient, luminos, solid, atotștiutor, atotprezent și atotputernic. El îi animă pe toți și îi deține pe toți. El este fără naștere și fără moarte."

- Shri Siddharameshwar Maharaj

Sfinții creștini Îl declară pe Dumnezeu astfel:

Prin urmare, știm și mărturisim că Dumnezeu este fără început, fără sfârșit, veșnic și pentru totdeauna, necreat, neschimbător, invariabil, simplu, necompus, necorporal, invizibil, impalpabil, necircumscris, infinit, incognoscibil, indefinibil, de neînțeles, bun, drept, făcător a toate lucrurile create, atotputernic, atotprezent, atotștiutor, al oricărui supraveghetor, suveran, judecător; și că Dumnezeu este Unul, adică o singură esență.

- Sf. Ioan Damaschinul

Aici vedem că toate tradițiile Îl descriu pe Dumnezeu ca fiind atotprezent, atotputernic și atotștiutor. Aceasta este descrierea simplă și mai amplă pe care toți o folosesc, iar Dumnezeu nu poate fi văzut, ci doar trăit și realizat în esența Sa.

Apoi putem privi și la ceea ce a spus Ramana Maharshi cu privire la Dumnezeu:

Toate crezurile nu sunt decât preliminarii pentru mase, conducând la adevărul real al Sinelui. Religiile nu sunt neapărat cea mai înaltă expresie sau cea mai înaltă înțelepciune a fondatorilor lor, care au trebuit să ia în considerare vremurile în care au trăit și capacitățile mentale ale oamenilor. Cea mai înaltă înțelepciune este prea subtilă pentru majoritatea minților, așa că o întreagă schemă de lumi, zei, corpuri, evoluție etc. a trebuit să fie dată pentru că oamenilor să le fie mai ușor să creadă toate aceste lucruri, decât să creadă adevărul simplu al unei singure realități – Sinele. Astfel, reîncarnarea, planurile astrale, supra-viețuirea după moarte etc. sunt adevărate, dar numai dintr-un punct de vedere inferior. Totul este o chestiune de punct de vedere. De la cel mai înalt, cel al Sinelui real, orice altceva dispare ca iluzoriu și rămâne doar Realitatea. Este adevărat că există corpuri subtile astrale, deoarece pentru a funcționa în lumea viselor este necesar un corp pentru acea lume, dar și el este real numai pe planul său, în timp ce Sinele este întotdeauna real, întotdeauna și existând, fie că suntem conștienți de el sau nu. Prin urmare, este mai bine să căutăm acest lucru, deoarece celelalte corpuri ale sinelui sunt doar condiționate reale. Un creștin obișnuit este mulțumit doar atunci când i se spune că Dumnezeu se află într-un cer îndepărtat, la care nu putem ajunge fără ajutor, că numai Hristos L-a cunoscut și numai El ne poate mântui. Prin urmare, când i se spune adevărul simplu că împărăția cerurilor este în tine, el nu este mulțumit și va citi înțelesuri exagerate în declarație. Numai min(ile mature pot înțelege adevărul simplu în toată goliciunea lui.

- Sri Ramana Maharshi

Multe întrebări trebuie să primească răspuns, dar una importantă: cum a venit atât de multă suferință în lume și care este cauza ei? Este Dumnezeu responsabil sau este doar propria noastră ignoranță care produce toate relele și suferințele pentru noi înșine și pentru alții? Putem vedea că Dumnezeu este totul și că El nu este un exclusivist; În El există toată existența și non-existența și putem cunoaște acea realitate numai permițând propriei noastre ființe să se contopească în ființa lui. În următorul capitol vom analiza modul în care cineva interacționează cu lumea.

CAPITOLUL 4

CELE CINCI SIMȚURI

Cele cinci organe de simț – ochii, urechile, pielea, nasul și limba – sunt poarta noastră către lumea din jurul nostru. Ele ne permit să interacționăm cu mediul înconjurător, să percepem lumea și să adunăm informații. Fie că este vorba de vedere, auz, atingere, miros sau gust, primim în mod constant stimuli care ne ajută să navigăm prin viață. Creierul procesează apoi aceste informații și ne ajută să înțelegem lumea în care trăim. Cu toate acestea, mintea este un alt subiect complex de care vom discuta în detaliu mai târziu.

De-a lungul vieții noastre, experimentăm trei senzații fundamentale care ne modelează percepția asupra lumii: plăcerea, durerea și neutralitatea, aceasta din urmă fiind o stare de pauză între primele două. În timp ce natura durerii și a plăcerii poate fi similară pentru majoritatea oamenilor, gradul de atracție sau aversiune față de ele poate diferi. Prin facultățile noastre senzoriale experimentăm aceste senzații și, din timpuri imemoriale, oamenii au fost atrași de plăcere și au respins durerea. Fiecare ființă din lume, fie că este un om, o furnică sau un vultur, percepe mediul prin simțurile ei. Cu toate acestea, fiecare ființă are o viziune sau o percepție unică asupra lumii și este dificil să se determine cine are cea mai exactă percepție a realității. Noi, oamenii, tindem să credem că suntem singurii care putem vedea lumea așa cum este, dar realitatea pe care o percepem este limitată de ceea ce ne prezintă simțurile noastre.

Cele cinci simțuri – văzul, auzul, atingerea, mirosul și gustul – sunt limitate și nu ne pot oferi un simț complet al realității, ci doar unul limitat. Putem observa această limitare prin diferite instrumente, cum ar fi telescoape, stetoscoape și microscoape, care ne permit să percepem lumea în moduri în care simțurile noastre goale nu pot. Prin urmare, trebuie să acceptăm și să înțelegem limitările simțurilor noastre. În timp ce simțurile joacă un rol crucial în a ne ajuta să interacționăm cu lumea și să supraviețuim ca specie, ele ne ajută, de asemenea, să ne îndeplinim cele mai profunde dorințe, inclusiv căutarea fericirii veșnice. Cu toate acestea, este important să recunoaștem că simțurile noastre sunt doar instrumente care ne ajută în căutarea fericirii; ele nu sunt singurul factor determinant al acesteia.

Pe scurt, simțurile noastre sunt limitate și, prin urmare, ceea ce vedem nu este realitatea completă, ci una limitată. Tradiția vedică a Indiei oferă o explicație amplă a modului în care funcționează simțurile și organele de simț. Prin simțuri experimentăm plăcere și durere și fiecare individ ar dori să experimenteze mai multă plăcere, pentru că acea plăcere dă un sentiment de fericire și împlinire. Puține creaturi doresc durere, deși pot exista unele excepții. Orice am alege – durere sau plăcere – este dorința oricărei ființe de a fi fericită prin orice mijloace, de a se împlini prin obiectele dorinței. Simțurile adună informații care apoi dau naștere senzațiilor; Senzațiile sunt interpretate prin gând, dând naștere dorinței pentru acea senzație bazată pe experiența anterioară sau pe baza nivelului de plăcere pe care îl oferă. Aici, suntem prinși în tot felul de dorințe – fizice sau mentale – din acest proces se nasc cele cinci otrăvuri. Aceste cinci otrăvuri dau naștere iluziilor noastre și sinele devine egoist, acoperind adevărata noastră realitate cu vălul iluziei. Acesta este motivul pentru care maeștrii tuturor tradițiilor religioase și non-religioase subliniază că, fără restrângerea simțurilor, nu putem fi niciodată în pace, pentru că vom fi întotdeauna ocupați să alergăm după plăcerile simțurilor. Căutarea plăcerii, sub orice formă, aduce automat durere, deoarece plăcerea se exprimă prin experiență care este, în mod necesar, limitată. Aceasta înseamnă că plăcerea trebuie să aibă un sfârșit, iar pe de altă parte este durerea sau dezamăgirea, în funcție de circumstanțele și condițiile în care apare plăcerea sau de modul în care se manifestă.

În Bhagavad Gita, Krishna descrie modul în care simțurile ne țin sub iluzie.

> *Dacă un om continuă să stăruie asupra obiectelor de simț, apare atașamentul față de ele; din atașament, dorința se aprinde; din dorință, se naște mânia; din mânie urmează confuzia; din confuzie, slăbiciune a memoriei; memorie slabă – înțelegere slabă; Dar omul care este stăpân pe sine, care întâmpină obiectele simțurilor fără dorință sau aversiune, va atinge în sfârșit seninătatea. În seninătate, toate durerile lui dispar dintr-o dată, pentru totdeauna; Când inima lui a devenit senină, înțelegerea lui este statornică. Cei indisciplinați nu au înțelepciune, nu au concentrare la un punct anume, fără concentrare, fără pace; Fără pace, unde poate fi bucuria?*

> - Lordul Krishna

Krishna arată frumos cum suntem ispitiți de simțuri și, prin urmare, urmărindu-le cu orice preț, ne pierdem disciplina minții și suntem aruncați în confuzie. Dacă nu înțelegem cu adevărat acest fapt și nu îl observăm în viața noastră de zi cu zi, nu putem ajunge niciodată la o stare de spirit liberă, fără dorințe și plină de bucurie. Nu ar trebui să urmărim nimic prin efort, ci mai degrabă să acceptăm orice vine și pleacă din viața noastră – adică să ne bucurăm de orice ne vine și să permitem ca orice pleacă din viața noastră fără nici o rezistență sau atașament; Atunci bucuria și pacea sunt acolo în acea acceptare.

În citatul următor, aceeași descriere este dată de un sfânt creștin:

> *Când mintea este călăuzită de simțuri, ea se hrănește cu ele cu hrana fiarelor, dar când simțurile sunt călăuzite de minte, ele se hrănesc cu ea cu hrana îngerilor. Slava deșartă este un slujitor al curviei. Dacă este preocupat de comportament, este trufie. Pentru smerenie, concizia este potrivită. Iubirea de glorie este legată de prolixitate. Cel dintâi, printr-o concentrare constantă, ajunge la contemplație și înarmează sufletul până la castitate. Aceasta din urmă, prin rătăcirea continuă a minții, adună provizii prin contactul cu lucrurile (exterioare) și pângărește inima.*

>   - Sf Isaac Sirianul

Vedem cele două tradiții de mai sus indicând același adevăr și observând aceasta în propriile noastre vieți, putem descoperi pentru noi înșine că suntem întotdeauna atrași în lume de simțuri, prin urmare, mintea este întotdeauna ocupată alergând după obiectele simțurilor și nu este niciodată în pace. Krishna, la fel ca Sfântul Isaac, arată că atunci când cunoașterea de sine permite minții să controleze simțurile, înțelepciunea este dobândită și, apoi, acționăm în mod corect, cu iubire și pace pentru toți. Controlul simțurilor și înțelegerea rolului lor adevărat în viață ghidează încet mintea și sufletul în castitate; în puritatea naturală a minții și a inimii. Sinele nostru natural, liber de eu, este bucurie pură și nu avem nevoie de un motiv pentru a fi bucuroși, suntem ca un copil care zâmbește mereu, cu excepția cazului în care apar unele tulburări, cum ar fi boala sau foamea. În cursul vieții oricui s-ar putea să ne fi trezit dintr-un somn profund fără vise, și înainte de a fi pe deplin treji, unde gândirea nu a apărut încă, există un moment sau două când cineva se simte bucuros fără nici un motiv. Din păcate, puține sunt momentele acelei bucurii într-o viață împovărată de atâtea necazuri.

În Katha Upanișada, Lordul Yama îl învață pe Nachiketa secretul vieții veșnice:

> *Ignoranți față de ignoranța lor, dar înțelepți în propria lor stimă, acei oameni înșelați mândri de învățătura lor zadarnică se învârt ca orbii conduși de orbi. Mult dincolo de ochii lor, hipnotizați de lumea simțurilor, deschide calea spre nemurire. „Eu sunt trupul meu; când corpul meu moare, mor și eu." Trăind în această superstiție, ei cad viață după viață sub stăpânirea mea.*

> *- Katha Upanishad*

În afirmația de mai sus, Lordul Yama îl învață pe Nachiketa că atâta timp cât suntem prinși în lumea simțurilor și ne identificăm cu corpul, nu ne recunoaștem propria divinitate, prin urmare vom fi pierduți în plăcerile lumii în care creăm suferință pentru noi înșine și pentru alții. Suferința este creată de dorințe și atașamente față de plăcerile pe care le aduc și, făcând acest lucru, se află în ciclul nașterii și al morții.

Sfântul Isaac Sirianul ne arată cum simțurile ne-au întemnițat sufletul:

> *Nimeni nu se poate apropia de Dumnezeu decât acela care este departe de lume. Căci Eu nu numesc despărțire îndepărtarea de trup, ci de lucrurile trupești. Excelența constă în faptul că un om în mintea sa este un gol în ceea ce privește lumea. Atâta timp cât simțurile sunt ocupate cu lucruri (exterioare), nu este posibil ca inima să se odihnească de la imaginarea lor. Nici sentimentele nu încetează, nici gândurile rele nu se sfârșesc decât în deșert și pustie.*

> *- Sf Isaac Sirianul*

Sfântul Isaac ne arată cum simțurile ne atrag în răutate și trebuie să avem stăpânire de sine asupra lor. El afirmă că o modalitate este de a sta singur într-un loc retras, unde nu există prea multă distragere a simțurilor. Simțurile sunt platforma de unde Eul își ia zborul; Ele sunt sprijinul de care Eul are nevoie. Dacă sprijinul este tăiat, Eul este dizolvat încet prin cunoașterea de sine, ceea ce duce la înțelepciune.

Dacă observăm cu atenție viețile noastre și căutările nesfârșite de a crea sau menține plăceri de care suntem înclinați să ne bucurăm, putem observa cum suntem prinși în acea lume a dualității și mintea nu este niciodată în repaus, niciodată liberă. Deși am putea fi liberi fizic – adică să avem bani și mijloacele necesare pentru a urmări orice ne dorim – totuși ne simțim întotdeauna superficiali, goi și singuri. Doar observați-i pe cei bogați care au mijloacele necesare pentru a-și îndeplini dorințele, dar nu sunt niciodată cu adevărat fericiți și sfârșesc în suferință, unii chiar în sinucidere. Banii ne pot oferi doar confort, dar niciodată fericire adevărată, deoarece nu poate fi cumpărată la altarul cererii. Orice experimentăm în viața noastră, o facem prin minte. Buddha a afirmat că mintea are puterea de a ne elibera sau de a ne ține în robie. El vrea să spună că, dacă înțelegem cu adevărat lucrarea minții, vom fi eliberați de toate necazurile. În următorul capitol ar trebui să ne uităm la minte.

CAPITOLUL 5

MINTEA

Înainte de a începe să vorbim despre minte, trebuie să înțelegem creierul. Chiar și creația a fost creată dintr-un model simplu care s-a dezvoltat în modele mai complexe care îl reflectă pe cel simplu. Aceste modele sunt numite fractali și știința a dovedit că tot ceea ce există sunt doar modele de energie în mișcare. De aceea, pornim întotdeauna de la simplu pentru a înțelege complexul. Creierul este doar un aparat, ca un calculator, care îndeplinește automat funcții interne și funcții externe, reacționând la stimuli precum mediul și făcând corpul să răspundă în consecință. Mintea, pe de altă parte, este mult mai mult. Este ca spațiul, unde toate creierele – indiferent de cine are creierul, o furnică sau un om – operează în spațiul pe care îl numim minte. Vedem, de asemenea, că fiecare acțiune se întâmplă în spațiu, pentru că fără spațiu nimic nu se poate mișca. La fel se întâmplă și cu mintea. Cineva poate fi fizic într-un loc, dar poate merge într-un alt loc prin gândire, care operează prin minte. Creierul nu poate fi acolo pentru că este doar o materie fizică, dar mintea este peste tot și este folosită de toate creierele în limita capacității lor de a funcționa. Acest lucru nu este nimic ieșit din comun; Ceea ce am expus aici este doar un fapt.

Știința are încă multe întrebări fără răspuns despre mintea umană ca atare. Să ne uităm la un alt exemplu: într-o stare de vis, mintea ne poate duce în multe locuri și putem experimenta o mulțime de lucruri (existente și inexistente), creierul este încă operativ în vis și nu ne poate duce acolo unde mintea poate merge.

Într-una din cărțile sale, Vivekacudamani, Adi Shankara, un sfânt indian, explică:

> *În vise, când nu există nici un contact real cu lumea exterioară, mintea singură creează întregul univers format din experimentator și altele asemenea. În mod similar, în starea de veghe, de asemenea, nu există nici o diferență. Prin urmare, tot acest univers fenomenal este doar o proiecție a minții.*
>
> *Într-un somn fără vise, când mintea este redusă la starea sa naturală, nu există nimic (pentru persoana adormită), așa cum este evident din experiența universală. Prin urmare, existența relativă a unui om este pur și simplu creația minții sale și nu are o realitate obiectivă.*
>
> *Norii sunt aduși de vânt și din nou conduși de aceeași agenție. În mod similar, robia omului este cauzată de minte, iar eliberarea este cauzată numai de aceasta.*
>
> *- Adi Shankara*

Aici Adi Shankara arată că ceea ce credem că este realitate nu are niciun fundament. De asemenea, Buddha a spus, că nimic în existența fenomenală nu există independent de alte lucruri, ci toate sunt interdependente, deci totul există în raport cu alte lucruri sau ființe. Viața însăși este doar o matrice de relații; Este o unitate a ființelor într-o diversitate de forme.

Milarepa, unul dintre marii yoghini din Tibet, a trimis unul dintre discipolii săi să mediteze și să afle ce este mintea și după câteva zile discipolul nu a putut să o descrie, deoarece nu are culoare sau formă, nu poate fi văzută și nu poate fi înțeleasă. Este acolo într-un moment și nicăieri în următorul. Mulți maeștri din toate tradițiile au privit în minte cu mintea pentru a merge dincolo de ea.

Amritabindu Upanishad spune:

Se poate spune că mintea este de două feluri: pură și impură. Condus de simțuri Ea devine impură; dar cu simțurile sub control, mintea devine pură. Mintea este cea care ne eliberează sau ne înrobește. Conduși de simțuri, devenim legați; Stăpân al simțurilor, devenim liberi. Cei care caută libertatea trebuie să-și stăpânească simțurile. Când mintea este detașată de simțuri, Omul atinge culmea conștiinței. Stăpânirea minții duce la înțelepciune. Practicați meditația. Opriți toate vorbele zadarnice. Cea mai înaltă stare este dincolo de puterea gândirii, pentru că se află dincolo de orice dualitate.

- Amritabindu Upanishad

Upanișadele, ca și Buddha, arată că acolo unde este gândul, este și mintea; Acolo unde nu există gând, mintea nu este, sau mintea este în starea sa pură. Putem observa singuri validitatea acestei afirmații și, prin urmare, putem spune că gândul este un lucru foarte important (eu îl numesc „lucru", deoarece știința a dovedit că gândirea este materie; o formă subtilă de energie, dar totuși materie). Mintea ne poate ține în robie sau ne poate elibera, așa cum menționează Buddha în următoarea declarație:

Suntem modelați de gândurile noastre; Devenim ceea ce gândim. Când mintea este pură, bucuria urmează ca o umbră care nu pleacă niciodată.

- Buddha

În Evanghelia Mariei, Isus arată că acolo unde este mintea este și comoara, și într-o minte curată se va găsi acea comoară; Când inima este pură, iubirea, bucuria și pacea sunt acolo într-o stare naturală.

Ea a început să le spună aceste cuvinte: „Am văzut pe Domnul într-o vedenie, și I-am zis: „Doamne, Te-am văzut astăzi într-o vedenie." El mi-a răspuns și mi-a zis:
Ferice de tine că nu ai șovăit la vederea Mea. Căci unde este mintea, acolo este comoara.
I-am zis: „Doamne, cum vedem cine vede vedenia, duhul sau suflet?
Drept răspuns, Domnul a zis: „El nu vede nici prin suflet, nici prin duh, ci mintea care este între cele două, care vede vedenia și este [...]

- Evanghelia Mariei

În Upanișade se afirmă:

Dincolo de atingerea simțurilor este el, dar nu dincolo de atingerea unei minți liniștite prin practica medi-tației profunde. Dincolo de cuvinte și fapte este El, Dar nu dincolo de atingerea unei inimi curate eliberate de stăpânirea simțurilor.

- Upanișadele

Aici Upanișadele au declarat că Dumnezeu este dincolo de simțuri, dar nu dincolo de o minte curată și o inimă curată. Pentru a găsi realitatea, trebuie să ne curățăm mintea prin rugăciune, meditație, contemplare și așa mai departe până când mintea și inima sunt purificate, permițând iubirii și fericirii supreme să curgă la nesfârșit prin noi. În următoarea declarație, Sfântul Isaac arată același adevăr.

Adevărata vedere a îngerilor este emoția prin înțelegerea spirituală cu privire la domeniul lor. Dar este imposibil pentru noi să vedem natura forțelor spirituale fără minte.
Când omul este socotit vrednic să le vadă în natura și locul lor și așa cum sunt ele în creația lor spirituală, harul îi mișcă mintea prin revelația clarviziunii duhovnicești cu

privire la ele. Când sufletul a fost purificat și este vrednic să-și vadă semenii, vederea lor este percepută cu acești ochi. Ele nu sunt obiecte și nu pot fi văzute așa cum sunt, fără alterare, ci prin vedere psihică, care este adevărata contemplare. Aceasta înseamnă fără deteriorarea naturii lor prin vedere. Această vedere nu poate fi dobândită de nici un om fără a doua purificare a minții.

- Sf Isaac Sirianul

Sfântul Isaac susține afirmația lui Hristos prin faptul că mintea deține secretul conectării sufletului cu duhul și iubirea supremă.

Din toate aceste afirmații – Buddha și Hristos, Upanișadele și sfinți – vedem că gândul poate crea, pentru că orice vedem astăzi în lume putem atribui gândului și gândirii. De asemenea, dacă privim dintr-o perspectivă religioasă, știm că Biblia, Vedele și Tora sunt de acord că toată creația a început cu cuvântul și cuvântul a fost cu Dumnezeu. Fiecare tradiție se referă la cuvinte diferite, dar toți sunt de acord că totul a fost creat de o energie pe care unii dintre noi o numesc Dumnezeu. De asemenea, fiecare dintre noi este un creator pentru că noi creăm lucruri, și de asemenea, ne creăm propriile vieți, nu-i așa? Buddha în învățăturile sale nu a negat niciodată existența lui Dumnezeu sau a sufletului, dar nu a vrut să o facă personală și și-a îndrumat discipolii să afle adevărul pentru ei înșiși și nu doar să copieze înțelepciunea altora fără a înțelege cu adevărat realitatea pentru ei înșiși.

Aici merită menționat faptul că primul cuvânt – Amin sau Om – este primul gând și este gândul primordial (eu) din care apar toate celelalte gânduri și este nașterea minții, care este doar un instrument de creare. Cu toate acestea, adevărata creativitate vine atunci când gândul nu este acolo; Orice apare din gândire este relativ și iluzoriu. Aceasta nu înseamnă că nu există, dar nu are nici o substanță și este întotdeauna interdependentă de alte lucruri. Am putea concluziona că toate lucrurile create au un creator, chiar dacă s-ar putea să nu-l înțelegem pe creator sau procesul creației. Pentru a înțelege cum funcționează creierul și simțurile este explicat foarte frumos în Katho Upanishad cu ajutorul modelului unui car.

În această analogie, carul este corpul, caii sunt cele cinci simțuri, frâiele din gura cailor sunt mintea, vizitiul este intelectul, iar pasagerul așezat în spate este sufletul care locuiește în corp. Simțurile (caii) doresc lucruri plăcute. Mintea (frâiele) nu exercită reținere asupra simțurilor (cai). Intelectul (vizitiul) se supune tragerii frâielor (minții). Deci, în starea legată material, sufletul dezorientat nu direcționează corect intelectul, astfel simțurile decid unde va merge carul. Sufletul experimentează plăcerile simțurilor prin minte. Așezat pe acest car, sufletul (pasagerul) se mișcă în această lume materială din veșnicie.

Aici introducem sufletul în modelul nostru, deoarece majoritatea tradițiilor religioase ale lumii au descoperit că ceva trebuie să fie în spatele minții; acea conștiință care ne face să ne simțim vinovați după ce am făcut ceva fără să ni se spună dacă este rău sau bun; Această conștiință ne spune întotdeauna ce este bine sau rău. Unii îi acordă atenție, alții nu. Din aceasta putem vedea că mintea este spațiul în care se întâmplă totul. Intelectul – sau inteligența – poate funcționa dirijat de simțuri sau dirijat de suflet, sau putem spune că inteligența pură doar operează. Intelectul condus de suflet este inteligență pură în funcțiune sau creație altruistă, dar, atunci când este condusă de simțuri, inteligența este coruptă și prin urmare, operează într-un mod egoist prin eu.

Cei mai mulți dintre noi suntem prinși în simțuri și de aceea suntem în ciclul nesfârșit al renașterii și morții sau a durerii și a suferinței. Unii nu cred în renaștere, dar acest lucru nu este esențial. Ceea ce este esențial este dacă putem fi vreodată eliberați de suferință și să ajungem la o stare dincolo de ea. Toți profeții și maeștrii spirituali au spus că este foarte posibil dacă cineva are intenția de a afla singur. Mintea nu este ceva personal;

Este o energie împărtășită de toate ființele simțitoare. Gândurile pot fi personale pentru o anumită ființă, dar maeștrii realizați, care au înțeles funcționarea minții și au intrat în contact cu miezul întregii existențe, pot vedea toate gândurile, deoarece pentru ele nu există separare; Ei sunt ființe întregi, însemnând una cu totalitatea.

Am vorbit puțin despre minte și simțuri până acum; În continuare, ar trebui să ne uităm să vedem cum funcționează toate acestea împreună și ce este aceea ce face ca individul să fie un individ.

CAPITOLUL 6

EUL-SINELE

Trebuie să subliniem că atunci când îl numim ego-sine, eul este prezent, iar când numai sinele eul nu este prezent, prin urmare, sinele este singur: aceasta este starea noastră naturală. Eul singur nu poate exista acolo unde sinele are propria sa existență, eul se atașează doar de sine, dând astfel impresia că există prin sine, când, de fapt, este doar o iluzie.

Individul este eul-sine prin definiție, atâta timp cât cineva lucrează cu eul. În limba engleză, individul se referă la o entitate unică cu propriile caracteristici, tendințe și așa mai departe. Cu toții suntem indivizi care trăim în lume în conformitate cu condiționarea noastră, adică personalitatea noastră dezvoltată cu tendințele și dorințele sale, împreună cu experiențele și amintirile noastre, organismul (corpul) și un nume deasupra, aceasta este ceea ce alcătuiește totalitatea unui individ sau a unui sine (eul). Aceasta este ceea ce considerăm a fi un individ și pentru majoritatea oamenilor asta este și nimic mai mult.

Trebuie să facem o distincție aici că eul și sinele nu sunt două identități, ci una singură și atunci când sinele acționează într-un mod egoist, atunci pretindem că individul acționează pentru câștig personal, spre deosebire de atunci când sinele acționează în beneficiul sinelui și al altora în unitate. A anihila eul înseamnă a acționa întotdeauna cu înțelepciune, iubire și inteligență care operează fără filtrul condiționărilor, și prin urmare, acționează întotdeauna pentru beneficiul tuturor. În acțiunea libera doar sinele există, care este doar conștiența pură de a fi.

În Upanișade se afirmă:

> *Ca două păsări de aur cocoțate pe același copac, prietenii intimi, Eul și Sinele locuiesc în același corp. Primul mănâncă fructele dulci și acre ale pomului vieții, în timp ce acesta din urmă privește detașat.*

> *- Upanișade*

Mai sus, Upanișadele descriu modul în care eul și sinele locuiesc în același corp, și putem vedea, prin urmare, că există un singur sine, nu două, deși poate părea că sunt două atunci când acțiunea este făcută în mod egoist și devine una atunci când este făcută în mod altruist (în beneficiul tuturora). Atâta timp cât eul există, dualitatea va exista întotdeauna.

> *Acest māyā, adică Eul, este ca un nor. Soarele nu poate fi văzut din cauza unei pete subțiri de nori; Când aceasta dispare, se vede soarele. Dacă prin grația gurului (Înțelep-ciuni Spirituale) Eul va dispărea, atunci îl vedem pe Dumnezeu.*

> *- Sri Ramakrishna*

Există oameni care cred în Dumnezeu și în suflet și așa mai departe și alții care nu cred în așa ceva. Chiar și aceștia din urmă încă mai cred în inexistență, și prin urmare, sunt încă prinși în cred-ință. La începutul cărții, am discutat distincția dintre credință și credința adevărată. Credința adevărată este o deschidere a minții către adevăr fără restricții, în timp ce credința este încă o deschidere a minții, dar limitată de o idee preconcepută, limitând astfel capacitatea individului de a fi deschis la adevăr. Cu toții suntem condiționați de la naștere; Am fost condiționați de familie, școală, instituții, cultură și prin învățarea și experiențele noastre. Dacă toate ființele umane nu sunt gata să-și depășească toate condițiile, nu ne putem întâlni niciodată inimă la inimă și prin urmare, nu putem avea niciodată o relație adevărată bazată pe Iubire pură.

Condiția fizică este ca și cultura în care trăim; ca modul în care pregătim mâncare sau facem orice activitate fizică și așa mai departe. Fiecare dintre noi a trăit în medii fizice diferite, deci s-a adaptat în consecință, dar condițiile psihologice – sunt mai deștept, sunt mai bogat, țara mea este mai bună, sunt catolic și așa mai departe – acestea sunt sămânța tuturor conflictelor și răului din lume.

Dacă această condiționare (care este mult mai înrădăcinată decât condiționarea fizică) nu este eradicată, nu va exista niciodată pace și iubire în individ și, prin urmare, nu vom avea niciodată Iubire și Pace în lume. Dacă suntem dispuși să privim, putem observa că tot răul vine din acel sentiment de separare, de egoism, care este hrănit de propria noastră educație egoistă. Condițiile fizice, cum ar fi modul în care pregătim o masă sau facem orice activități fizice, pot fi împărtășite; Odată cu apariția internetului, este foarte ușor să înveți din diferite culturi, dar condiționarea psihologică este foarte dificil de împărtășit, deoarece fiecare persoană este atașată și se identifică cu a sa.

Eul, care acoperă sinele, funcționează mai mult sau mai puțin pentru fericirea eului, pentru a îndeplini numeroase dorințe. Aici nu numai că alergăm după tot felul de senzații pe care le produc simțurile, dar descoperim că condiționarea noastră este afectată de energii negative precum lăcomia, puterea, gelozia, furia, mândria, invidia și ura. Aceste energii afectează fiecare individ în mod diferit, dar în cele din urmă toate produc suferință pentru individ și pentru societate în general. Trebuie să observăm cum sinele nu numai că are dorințele de a se împlini prin eu, dar are și tendința de a face bine familiei sau societății în ansamblu atunci când acționează fără eu. Este corect să spunem atunci că sinele are o dorință inerentă de a fi sănătos și ca aceaastă sănătate să fie împărtășită tuturor; Această dorință intrinsecă a fost înrădăcinată în noi încă de la începutul timpului.

Dorința noastră reală este fericirea veșnică; Toată lumea caută, prin diferite mijloace, această fericire veșnică evazivă. Se poate spune că există excepții, dar de fapt nu există; Chiar și un criminal care a provocat suferință altora își caută propria fericire, deși mijloacele sale sunt negative și distructive. Prin urmare, sinele poate lucra într-un mod egoist pentru propria satisfacție sau în cealaltă direcție, pentru beneficiul altora. Dacă ne observăm propria viață, fiecare dintre noi a întâlnit un sentiment de fericire atunci când a făcut o altă persoană fericită. Acest lucru se întâmplă atunci când eul nu este în prim plan și o numim acțiune altruistă. Dacă sinele face acțiunea doar pentru o recompensă – chiar dacă o face pentru fericirea altora – este totuși o acțiune egoistă, deoarece cineva așteaptă o recompensă și eul este implicat. Acțiunea corectă este cea care nu are intenția unei recompense; Se numește caritate adevărată și vine dintr-o minte care este liberă și lucrează în unitate cu inima.

Gândul sinelui nostru individual dă naștere eului, cu toate amintirile și obiceiurile trecutului schimbându-se în prezent și proiectându-se în viitor. Acest eu este necesar la nivelul fizic al existenței pentru a conduce o mașină, pentru a învăța la școală, pentru a relaționa cu ceilalți; Este un instrument esențial pentru a ne ajuta să funcționăm în această lume, dar la nivel psihologic nu ar trebui să interfereze deloc. Toți maeștrii realizați au relatat că sinele trebuie cunoscut și de aceea toate tradițiile au subliniat că drumul cunoașterii de sine este calea cea mai înaltă. Când sinele este cunoscut, atunci eul își ia locul potrivit, adică doar pentru a îndeplini funcțiile pe care trebuie să le îndeplinească și nimic mai mult. Putem afirma, de asemenea, că a fost dizolvat sau fuzionat în sinele real, care poate funcționa fără eu. Oricum ar fi, eul trebuie să predea tot controlul sinelui.

Hristos spune:

> *Când veți ajunge să vă cunoașteți pe voi înșivă, atunci veți fi cunoscuți și vă veți da seama că sunteți copiii Tatălui celui viu.*
> *Dar dacă nu ajungeți să vă cunoașteți pe voi înșivă, atunci existați în sărăcie și sunteți sărăcie.*

> *- Evanghelia după Toma: 3*

Hristos arată aici foarte clar că atunci când vom afla cine suntem cu adevărat, atunci adevăratul va fi revelat în noi și vom deveni una cu existența, la care El se referă la Dumnezeu Tatăl. Vedele și Cabalista și toate celelalte scripturi din alte tradiții subliniază faptul că cunoașterea de sine este esențială în găsirea realității.

> *Atâta timp cât credem că suntem Eul, ne simțim atașați și cădem în tristețe. Dar realizați că voi sunteți Sinele, Domnul vieții, și veți fi eliberați de tristețe.*
> *Cei care stăruie și tânjesc după plăcerea simțurilor se nasc într-o lume a separării. Dar lăsați-i să-și dea seama că sunt Sinele și toată separarea va dispărea.*

> *- Upanișadele*

> *Ar trebui să înțelegem „Cine sunt eu?" Renunțând la falsul sens de „eu" (ego), cineva ar trebui să fie „Totalitate" în unul. Apoi, în mod natural, mulțumirea va fi dobândită în sine.*

> *- Sf Shri Samartha Ramdas*

Profetul Mohamed în H. ilyat al-Awliyā' a declarat:

> *Cine se cunoaște pe sine însuși, Îl cunoaște pe Domnul său.*

> *- Muhammad*

La fel ca Hristos, toate ființele luminate au afirmat că fără cunoașterea de sine nu se poate atinge realitatea (Dumnezeu).

Krishna spune, în Bhagavad Gita,

> *O lampă la adăpost de*
> *vânt nu va pâlpâi, deci*
> *Cu aceasta este comparat adevăratul om de*
> *yoga, a cărui minte a dispărut în sine.*
> *Când mintea lui a devenit senină*
> *prin practica meditației,*
> *El vede Sinele prin Sine*
> *Și odihnindu-se în sine, bucurându-*
> *se El cunoaște bucuria infinită*
> *la care se ajunge prin înțelegere*
> *dincolo de simțuri: statornic,*
> *El nu se îndepărtează de adevăr.*

> — Lordul Krishna

Aici Lordul Krishna îi spune lui Arjuna cum ar trebui un yoghin să mediteze pentru a găsi adevăratul sine. Ramana Maharshi, un maestru indian realizat, a arătat calea cercetării de sine pentru a ajunge să înțelegem adevărata noastră realitate. El a subliniat că ar trebui să încercăm să găsim sursa de unde apare eul și unde își găsește odihna.

O altă afirmație a Upanișadelor susține afirmațiile de mai sus:

> *Există o singură cale de a cunoaște Sinele, și aceasta este*
> *de a-l realiza tu însuți. Ignoranții cred că Sinele poate fi*
> *cunoscut de intelect, dar Iluminatul cunoaște că este dincolo*
> *de dualitatea cunoscătorului și a cunoscutului. Sinele se*
> *realizează într-o stare mai înaltă de conștiință atunci când*
> *ați trecut prin identificarea greșită că voi sunteți corpul,*

supus naşterii şi morţii. A fi Sinele înseamnă a merge dincolo de moarte. Realizaţi Sinele, scopul strălucitor al vieţii! Dacă nu, există doar întuneric. Vedeţi Sinele în toate şi mergeţi dincolo de moarte.

- Upanişade

Mai sus, ca şi în numeroase afirmaţii date nouă de fiinţele iluminate ale luminii, vedem că realitatea este dincolo de mintea duală şi poate fi găsită numai într-o minte care este de condiţionată de plăceri şi antipatii; Atâta timp cât suntem încă prinşi într-o reţea intelectuală de motive şi în care ne identificăm cu corpul şi cu numeroasele sale dorinţe, ne va fi greu să renunţăm la această identificare. Această identificare dispare atunci când ajungem la o stare de echilibru a minţii în care plăcerile şi antipatiile nu afectează corpul şi mintea. Fără realizarea unităţii, suntem prinşi în dualitate şi prin urmare, în conflict, întuneric şi supuşi suferinţei.

Bătălia de la Kurukshetra în Bhagavad Gita, bătălia lui Rama cu Ravana în Ramayana, bătălia lui David în Biblie şi, de asemenea, bătălia Jihadului în Coran nu au fost decât bătălii cu propriul nostru ego; Dacă le acordăm atenţie şi suntem dispuşi să învăţăm şi să privim fără prejudecăţi, vom recunoaşte acest adevăr. Ne putem întreba de ce este atât de multă suferinţă şi tristeţe în lume şi în propria noastră fiinţă. Putem observa că în noi există întotdeauna o bătălie, un război interior care se desfăşoară în mintea noastră între bine şi rău, şi desigur, acest război se extinde şi în lumea noastră exterioară. Este războiul dintre bine şi rău, corect şi greşit etc. Aici am ajuns să vedem cum trăim în lumea dualităţii şi suntem ca o minge de tenis prinsă între două rachete care lovesc mereu cele două feţe ale aceleiaşi monede, ca să spunem aşa.

Această dualitate joacă un rol important în viaţa noastră de zi cu zi, pentru că fără ea, lumea nu ar exista cu adevărat aşa cum este. Această dualitate este un dans între două forţe, care, chiar şi la prima vedere, par să se lupte una cu cealaltă, dar de fapt este aceeaşi energie dansând şi arătând cele două feţe ale aceleiaşi monede. Acesta este motivul pentru care majoritatea tradiţiilor și maeștrilor au arătat că această dualitate trebuie înțeleasă și că trebuie să mergem dincolo de ea pentru a găsi ceea ce este real. Sper că ați înțeles, chiar dacă numai intelectual rolul pe care sinele îl joacă în viața de zi cu zi și ce este sinele. Sinele este real; Eul ar trebui să fie doar o unealtă. Când trebuie să săpăm o groapă în curte, luăm o lopată și o folosim pentru a face treaba și după ce am terminat, punem lopata înapoi în șopron. Eul este doar o unealtă; Eul dacă este folosit corect, nu ne va împiedica în niciun fel. Este acolo pentru a fi folosit și pentru a funcționa în moduri practice, dar nu trebuie folosit niciodată într-un aspect psihologic, deoarece acolo va prelua controlul asupra sinelui și va crea haos. Tagore explică modul în care sinele pare să aibă două aspecte.

> *Ne putem privi sinele în cele două aspecte diferite. Sinele care se manifestă și sinele care se transcende pe sine și astfel își dezvăluie propriul sens. Pentru a se afișa, încearcă să fie mare, să stea pe piedestalul acumulărilor sale și să păstreze totul pentru sine. Pentru a se dezvălui renunță la tot ce are; Astfel, devenind desăvârșit ca o floare care a înflorit din boboc, revărsând din potirul frumuseții sale toată dulceața ei.*

> \- Rabindranath Tagore

Aici Tagore exprimă frumos modul în care sinele ne poate ține în robie sau ne poate da libertate. Învățăturile primilor sfinți ai tradiției creștine au arătat cum trebuie să veghem tot timpul; această veghere a fost, de asemenea, predată de Buddha ca vigilența minții (mindfulness). Este într-adevăr o luptă cu patimile, cu simțurile care produc patimile prin tot felul de dorințe. Hristos ne-a avertizat să ne păzim de patimi, căci prin ele decădem și ne pierdem în curvie și vom fi în această lume a dorințelor și a întristării.

Hristos spune:

De aceea spun:
Când stăpânul casei află că hoțul este pe cale să vină, el va
fi de pază înainte de a veni (și) nu-l va lăsa să intre în casa
lui, în domeniul lui, să-i ia bunurile.
(Dar) tu, fii în gardă împotriva lumii!
Încinge-ți coapsele cu mare putere, pentru ca tâlharii să nu
găsească o cale de a ajunge la tine.

– Evanghelia după Toma: 21

Hristos arată că tâlharii sunt patimile, dorințele care se împlinesc prin eu, jefuindu-ne astfel de toată bunătatea și dragostea noastră.

În Calea spre Împărăție, Arsenie Boca, un sfânt al Bisericii Ortodoxe, scrie:

Atâta timp cât omul își folosește instinctele pentru scopul
intenționat de Dumnezeu, ele nu-i vor da probleme,
deoarece vor găsi aprobare și satisfacție în îndeplinirea
scopului lor original, legitim. În schimb, marea major-
itate a oamenilor distorsionează scopul originar al acelor
forțe oarbe ale naturii, căutând doar plăcerea pe care o pot
oferi, dar ignorând scopul lor, devin sclavi ai patimilor. În
cazul sclaviei, cenzura minții a slăbit atât de mult încât
pasiunile încep să conducă mintea, moment în care omul
își va pierde în curând libertatea. Conștiința unui om care
devine rob patimilor își pierde capacitatea de a-și mărturisi
fărădelegile. Conștiința lui, ca și cum ar fi adormit, a ajuns
la modul de așteptare, deși este încă în viață. Acum, conști-
ința omului este într-o stare de necredință și de desconsid-
erare a lui Dumnezeu și va începe să trăiască într-o stare
de păcat. Pentru că păcatul înseamnă: înfrângerea morală a
conștiinței de către Satana prin patimile trupului.

– Sf Arsenie Boca

Aici vedem că Satan, Eul care este infiltrat de energia negativă, lucrează prin patimi pentru a ne ține în ignoranță sau Maya (Iluzie), așa cum o numesc hindușii. Prin urmare, sinele nu are loc să se extindă prin minte, deoarece mintea este preluată de eu. Un alt factor important pe care părintele Arsenie Boca îl subliniază este că păcatul este de fapt starea amoroasă a minții în care cineva a căzut pradă simțurilor și se află într-o stare numai de satisfacere a simțurilor, făcând astfel mintea neputincioasă pentru a-și recăpăta starea naturală.

Mai jos, Sfântul Isaac Sirul indică același fapt:

Am învățat din experiență că principiile tuturor lucrurilor bune și recâștigarea sufletului din robia vrăjmașilor, precum și calea spre viață și lumină, constau în două lucruri: rămânerea în unul și același loc și postul constant. Aceasta înseamnă: că un om, fiind înțelept, va stabili o lege dreaptă pentru pântecele său, stând netulburat și constant [singur]. Plecând de aici, el va ajunge la supunerea simțurilor; mai departe: vigilența minții; Mai departe: tranchilizarea pasiunilor brutale care se agită în corp. Mai departe: gânduri liniștite. Mai departe: impulsurile iluminate ale spiritului. Mai departe: aplicarea la lucrări excelente. Mai departe: perspective înalte și subtile. Mai mult: lacrimi incomensurabile în orice moment. Mai departe: castitate vigilentă, fără nici o legătură cu experiența imaginii în spirit.

- Sf Isac Sirul

Putem lua în considerare, de asemenea, punctul de vedere budist că nu există eu și că mintea este doar o unealtă pe care o folosim pentru a funcționa în această lume, și prin urmare, este condiționată și preluată de pasiuni, și afectată într-o asemenea măsură încât nu putem găsi niciodată pace numai în lucrurile de plăcere sau comoditate. Oricum am privi, mintea este cea în care trebuie să găsim pacea pentru ca sufletul sau conștiința să se unească cu întreaga existență și să exprime Iubire pură.

Nu contează ce religie sau practică spirituală urmăm, scopul tuturor religiilor și yoga este dispariția tuturor energiilor în afară de Iubire. Cineva o poate numi Dumnezeu, Inteligență, Goliciune, Adevăr: numele indică aceeași energie. Este clar că toate religiile indică această Iubire necondiționată și atunci când cineva este înrădăcinat în ea, orice altceva nu are mare importanță. Iubirea este singura energie universală care nu este consumată de nimic și nu poate fi stinsă. Este eternă.

Atunci Isus le-a spus ucenicilor Săi:

> *Dacă vrea cineva să vină după Mine, să se lepede de sine, să-și ia crucea și să Mă urmeze. Căci oricine vrea să-și scape viața o va pierde, dar oricine își va pierde viața pentru Mine o va găsi. Căci ce-i folosește unui om să câștige întreaga lume și să-și piardă sufletul? Sau ce va da un om în schimb pentru sufletul său?*

> - Matei 16:24-26

Vedem clar în afirmația lui Hristos că dacă mintea noastră este dominată de idei egocentrice și ne îngrijorăm doar pentru noi înșine, pierzându-ne astfel în plăcerile pe care ni le oferă lumea, și prin aceasta oprindu-ne să putem intra în conștiința Christică, neputând a ne trezi la adevărata noastră realitate, pentru că patimile ne vor ține în robie, prinși în roata Samsarii fiind (nașterea și renașterea), după cum a afirmat Buddha.

> *Iar Domnul nostru, văzând că printre cei care doresc să renunțe complet sunt unii într-o astfel de stare de spirit încât voința lor este gata, dar gândurile lor sunt trase înapoi de frica necazurilor, din pricina iubirii lor pentru trup pe care încă nu au lepădat-o — El va lua de la ei această letargie a minții spunându-le pe scurt: Dacă vrea cineva să vină*

după Mine, să se lepede mai întâi de sine (Matei 16:24). Care este negarea despre care se vorbește aici? Este negarea cărnii. Și cel care este destinat să sufere răstignirea, acceptă gândul morții și merge înainte, ca unul care nu crede că mai are parte de această viață. Aceasta este [ceea ce se înțelege prin] luarea crucii și urmarea Mea. Crucea denotă voința pregătită pentru orice necaz. Și declarând de ce este așa, Eu spun: Oricine își va mântui sufletul în această lume, îl va pierde în viața adevărată (Matei 10:39). Și oricine își va pierde individualitatea aici de dragul Meu, o va găsi acolo.

- Sf Isaac Sirul

Mai sus, Sfântul Isaac explică clar cuvintele lui Hristos, așa cum au făcut-o și alți Sfinți; Atâta timp cât ne identificăm cu corpul, eul ne va ține în închisoare și legat de plăcerile pe care lumea le are de oferit prin corp. „Lasă-l să se lepede de sine" înseamnă să negi eul și să-l folosești numai pentru scopul propus într-o manieră practică – pentru a funcționa în lume ca o ființă umană adevărată. Acest lucru este aproape imposibil, pentru a renunța la eul nostru, deoarece majoritatea dintre noi ne identificăm complet cu el și renunțând la el ne simțim anihilați. Acest lucru este terifiant și de aceea majoritatea dintre noi nu putem urma calea maeștrilor iluminați, punându-ne eurile la locul potrivit, intrând astfel în conștiința pură și făcând acest lucru, devenind ca ei Iubire pură, Bucurie pură și Pace eternă.

Buddha a învățat eliminarea non-sinelui (eului) și nu a vorbit despre adevăratul sine. El a vrut ca noi să aflăm singuri dacă sufletul adevăratului sine există cu adevărat. În cele din urmă, întreaga șaradă se întâmplă în mintea noastră. Acesta este motivul pentru care călugării și yoghinii din toate tradițiile s-au retras în peșteri, păduri și munți – locuri retrase, dar plăcute – pentru a depăși eul sau suferințele minții și a se elibera de suferința pe care o produc, și permițând acelei energii pure să iasă la suprafață. Buddha a numit starea de eliberare a conștiinței Christice Nirvana. El a ales acest nume, deși este un cuvânt negativ, pentru că nu este ceva la care să aspirăm – cum ar fi eliberarea (Moksha) sau alte lucruri pe care ni le putem imagina și spera să le realizăm – , prin urmare, nu permite minții eului să se identifice cu ea. Nirvana înseamnă a exploda, a extinde sau a stinge flacăra care este eul. Este ca lumina lumânării în soarele după-amiezii care devine una cu lumina soarelui. Acesta este motivul pentru care Buddha ne-a cerut să renunțăm la eu, și făcând acest lucru vom afla pentru noi înșine dacă mai rămâne ceva după ce am stins complet lumina eului și vom găsi sinele, singura realitate.

În creștinismul timpuriu, patimile erau numite demoni; Budiștii le numesc suferințe ale minții. Rădăcina acestor suferințe sunt cele cinci otrăvuri (ignoranța, atașamentul, aversiunea, mândria, invidia). Toate apar prin dorința egocentrică personală.

Shantideva afirmă în cartea sa, Un ghid pentru modul de viață al Bodhisattva:

Nici chiar toți zeii și semi-zeii
sar ridica împotriva mea ca și vrăjmași ai mei, Nu ar putea
să mă conducă și nici să mă plaseze in flăcările arzătoare
ale iadului.
Dar vrăjmașul cel tare, suferințele minții (patimile), Într-o
clipă mă poate arunca în mijlocul (acelor flăcări)
Care, atunci când este îndeplinită, nu va provoca nici
măcar cenușa a regelui munților să rămână.

- Shantideva

Aici Shantideva arată cum suferințele apar din dorințe și atașament față de obiecte sau idei și prin urmare, sunt un produs al propriei noastre minți și ne pot ține în propriul nostru iad (stare de spirit). Upanishadele din tradiția hindusă descriu bătălia sufletului sau a sinelui cu eul în același mod, la fel ca și Bhagavad Gita, unde Krishna este Spiritul Pur și Arjuna este mintea afectată.

Când omul s-a deconectat de obiectele senzoriale sau de acțiuni, renunțând la propria voință egoistă, atunci el este matur în yoga.

- Lordul Krishna

Aici, Krishna ne spune că, pentru ca noi să creștem spiritual, trebuie să renunțăm la voința egoistă, la dorințele egoiste și făcând acest lucru, ne putem apropia de uniunea cu Dumnezeul absolut.

Ramana Maharshi a mai spus:

Așa cum toate ființele vii doresc să fie fericite, fără suferință, care este in cazul fiecăruia, se observă iubirea supremă pentru sine, și cum numai fericirea este cauza iubirii, pentru a câștiga acea fericire care este natura noastră și care este experimentată în starea de somn profund în care mintea nu este, acolo trebuie să ne cunoaștem sinele. Pentru aceasta, calea cunoașterii, cercetarea formei „Cine sunt eu?" este mijlocul principal.

- Ramana Maharshi

El afirmă că, pentru a găsi fericirea veșnică pe care o căutăm cu toții, este imperativ să aflăm cine suntem cu adevărat și așa cum el și mulți alți sfinți și învățători au subliniat, asta este cea mai directă cale, este cunoașterea de sine. Aici, cel mai cunoscut om de știință din lume, Albert Einstein, este de asemenea, de acord cu maeștrii antici și spune că trebuie să renunțăm la clipirile de iluzie pe care le-am pus ca o iluzie optică și, făcând acest lucru, ne putem extinde apoi iubirea asupra tuturor ființelor:

O ființă umană este o parte a întregului, numită de noi „Univers", o parte limitată în timp și spațiu. El se experimentează pe sine, gândurile și sentimentele sale ca ceva separat de restul – un fel de iluzie optică a conștiinței sale. Această iluzie este un fel de închisoare pentru noi, limitân-

du-ne la dorințele noastre personale și la afecțiunea pentru câteva persoane apropiate nouă. Sarcina noastră trebuie să fie să ne eliberăm din această închisoare prin lărgirea cercului nostru de compasiune pentru a îmbrățișa toate creaturile vii și întreaga natură în frumusețea ei. Nimeni nu este capabil să realizeze acest lucru complet, dar lupta pentru o astfel de realizare este în sine o parte a eliberării și o fundație pentru securitatea interioară.

- Albert Einstein

Mai jos, Rabindranath Tagore explică modul în care propriul nostru eu ne împiedică să realizăm sinele:

Acesta este motivul pentru care Upanișadele îi descriu pe cei care au atins scopul vieții umane ca fiind „pașnici" și „una cu Dumnezeu", ceea ce înseamnă că ei sunt în armonie perfectă cu omul și natura și, prin urmare, în uniune netulburată cu Dumnezeu. Întrezărim același adevăr în învățăturile lui Isus când spune: „Este mai ușor să treacă o cămilă prin urechea acului decât să intre un bogat în împărăția cerurilor", ceea ce implică faptul că orice prețuim pentru noi înșine ne separă de alții; Posesiunile noastre sunt limitările noastre. Cel care este înclinat să acumuleze bogății nu este capabil, cu eul continuând să se umfle, să treacă prin porțile înțelegerii lumii spirituale, care este lumea armoniei perfecte; El este închis între zidurile înguste ale achizițiilor sale limitate. Prin urmare, spiritul învățăturilor lui Upanishad este: Pentru a-l găsi, trebuie să-i îmbrățișezi pe toți. În căutarea bogăției, renunți cu adevărat la tot pentru a câștiga câteva lucruri, și nu aceasta este calea de a-L atinge pe Cel care este complet.

- Rabindranath Tagore

Până acum, sperăm că începem să înțelegem că suferința prin care trece umanitatea este creată de noi prin identificarea cu propriul nostru eu (ego). Cum apare această identificare, este o altă întrebare, pe care trebuie să o înțelegem înainte de a începe să vorbim despre cum să punem eul în propriul său loc natural. Trebuie să observăm pentru noi înșine cum funcționează eul, și în această observație pură eul își va preda încet controlul sinelui, permițând inimii individuale să se extindă prin minte, aliniind corpul, inima și mintea într-o singură ființă unitară, plină de iubire și în uniune deplină cu toata existența și viața. Aceasta este singura cale spre realizarea Iubirii, Păcii și Armoniei în lume.

Este la fel ca atunci când urmărim efectuarea unui truc magic. Îi vedem magia și credem că este reală până când observăm cum funcționează, iar când aflăm prin propria noastră cunoaștere atunci nu mai este magie. La fel și cu eul: când aflăm singuri cum funcționează și cum ne ține în robie, atunci nu mai avem încredere în el și nu mai permitem trucurilor să continue.

Toate tradițiile arată că dacă simțurile nu sunt controlate, atunci ne confruntăm cu probleme de a ne bucura prea mult de plăcerile pe care le oferă și, prin urmare, de a fi atașați de plăcerile lumii. Aici avem un paradox al modului în care trebuie să depășim simțurile: trebuie să le suprimăm, să le controlăm sau doar să fugim cu ele? Majoritatea călugărilor și yoghinilor le suprimă, deși unii se bucură de ele și aleargă cu ele. În Upanișadele Katha, Lordul Yama explică cine este conducătorul simțurilor:

Ceea ce se bucură de formă, gust, miros, sunet, atingere și uniune sexuală este Sinele. Poate exista ceva care să nu fie cunoscut de Cel care este Unul în toate? Cunoașteți Unu, cunoașteți totul. Cel prin care cineva se bucură de starea de veghe și de somn este Sinele. A ști că este conștiință înseamnă a merge dincolo de durere. Cei care cunosc Sinele ca bucurându-se de mierea din florile simțurilor, mereu prezent în interior, conducătorul timpului, merge dincolo de frică. Căci acest Sine este suprem!

- Katha Upanishad

Odată ce ne-am dat seama de sine, atunci simțurile nu ne vor da probleme și pot fi folosite pentru a ne bucura de viață, atunci orice ne prezintă viața este bucurie și dacă ne bucurăm de simțuri prin adevăratul sine, atunci am lăsat tristețea în spate. De asemenea, depinde de noi ce cale alegem pentru a ne realiza sinele și pentru a fi liberi de simțuri. Odată ce eul se predă, sinele, care nu este niciodată egoist, rămâne conducătorul vieții noastre și făcând acest lucru, acționează în beneficiul tuturor ființelor. Acesta este motivul pentru care Hristos a declarat că a te lepăda de tine însuți este moartea eului și numai atunci îl poți urma și, făcând astfel, nu vei gusta niciodată moartea. Simțurile trebuie să fie restrânse pentru unii, unii trebuie să stea departe de ele, iar alții pot fugi cu ele. Depinde de individ și de Guru (Învățătorul Spiritual) care poate sfătui pentru că un Guru adevărat va cunoaște cea mai bună cale pentru fiecare persoană.

Foarte puțini sunt binecuvântați cu energia necesară pentru a-și depăși simțurile, pentru că aceasta este într-adevăr o sarcină deosebit de grea. Dacă suntem capabili să le depășim, eul se predă pentru că nu are nici un sprijin și fără sprijin nu se poate hrăni singur, așa că renunță. Atunci suntem liberi să acționăm prin voința supremă, acționând întotdeauna în beneficiul tuturor, inclusiv al nostru. Atunci am atins starea de libertate absolută.

Această stare de a fi liber se numește Turiya și este explicată de Ramana Maharshi:

> *Ce este turiya?*
> *Turiya este mintea în repaus și conștientă de Sine. Există conștientizarea faptului că mintea s-a contopit în sursa sa. Dacă simțurile sunt active sau inactive este irelevant. În nirvikalpa samadhi (starea absolută) simțurile sunt inactive. A cunoaște implică subiectul și obiectul. A fi conștient înseamnă a fi fără gânduri.*
>
> *- Sri Ramana Maharshi*

Este important să înțelegem cum funcționează simțurile și cum ne pot ține de fapt într-o închisoare a noastră și a aplicării viziunii dualiste a minții. În capitolul următor, ar trebui să aruncăm o privire în lumea dualității, pentru că din cauza dualității sinele se împarte în două și prin urmare ne ține în conflict și mizerie.

CAPITOLUL 7

LUMEA DUALITĂȚII

Bine și rău, corect și greșit, pozitiv și negativ, interior și exterior, etc. sunt energii care se opun reciproc. Mișcarea dintre aceste energii este dansul vieții. Viața este o mișcare; Este un dans, dar este și o încetare a mișcării în liniște. În această lume, toate ființele, în afară de oameni, curg cu viața cu fluxul natural al existenței. Ființele umane cred că știu mai bine și gândindu-se că încearcă să controleze natura curg împotriva fluxului natural al vieții. Aici putem observa că oamenii au introdus un element de distrugere pe măsură ce ne scurgem împotriva vieții. A curge cu viața înseamnă a te preda vieții, a ceea ce este, momentului prezent. Această capitulare este foarte dificil de realizat, pentru că pentru a face acest lucru, eul trebuie să predea tot controlul sinelui real. A te preda la ceea ce este, la momentul prezent, la viață sau la Dumnezeu este cel mai dificil lucru de făcut. Atâta timp cât ne identificăm sub orice formă cu eul, ne va fi frică să ne predăm, anticipând anihilarea, neștiind – din cauza ignoranței – că predarea totală este eliberare, este uniune cu existența, iubirea, Dumnezeu oricum l-ai numi, nu poate fi numit cu adevărat pentru că de îndată ce l-ai numit îl reduci la nivelul eului și îl faci personal. Dumnezeu, Viața, Iubirea, inteligența pot fi cunoscute numai fiind una cu ele.

Isus spune:

> *Dacă vă întreabă: „Care este semnul Tatălui vostru în mijlocul vostru?" (apoi) spune-le: „Este mișcare și odihnă".*

> - Evanghelia lui Toma: 50

Aici Hristos spune că noi suntem esența Tatălui, care este în odihnă, și noi suntem, de asemenea, manifestarea, care este mișcarea în acea esență a tatălui. Această mișcare nu este ceva separat de Dumnezeu, dar pentru că suntem în lumea dualității, o vedem separată. Din nou, aici aducem câteva cuvinte ale lui Hristos cu privire la această dualitate.

Isus spune:

> *Dacă doi fac pace unul cu altul în una și aceeași casă, (atunci) vor spune muntelui: „Depărtează-te!" și se va îndepărta.*

> - Evanghelia lui Toma: 48

Aici el se referă la atunci când dualitatea a încetat în noi și când eul se topește în adevăratul sine predând controlul pe deplin. În acest moment, vom fi capabili să mutăm muntele la care el se referă că a fi eul, și dacă putem să îl mutăm vom fi liberi de toate necazurile și vom deveni una cu Tatăl, cu toată existența. Eul nu va muri de moarte fizică, ci doar una psihologică unde își poate împlini atunci propriul scop, acela de a ajuta sinele să se manifeste prin corp, minte și spirit în această lume, cele trei lucrând în uniune totală. Dacă eul moare, nu vom fi capabili să susținem uniunea dintre corp, minte și spirit și vom muri de moarte fizică.

Isus le-a spus: „Când le faceți pe cele două într-una, și când faceți dinăuntru ca exteriorul și exteriorul ca dinăuntru și cele de sus ca și cele de jos –
adică să facă masculul și femela în unul singur, astfel încât bărbatul să nu fie bărbat și femeia să nu fie femeie –
și când faci ochi în loc de ochi și mână în loc de mână și picior în loc de picior, imagine în loc de imagine,
Atunci veți intra [în Împărăție]."

— Evanghelia după Toma: 22

Aici Hristos indică clar din nou, că lumea dualității trebuie să fie transcensă pentru ca noi să intrăm în Împărăție și să devenim una cu toată existența și nonexistența.

Putem vedea că dacă nu topim eul în sine ca acelea sa devina una lucrând ca o singură unitate, nu vom putem intra în împărăție, ceea ce înseamnă că nu ne vom recunoaște propria divinitate și prin urmare, nu vom putea simți niciodată unitatea cu Totalitatea. Eul este diavolul deghizat, și inimile noastre îl pot revela pe Dumnezeu numai atunci când eul a renunțat la orice control, la toată puterea și s-a predat lui Dumnezeu.

În multiplicitatea ființelor există diversitate, de similaritate și diferență. Dar în Dumnezeu, care este în sens absolut unul și singur, există numai identitate, simplitate și similitudine. Prin urmare, nu este sigur să ne dedicăm contemplării lui Dumnezeu înainte de a fi avansat dincolo de multiplicitatea ființelor. Moise a arătat aceasta când și-a întins cortul minții în afara taberei (cf. Exod. 33:7) și apoi a vorbit cu Dumnezeu. Pentru că este periculos să încerci să rostești inexprimabilul prin intermediul cuvântului rostit, pentru că cuvântul rostit implică dualitate sau mai mult decât dualitate. Cea mai sigură cale este de a contempla ființa pură în tăcere numai în suflet, pentru că ființa pură este stabilită în unitate nedivizată și nu în multiplicitatea lucrurilor.

- Sf Maxim Marturisitorul

Sfântul Maxim Mărturisitorul ne arată aici foarte frumos cum trebuie să biruim lumea dualității și că numai după aceea putem fi stabiliți în conștiință, să fim liberi de intelect și de cuvinte, care sunt întotdeauna în dualitate și mereu separatiste, în timp ce Dumnezeu este unitate nedespărțită între multiplicitatea lucrurilor.

În budismul tibetan, Tantra/Vajrayana, termenii «masculin» și «feminin» simbolizează beatitudinea/bodhicitta (masculin) și goliciunea/înțelepciunea (feminin). Ele simbolizează astfel uniunea naturii ultimei realității ai minții. Vizualizările zeităților în uniune întruchipează natura reală a realității ultime și a minții, și astfel ele sunt încontinuu prezente în toate ființele inseparabile. Practica în tantra este de a transcende lumea dualității celor două într-una.

În tradiția budistă, se afirmă clar în toate învățăturile că înainte de a ajunge la starea de Buddha, trebuie să transcendem mintea dualistă. Aici Longchenpa, un maestru budist realizat, scrie:

Aceasta este starea primordială, Natura una și unică:
Dharmakaya (Corpul realității absolute, Dumnezeu) unde
subiectul care înțelege
Și obiectul reținut nu este găsit
Și unde apare o luminozitate nepătată ca esența soarelui.
Nu are nici un centru, nici o limită: fericită, clară și liberă
de gândire.

- Longchenpa

Există dualitate fizică, dar și dualitate psihologică. Dualitatea psihologică trebuie înțeleasă și depășită și aceasta nu este o sarcină ușoară atâta timp cât lucrăm dintr-un centru – eul – cu toate răutățile sale. Acest centru este miezul tuturor necazurilor și rădăcina oricărei ignoranțe.

Adi Shankara explică, de asemenea, în Atmabodha:

Numai din cauza ignoranței Sinele pare a fi finit și redus la „nume și formă". Când ignoranța este distrusă, Sinele non-dual, care nu admite nici un fel de multiplicitate, se revelează cu adevărat prin Sine, adevărata sa natură fiind non-duală, la fel ca soarele atunci când norii sunt îndepărtați.

- Adi Shankara

Shankara a afirmat că atunci când adevăratul sine este cunoscut, nu doar supus mie și alor mele, atunci adevărata realitate se revelează și lumea dualității dispare. Acum persoana este eliberată din închisoarea pe care eul a creat-o și Dumnezeu își poate dezvălui gloria și se poate manifesta prin acea persoană.

Iată o altă explicație de la Dasbodh:

Fără o investigație adecvată, mulți oameni spun că sufletul bărbatului și sufletul femeii sunt diferite. Cu toate acestea, Sinele tuturor este unul singur. Acest secret subtil trebuie înțeles experimental. Distincția apare datorită formelor grosiere, dar în experiența subtilă, totul este înțeles ca fiind unul. Acest lucru trebuie cu siguranță experimentat pentru a fi înțeles. Nu s-a întâmplat niciodată ca procrearea să poată avea loc atunci când o femeie se bucură de sex cu o altă femeie. Astfel, o femeie interioară are dorul pentru un bărbat. În exterior, natura unei relații este a bărbatului cu femeia, dar relația subtilă este numai a Sinelui cu el însuși. Dorința unui bărbat este ea însăși principiul feminin. Astfel, Prakriti este prezent în Purusha. Cu toate acestea, principiul masculin (Purusha) devine manifest în principiul feminin (Prakriti). Astfel, se spune corect că principiile masculine și feminine sunt una. Privind corpul grosier ca referință, vedeți universul și obțineți o înțelegere experimentală a universului. Dacă nu înțelegeți, atunci obțineți înțelegere prin explicații și investigații repetate. Dorința originară pentru dualitate este însăși Iluzia Primară. De acolo, întreaga lume devine manifestă. Prin urmare, vedeți cum au apărut atât Iluzia Primară, cât și lumea. Aici marea sarcină de clarificare a fost finalizată. Îndoielile ascultătorilor au fost înlăturate și natura principiilor masculine (Purusha) și feminine (Prakriti) au fost explicate.

- Sf Shri Samartha Ramdas

Trebuie să înțelegem că această lume a dualității există pentru că ne-am identificat pe noi înșine cu eul, și acest eu este cea mai vicleană persoană existentă și va face tot ce îi stă în putință pentru a ne menține în controlul său, ținându-ne astfel pentru totdeauna în ignoranță. Dar fără dualitate, de asemenea, nu am putea realiza adevărata noastră natură. Este evident, atunci, că dorința pentru dualitate este iluzia primară, dar a cui dorință este? Putem spune că este sinele care dorește să se experimenteze pe sine într-o multitudine de forme și așa a început creația.

Jiddu Krishnamurti, în Reflecția Sinelui, ne cere fiecăruia dintre noi să descoperim pentru noi înșine cum gândirea și timpul susțin eul. Iată una din discursurile sale.

Gândul și timpul sunt întotdeauna împreună.
Deci, unul dintre factorii pentru care ființele umane sunt fragmentate este gândirea. Vă rog, acordați atenție acestui lucru. Și, de asemenea, unul dintre factori este timpul. Deci, Timpul este trecutul, prezentul și viitorul. Timpul acesta este trecutul: toate amintirile mele, toate amintirile, expe-

rienţele, cunoştinţele, tot ceea ce fiinţele umane au realizat, care rămâne în creier ca memorie, care este trecutul. Este aşa? Este simplu. Acest trecut operează acum în prezent. Este adevărat? Este simplu, clar? Trecutul – toate amintirile, toate cunoştinţele, toată experienţa, tendinţele şi aşa mai departe – are fundaţia în trecut. Şi acesta fundaţie funcţionează acum. Deci, tu eşti trecutul. Şi viitorul este ceea ce sunteţi acum, poate modificat, dar viitorul este trecutul, modificat. Este adevărat? Vedeţi acest lucru, vă rugăm să înţelegeţi acest lucru. Şi astfel, trecutul modificat în prezent este viitorul. Tradiţia voastră ca ţară culturală în ultimii trei-cinci mii de ani, această vastă acumulare de cunoştinţe, cultură, toate lucrurile pe care fiinţele umane le-au adunat, cercetând, dialogând, tot ceea ce este stropit în prezent, pentru că condiţiile economice o cer, iar trecutul este rupt, modificat şi va fi viitorul. Este aşa? Acesta este un fapt. Deci, trecutul care se modifică în prezent este viitorul. E adevărat? Deci, în prezent, dacă nu există o schimbare radicală, mâine va fi la fel ca astăzi. Deci, viitorul este acum. Mă întreb dacă înţelegeţi acest lucru. Înţelegi asta? Viitorul, nu viitorul dobândirii cunoaşterii, ci viitorul psihologic, că psihicul, „eul", sinele, este trecutul, memoria şi acea memorie se modifică acum şi merge mai departe. Deci, viitorul şi trecutul sunt în prezent. Deci, tot timpul – trecutul, prezentul – este conţinut în prezent. Corect? Nu este complicat, vă rog. Este logic.

- Jiddu Krishnamurti

Discursurile lui Krishnamurti explică, într-un mod simplu, că gândul şi timpul merg mână în mână şi sunt întotdeauna limitate. Sacrul, divinitatea, este dincolo de timp şi spaţiu. Tot ceea ce este infinit, nelimitat, este dincolo de gândire şi timp, prin urmare nu este niciodată legat de nimic şi nu poate fi niciodată înţeles de ceea ce este limitat.

Albert Einstein susține afirmația lui Krishnamurti:

Timpul nu există – noi l-am inventat. Timpul este ceea ce spune ceasul. Distincția dintre trecut, prezent și viitor este doar o iluzie persistentă încăpățânată.

- Albert Einstein

Toți înțelepții din toate tradițiile au expus acest adevăr. Krishnamurti, la fel ca și Buddha, ne-a invitat să aflăm pentru noi înșine și să cercetăm profund natura minții. Chiar și Hristos, așa cum am spus mai devreme, a indicat că trebuie să ai cunoaștere de sine pentru a veni la Tatăl. Ignoranța învăluie și Iubirea dezvăluie. Fiecare trebuie să-și găsească propria cale spre realitate. Calea spre adevăr este un tărâm fără cale. Nu există o metodă sau o idee specifică pentru a ne duce acolo, pentru că nu este unde să ajungem și nimic de realizat.

De asemenea, Hristos spune că timpul este un obstacol în a vedea adevărul:

Ucenicii i-au spus lui Isus: „Spune-ne cum va fi sfârșitul nostru."
Isus a spus: „Ai descoperit deja începutul, căci acum întrebi despre sfârșit?
Căci unde este începutul, acolo va fi și sfârșitul.
Ferice de cel ce va sta la început. El va cunoaște sfârșitul și nu va gusta moartea."

- Evanghelia după Toma: 22

Hristos spune aici că trebuie să rămânem cu momentul, în prezent, pentru că viața, adevărul, inteligența, iubirea se găsesc numai în momentul prezent: unde este începutul, acolo este și sfârșitul, ceea ce înseamnă că timpul nu este. Deci, atâta timp cât nu putem trăi în prezent, vom crea dualitate. De asemenea, el continuă spunând că cel care poate rămâne în momentul prezent și se poate preda pe deplin el nu va gusta moartea, pentru că moartea este în timp și spațiu, dar Dumnezeu este dincolo. Dacă ne predăm cu adevărat pe deplin, grijile, meschinăria; dacă renunțăm la identificarea cu trupul, devenim una cu Dumnezeu acolo unde nu există moarte, pentru ca atunci nu rămâne nimic să fie predispus la moarte? Dacă identificarea cu corpul și eul a dispărut, nu a mai rămas nimic de murit. Predarea în sine este adevărata moarte și, prin urmare, trebuie să murim în fiecare moment când ne dăm seama că lucrăm prin eu și aceasta este negarea de sine, așa cum au subliniat toți maeștrii.

Ramana Maharshi, un maestru indian realizat, subliniază că primul gând care apare este gândul Eu și din Eu apar toate celelalte gânduri. Când înțelegem și găsim sursa de unde apare Eul, atunci înțelegem că natura gândirii este limitată, divizibilă și finită, iar acest gând nu poate înțelege niciodată Infinitul care este dincolo de spațiu și timp. Cel care a înțeles încetează orice căutare pentru că își dă seama că mintea și gândul nu pot atinge niciodată adevărul, unica realitate sacră. Gândul poate crea spațiu în minte, dar acel spațiu este încă limitat. Nu este libertate reală, deoarece este limitată de gândire, care este în timp și vine cu propriile sale limite.

Amritabindu Upanishad afirmă:

*Cea mai înaltă stare este dincolo de puterea gândirii, pentru
că se află dincolo de orice dualitate.*

- Amritabindu Upanishad

Upanishadul de mai sus spune că cea mai înaltă stare de conștiință este dincolo de dualitate, dincolo de gândire, dincolo de tot ceea ce este finit. Ramakrishna subliniază, de asemenea, modul în care suntem în viziunea dualistă a lumii și cum ne creăm, de asemenea, propriile stări de rai și iad. El afirmă că scopul tuturor religiilor este de a de-hipnotiza sufletul care se află sub un văl de iluzie creat de propria noastră ignoranță.

Nemuritorul devine o victimă a nașterii și a morții. Neschimbătorul suferă schimbări. Sufletul Pur fără păcat, hipnotizat de propria sa māyā (iluzie), experimentează bucuriile cerului și durerile iadului. Dar aceste experiențe bazate pe dualitatea relației subiect-obiect sunt ireale. Chiar și viziunea unui Dumnezeu Personal este, în ultimă instanță vorbind, la fel de iluzorie ca experiența oricărui alt obiect. Omul își atinge eliberarea, prin urmare, străpungând vălul iluziei și redescoperindu-și identitatea totală cu Brahman (Dumnezeu). Știind că este una cu Spiritul Universal, el realizează Pacea inefabilă. Numai atunci trece dincolo de ficțiunea nașterii și a morții; Numai atunci devine nemuritor. Și acesta este scopul final al tuturor religiilor – să de-hipnotizeze sufletul hipnotizat acum de propria ignoranță.

- Sri Ramakrishna

Mulți oameni au căutat și au vrut să înțeleagă adevărul, dar s-au împiedicat și au rămas în câmpul gândirii și foarte puțini au mers mai departe. Oricine caută adevărul vrea să aibă experiență spirituală, neștiind că experiența nu contează cât de frumoasă și înălțătoare poate fi, este încă în câmpul gândirii și al timpului, prin urmare, limitată.

Motivul este că eul e viclean și inteligent și se susține întotdeauna prin gândire. Mulți dintre noi nu putem fără a gândi și nu putem sta niciodată o clipă fără să gândim fără să ne plictisim de moarte. Astăzi, dacă observați, fiecare ființă umană este dornică de informații, care sunt ușor de accesat odată cu apariția internetului. Da, tehnologiile sunt utile, dar modul în care sunt utilizate tehnologiile este o altă întrebare. Ele pot fi folosite pentru bine sau rău, la fel cum cuțitul poate tăia pâinea sau gâtul cuiva. Dacă este folosit în moduri egoiste, omul va fi mai atașat de lume și va apărea în dualitate, ridicându-se mereu la plăcere și durere, prin urmare, niciodată în pace și întotdeauna în suferință.

Gândul poate exista numai în dualitate, pentru că este divizibil și creează întotdeauna conflict și suferință. Gândul vine din trecut, se schimbă cumva în prezent și apoi se proiectează în viitor, fiind astfel mereu susținut de timp. Acesta este motivul pentru care nu putem înțelege niciodată realitatea așa cum este prin gândire, ci putem vedea realitatea doar așa cum este proiectată, în funcție de amintirile noastre și de starea de atașare. Adevărata înțelegere nu poate avea loc niciodată în timp. Este în moment și se ocupă doar de ceea ce este, de fapte. Este inteligență pură care nu este atinsă de gândire. Isus exprimă acest lucru frumos în următoarea învățătură.

Aflați ce este în fața voastră și ceea ce este ascuns de voi vă va fi dezvăluit.

- Evanghelia după Toma: 5

Aici Hristos ne arată că ar trebui să privim fără nici o judecată, să rămânem cu prezentul, să observăm și să ascultăm. În acest fel, vom recunoaște adevărul. În acel moment, dualitatea nu există, prin urmare realitatea sinelui rămâne fără eul care este cunoscătorul, analizatorul, observatorul, interferând. În spațiul înțelegerii adevărate, eul nu mai apare.

În Bhagavad Gita, Krishna îi spune lui Arjuna că lumea dualității trebuie să dispară psihologic pentru ca cineva să fie liber.

Așa cum, în acest corp, Sinele trece prin copilărie, tinerețe și bătrânețe, tot așa, după moarte, el trece într-un alt corp. Senzațiile fizice — frig și căldură, plăcere și durere — sunt trecătoare: vin și pleacă; deci, suportă-le cu răbdare, Arjuna. Numai omul care nu este mișcat de nici o senzație, omul înțelept indiferent la plăcere, la durere, este apt să devină fără de moarte. Neființa nu poate fi niciodată, ființa nu poate niciodată să nu fie. Ambele afirmații sunt evidente pentru cei care au văzut adevărul.

- Lordul Krishna

Deci, lumea psihologică a dualității există datorită identificării noastre cu eul, care, așa cum am văzut, este susținut de gândire. Se pune atunci întrebarea cum putem trăi fără să gândim. Gândirea în viața de zi cu zi este o necesitate, dar această gândire trebuie să vină în mod natural și spontan, fără eul, care este observatorul, analizatorul cu toate complicațiile și judecățile sale. Atunci vom fi capabili să acționăm în mod corect, într-un mod altruist. A vedea și a acționa în același timp. Am vorbit despre lumea dualității pentru că aici suferim atunci când urmărim plăcerea, care este întotdeauna însoțită de durere.

În Tejobindu Upanishad, se spune:

Brahman (Dumnezeu) nu poate fi realizat de cei care sunt supuși lăcomiei, fricii și mâniei.
Brahman nu poate fi realizat de cei care sunt supuși mândriei numelui și faimei sau vanității erudiției. Brahman nu poate fi realizat de cei care sunt prinși în dualitatea vieții. Dar tuturor celor care străpung această dualitate, ale căror inimi sunt date Domnului Iubirii, El se dăruiește pe sine prin harul său infinit.

- Tejobindu Upanishad

Cele de mai sus afirmă că, dacă nu suntem liberi de cele cinci otrăvuri și liberi de eul care ne învelește sinele, nu putem câștiga harul Domnului Iubirii care se revelează prin sine. Numai atunci când străpungem viața dualistă putem fi liberi. Atunci binecuvântarea iubirii va veni asupra celui care a străpuns viziunea dualistă si s-a eradicat învelișul eului.

Următoarea afirmație folosește povestea unui spin: pentru a scoate un spin unul folosește altul și când treaba este terminată, ambele sunt eliminate. Sfântul Sri Ramdas folosește imaginația corectă a dualității pentru a scăpa de imaginația incorectă, și odată ce treaba este făcută, imaginația corectă este dizolvată împreuna cu dualitatea.

Prin contemplarea continuă a identității cuiva ca Natură a Sinelui, gândul dualității se dizolvă și se câștigă convingerea cunoașterii a non-dualității, care este ceea ce se numește imaginație corectă. Ceea ce imaginează non-dualitatea este considerat imaginație corectă, iar ceea ce imaginează dualitate este considerat imaginație incorectă. Imaginația incorectă este ceea ce se numește în mod obișnuit imaginație contaminată sau poluată. Sensul de a spune că există ceva care este considerat imaginație corectă, este că duce la convingerea fermă a non-dualității, în timp ce ceea ce se numește imaginație incorectă se spune că este poluat în sensul că își imaginează dualitatea. Când imaginația non-dualității este folosită, ea strălucește și, în acel moment, dualitatea este eliminată. Când dualitatea dispare, imaginația incorectă dispare odată cu ea. Cei înțelepți înțeleg că imaginația este îndepărtată cu imaginația în acest fel. Când imaginația incorectă a dispărut, după aceea rămâne doar tipul corect de imaginație. Cu tipul corect de imaginație ne imaginăm forma Sinelui. Când ne imaginăm Forma Sinelui, devenim una cu el, iar imaginația corectă cade și ea.

- Sf Shri Samartha Ramdas

În dualitate suntem întotdeauna supuși suferinței, întotdeauna în ciclul nașterii și a morții, prin urmare, sfinții și înțelepții au lăsat multe învățături pe această temă. În următorul capitol ar trebui să ne uităm la suferința care este cauzată de o viziune a dualității în primul rând.

CAPITOLUL 8

SUFERINȚA

Cu toții am suferit – într-un fel sau altul – în timpul vieții noastre. Unii au reușit să iasă mai puternici din această cauză; Unii au căzut într-o suferință mai profundă și nu au mai ieșit din ea. Doar câțiva au trecut dincolo de orice suferință ca marii maeștri, Rishi și yoghini din toate tradițiile: Buddha, Hristos și așa mai departe. Maeștrii nu se limitează numai la religie, tradiții sau yoghini; ei pot fi din toate categoriile sociale, cum ar fi Nisagarada Maharaj sau Lahiri Mahasaya și mulți alții. Oriunde te uiți în viața noastră de zi cu zi, poți vedea suferința în diferite forme, cum ar fi – durere fizică, durere cronică, anxietatea, depresia, plictiseala, probleme în relații, muncă etc.

O întrebare importantă la care trebuie să privim este: E suferința limitată la un individ sau este comună tuturor? Dacă privim cu atenție și observăm, descoperim că toți întâlnim suferința într-o formă sau alta aproape zilnic – unii mai mult, alții mai puțin – dar adevărul este că suferința face parte din viața noastră de zi cu zi, și uneori suntem afectați indirect de suferința altora. Așa că putem spune că este comună tuturor. Suferința este de două feluri – fizică și psihologică; Una are de-a face cu trupurile noastre și una cu mintea noastră. Oricare dintre ele o poate influența pe cealaltă.

De exemplu, dacă avem dureri fizice, mintea este deranjată și dacă avem durere mentală aceasta va afecta și corpul, chiar dacă nu suntem conștienți de aceasta; Orice fel de suferință mentală va afecta corpul într-un fel sau altul. Putem vedea atunci că suferința este într-adevăr de un fel, nu-i așa? Se poate manifesta prin corp sau minte, în funcție de condițiile și circumstanțele care apar.

Aceste condiții sunt uneori evidente și alteori sunt ascunse în psihicul nostru. Mulți oameni merg la psihologi sau psihiatri să-și vindece mintea de diferite probleme. Putem vedea că toată suferința este generată de propriile noastre minți, indiferent care este cauza. Un accident, de exemplu, poate fi cauzat de noi prin neatenție sau de neatenția altcuiva, dar este totuși cauzat de mintea unui individ care nu este atent. Dacă cineva a vrut să ne rănească, mintea este cea care ne provocă suferința.

Prin urmare, suferința, indiferent de calea prin care vine, este cauzată de minte și trăiește prin minte. Pentru a înțelege suferința și pentru a depăși toată suferința, trebuie să investigăm cum apare suferința și cum este produsă de minte. În orice fel privim suferința, putem vedea clar că este cauzată de mintea noastră și de modul în care mintea percepe realitatea în funcție de nivelul condiționărilor noastre și de reacțiile noastre la ceea ce întâlnim. Prin urmare, suferința nu este a mea sau a ta; Este o energie în mișcare care atinge toți oamenii care nu pot înțelege adevărata realitate și mențin astfel acea mișcare a suferinței.

Când cineva suferă, toată lumea în legătură cu acea persoană va fi afectată mai mult sau mai puțin. Suferința este atunci o energie ca toată materia. După cum știm din fizică, toată materia este energie; lumină și sunet vibrând la frecvențe diferite dând naștere materiei. Dacă observăm și acordăm atenție suferinței și ne întrebăm de unde apare, vom descoperi că apare în minte.

Să ne uităm la un accident care s-a soldat cu o mână ruptă. Desigur, durerea fizică va fi acolo, dar acea durere fizică nu ar trebui transformată în suferință mentală de către minte, gândindu-mă la incident și aducând tot felul de învinovățiri altora sau propriei persoane, cum ar fi că îmi voi pierde slujba, nu voi avea bani, oh, acest idiot a făcut asta sau aia, nimeni nu este acolo să mă ajute și așa mai departe; Pălăvrăgeala obișnuită care se desfășoară în mintea noastră. Acest tip de suferință produsă de eu nu este sănătoasă pentru corp sau minte. O persoană iluminata în contact cu realitatea nu este afectată de nimic. Chiar dacă durerea este acolo, el o poate îndura cu ușurință, deoarece nu există nici o pălăvrăgeală în minte și energiile nu sunt disipate, prin urmare, vindecarea poate avea loc. Cineva nemișcat de suișurile și coborâșurile vieții poate rămâne absolut cu ceea ce este în momentul acela prezent. Creierul nostru consumă 20% din energia noastră zilnica – unii mai mult, alți mai puțin, în funcție de cât de multă gândire are loc – dar aceasta este media. Gânditorii obsesivi ar merge poate până la 40%, ceea ce înseamnă că alte procese și funcții din organism vor fi lipsite de energie. De ce există atât de mult cancer în lume? Este din cauza stresului mental și a stilului de viață pe care îl trăim. Când dormim prost, corpul nu are timp să se repare în mod corespunzător și dacă vom continua să pierdem energie vom fi afectați pe termen lung. Acesta este motivul pentru care în această eră, viața unui om este de numai aproximativ 72 de ani, în timp ce în trecut, viața umană, așa cum este menționată în Biblie și Vede, a fost mult mai lungă. În viitor, viața umană va deveni din ce în ce mai lungă datorită progreselor în medicină și tehnologie și de asemenea, datorită deschiderii conștiinței noastre în realitate.

Ceea ce împiedică corpurile noastre să se vindece este eul. Mintea noastră pălăvrăgește ore întregi în fiecare zi – pălăvrăgeala interioară și cea exterioară fiind aceleași – nepermițând vindecării să aibă efect prin minte, pentru că mintea este luată de eu (ego), care apoi creează toate pălăvrăgelile și conflictele. Suntem cu toții legați în acest câmp de conștiință, pentru că ceea ce face cineva îi afectează pe ceilalți și invers. Dacă suntem atenți, putem recunoaște că eul este cel mai distructiv element de pe pământ atunci când suntem sub controlul său în orice formă. Putem vedea că toată suferința îi este atribuită eului. De asemenea, trebuie să realizăm că atâta timp cât ne urmărim dorințele, vom avea întotdeauna suferință, deoarece plăcerea este întotdeauna însoțită de durere. Menționăm aici dorințele noastre, pentru că dorințele egoiste sunt cele care creează toate conflictele și suferința. Pentru ca noi să avem atât de mult, alții trebuie să aibă atât de puțin.

Imaginați-vă o lume în care nu urmărim nici o dorință egoistă și toată lumea urmărește doar dorința comună ca toată lumea să fie fericită. Se va întâmpla numai atunci când eul își va lua locul desemnat fiind doar un instrument care ne ajută să funcționăm la nivel practic și unde suntem total liniștiți la nivel psihologic. Putem vedea că suferința vine, așa cum a declarat Buddha, pentru că ne dorim, și prin urmare, ne atașăm de plăcerile pe care dorințele le au de oferit. Prin dorința urmărim plăcerea și așa cum am văzut înainte, suntem aruncați în lumea dualității unde sărim la nesfârșit ca o minge între plăcere și durere. Nu este nimic în neregulă cu dorința, dar a fi atașat de orice dorință este problematic, deoarece cu cât atașamentul este mai puternic, cu atât mai mult vom încerca să menținem dorința particulară și prin aceasta făcând astfel tot felul de răutăți.

Toată lumea vrea să fie fericită și, ca rezultat în ignoranța noastră, urmărim fericirea prin căile plăcerii. Acesta va aduce întotdeauna durere, pentru că cele două nu pot fi separate niciodată, dar în a continua să încercăm să separăm aceste lucruri ne provoacă multă durere. Aici apare și frica, iar cea mai mare frică pentru cei mai mulți dintre noi este frica de moarte – de a deveni nimic sau de a pieri în necunoscut. Această este frica noastră cea mai adânc înrădăcinată în noi și dacă această frică este înțeleasă și depășită suntem eliberați într-o clipă de toată suferința și durerea. Această frică va exista atâta timp cât suntem sclavii eului și ne identificăm cu corpul și cu toate ideile și conceptele fabricate în jurul lui. Toate fricile sunt iluzii; Ele sunt incapacitatea noastră de a înțelege realitatea. În starea de beatitudine pură, pace și iubire, toate fricile dispar la fel cum norii dispar într-o zi senină, cu cer albastru. Toți înțelepții și alte ființe iluminate ne-au spus că cauza suferinței este dorința.

Hristos afirmă:

> *Când vă veți cunoaște pe voi înșivă, atunci veți fi cunoscuți și veți înțelege că sunteți copii ai Tatălui celui viu. Dar dacă nu vă cunoașteți pe voi înșivă, trăiți în sărăcie și voi sunteți sărăcia."*

> *- Evanghelia după Toma: 3*

Aici Hristos ne spune că dacă nu ne găsim propria realitate și nu căutăm doar să ne împlinim dorințele, vom trăi întotdeauna cu suferință și vom deveni una cu acea energie a suferinței, niciodată eliberați de ea. Principala cauză a dorinței este identificarea cu corpul nostru, cu idei, concepte și numeroasele atașamente pe care le avem față de obiecte, oameni, locuri și idei. Această identificare a fost adânc înrădăcinată în minte de milenii. Aceasta înseamnă că este foarte dificil să o dezrădăcinăm, astfel încât doar câteva ființe dintr-o generație o pot face. Drumul spre adevăr este îngust; Este ca și cum ai umbla pe o muchie de cuțit și doar puțini vor avea curajul să călătorească pe ea.

> *Intrați prin poarta îngustă. Căci largă este poarta, și lată este calea care duce la pierzare și mulți intră prin ea. Dar mică este poarta și îngustă calea care duce la viață și doar câțiva o găsesc.*

> *- Matei 7:13-14*

Noi, oamenii, creăm tot haosul în lume prin propria noastră ignoranță și incapacitatea noastră de a realiza că cauza tuturor distrugerilor și suferințelor este încercarea noastră de a schimba lumea și de a controla totul pentru propriile noastre scopuri egoiste. Patriotismul, culturile, ideile și conceptele despre viață înseamnă că politica și lăcomia din societatea pe care noi înșine am creat-o contribuie în fiecare zi la suferința tuturor ființelor umane. Societățile occidentale – chiar și cele care par a fi în stare de funcționare ca fiind curate și organizate – sunt putrede din interior, controlate de ignoranță și avariție, iar acest lucru nu este greu de văzut dacă avem ochi să vedem.

Nu se schimbă societatea din afară, pentru că orice schimbare nu este decât un înveliș fals. Dacă fiecare individ nu-și dă seama de propria sa divinitate, lumea – chiar dacă poate părea că se schimbă în bine – nu se va schimba; Va fi întotdeauna un model de gândire, de distrugere și suferință la nivel individual și, de asemenea, la nivel mondial. Schimbarea trebuie să vină din interiorul nostru, pentru că acolo este împărăția cerurilor și când un număr mai mare de oameni realizează pe deplin acest adevăr, atunci va avea loc adevărata revoluție. Scopul fiecărui individ este să-și realizeze divinitatea, pentru că noi toți avem natura lui Buddha în noi înșine; noi toți suntem copiii Tatălui celui viu. Totul și toată lumea trebuie să se întoarcă la rădăcina întregii existențe, care este Dumnezeu, Iubire, Viață, Inteligență și Adevăr (oricum doriți să etichetați, nu poate fi etichetat). În această realizare, schimbarea este adevărata revoluție care vine din interior, cu propriile legi și o ordine dirijate de Iubire.

Cum poate cineva să trăiască pe deplin în Iubire cu toate ființele din mijlocul lupilor și rechinilor lumii? Aici vin învățăturile interioare ale maeștrilor noștri iluminați care ne dau îndrumări despre cum să trăim cu iubire pentru toți. Eul interferează cu toate eforturile noastre de a ne găsi propria realitate și va face tot ce îi stă în putință pentru a ne ține departe de ea.

Aici Isus Hristos a declarat:

> *Căutați mai întâi Împărăția lui Dumnezeu și neprihănirea*
> *Lui; și toate aceste lucruri vi se vor da pe deasupra.*
>
> *- Matei 6:33*

Aici Hristos ne invită să găsim adevărata noastră realitate și ne-a arătat că Împărăția cerurilor este în noi. Noi trebuie să găsim această realitate și atunci când o găsim, toate dorințele sunt îndeplinite și orice avem nevoie va fi furnizat. Când trăim în acea realitate, devenim una cu totul și în acea realitate nu vom avea nici o dorință, pentru că vom avea totul în noi. Acest lucru nu este ușor de înțeles, chiar și la nivel intelectual înțelegerea trebuie să vină din toată ființa noastră și acest lucru este deosebit de dificil. Ea poate fi trăită doar atunci când mintea renunță la orice căutare și înțelegem că și mintea este limitată. În acel moment, ne predăm cu credință deplină necunoscutului și necunoscutul va deveni cunoscut revelat în plinătatea sa de iubire.

Toate războaiele din timpuri imemoriale au drept cauză lăcomia de putere sau control asupra celorlalți. Ele se pot baza pe religie, lăcomie pentru pământ pentru a avea o poziție mai bună sau un interes în resursele lumii, dar, oricare ar fi cauza, cineva vrea întotdeauna să fie mai bun, să aibă mai mult, sau să domine prin orice mijloc și să dețină controlul. Războaiele – oricât de nobile sau morale ar părea – respiră întotdeauna distrugere pentru invadatori și pentru cei care sunt invadați. Nu există câștigători, ci doar învinși. Toată lumea este într-o stare de conflict – un conflict fizic și unul psihologic. Conflictul dintre indivizi, familii sau națiuni este încă un conflict creat de ignoranța noastră. Nu contează complexitatea acestuia, este încă un conflict. Conflictele există din cauza incapacității noastre de a înțelege adevărata noastră realitate. Cum apar conflictele în noi și cum ne luptăm cu ele în viața noastră sunt întrebări la care trebuie să răspundem. Circumstanțele și condițiile din viață nu pot fi controlate pe deplin, dar noi putem să controlăm modul în care reacționăm la ceea ce apare și dispare. Acest control este dictat de starea noastră de spirit, de condiționarea noastră mintală, iar atunci când nu există deloc condiționare, va apărea reacția corectă; Inteligența care operează cu ajutorul sinelui în conștiența totală.

Toate conflictele apar în minte din cauza incapacității noastre de a vedea ce este în fața noastră fără a judeca, compara sau analiza, în funcție de ceea ce știm. De îndată ce judecățile apar, încetăm să vedem lucrurile în realitatea lor, pentru că vrem să transformăm situația sau lucrurile în funcție de expectațiile noastre și ceea ce așteptăm este doar ceea ce știm, ceea ce suntem familiarizați sau condiționați de trecut. Toate amintirile sunt un lucru mort. Dacă situațiile sau lucrurile nu se potrivesc condiționării noastre, suntem într-o stare de conflict între ceea ce este și ceea ce am dori să fie. Dar dacă acceptăm pe deplin și rămânem cu ceea ce este, văzând doar ceea ce este, acolo există posibilitatea să se prezinte o soluție care să ne elibereze de conflict și prin urmare, să facă loc păcii.

Fiul meu este la școală și mă aștept să se descurce bine și să exceleze, iar dacă nu se ridică la înălțimea acestor expectații, apare un conflict între ceea ce mă aștept și ceea ce este. Cu toții funcționăm astfel, fie ca indivizi, fie ca instituții, fie ca națiuni. Proiectăm cu mintea visele noastre în viață și lucrăm spre ceea ce am proiectat și dacă proiectul se realizează, suntem fericiți; Dacă nu, suntem triști și suferim. Nu este nimic greșit în a ne proiecta viețile pentru ca aceasta este creația, dar este total greșit să ne atașam de rezultatul acțiunilor noastre și de aceea suferim: atașamentul nostru fața de ceea ce am proiectat este problema.

Lucrăm cu imagini, le aducem din memorie și încercăm să le schimbăm sau să le modelăm în funcție de dorințele noastre în prezent, și apoi să le proiectăm în viitor. Am fost condiționați să gândim și să acționăm în acest fel și această condiționare este ceea ce ne împiedică să vedem realul așa cum este. Întâlnim o femeie sau un bărbat, iar atracția este acolo. Devenim apropiați și formăm o relație, în această relație proiectăm imagini unul despre celălalt și aceste imagini ne împiedică să ne vedem unul pe celălalt, cine suntem cu adevărat. Când aceste imagini nu se potrivesc realității, există conflict și suferință atunci când nu putem renunța la ele și să acceptam realitatea așa cum este.

Atașamentul și identificarea sunt principalii factori ai suferinței noastre. Ca și copii, ne atașăm de jucăriile noastre. Pe măsură ce creștem, ne atașăm de oameni, lucruri și familie. Ne atașăm de tot ceea ce ne oferă satisfacție și încercăm să ne detașăm de tot ceea ce nu ne oferă. Acesta este, din ce în ce mai mult sau puțin, modul în care operăm. Suntem întotdeauna într-o stare de atașament aversiune și foarte rar în pace. Dacă lucrurile nu merg așa cum vrem noi, devenim furioși, anxioși sau supărați. Unii oameni se identifică foarte puternic cu familia, cu partidul politic, cu națiunea, cu un club de fotbal și așa mai departe. Nu este nimic în neregulă cu susținerea unei echipe, dar este foarte greșit să pui jos alta. De ce să nu te bucuri de un joc și să lași cea mai bună echipă să câștige și să accepți rezultatul așa cum este, nu așa cum ți-ai dori să fie? Nu poate exista niciodată un câștigător decât dacă există și un învins. Când amândoi dau tot ce au mai bun, amândoi ar trebui să fie respectați în mod egal și amândoi ar trebui să fie lăudați pentru eforturile lor.

Trăim astăzi într-o societate coruptă de violență, lăcomie, prejudecăți și invidie, și puțini nu sunt afectați de aceste energii negative pe care le susținem și le creăm cu toții. Când suntem furioși, este furia în afara noastră sau vine ca un dar pe care îl putem arunca dacă nu ne place? Mânia nu poate fi înlăturată cu ușurință, pentru că persoana care este furioasă este mânia însăși. Mânia nu vine din afară; Vine din interior, din incapacitatea noastră de a vedea clar adevărul. De exemplu, dacă cineva de la locul de muncă ne numește proști din orice motiv, în acel moment simțim adrenalina ridicându-se pentru a apăra imaginea pe care am creat-o despre noi înșine, și cu cât imaginea este mai puternică, cu atât răspunsul va fi mai puternic. Dacă nu putem răspunde, ne vom forma o imagine cu privire la persoana care ne-a insultat, atunci furia sau ura se nasc în mintea noastră despre acea persoană pentru că eul nostru a fost zdrobit. În acest caz, nu suntem diferiți de ură sau furie; Suntem una cu ea. Toate sentimentele și emoțiile sunt create în mod similar.

Acesta este motivul pentru care Buddha a spus:

Ceea ce gândești,
devii. Ceea ce simți,
atragi.
Ceea ce îți imaginezi, creezi.

- Buddha

O persoană iluminată va vedea de ce persoana respectivă este insultătoare. Poate că cealaltă persoană este într-adevăr proastă sau poate capacitatea și caracterul individului care face declarația sunt problematice. Oricare ar fi motivul, individul iluminat nu va răspunde sau va răspunde cu înțelepciunea care face parte din iubire, pentru că numai iubirea poate crea pace. Nimic altceva nu poate – nici o armă, nici o bombă atomică, nici o armată puternică, nimic în afară de iubire. Când fiecare individ de pe acest pământ frumos devine conștient de acest fapt, atunci și numai atunci suferința poate lua sfârșit.

Suferința vine mai ales atunci când avem expectații și acestea nu sunt îndeplinite. Ne dezvoltăm expectațiile în funcție de condiționările minții noastre și de modul în care lucrăm prin imaginile pe care le-am creat despre soțul / soția, prietenul nostru și așa mai departe. Când imaginile pe care le-am creat nu se potrivesc cu realitatea, devenim deranjați. Dacă o prietenă, o soție sau un prieten pune capăt relației – fie prin moarte, fie din orice alt motiv – atunci putem simți durere sau un șoc de singurătate dacă depindem foarte mult de acea persoană. Această singurătate este un sentiment care este rezultatul incapacității noastre de a rămâne neatașați. Cei mai mulți dintre noi încercăm să scăpăm sau să evităm această singurătate în orice mod posibil; Puțini sunt cei care pot rămâne cu ea și îi pot înțelege funcționarea. Plictiseala este o altă față a singurătății.

În acest capitol am atins atașamentul și identificarea; Să mergem mai departe în aceste subiecte și să vedem cum ne afectează viața.

CAPITOLUL 9

ATAȘAMENTUL ȘI IDENTIFICAREA

Atașamentul se naște din identificare și orice formă de identificare – fie cu țara, religia, soțul / soția etc. – poate fi o cauză a fricii. Din cauza fricii, urmărim siguranța în identificare, iar frica este în mare parte cauza identificării noastre.

Atașamentul este, de asemenea, un sentiment născut din frica de a fi singur sau de a ne simți singuri, în special pentru adulți. În copilărie sau în natură, există un proces natural de a avea nevoie să fim îngrijiți până când suntem capabili să funcționăm singuri și pe măsură ce acest proces se desfășoară, atașamentul devine în mod natural detașare. Numai noi oamenii am dezvoltat și distorsionat procesul folosindu-l într-un mod egoist, ca să spunem așa. Atașamentul față de orice va aduce durere și suferință atunci când viața (circumstanțele și condițiile) ne obligă să ne detașăm de obiectul de care ne-am atașat. Cu cât atașamentul este mai puternic, cu atât durerea este mai puternică. Atașamentul va duce la dependența de soț, copii, casă și așa mai departe. Această dependență este apoi înrădăcinată în psihicul nostru și devine condiționarea

84

noastră adânc înrădăcinată. Iubirea este atotcuprinzătoare și nu are nevoie de atașament față de nimic sau nimeni pentru că odată ce am atins acea iubire, toată lumea și totul este inclusiv în ea.

Când ne simțim singuri, suntem predispuși să ne atașăm de cineva sau ceva care ne va oferi satisfacție. Condiționarea noastră ne face să avem nevoie să ne simțim în siguranță, și prin urmare, să depindem de ceva sau de cineva. Cu toții funcționăm în acest fel, mai mult sau mai puțin. Unii se atașează de soț, copii, mașină și așa mai departe. Atașamentul vine din cauza sentimentului de singurătate care este apoi acoperit de orice suntem atașați. Atașamentul aduce întotdeauna durere, după cum știm uitându-ne la propria noastră viață, la experiențe și văzând cum se desfășoară. Iubirea fără atașament este adevărata Iubire. Acolo unde există atașament, iubirea nu se poate manifesta . Este restricționată de eu și, prin urmare, individul nu este niciodată fericit, cu excepția unor perioade scurte și temporare de satisfacție.

De ce ne simțim singuri? De ce suntem mereu atașați și ne identificăm cu un grup, cu o persoană, cu o idee, cu un obiect? Pentru că în viața noastră interioară nu suntem în pace; Ne luptăm, apoi tindem să fugim de frământările interioare în care majoritatea dintre noi trăim. De fapt, trăim două vieți, una externă și una internă. Pentru majoritatea dintre noi, viața interioară este personală și foarte rar o împărtășim cu altcineva. Când noi înșine nu ne putem ocupa de viața noastră interioară, o putem împărtăși parțial cu un prieten, consilier, psiholog și așa mai departe. Chiar și persoanele căsătorite nu își împărtășesc întotdeauna viața interioară pe deplin. Puțini sunt cei care o fac și foarte rari sunt cei la care interiorul și exteriorul sunt îmbinate într-una. În această stare de echilibru – care nu este egalitate – putem începe să înțelegem realitatea.

Domnul este numit lumină, viață, înviere și adevăr (cf.
In 8,12; 11,25; 14,6). El este lumină pentru că dă lucidi-
tate sufletului, risipește întunericul ignoranței, luminează
intelectul pentru ca să poată înțelege ceea ce este de nespus

și revelează taine perceptibile numai celor puri. El este viață pentru că dăruiește sufletelor care Îl iubesc activitatea proprie tărâmului divin. El este înviere pentru că ridică intelectul din atașamentul său letal față de lucrurile materiale și îl purifică de orice decădere și mortalitate. El este adevărul pentru că dă celor găsiți vrednici o stare neschimbătoare de sfințenie.

- Sf. Maxim Mărturisitorul

Sfântul Maxim Mărturisitorul descrie aici cum prin credință suntem ajutați de Domnul Iubirii să tăiem toate atașamentele față de lumea materială și astfel mintea se curăță și se iluminează. Odată ce acest lucru este făcut, primim tainele vieții văzute dar numai aceia care s-au curățat în minte și inimă.

De asemenea, există alții care, fiind atașați de propriile lor idei și interpretări personale, devin încătușați de aceste atașamente și astfel nu percep Lumina Clară. Śrāvakas și Pratyekabuddhas sunt (mental) ascunși de atașamentul lor față de subiect și obiect. Mādhyamikas sunt (mental) ascunși de atașamentul lor față de extremele celor Două Adevăruri. Practicanții Kriyā Tantra și Yoga Tantra sunt (mental) ascunși de atașamentele lor, atașamentele lor față de practica sevāsādhana. Practicanții Mahāyoga și Anuyoga sunt (mental) ascunși de atașamentele lor față de spațiu și conștientizare. Iar în ceea ce privește semnificația reală a non dualității, din moment ce le împart (Spațiul și Conștiința) în două, ele cad în deviație. Dacă acestea două nu devin una fără nici o dualitate, cu siguranță nu veți atinge starea de Buddha. În ceea ce privește propria minte, așa cum este cazul tuturor, Samsāra (Iad) și Nirvāna (Rai) sunt inseparabile. Cu toate acestea, pentru că persistați în acceptarea și îndurarea atașamentelor și aversiunilor, veți continua să rătăciți în Samsāra.

- Padmasambhava

Marele maestru Padmasambhava explică faptul că până și călugării sau practicanții oricărei tradiții de yoga pot cădea în a fi atașați de idei și precepte și subliniază că această cădere poate fi prevenită prin conștientizarea oricărui atașament sau rezistență interioară. Numai în acest fel se poate transmuta lumea dualității și se poate elibera prin conștientizarea dualității.

În aceste vremuri, odată cu avansarea tehnologiilor, avem tendința de a ne împărtăși viața interioară din ce în ce mai puțin. Majoritatea luptelor sunt interne; Războiul interior are loc în timp ce forțele binelui și răului luptă pentru supremație în noi. Acest război psihologic începe din copilărie între ideile, experiențele și credințele care ne-au fost impuse și ceea ce le avem noi, precum și ceea ce adăugăm prin experiențele pe care le avem. Acest război nu se va termina niciodată dacă nu putem armoniza viața interioară și exterioară într-una singură și aceasta nu este o sarcină ușoară.

Aici Hristos a declarat:

Dacă doi fac pace unul cu celălalt într-o singură casă, vor spune muntelui:
„Mută-te de aici!" și se va muta.

- Evanghelia lui Toma: 48

Hristos ne spune aici că atunci când eul se fuzionează cu sinele real, atunci războiul interior se termină și putem trăi în pace, indiferent de circumstanțele și condițiile care apar în viață. Pentru ca noi să trăim în acea stare de echilibru a minții, trebuie să trăim numai în momentul prezentului. Acest lucru nu înseamnă că trebuie să ne ștergem amintirile, ci mai degrabă să ne ștergem atașamentele față de orice amintire, deoarece memoria este încă necesară pentru a funcționa. Ne putem uita la amintiri, dar nu ar trebui să fim afectați de ele.

Munduka Upanishad afirmă:

Ca două păsări de aur cocoțate pe același copac, prietenii intimi, eul și Sinele locuiesc în același corp. Primul mănâncă fructele dulci și acre ale pomului vieții, în timp ce acesta din urmă privește detașat. Atâta timp cât credem că suntem eul; Ne simțim atașați și cădem în tristețe. Dar realizați că voi sunteți Sinele, Domnul vieții, și veți fi eliberați de tristețe. Când vă dați seama că sunteți Sinele, sursa supremă de lumină, sursa supremă a iubirii, transcendeți mintea dualistă și intrați în unitate.

- Munduka Upanishad

Ca și Hristos, Upanișadele indică același adevăr, pentru că atunci când apare realizarea unui sine adevărat, eul renunță la toată puterea și ființa intră în uniune deplină cu întreaga existență, la fel cum un pahar cu apă devine oceanul atunci când este turnat în el, tot așa cum oricine își dă seama de sine devine una cu toată viața și depășește lumea viziunii dualiste, văzând totul ca o singură mișcare. În Upanișade, a doua pasăre este cea liberă, detașată de lumea materială. Este sinele real și când ne dăm seama de sine, toate celelalte sunt realizate.

Când viața interioară și exterioară a unui individ este contopită într-una, relaționarea cu alții capătă un sens diferit. De exemplu, într-o relație, în dragoste, totul este bine pentru puțin timp, deoarece ambii iubiți își acoperă singurătatea cu așa numita iubire a celuilalt, dar după un timp această așa numită iubire se estompează și luptele interioare pe care indivizii le-au avut înainte încep să reapară și să facă ravagii. În multe cazuri, oamenii ajung să se separe, apoi pot căuta un alt partener, adesea intrând din nou în același model de gândire și căzând în capcana eului. Scopul ar putea fi să intrăm într-o relație fără nici o luptă – interioară sau exterioară – ceea ce, desigur, nu înseamnă că nu avem probleme în viață, dar atunci când aducem viața interioară și exterioară în armonie, acceptând orice vine și pleacă, atunci suntem în pace și putem acționa în mod corect și astfel ne scurgem cu viața, cu natura și iubirea. Cu toate acestea, foarte puțini sunt în această poziție de a accepta dacă cineva ne-a părăsit, indiferent de motiv. Pentru cel care este liber nu este nevoie să găsească un motiv, acceptă ceea ce este și atunci iubirea își poate continua jocul în fluxul vieții, la fel cum râul își găsește drumul spre mare, în ciuda întreruperilor pe care le întâlnește, tot așa și sufletul în cele din urmă își va găsi drumul spre casă.

Pentru a fi în această poziție, trebuie să fim detașați nu numai de oameni, lucruri, locuri și așa mai departe, ci și de fructele acțiunilor noastre. Când acționăm fără nici un motiv egoist, nu așteptăm nimic în schimb și, prin urmare, tristețea este lăsată în urmă. Durerea nu poate fi acolo unde este dragostea. În cazul a doi indivizi aflați într-o relație intimă, care nu s-au trezit la realitate, dar au intenția de a se ajuta reciproc în viață și de a rămâne unul cu celălalt, iubindu-se unul pe celălalt, cei doi pot ajunge la unitate. Procedând astfel, ei vor împrăștia penele iluziei. Cea mai apropiată iubire de dragostea adevărată se găsește în relațiile intime. Chiar și sfinții au găsit acest lucru în viețile lor anterioare înainte de a se naște ca sfinți.

Acest război interior, așa cum am menționat în capitolele anterioare, a fost descris în bătălia Kurukshetra de Arjuna, în Jihad de Muhammad și în bătălia lui David în Biblie. Acesta este războiul interior pe care îl purtăm în noi înșine tot timpul până când ne dăm seama că nu este nimic pentru care are rost să luptăm, nu este nimic pentru care să plângem; Totul este o proiecție a propriei noastre minți. Credințele, ideile și conceptele noastre sunt cele care ne împiedică să vedem realitatea așa cum este, fără ca eul să intervină. Un copil cufundat în joaca cu o jucărie va simți o anumită durere dacă acea jucărie este luată din cauza atașamentului său față de jucărie. Dacă i se dă o jucărie diferită, același copil poate uita durerea și poate fi fericit jucându-se cu noua jucărie. Ca adulți, încă funcționăm mai mult sau mai puțin în același mod. Suntem atașați de lucrurile care ne oferă plăcere și detașați de cele care ne provoacă durere. Memorăm plăcerile și încercăm să aruncăm din memorie experiențele rele care ne aduc durere. Dar aici se pune întrebarea de ce stocăm amintiri. În planul fizic, memoria este într-adevăr necesară, deoarece fără ea nu putem să nu funcționăm în lume. Memoria psihologică nu este necesară, dar suntem condiționați să stocăm și aceste amintiri. Aducerea amintirilor prin experiențelor rele sau bune ne poate permite să retrăim durerea sau plăcerile, si să fim răniți de amintiri bune care nu mai sunt vii, dar pe care vrem să le retrăim cumva; Aceasta este o iluzie. Revizitarea rănilor care au fost stocate în memorie este ca și cum ai trăi cu moartea, deoarece memoria este moarte. Este din trecut și nu are viață în ea. Ne putem aminti de ele, dar dacă suntem atașați de ele, aducerea amintirilor dureroase în prezent ne poate face să experimentăm din nou aceeași durere. Dacă nu avem nicio condiționare, atașament sau ideii, atunci memoria nu are niciun efect asupra noastră. Recunoaștem memoria, dar nu o comparăm și nu o judecăm; Nu ne gândim prea mult la asta și nici nu trebuie să schimbăm ceea ce a fost cu ceea ce ne-ar fi plăcut să fie. Amintirea nu are nici un efect și prin urmare, există pace, și iubirea poate sa decurgă natural.

Detașarea este semnul unui suflet perfect, în timp ce este caracteristic unui suflet imperfect să fie doborât de neliniște cu privire la lucrurile materiale. Sufletul perfect este numit „crin printre spini" (S. din S. 2:2), ceea ce înseamnă că trăiește cu detașare în mijlocul celor care sunt tulburați de o astfel de anxietate. Pentru că în Evanghelie crinul semnifică sufletul care este detașat de grijile lumești: „Ei nu trudesc și nu torc... totuși, nici Solomon, în toată slava lui, n-a fost îmbrăcat ca unul dintre ei» (Mat. 6:28– 29). Dar despre cei care dedică multă îngrijorare lucrurilor trupești, se spune: „Toată viața celor nelegiuiți este petrecută în neliniște" (Iov 15:20. LXX). Este într-adevăr nelegiuit să-ți petreci întreaga viață îngrijorându-te de lucrurile trupești și să dai.

- Sf Diadoh din Fotiki

Sfântul Diadoh Fotiki ne spune că detașarea de lucruri este o necesitate pentru a nu trăi cu griji și neliniști. Aici, desigur, detașarea fizică trebuie practicată pentru o vreme, până când putem scăpa de toate atașamentele psihologice care paralizează mintea cu anxietate și depresie. Toate atașamentele vor întări identificarea cu corpul și mintea.

Înțelegeți că cea mai mare avere este să fii detașat în interior și că nu există nenorocire mai mare decât să fii atașat de lucrurile lumești.

- Sf Shri Samartha Ramdas

Aici maestrul subliniază că detașarea interioară este cheia pentru a trăi o viață liberă și dacă detașarea interioară este realizată, atunci atașamentul față de lucrurile lumești dispare de la sine. Nu putem pur și simplu să renunțăm la soț / soție și copii și să-i lăsăm să moară de foame pentru că vrem să ne detașăm de lucruri și locuri – adică să fugim de ceea ce este, aceasta nu este calea corectă. Da, s-ar putea să trebuiască să ne retragem puțin în izolare pentru a medita, a contempla și a observa cum nu este să fim aproape de cei dragi, de tot ceea ce prețuim în viață și să înțelegem cum devenim atașați și cine face detașarea.

Identificarea de bază care trebuie recunoscută este identificarea cu corpul și mintea. Fiecare dintre noi se identifică profund cu corpul nostru și cu propriul eu – gândul eu – pentru că... este înainte de orice alt gând. Toată lumea folosește gândul eu. Nu este un gând privat, dar pare a fi privat, deoarece identificarea noastră de bază este cu corpul și mintea. Când ne gândim la mine, ne gândim la eu, care este în realitate eul, care este o acumulare a tuturor condiționărilor noastre – amintiri, obiceiuri, sisteme de credință – și o etichetă ca nume. Ramana Maharshi, un mare sfânt indian, a explicat în învățăturile sale că, dacă putem ajunge la sursa unde apare gândul și unde se află, suntem transformați dintr-o ființă umană într-o ființă divină: aceasta este ceea ce el numește starea iluminată. Toți oamenii folosesc gândul Eu.

Odată ce identificarea cu micul eu personal este ruptă, atunci eul universal, care este dreptul din naștere al tuturor, este revelat fără nici un efort. Este acolo așa cum a fost întotdeauna, liber de timp și spațiu, liber de orice gândire.

> *Gândul „eu" se spune că este suma totală a tuturor gându-rilor. Cercetați sursa acestui gând „eu".*
> *Această investigație este o cercetare de sine și nu se revarsă peste texte scripturale. Când se caută Sursa, noțiunea de „Eu" se contopește cu acea Sursă.*
> *„Eu gândul" este doar o aparență [sau reflecție] a Sinelui. Când acest gând se dizolvă, rămâne Sinele primar nediluat, Realitatea, Perfectă și Deplină.*
> *Rezultatul cercetării de sine este leacul pentru toate neca-zurile. Este cel mai mare dintre toate rezultatele. Nu este nimic mai mare decât asta.*
> *Puteri mistice minunate pot fi obținute prin alte mijloace. Chiar și atunci când sunt obținute, fericirea poate fi obținută numai prin auto-cercetare.*

> \- Sri Ramana Maharshi

Aici Ramana Maharshi indică o cale de ieșire din iluzie și afirmă că atunci când eul se dizolvă, adevăratul Sine poate fi experi-mentat și acest lucru se poate întâmpla numai prin cercetarea propriei noastre realități.

> *Ucenicii I-au spus lui Isus: „Spune-ne cum va fi sfârșitul nostru." Isus a spus: „Ai descoperit atunci începutul, că aștepți sfârșitul? Căci unde este începutul, acolo va fi și sfârșitul."*

> \- Evanghelia după Toma: 18

Aici Hristos face o afirmație clară că dacă aduci timpul și spațiu în minte, acolo va fi și gândul eu, dar dacă rămâi cu momentul, atunci gândul eu nu va apărea niciodată. Buddha a subliniat, de asemenea, acelaşi adevăr esenţial, la fel ca Upanişadele, Vedele şi toate celelalte tradiţii religioase. Toţi au indicat acest adevăr: cunoaşterea de sine va aduce înţelepciune şi înţelepciunea va tăia ignoranţa, prin urmare numai Sinele Adevărat va rămâne şi acest lucru nu poate fi descris, ci doar trăit.

O altă declaraţie a lui Hristos:

Un om i-a spus: „Spune-le fraţilor mei să împartă cu mine bunurile tatălui meu". El i-a zis: „O, omule, cine m-a făcut dezbinător?" El le-a spus ucenicilor Săi: „Nu sunt un dezbinător, nu-i aşa?"

- Evanghelia lui Toma: 72

Hristos afirmă aici clar că Dumnezeu nu este un dezbinător; El este una cu unitatea universală, prin urmare El nu desparte, pentru că nu este nimic de despărţit atunci când totul curge în unitate şi orice curge în ea este unitate şi acolo separarea nu are loc.

Apoi ne putem întreba cum putem ajunge să ne cunoaştem pe noi înşine, prin ce metodă putem fi capabili să facem acest lucru. Toate metodele, orice am practica, vor ajuta doar la armonizarea energiilor corpului şi minţii, dar numai prin cunoaşterea de sine putem deveni eliberaţi de toate legăturile care ne ţin în ignoranţă. Este nevoie de efort până când scapi de ceea ce nu eşti. După aceea va rămâne o stare lipsită de efort, care este beatitudine, iubire, adevăr – oricum s-ar numi acel cineva este fără nume şi răspunde la toate numele. Este eternitatea însăşi.

Adevărata valoare a unei fiinţe umane poate fi găsită în gradul în care ea a atins eliberarea sinelui de eu (ego). Anticii ştiau ceva, pe care se pare că noi l-am uitat.

- Albert Einstein

Pentru noi, să tăiem orice identificare cu eul nostru nu este o sarcină ușoară, deoarece frica de anihilare preia controlul; teama că vom fi nimic nu este ușor de învins. Aici yoga și metodele din toate tradițiile religioase, cum ar fi meditația, rugăciunea etc., își au locul. Trebuie să ne dăm seama că am fost condiționați să ne identificăm, și prin urmare să ne atașăm de diferite obiecte sau idei care credem că ne vor da siguranță, dar toate atașamentele și identificările nu vor face decât să întărească eul, menținându-ne astfel într-o stare de spirit iluzorie în care există întotdeauna conflict, și prin urmare, suferință.

Numai liniștea naște cunoașterea lui Dumnezeu, căci este de cel mai mare ajutor chiar și celor mai slabi și celor mai supuși patimilor. Le permite să trăiască fără distragere și să se retragă din societatea umană, din grijile și întâlnirile care întunecă intelectul. Nu mă refer doar la grijile lumești, ci și la cele care par nesemnificative și fără păcat. După cum spune Sfântul Ioan Klimakos, „Un fir mic de păr va irita ochiul". Iar Sfântul Isaac spune: „Să nu credeți că avariția constă pur și simplu în posesia argintului sau a aurului; Este prezentă ori de câte ori gândul nostru este atașat de ceva." Domnul Însuși a spus: „Unde este comoara voastră, acolo va fi și inima voastră" (Mat. 6:21) – fie în gândurile și preocupările divine, fie în cele lumești. Din acest motiv, toți trebuie să fie detașați și să se dedice lui Dumnezeu. Dacă trăiesc în lume, ei pot atinge în acest fel cel puțin o măsură de înțelegere și cunoaștere spirituală.

- Sf Petru Damaschinul

Sfântul Petru Damaschinul subliniază, de asemenea, că detașarea de preocupările lumești este o necesitate pentru a putea dezvălui adevărata noastră realitate, deoarece identificările pe care le avem și toate atașamentele lor vor da putere eului. Atâta timp cât lucrăm din eu, nu va exista niciodată pace, armonie și iubire pe acest pământ, trebuie doar să privim în jur și să vedem pentru noi înșine.

În Sutra Calea spre Dincolo (Pārāyanavagga), Ajita l-a întrebat pe Buddha:

> *Prin ce este învăluită lumea? De ce nu devine clară? Care*
> *spui că este pângărirea ei? Care este marea frică a lumii?*
> *„Lumea este învăluită de ignoranță, din cauza nepăsării*
> *și a răutății nu devine clară. Foamea este întinarea ei, zic;*
> *Suferința este marea frică a lumii."*

- Buddha

Aici, Buddha afirmă că ignoranța sufocă lumea și din cauza ei suferința este cea mai mare frică. Nu este o sarcină ușoară să trăiești viața fără atașamente, fără frică, acceptând întotdeauna orice îți aduce și orice îți ia. Tindem să ne agățăm de lucrurile care ne oferă cea mai mare plăcere și satisfacție și să ne îndepărtăm de orice altceva. Secretul pe care ni l-au dezvăluit maeștrii din vechime este să acceptăm întotdeauna ceea ce este. Dacă nu o putem schimba, ar trebui să ne bucurăm de viață, dar să fim întotdeauna pregătiți pentru orice ne oferă – nu numai plăceri dar și dureri – și vom vedea o stare spirituala diferită, o minte care nu este mișcată nici de plăcere, nici de durere. De asemenea, trebuie să trecem de la o stare, o minte care este întotdeauna gata să primească pentru a fi fericită, la o stare care este gata să dea fără a aștepta vreo recompensă. În continuare ar trebui să ne uităm la frică și dorință și la modul în care acestea ne afectează viața.

Capitolul 10

FRICA ȘI DORINȚA

Cea mai mare frică dintre toate este frica de Moarte; Teama că după ce murim nu mai rămâne nimic din noi ca indivizi. Frica are multe ramuri – frica de întuneric, frica de șerpi și așa mai departe – dar toate fricile se întorc la rădăcină, care este doar frica. Din această cauză, omenirea a suferit foarte mult. Liderii din trecut și prezent dețin controlul și mulți își mențin poziția prin insuflarea fricii în societate. Frica poate fi personală sau comună, în funcție de origine. Frica este creată de propriile noastre minți; nu provine dintr-o sursă externă. Incapacitatea noastră de a percepe realitatea este cea care produce frică în noi, iar incapacitatea de a vedea realitatea se datorează condiționării noastre, care apoi ne pune într-o stare de ignoranță.

Această condiționare se bazează pe memorie, apoi pe experiență. Cunoașterea apare și este salvată în memorie, iar răspunsul memoriei este gândirea. Acest proces este explicat din nou și din nou în discursurile lui Jiddu Krishnamurti. Apoi, gândul și timpul sunt rădăcina fricii din cauza trecutului transmutat în prezent prin gândire. Cineva poate avea teama că ceea ce s-a întâmplat ieri se poate întâmpla mâine și, astfel, gândirea în timp produce frică. Gânditorul este gândul; ele nu sunt separate. Atâta timp cât credem că gânditorul este separat, trăim în lumea dualității gândirii și a timpului. Gânditorul este eul, este observatorul și cel observat, experimentatorul și experiența. Când suntem furioși, noi suntem furia. Furia nu vine din afară. Declanșatorul poate fi acolo, dar furia este una cu cel care este furios. Așa apare frica.

> *Când cineva realizează Sinele, în care Toată viața este una, neschimbătoare, fără nume, fără formă, atunci nu se mai teme. Până când nu realizăm unitatea vieții, trăim în frică.*
>
> - Upanișadele

> *Dragă discipol, Cunoașterea de Sine este ea însăși atingerea mulțumirii. Odată cu cunoașterea de sine, robia fricii de viața lumească este văzută ca fiind falsă la rădăcină.*
>
> - Sf Shri Samartha Ramdas

Upanișadele și maestrul din cartea Dasbodh arată că, odată cu realizarea sinelui, toate fricile lumești dispar. Lumina cunoașterii de sine risipește întunericul dorințelor și fricilor.

S-ar putea să fim predispuși aici să ne uităm la o anumită frică, dar acest lucru nu rezolvă frica în sine. Frica este atunci când pacea și iubirea nu sunt. Frica este atunci când cineva este nesigur și atunci când încearcă să găsească siguranță în orice, frica apare pe loc. Putem vedea că nesiguranța – oricare ar fi obiectul sau subiectul care declanșează nesiguranța – merge pas cu pas alături de frică. Se pune întrebarea: există vreo securitate permanentă în lume? Din nou, trebuie doar să ne uităm în propria noastră viață și putem vedea că securitatea permanentă este o iluzie creată de minte. De exemplu, gândiți-vă la o perturbare stelară în univers care ar putea face ca pământul să dispară într-o clipită: unde este securitatea atunci? Este în țară, armată, religie, bani, soție, soț și așa mai departe...

Țările au semnat pacte și tratate între ele de secole pentru a se simți în siguranța, dar se poate găsi securitate în orice document? Este doar o bucată de hârtie și poate fi ruptă oricând. Istoria a dovedit de nenumărate ori că acordurile de pace pot fi încălcate. Dacă observăm ce se întâmplă astăzi în lume, vedem pentru noi înșine că nu există siguranță în nimic. Pacea și securitatea în lume au loc numai atunci când toți indivizii le găsesc în ei înșiși. După cum a spus Hristos, Împărăția Cerurilor este în noi și astfel pacea poate fi găsită în interior, și odată găsită, lumea este în pace și este perfectă așa cum este.

Securitatea fizică este necesară pentru majoritatea oamenilor; Doar câțiva nu au nevoie de siguranță și acestea sunt sufletele care nu au nici o dorință pentru nimic, și prin urmare, nici o frică. Ei trăiesc într-o lume condusă de voința universală, pentru că voința lor personală s-a stins. Aceasta este o stare care a existat în noi toți de la începutul timpului, dar din cauza fricii, nesiguranțelor, dorințelor noastre etc., această stare nu poate fi recunoscută și trăită. Așadar, aici am introdus un alt jucător – dorința – care, împreună cu frica și nesiguranța joacă un rol important în a ne menține ignoranți față de adevărata realitate. Dorința de bază este să fim în starea noastră naturală, care, conform Vedelor, este Sat-Chid-Ananda (Adevăr, Conștiință, Fericire). Din cauza ignoranței noastre și a lipsei de cunoaștere a cine suntem cu adevărat, această dorință de bază nu poate fi îndeplinită cu ușurință, și de fapt chiar și această dorință în cele din urmă trebuie să fie abandonată, pentru că suntem deja copiii Tatălui viu, așa cum a declarat Hristos, la fel ca Buddha și toți maeștrii tuturor tradițiilor.

Dumnezeu, care a creat întreaga natură cu înțelepciune și a sădit în secret în fiecare ființă inteligentă cunoașterea de Sine ca primă putere, ca un Domn generos, ne-a dat și nouă, oamenilor, o dorință și o dorință naturală după El, combinând-o în mod natural cu puterea inteligenței noastre. Folosindu-ne inteligența, ne străduim să învățăm cu liniște și fără să ne rătăcim cum să realizăm această dorință naturală. Impulsionați de ea, suntem conduși să căutăm adevărul, înțelepciunea și ordinea care se manifestă armonios în toată creația, aspirând prin ele să-L atingem pe Cel prin harul căruia am primit dorința.

— Sf Maxim Mărturisitorul

Sfântul Maxim Mărturisitorul scoate în evidență dorința firească, care există în toate ființele create încă de la începutul creației. Aceasta dorință este forța de baza în noi toți, dar din cauza ignoranței noastre nu o recunoaștem și, prin urmare, ne atașam de dorințele inferioare în funcție de condiționările și impresiile minții. Prin urmare, frica și dorința sunt ca și cele două fețe ale aceleiași monede.

Modul în care funcționează dorința este că în general funcționează din memorie și se naște din cele cinci simțuri, văzul, atingerea, gustul, auzul și mirosul. Una dintre aceste senzații este trezită și în multe cazuri este umflată de amintirea senzațiilor de plăcere din trecut, apoi vine gândul care transformă senzația într-o dorință și aceasta acționează asupra ei. După împlinirea dorinței, sentimentul de plăcere și fericire relativă este acolo. Odată cu apariția dorinței, apare și teama de a nu avea dorința împlinită și de acolo se naște tristețea dacă dorința nu este împlinită. Celelalte necazuri, cum ar fi lăcomia, mânia, gelozia și ura se nasc atunci când încercăm să urmărim dorința cu orice preț.

Majoritatea oamenilor care nu au capacitatea de a-și îndeplini dorințele sunt în durere și suferă și vor căuta întotdeauna o modalitate de a-și îndeplini dorințele. Singurul remediu pentru aceste suferințe ale minții este ca noi să încetăm să ne atașăm de dorințe. Asta nu înseamnă să încetăm să trăim, ci să trăim în așa fel încât să acceptăm ceea ce vine și pleacă și să ne bucurăm de viața fără a urmări la nesfârșit împlinirea dorințelor pe care nu le putem îndeplini. Cel care poate trăi și curge cu fluxul vieții fără nici o atașare sau aversiune a traversat oceanul vieții.

Trăind în acest fel, se dă naștere la adevărata umilință, compasiune, disciplină, moralitate. Nu umilința, compasiunea, disciplina, moralitatea care sunt cultivate prin gândire și astfel limitate la mintea condiționată sau la normele sociale, care condiționează la nivel de grup. Avem această tendință de atașament datorită fricilor noastre, dar și datorită faptului că în mod conștient sau inconștient căutăm unitatea cu toată existența, iar atașamentul devine o piedică în calea renunțării la tot. Adevărata predare în fața a ceea ce este, este calea de a fi liber. Dacă ne putem preda din toată inima, atunci harul lui Dumnezeu și iubirea Lui vor fi recunoscute în noi înșine și în toți cei din jur.

Vorbind despre simțuri, există oameni care cred că realitatea este doar ceea ce este tangibil pentru simțuri și poate fi dovedit și descris de acestea. Dar, așa cum am arătat în capitolele anterioare, simțurile sunt foarte limitate, astăzi avem capacitatea în știință de a dovedi că există energii subtile pe care simțurile noastre normale nu au capacitatea de a le percepe. Dacă suntem legați de simțuri, nu vom percepe niciodată realitatea și vom fi limitați să vedem doar realitatea trecătoare, care este o stare de iluzie.

Nu este o sarcină ușoară să renunțăm la dorință pentru că dorința de a renunța la toată dorințele este încă o dorință, nu-i așa? S-ar putea să ne fie mai ușor să trăim în lume doar acceptând viața fără a încerca să o distorsionăm. De exemplu, dacă apare o problemă, rezolvați-o dacă este posibil; Dacă nu, acceptați ceea ce este fără a vă opune, deoarece rezistența vă va da durere și tristețe fiind în conflict între ceea ce este și ceea ce a-ți dori să fie.

Credem că știm ce este bine pentru noi, dar prin a accepta ceea ce este în moment se poate dovedi a fi de fapt cea mai bună soluție, chiar dacă la prima vedere s-ar putea să nu pară așa. Toată lumea se va confrunta cu unele situații care nu sunt favorabile atunci când apar, dar din fiecare situație va apare ceva bun dacă cineva are răbdare să aștepte și să observe. Fiecare situație proastă se poate transforma într-una bună și fiecare situație bună are, de asemenea, potențialul de a se transforma într-una rea. Aceste două energii pot părea diferite și opuse, dar pentru o persoană iluminată acestea sunt la fel. Este o energie în mișcare, iar modul în care o vedem depinde de percepția noastră și de înțelegerea pe care o avem despre viață.

Viața – care este Iubire, Adevăr, Dumnezeu, Inteligență – știe ce are nevoie un individ să întâlnească în viață; Ce este bine pentru noi, cât și când. Această inteligență operează de la începutul timpului și aceasta o numim viață. Putem vedea o problemă cu care se confruntă ființele umane, cum ar fi un război, de exemplu. Viața o vede dintr-o perspectivă diferită. Ea vede în totalitate, nu este restricționată de gândire sau judecată. Pentru viață, războiul este doar o energie în mișcare, în transformare, chiar dacă din perspectiva noastră umană războiul pare îngrozitor. Dacă am putea vedea viața în totalitate, războaiele ar ieși din discuție, deoarece am acționa în mod corect și nu vom lua niciodată arme pentru a ne ucide unii pe alții, chiar dacă viața noastră ar fi în pericol pentru că am ști că viața este o mișcare în continuă transformare și corpul fizic este doar o formă prin care viața se mișcă și dacă corpul nu este, viața continuă în alte forme într-un alt corp mai subtil.

De aceea, în toate tradițiile yoga și în alte religii, este recomandat să renunți la atașamentul față de dorințe, deoarece acestea sunt singura cauză a tuturor relelor din lume. Asta nu înseamnă că nu ne putem bucura de viață și de ceea ce viața are de oferit. Dacă nu putem eradica dorințele în viață, cel puțin ar trebui să încercăm să dorim doar ceea ce avem nevoie, fără a urmări ceea ce vrem. În general, o ființă umană are nevoie de trei lucruri: hrană, haine și adăpost. Dacă aceste nevoi sunt îndeplinite, putem fi mulțumiți și fericiți. În afara de ce considerăm „nevoie" orice altceva este doar o dorință. Trebuie să înțelegem că frica este iluzorie; Este propria noastră creație și numai noi putem scăpa de ea. Nimeni nu o poate face pentru noi. Am văzut cum necazuri, războaie și suferințe se nasc din frică. În cele din urmă, am ajuns din nou să vedem cum eul creează fricile, atașamentele și identificările pentru a se susține.

Până acum, ne-am uitat la modul în care maeștrii tuturor tradițiilor indică eul; Am explicat cum operează eul și cum suntem ținuți prizonieri ai propriilor noastre acțiuni. Se pune întrebarea: Există o entitate care ne poate salva, sau depinde numai de noi să risipim ignoranța care ne ține în întuneric și, prin urmare, creează atât de multă suferință pentru noi înșine și pentru lumea din jurul nostru?

Hristos nu a rezolvat problemele lui Lazăr, chiar dacă i-a dat puțin mai mult de trăit pentru a insufla credință necredincioșilor și îndoielnicilor. Cu toate acestea, Lazăr a trebuit să moară din nou pentru că nu a fost absolvit de moarte. Oamenii pe care Hristos i-a vindecat încă trebuiau să înfrunte viața și problemele vieții, desigur, după ce El i-a atins, aceștia posibil au atins o înțelepciune mai înaltă și au putut puțin mai ușor să înțeleagă realitatea, dar credința pe care o aveau în Hristos a fost cel mai important factor în schimbările fizice și spirituale care au avut loc în ei. Nu Isus este omul care ne mântuiește; este conștiința Christică, care este în noi toți – energia pură a iubirii, care, dacă o atingem, ne face să devenim nemuritori și astfel nu vom gusta moartea așa cum a declarat Hristos. Isus a fost corpul care a purtat conștiința Christică. Acea conștiință poate crea orice și oricând.

> *Dar nu cei care sunt liberi de dorință; ei sunt liberi pentru că toate dorințele lor și-au găsit împlinirea în Sine. Ei nu mor ca ceilalți; dar dându-și seama de Brahman (Dumnezeu), se contopesc în Brahman. Așa că se spune: Când se renunță la toate dorințele care izvorăsc în inimă, muritorul devine nemuritor. Când toate nodurile care sugrumă inima sunt dezlegate, muritorul devine nemuritor, chiar aici, în această viață.*

> *- Upanișadele Brhadaranyaka*

Brhadaranyaka Upanishad afirmă că cel care este liber de dorințe și are o singură dorință – de a cunoaște sinele – acela nu va renaște în suferință, ci va renaște în iubire și fericire supremă și va deveni una cu realitatea absolută Dumnezeu.

> *Nu iubiți lumea sau lucrurile din lume. Dacă iubește cineva lumea, dragostea Tatălui nu este în el. Căci tot ceea ce este în lume – dorințele cărnii, dorințele ochilor și mândria vieții nu este de la Tatăl, ci este de la lume. Și lumea trece odată cu dorințele ei, dar oricine face voia lui Dumnezeu rămâne veșnic.*

> *- Ioan 2:15-17*

Sf. Ioan spune clar aici că orice dorință pentru lucruri lumești poate deveni o capcană și se poate transforma într-un obicei și orice obicei va ține intelectul în întuneric. Toate dorințele și mândria nu sunt de la Dumnezeu, pentru că toate acestea opresc dragostea. Dumnezeu este doar iubire, prin urmare, dacă avem intenția de a-l găsi pe Dumnezeu, trebuie să ne uităm la modul în care dorințele și atașamentele ne întemnițează și renunțarea la voința noastră personală este o necesitate astfel încât să ne putem alinia cu voința universală.

În Sura Al-Jathiyah 45:23, profetul afirmă:

> *I-ai văzut pe cei care și-au luat propriile dorințe ca Dumnezeu? „Și astfel" Allah i-a lăsat să se rătăcească cu bună știință, le-a pecetluit auzul și inima și le-a pus un acoperământ. Cine îi poate călăuzi atunci după Allah? Nu veți fi atunci „toți" atenți?*

> *- Muhhamad*

Surah Al-Jathiyah afirmă, de asemenea, același adevăr: că oricine are dorința drept ghid nu poate cunoaște realitatea, pentru că se află sub vălul iluziei.

Din Dhammapada, versetul 39:

Pentru cel care este treaz,
A cărui minte nu este plină [de lăcomie], A cărui inimă nu
este afectată [de ură]
Și care a abandonat atât meritul, cât și de meritul, Frica
nu există.

- Buddha

Dacă un om continuă să stăruie asupra obiectelor-simțirii,
apare atașamentul față de ele; din atașament, dorința se
aprinde; Din dorință, se naște furia.

- Lordul Krishna

Krishna îi spune lui Arjuna că dacă ne menținem atenția asupra obiectelor senzoriale, atașamentele față de ele vor ieși la suprafață și dorința se va naște din asta, apoi, furia apare dacă dorințele nu pot fi îndeplinite. Aceasta ne arată cum, din atașamentele lumești, toate suferințele izbucnesc ca un efect de domino.

Vom mai vorbi despre dorințe și atașamentele față de ele în capitolele următoare, pentru că dorința este rădăcina tuturor suferințelor și toți maeștrii au afirmat același fapt în învățătura lor așa cum am văzut. În capitolul următor ar trebui să ne uităm la moarte, pentru că aceasta este cea mai mare frică, cea mai mare necunoaștere, pentru majoritatea dintre noi. Unii oameni nu pun niciodată întrebarea ce este moartea sau dacă există viață după moarte.

CAPITOLUL 11

MOARTEA ȘI REÎNCARNAREA

Ce este moartea? Cei mai mulți dintre noi avem reținere în a vorbi despre moarte pentru că ne este frică și nu suntem dispuși să o înfruntăm.

Trăim cu moartea în fiecare secundă, pentru-că trupurile noastre se nasc și mor în fiecare moment, milioane de celule mor și se nasc în noi. În fiecare moment, gândirea și ideile noastre se schimbă. Totul este o transformare continuă; Nimic nu este etern, oricât ne-ar plăcea să fim. Dacă suntem dispuși să observăm, putem vedea că fiecare dintre noi merge mână în mână cu decăderea și moartea și acesta este ciclul vieții. Hristos a declarat clar că cei care înțeleg cuvintele Sale nu vor gusta moartea. Cei care se fuzionează pe deplin în conștiința pură nu vor trebui să treacă prin moarte, pentru că nu există nimic de murit în cineva care nu are atașamente față de nimeni sau nimic, care este prin urmare liber. În această libertate este iubire pură, fericire și creație și așa cum Hristos și-a înviat trupul, la fel este și acela care a biruit lumea cu toate dorințele și fricile ei.

În momentul morții, trecem prin moarte și vom merge într-un loc al propriei noastre imaginări – într-un rai ales de noi, în funcție de nivelul nostru de creștere spiritual – sau în iad, de asemenea, creat de noi, în funcție de faptele noastre în timpul trăiri într-un trup.

Krishna ne arată încotro ne îndreptăm după moarte.

> *Libertatea este unirea cu cei fără de moarte; Sinele este esența tuturor lucrurilor; Puterea sa creatoare, numită acțiune, face ca întreaga lume să existe. Despre ființe, să știți că mor; despre zei, cunoașteți Persoana Supremă; și să știți că adevărata închinare sunt eu însumi, aici, în acest trup. Oricine în ultimele sale clipe se gândește doar la mine, este sigur că va intra în starea mea de a fi odată ce corpul său este mort. Oricare ar fi starea de a fi asupra căreia un om se poate concentra la sfârșit, când își părăsește corpul, la acea stare de a fi el va merge.*

> *- Lordul Krishna*

El afirmă clar că, indiferent de starea de a fi pe care cineva se concentrează în momentul morții, va merge într-un loc similar. Dacă suntem atașați de soț, copii și așa mai departe, vom merge într-un rai unde pot fi și membrii familiei. Dacă suntem atașați de droguri sau alte dependențe, vom merge într-un iad care imită durerea de a nu avea drogurile noastre sau de a avea prea mult. Totul este o posibilitate. Ne creăm propriile raiuri și iaduri în funcție de puritatea inimii și minții noastre în momentul morții.

> *Natura noastră spirituală, care a devenit moartă prin răutate, este înviată încă o dată de Hristos prin contemplarea tuturor veacurilor creației. Și prin cunoașterea duhovnicească pe care El o dă despre Sine, Tatăl învie sufletul care a murit prin moartea lui Hristos. Și acesta este sensul afirmației lui Paul: „Dacă am murit împreună cu*

Hristos, credem că vom și trăi împreună cu El" (cf. 2 Tim. 2,11).

- Evagrie Solitarul

Adevărata moarte este să mori moartea lui Hristos, pentru că El nu a murit niciodată, și tot așa nici noi nu murim niciodată dacă eurile noastre nu mai sunt. Atunci nu este nimic de care să te agăți; Nu există frici, atașamente, idei, concepte. În moartea lui Hristos există numai curăția minții și a inimii acolo unde este numai iubirea și acolo putem trăi cu El în conștiința de a fi.

Iată de ce a declarat:

Oricine descoperă interpretarea acestor cuvinte nu va gusta moartea.

- Evanghelia după Toma: 1

Cine își înțelege și își descoperă propriul sine nu va trebui să moară. Moartea este doar o parte a vieții. Nu există niciodată un sfârșit, ci doar o transformare de la o formă la alta. Mulți oameni de astăzi nu cred în reîncarnare pentru că au fost condiționați de o credință contrară; Alții, chiar dacă cred, nu înțeleg procesul. Unii cred în suflet, alții nu. Se pune întrebarea: care este entitatea care se reîncarnează dacă există reîncarnare?

Să ne uităm la câteva dintre zicerile marilormaeștri. Isus spune:

Acest rai va trece, iar raiul de deasupra lui va trece.

- Evanghelia lui Toma: 11

Aici Hristos ne dă un indiciu despre reîncarnare, arătând că până și raiurile se nasc și mor și astfel suntem incluși în acest ciclu al nașterii și morții, dacă nu mergem dincolo de el, pentru că Dumnezeu este dincolo de rai și iad este dincolo de imaginația noastră.

Căci toți Proorocii și Legea au prorocit până la Ioan. Și dacă ești dispus să-l accepți, el este Ilie care urma să vină. Cine are urechi, să audă.

- Matei 11:13¬–15

Și el va merge înaintea Domnului, în spiritul și puterea lui Ilie, pentru a întoarce inimile părinților către copiii lor și ale celor neascultători către înțelepciunea celor neprihăniți – pentru a pregăti un popor pregătit pentru Domnul.

- Luca 1:17

Aici, din nou, Hristos relatează cum Ioan va merge înaintea Domnului în puterea lui Ilie, ceea ce indică clar că puterea lui Ilie este și puterea lui Ioan, deci aceeași natură sau spirit care lucrează prin Ilie și Ioan. De aceea vorbea Hristos în parabole: întotdeauna încheie o afirmație cu cine are urechi, să audă. Numai cel care aude o astfel de afirmație fără judecată și cu percepție pură poate înțelege ceea ce spune.

Când sunteți rănit, insultat sau persecutat de cineva, nu vă gândiți la prezent, ci așteptați viitorul și veți descoperi că v-a adus mult bine, nu numai în această viață, ci și în viața viitoare.

- Sf Marcu Ascetul

Sfântul Marcu Ascetul se referă, de asemenea, la viața viitoare, prin care ceea ce facem acum are un impact și asupra vieții viitoare. Savanții creștini au venit cu multe interpretări și nici măcar Ioan nu ar fi știut la acea vreme că el era Ilie, pentru că el era doar mesagerul. Numai Hristos cunoștea trecutul și prezentul, căci El era una cu Dumnezeu, și prin urmare, atotștiutor. Viața noastră este la fel ca un fragment din toată viața și scopul nu poate fi văzut niciodată doar dintr-un fragment; trebuie văzut din întregime. Când oamenii mor în copilărie sau foarte tineri, ei putem spune ca nu au ajuns încă la o înțelepciune cu adevărat profundă. Numai un maestru iluminat știe ce se află în spatele plecării lor rapide din acest plan al existenței.

Krishna în Bhagavad Gita spune același lucru:

Cei care sunt fără credință în învățătura mea nu mă pot atinge;
Ei se întorc la nesfârșit în această lume, trecând de la moarte la moarte.

                       - Lordul Krishna

Aici, Krishna îi spune lui Arjuna că suntem obligați să ne întoarcem în această lume din nou și din nou până când vom avea credință, când acea credință va fi completă, vom înțelege învățăturile marilor înțelepți și ne vom elibera din ciclul nașterii și al morții.

Buddha întra-unul din discursurile sale a spus:

Oh, Bhikshu, în fiecare clipă te naști, te descompun și mori.

                       - Buddha

Dacă ne uităm la noi înșine, observăm că această afirmație este adevărată în fiecare aspect al vieții. Ceea ce înseamnă reîncarnare este că ne încarnăm în fiecare moment în timp ce suntem în corp și acesta este un proces al vieții care nu se termină cu corpul: după ce corpul nu mai există, procesul vieții continuă dacă individul este încă atașat de ceva și are dorințe neîmplinite (tendințe, impresii, credințe, dorințe) care continuă în conștiință până când acel conținut este epuizat și nu mai e nevoie să se renască sau să continue fluxul vieții căci atunci omul este întreg și în unire cu viața, cu Domnul. Ce nevoie este atunci să renască? Când o persoană a atins starea de iluminare, nu mai are dorințe pentru ce dorință va rămâne atunci când cineva este una cu toată creația.

Putem vedea acum că, indiferent dacă credem într-un suflet sau nu, procesul vieții nu este întrerupt de nici o credință pe care am putea să o avem. Tendințele, amprentele și dorințele unui individ vor continua în procesul vieții, indiferent dacă se reîncarnează ca ființă umană sau ca orice altă ființă, deoarece aceste tendințe poartă impulsul. Ele sunt individul, conținutul conștiinței pe care o avem în momentul morții și asta constituie individul. Cu toate acestea, identificarea acelui individ moare cu corpul, la fel ca în visul în care corpul doarme și se odihnește, dar mental încă existăm.

O altă afirmație a lui Hristos care ne dă un indiciu este aceasta:

Isus le-a zis: „Adevărat, adevărat vă spun că, înainte ca să se nască Avraam, sunt Eu."

- Ioan: 08:58

Aici Hristos a afirmat clar că a existat înainte de Avraam, spunându-ne că nu numai că este atotprezent, ci și atotcunoscător, pentru că El cunoștea toate formele anterioare în care a existat. Buddha a cunoscut de asemenea, toate formele sale anterioare, la fel ca toți ceilalți maeștri iluminați care au venit după ei. Cunoașterea absolută vine la cei care s-au trezit pe deplin din ignoranța care ne sufocă realitatea, așa cum afirmă Buddha.

Aici ne dăm seama că suntem Sat-Chid-Ananda (Existență, Conștiință, Fericire) care este Dumnezeul nemuritor, care nu are un început sau un sfârșit și este infinit. Putem vedea atunci că acel gând care nu-L atinge pe Dumnezeu poate exista numai în ciclul vieții, unde totul este supus nașterii, degradării și morții. După cum a afirmat Einstein, - „nimic din univers nu este pierdut; Totul este într-o continuă transformare". Conștiința este conști-ința pură, inteligența în care gândul poate opera și care nu poate afecta niciodată acea inteligență, la fel cum cerul nu este afectat de nori.

Putem spune atunci că, chiar dacă credem într-un suflet personal unit după iluminarea cu Dumnezeu, sufletul individual își pierde identificarea (sinele personal) dacă ar avea vreunul, așa cum picătura de apă care se varsă în ocean nu mai este o picătură, ci devine oceanul. Dar dacă nu realizăm realitatea în momentul morții sau înainte, conținutul conștiinței noastre va continua să existe și se va încarna pentru a arde toate dorințele, tendințele și așa mai departe. Acest conținut se va încarna într-un corp adecvat, într-un univers adecvat, pentru a arde tot ceea ce s-ar putea numi karma.

Aici ne întoarcem la Evanghelia lui Toma:

Și el a spus: «Oricine descoperă interpretarea acestor cuvinte nu va gusta moartea.»

- Evanghelia după Toma: 1

Aici Hristos nu spune că lucrurile nu se descompun și nu mor, ci mai degrabă că cel care înțelege cuvintele Sale își va da seama de propria realitate de a fi una cu Dumnezeu și nu va gusta moartea pentru că Dumnezeu nu poate muri.

Eu sunt lumina care este deasupra tuturor. Eu sunt cel care sunt totul. De la Mine au ieșit toate și în Mine s-au extins toate. Despicați o bucată de lemn și sunt acolo. Ridică piatra și mă vei găsi acolo.

- Evanghelia lui Toma: 77

Aici Hristos nu se referă numai la Sine, ci și la Tatăl, care este singurul Dumnezeu venerat de toți. El ne invită în mod clar să ne găsim propria divinitate, așa cum au făcut toți maeștrii care au umblat pe pământ. Până când nu vom face acest lucru, vom fi în ciclul vieții, al timpului, al devenirii și al morții.

Reîncarnarea este un termen inexact. Ar fi mai bine să o numim încarnare, pentru că nu există nimic care să se reîncarneze. Este mai degrabă un continuum de formă subtilă a tendințelor și dorințelor – conținutului – fiecărui individ pe care îl putem numi suflet. Când tot conținutul este ars, atunci cineva devine una cu totul (Dumnezeu), nu mai este separat și lucrează dintr-un mic centru, ci mai degrabă unul cu totalitatea, fără a avea nevoie de nimic. Sufletul nu este ceva separat de Dumnezeu, este Dumnezeu, dar în ignoranța noastră credem că suntem ceva separat și astfel producem suferință pentru noi înșine și pentru alții.

Uniunea cu Dumnezeu este ceea ce Patanjali în scrierile yoga numea Nirvakalpa Samadhi, unde toată tendința subtilă a minții a fost arsă. Aceasta este ceea ce în yoga este uniunea finală cu Dumnezeul absolut; se numește apoi Sat-Chid-Ananda (Existență, Conștiință, Fericire). Chiar și știința a analizat posibilitatea reîncarnării și s-au făcut studii asupra acesteia; Desigur, toate acestea sunt predispuse la o mulțime de dezbateri, având în vedere că natura gândirii este întotdeauna predispusă la conflict și fiecare parte vede realitatea din confortul propriei condiționări.

De-a lungul unei perioade de 40 de ani, psihiatrul Ian Stevenson de la Universitatea din Virginia a înregistrat studii de caz ale copiilor mici care pretindeau că își amintesc vieţile anterioare. A publicat douăsprezece cărți, printre care Douăzeci de cazuri sugestive pentru reîncarnare, o contribuție la etologia semnelor din naștere și a defectelor congenitale (o monografie în două părți), Cazuri europene de tip reîncarnare și Unde se intersectează reîncarnarea și biologia.

- Știință și reîncarnare: Wikipedia

Există, de asemenea, multe referințe în Upanișade, scripturile hinduse, despre reîncarnare:

Așa cum o omidă, după ce a ajuns la capătul unui fir de iarbă, se adună și întinde mâna spre următoarea, tot așa Sinele, după ce a ajuns la sfârșitul unei vieți și a lepădat toată ignoranța, se adună în facultățile sale și ajunge de la vechiul corp la unul nou.

- Upanișadele

În mod similar:

Tot ce voiți să vă facă vouă oamenii, faceți-le și voi la fel.

- Matei 7:12

Aceasta înseamnă pur și simplu reafirmarea Legii că orice faci altora ți se va face la rândul tău ție. Și din moment ce „cine seamănă cu trupul Său va secera din carne", a întrupa este prin urmare, o necesitate absolută, pentru a ne oferi trupul în care să culegem ceea ce am semănat, bun sau rău.

Reîncarnarea are loc doar în iluzie, așa cum am discutat mai înainte. În orice moment nu ești persoana care a fost aici cu o oră în urmă. Milioane de celule au murit și altele s-au născut, iar gândurile și ideile au schimbat starea minții tale. Ceea ce credem despre noi înșine este doar un continuum; Prin urmare, întruparea este un continuum.

Am văzut câteva exemple și am putea da mai multe, dar asta ar lua o carte pe cont propriu, așa că haideți să păstrăm lucrurile simple și directe. Acum, dacă reîncarnarea există – și are sens că există, dar nu într-un mod în care credem noi – atunci moartea este doar o transformare de la brut la subtil, dar majoritatea oamenilor sunt speriați de moarte, deoarece pentru majoritatea dintre noi moartea este necunoscutul. Fiecare dintre noi ne formăm o idee, o credință despre moarte, care corespunde condiționării noastre.

Lumea asiatică crede în a face bine pentru a avea o viață mai bună în viața ce urmează. Creștinii de astăzi sunt confuzi pentru că, odată cu apariția internetului, biserica nu poate ascunde învățăturile esențiale ale lui Hristos pe care gnosticii și chiar evreii le știau, că reîncarnarea este o posibilitate, pentru că în ochii lui Dumnezeu totul este posibil.

Ideea învierii este corectă din perspectiva creștină și musulmană, dar putem privi învierea și dintr-o perspectivă diferită, prin care învierea înseamnă că nu mai există moarte și fiecare om care a devenit una cu Dumnezeu și a găsit Împărăția cerurilor în interior este înviat, pentru că Domnul a declarat că omul nu va gusta moartea dacă se poate alinia la cea mai înaltă învățătură a lui Hristos: „Iubește-ți aproapele ca pe viața ta și protejează-l ca lumina ochilor tăi." Această Iubire este predicată în toate tradițiile și până când nu suntem plini de acea iubire, cum ne putem aștepta să fim înviați dacă avem o inimă de oțel?

Învierea înseamnă o ființă iluminată; cel care, așa cum afirmă Buddha, nu mai devine, pentru că atunci când devenirea s-a oprit, dorințele nu mai sunt și individul este contopit în conștiința pură universală Brahma sau Tatăl. Aceasta este ceea ce Buddha numește Nirvana, hindușii numesc Moksha și creștinii numesc înviere, iar musulmanii o numesc una cu Tatăl sau Allah.

Vedem aici că dacă înțelegem învățăturile esențiale ale unei religii cu o convingere reală, atunci le vom înțelege pe toate și cel mai important factor este cât de largă este inima și mintea noastră deschise Iubirii lui Dumnezeu. Ar trebui să împărtășim această iubire cu toți, indiferent de credințe sau idei, pentru că aceste credințe și idei sunt factorul primordial în a nu permite iubirii să curgă spre aproapele nostru. Moartea reală are loc atunci când cineva moare în fiecare moment al zilei de ieri, și prin urmare, este capabil să trăiască în momentul prezent care este Dumnezeu, Iubire, Inteligență, oricum ar dori cineva să-l numească.

Dacă cineva atinge iubirea divină, s-a transmutat din lumea dualității și atunci cine este acolo pentru a fi înviat? Hristos S-a înviat pe Sine pentru că era una cu Dumnezeu. El a făcut-o pentru noi, ca noi să putem crede în învățăturile Sale și să-L urmăm, dar câți îl pot urma? Din păcate, foarte puțini. El chiar a spus: „Dărâmați acest templu și Eu îl voi reconstrui în trei zile (Ioan 2:19).

Deci, trebuie să înțelegem că nimeni nu o poate face pentru noi, așa că trebuie să o facem noi înșine. Puterea este în noi și dacă ne predăm eul, acea putere ne va ghida spre eliberare, pentru că aceasta este destinația finală a tuturor ființelor. Nu există moarte pentru cel care înțelege și a atins cea mai înaltă înțelepciune și iubire. Cel care poate recunoaște unitatea în toată diversitatea formelor este liber de orice necazuri. Am fost condiționați să privim moartea ca pe ceva oribil și am fost de asemenea, condiționați să o evităm, iar când ne apropiem de ea, nu mulți dintre noi o putem înfrunta cu Iubire. În schimb, suntem cu toții legați de atașamente – idei, bani, familie – și nu putem renunța, astfel moartea devine o experiență oribilă. Dar dacă suntem liberi de toate atașamentele fără agățare sau aversiune, însuflate în Iubire, nu vom gusta niciodată moartea, așa cum au arătat Domnul și mulți maeștri. Adevărata moarte este să mori în fiecare zi de toate atașamentele, gândurile despre mine și ale mele și să trăiești în momentul prezent în conștiința de a fi acolo unde o ființă este îndrăgostită de singura ființă.

Aici am atins reîncarnarea și moartea, pentru că dacă înțelegem înțelepciunea împărtășită nouă de maeștri iluminați, vom atinge realitatea și viața devine mai simplă. În acest fel, realizând adevărata noastră natură, ne câștigăm adevărata libertate. Toate religiile și tradițiile au predicat cea mai înaltă Iubire, dar în prezent, din păcate, nu o vedem. Această iubire vine din plinătatea bucuriei și curge către toți și prin toți și nu cere nimic în schimb. Dumnezeu, iubirea, viața nu este o putere autoritară, așa cum au exprimat-o unele instituții religioase. Dumnezeu nu conduce prin nici o putere în afară de Iubire. Această iubire este atotcuprinzătoare și există în toți și în toate. In continuare, ar trebui să ne uităm la ce se poate întâmpla după moarte. Observați, nu o numesc „viața de apoi", pentru că viața și dragostea sunt veșnice.

Capitolul 12

DUPĂ MOARTE

Vom numi acest capitol „După moarte" pentru că moartea și nașterea sunt doar un început și un sfârșit, dar viața este infinită și veșnică. Este Iubire și Dumnezeu absolut; este cu formă și fără formă.

Se pune acum întrebarea: ce se întâmplă cu noi după ce murim? Încotro ne îndreptăm? Într-un capitol anterior, am atins reîncarnarea și moartea. Am ajuns să înțelegem că moartea există numai în termeni de materie, ca și corp, dar continuăm să existăm în formă subtilă ca și conținut al conștiinței noastre și atâta timp cât avem conținut, acest conținut va continua până când va trebui să se stingă. Am putea numi conținutul suflet (atman). În momentul în care conținutul este stins, sufletul se contopește în supra suflet (Dumnezeu) și devine una cu totalitatea. Procesul este același dacă cineva crede într-o existență a sufletului sau nu; De fapt, nu are nici o importanță.

Pentru ca o continuare să existe, are nevoie de materie și experiență și, prin urmare, trebuie să continue într-o anumită formă, în funcție de ceea ce conține conținutul. În funcție de dorințele, tendințele, impresiile din viețile anterioare și așa mai departe, putem continua să existăm în diferite forme. În Upanișade, găsim referințe la acest continuum pe care îl putem numi roata vieții.

Ei bine, o, Gautama, îți voi spune acest mister, bătrânul Brahman, și ce se întâmplă cu Sinele, după ce ajungi la moarte. „Unii intră în pântece pentru a avea un corp, ca ființe organice, alții intră în materie anorganică, după munca lor și după cunoștințele lor.

- Katha Upanishad

Dacă un om nu a putut înțelege înainte de căderea trupului, atunci el trebuie să ia din nou trup în lumile creației.

- Katha Upanishad

Ciclul vieții (Samsara) dat în viziunea hindusă și budistă (numit Bhavachakra în sanscrită), reprezintă ciclul nașterii, renașterii și existenței în samsara și este descris de cele șase tărâmuri (lumi).

Roata exterioară înfățișează un bărbat sau o femeie orbi (reprezentând ignoranța); o maimuță (conștiință); doi bărbați într-o barcă (minte și corp); o casă cu șase ferestre (simțurile); un cuplu îmbrățișat (contact); un ochi străpuns de o săgeată (senzație); o persoană care bea (sete); un om care culege fructe (apucă); un cuplu care face dragoste (devenire); o femeie care dă naștere (naștere); și un om care transportă un cadavru (moarte). Roata este controlată de Domnul Morții, la fel ca în tradiția creștină. Lucifer este văzut ca îngerul rău, dar dacă contemplăm puțin mai mult, am putea spune, de asemenea, că el este încă un înger bun cu o slujbă rea care este să ne țină în roata vieții. Acesta este modul în care budiștii și hindușii îl văd pe Lordul Yama sau, respectiv, Lordul Mara. Lordul Mara sau Yama a fost cel care a încercat să-l abată pe Buddha de la iluminarea sa la realitate oferindu-i lumea, la fel cum Lucifer a încercat să-L amăgească pe Hristos.

Acestea sunt cele şase tărâmuri descrise în perspective hinduse şi budiste.

Tărâmul Zeilor

Tărâmul Zeilor (Devas) sună ca un loc frumos de trăit, dar nici măcar Tărâmul Zeilor nu este perfect. Cei născuţi în Tărâmul Zeilor trăiesc vieţi lungi şi pline de plăcere. Ei au bogăţie, putere şi fericire. Din cauza binecuvântărilor lor, ei nu recunosc adevărul suferinţei. Fericirea lor este, într-un fel, un blestem, pentru că nu au nici o motivaţie să caute eliberarea de Roata Vieţii. În cele din urmă, vieţile lor fericite se termină şi trebuie să se confrunte cu renaşterea într-un alt tărâm, mai puţin fericit. Acest tărâm de pe pământ descrie oameni care sunt bogaţi şi au toate plăcerile lumii la picioarele lor, dar totuşi ceva lipseşte: ei încă nu s-au trezit pe deplin la realitatea a cine sunt.

Tărâmul Demonic

Asuras sunt fiinţe super-competitive şi paranoice. Ei sunt conduşi de dorinţa de a-şi învinge concurenţa - şi toată lumea este concurenţă. Ei au putere şi resurse şi uneori realizează lucruri bune. Dar, întotdeauna, prima lor prioritate este să ajungă în vârf. Ne putem gândi la politicieni puternici sau lideri corporativi atunci când ne gândim la Asuras.

Tărâmul Uman

Eliberarea de Roată este posibilă în Tărâmul Uman. Tărâmul Uman este marcat de întrebări şi curiozitate. Este, de asemenea, un tărâm al pasiunii; fiinţele umane (Manushyas) doresc să se străduiască, să consume, să dobândească, să se bucure, să exploreze. Aici modul corect de viaţă (Dharma) este disponibil în mod deschis, însă doar câţiva îl caută. Restul sunt prinşi în străduinţă, consum şi dobândire şi pierd ocazia.

Tărâmul Animalelor

Ființele animale (Tiryakas) sunt solide, regulate și previzibile. Ele se agață de ceea ce este familiar și sunt dezinteresate, chiar temătoare, de orice lucru necunoscător și trec prin viață căutând confort și evitând disconfortul. Tărâmul animalelor este marcat de ignoranță și automulțumire. Ființele animale pot găsi mulțumire, dar devin ușor temătoare atunci când sunt puse într-o situație nouă. Firește, sunt bigote și probabil că vor rămâne așa. În același timp, ele sunt supuse opresiunii de către alte ființe – animalele se devorează reciproc, așa cum se știe.

Tărâmul Fantomelor Flămânde

Fantomele flămânde (Pretas) sunt creaturi irosite cu stomacuri uriașe și goale, dar gâturile lor subțiri nu permit hranei să treacă. Mâncarea se transformă în foc și cenușă în gură, astfel încât să le fie foame în mod constant. Lăcomia și gelozia duc la renașterea ca o fantomă flămândă. Tărâmul fantomelor flămânde este adesea, dar nu întotdeauna, descris între Tărâmul Asura și Tărâmul Iadului. Se crede că karma vieții lor nu a fost destul de rea pentru o renaștere în Tărâmul Iadului, dar nu suficient de bună pentru Tărâmul Asura. Din punct de vedere psihologic, fantomele flămânde sunt asociate cu dependențe, constrângeri și obsesii. Oamenii care au totul, dar vor întotdeauna mai mult, pot fi fantome flămânde.

Tărâmul Iadului

Tărâmul Iadului este marcat de furie, teroare și claustrofobie. Este descris ca un loc parțial de foc și parțial de gheață. În partea de foc a tărâmului, ființele iadului (Narakas) sunt supuse durerii și chinului; În partea înghețată, ele sunt înghețate. Interpretate psihologic, Ființele Iadului sunt recunoscute după agresivitatea lor acută. Ființele Iadului de Foc sunt furioase și abuzive și alungă pe oricine s-ar împrieteni sau le-ar iubi. Ființele iadului înghețat îi îndepărtează pe alții cu răceala lor nesimțitoare. Apoi, în chinul izolării lor, agresiunea lor se întoarce din ce în ce mai mult spre interior și devin autodistructive.

Ființele umane fluctuează în aceste stări de spirit în funcție de nivelul lor de creștere spirituală și de acțiunile efectuate. Am văzut cum Hristos a arătat că chiar și cerurile vin și pleacă. Din declarația sa, putem vedea că nimic nu este veșnic în afară de Tatăl (Dumnezeu) și astfel suntem în tărâmul iadului când suntem frustrați și în chin, în tărâmul fantomelor flămânde când suntem frustrați cronic, într-o lume umană când suntem într-o stare de echilibru sau chiar fără minte, în lumea tărâmul zeilor când delirăm fericiți, în lumea tărâmul demonic când suntem furioși și în lumea animală când suntem proști. Dacă suntem atenți, vom realiza că, într-o etapă sau alta a vieții noastre, am fost mai mult sau mai puțin în fiecare dintre aceste stări de spirit.

Roata vieții îl înfățișează, de asemenea pe Buddha și o ușă pe care el o indică ca o cale de ieșire din ciclul existenței, pentru că toată viața este un ciclu, de la timp, ore, zile, ciclul planetelor și așa mai departe. O ființă iluminata este una care a ieșit din acest ciclu, din aceste stări de spirit.

Lumea și societățile în general sunt, de asemenea, supuse acestor stări. Ne putem uita la cele șapte roți de energie (chakras) pe care le-am discutat în capitolul creației si sunt descrise în biblie ca cele șapte biserici. Scopul este de a ajunge la a șaptea stare și, dacă este atins, aceasta este ușa eliberării, roata coroanei deasupra capului.

În momentul morții, fiecare individ, în funcție de acțiunile efectuate și de nivelul de înțelegere spirituală pe care l-a atins, se va renaște din nou ca animal, plantă sau ființă umană etc., în funcție de experiențele prin care mai trebuie să treacă pentru a-și găsi adevărata realitate. Scopul final al tuturor este același, dar mulți îl văd în moduri diferite. Unii o pot vedea ca fericire, alții ca uniune cu Dumnezeu. Indiferent de percepția noastră, această uniune cu absolutul se va întâmpla pentru fiecare la timpul potrivit.

Hristos spune:

Acest rai va trece, iar raiul de deasupra lui va trece.

- Evanghelia lui Toma: 11

Această zicală este în conformitate cu gândirea hindusă și budistă prin care creăm și susținem aceste stări ale minții. Aceste stări nu sunt decât iluzii și nu o realitate adevărată, ci o platformă de pe care se poate întâmpla deșteptarea. O ființă deșteptată este dincolo de oricare dintre aceste stări și poate vedea toate aceste stări în fiecare ființă.

Lordul Krishna explică acest lucru în Bhagavad Gita în capitolul „Libertate absolută":

Închizând cele nouă porți ale corpului, păstrând atenția în inimă, trăgând respirația spre frunte, cu mintea absorbită, cu un singur punct, rostind sacrul Ôm, care în sine este libertate, concentrat asupra mea în timp ce părăsești corpul, atingi scopul final. Pentru cei ale căror minți sunt mereu concentrate asupra mea, a căror iubire a crescut profund prin meditație, sunt ușor de atins, Arjuna. Ajungând la Mine, aceste suflete mărețe ating perfecțiunea supremă și nu se mai renasc în această lume trecătoare de tristețe și durere. Toate tărâmurile, până la tărâmul lui Brahma, sunt supuse renașterii; dar cei care Mă ating pe Mine, Arjuna, nu se vor renaște niciodată din nou.

- Lordul Krishna

Aici Krishna specifică faptul că toate stările (tărâmurile) sunt supuse ciclului existenței, cu excepția lui Brahma, statul/tărâmul lui Dumnezeu. Statul uman este temelia de la care ne putem catapulta în tărâmul lui Dumnezeu. Krishna specifică, de asemenea, una dintre modalitățile prin care acest lucru poate fi realizat: atunci când cineva este plin de devoțiune și credință și a dobândit înțelepciune din meditație, are deschisă pe deplin inima către iubirea supremă, atunci poate găsi libertatea în iubirea absolută.

Buddha afirmă că tărâmul uman este foarte rar de găsit și este singura stare în care iluminarea poate avea loc, deoarece este cea mai grosieră dintre toate celelalte stări și de aici toate celelalte stări pot fi experimentate prin sine. Buddha a exprimat într-una din cuvântările sale cât de rar este să obții o formă umană.

„Bhikkhus, să presupunem că acest mare Pământ ar deveni o masă de apă și un om ar arunca un ou cu o singură gaură în el. Un flux estic l-ar muta spre est. Un flux vestic l-ar muta spre vest; Un flux nordic l-ar muta spre nord. Un flux sudic l-ar muta spre sud.
Era o broască țestoasă oarbă care ieșea la suprafață o dată la o sută de ani. Ce crezi, bhikkhus, că broasca țestoasă oarbă, ieșind la suprafață o dată la o sută de ani, și-ar introduce gâtul în acel ou cu o singură gaură?"
„Ar fi o întâmplare rară, Bhante (Lord), ca țestoasa oarbă, ieșind la suprafață o dată la o sută de ani, să-și introducă gâtul în acel ou cu o singură gaură."
„La fel, bhikkhus, așa de rar se naște un om.
Ai această șansă rară acum, bhikkhus, nu numai să te naști om, ci să te naști în timp ce un Tathagata (Buddha) a apărut în lume. In timp ce Dhamma (Corectitudinea) și Disciplina proclamate de Tathāgata (Buddha) strălucesc in lume.

- Buddha

Cei mai mulți dintre noi ne irosim viețile în căutarea fericirii în această lume, dar aici putem găsi doar fericirea temporară și evazivă, acea veșnică poate fi găsită aici în această lume, dar cu cunoașterea faptului că nu este din această lume. Ceea ce ne împiedică cu adevărat să ajungem la fericirea veșnică este eul nostru, așa cum am văzut în capitolele precedente. Cele cinci simțuri aleargă după urmărirea plăcerilor și, prin urmare cele cinci otrăvuri (ignoranța, atașamentul, aversiunea, mândria, invidia), aceste energii se dezlănțuie în lume, producând toate relele și oprind fluxul iubirii divine în inimile noastre.

Odată cu apariția internetului, vedem tot felul de povești, unele adevărate, altele false, cu privire la oameni care mor și apoi se întorc în corp, toți au experiențe diferite în funcție de nivelul de condiție sau cultură în care au trăit. Din toate aceste informații disponibile, se poate forma o vedere mai reală, în conformitate cu viziunea hindușilor și budiștilor descrisă în roata vieții. Toate aceste raiuri și iaduri nu sunt mai mult decât imaginația noastră, datorită acestei imaginații pe care am proiectat-o, de fapt această lume e așa cum este.

Cei mai mulți dintre noi ne irosim viața în căutarea fericirii în această lume, dar putem găsi doar fericirea temporară și evazivă. Între timp, cel veșnic este mai aproape decât credem, dar suntem prea speriați să privim în interior, să murim de tot ceea ce nu suntem în realitate, să murim de toate atașamentele, obiceiurile, imaginația, tendințele, atracțiile și așa mai departe. Numai atunci când murim de tot ceea ce putem spune, că am murit de noi înșine și făcând acest lucru, îi permitem Domnului Iubirii să preia controlul și să trăim o viață ghidată de voința universală.

Acum, ar trebui să ne uităm în detaliu la cele cinci otrăvuri pe care le-am atins în capitolele anterioare și să vedem cum ne afectează viața.

CAPITOLUL 13

CELE CINCI OTRĂVURI

Ignoranță, Atașament, Aversiune, Mândrie, Invidie

În capitolele precedente, am atins puțin cele cinci otrăvuri. Ele sunt importante pentru că ele stau la rădăcina tuturor durerilor și suferințelor din lume. Ce face ca aceste otrăvuri să apară în mintea noastră? Cine este responsabil pentru nașterea și moartea lor? Cred că dacă suntem atenți și conștienți, vom vedea clar că ele sunt creația noastră; noi dăm naștere tuturor acestor energii și nu sunt ale lui Dumnezeu, deși unii ar dori să-L învinovățească pe Dumnezeu pentru toată suferința din lume. El este doar Iubire, nimic altceva. El nu are nimic de-a face cu suferința prin care trecem. Este doar ignoranța noastră și trebuie să o dezrădăcinăm pentru a atinge iubirea Lui.

CELE CINCI OTRĂVURI

Otrăvurile	Descriere	Cuvinte alternative utilizate
Ignoranța	Lipsa discernământului; neînțelegerea modului în care sunt lucrurile	Confuzie, nedumerire, iluzie, înșelătorie
Atașament	Atașament sau dorință pentru ceea ce ne place	Dorință, pasiune, lăcomie
Aversiune	Aversiune pentru ceea ce nu ne place sau pentru ceea ce ne împiedică să obținem ceea ce ne place	Furie, ură
Mândrie	Având o părere umflată despre noi înșine și o atitudine lipsită de respect față de ceilalți	Aroganță, îngâmfare
Invidie	Imposibilitatea de a suporta realizările sau norocul altora	Gelozie

Dumnezeu ne-a oferit mediul necesar, inteligența și intelectul pentru a ne crea propria realitate și, dacă observăm, am făcut o treabă minunată în ceea ce privește domeniul tehnologic, dar ne lipsesc tărâmurile noastre personale și spirituale. Din timpuri imemoriale, am avut războaie. Cauzele au fost fie politice, religioase sau expansioniste, dar războaiele sunt tot războaie. Și oricât de morale ar părea ele susținătorilor lor, aceea moralitate nu are nimic de-a face cu iubirea, inteligența și viața, pentru că este împotriva învățăturilor și a ceea ce ne-au învățat maeștrii spiritualii: să ne iubim și să ne ajutăm unii pe alții. Chiar și astăzi, cei puternici vor să-i înrobească pe cei slabi. Indiferent dacă este în mod economic sau teritorial, exploatarea maselor încă există și există pentru că atâta timp cât cele cinci otrăvuri sunt hrănite, vom avea în continuare conflicte în familii și societăți și în lume în general. Copiii în special sunt exploatați mai mult acum decât în trecut.

Pentru ca umanitatea să existe în armonie, fiecare individ trebuie să stingă aceste otrăvuri pentru el însuși. În primul rând, trebuie să fim conştienţi şi să observăm cum suntem condiţionaţi să avem mereu mai mult şi să fim mai buni, să concurăm cu ceilalţi. Orice competiţie creează conflicte într-un individ şi într-o societate. În fiecare dintre noi, una dintre otrăvuri va fi mai răspândită decât alta. Unii sunt mai lacomi, alţii mai geloşi sau mai furioşi, dar, indiferent, otrăvurile ajung în noi în moduri similare. Modul în care ajung în noi este prin eul nostru, care creează întotdeauna răutate şi este responsabil pentru susţinerea şi crearea celor cinci otrăvuri în funcţie de dorinţele şi ataşamentele noastre individuale.

De exemplu, să spunem că avem o prietenă şi suntem foarte îndrăgostiţi de ea. Eul va produce gelozie şi am putea gândi, ea este prietena mea şi vreau să o posed numai pentru mine, pentru propria mea fericire, pentru propria mea satisfacţie, prin urmare nimeni nu ar trebui să interfereze cu fericirea mea. Dacă vorbeşte cu altcineva sau acordă atenţie altuia, s-ar putea să devin gelos sau frustrat. Asta înseamnă că suntem într-o stare de gelozie produsă de eu şi prin acesta, închidem toate căile pe care poate curge iubirea. Dacă suntem atenţi şi privim cu atenţie vieţile noastre fără a judeca, vom vedea cum aceste otrăvuri, creează suferinţe şi haos în propriile noastre vieţi.

Când suntem furioşi, ne-am putea întreba dacă furia este în noi sau dacă vine dintr-un factor extern. Este evident că este în noi, creată de propria noastră incapacitate de a ne folosi inteligenţa atunci când inteligenţa noastră este deturnată de dorinţa de a fi mai buni sau de a avea mai mult. Furia mea este internă. Putem spune, de asemenea, că sunt pe bună dreptate supărat moral pe cineva care m-a înfuriat. Are acestă furie capabilitatea să ne elibereze sau, dimpotrivă, devenim prizonierul ei? După cum am văzut mai devreme, călugărul Şantideva, la fel ca Hristos şi toţi maeştrii, ne-a avertizat despre aceste suferinţe ale minţii. Hristos ne avertizează să ne păzim simţurile, pentru că prin ele vor intra tâlharii să ne jefuiască bunătatea, pacea şi iubirea.

Este corect să spunem că aceste otrăvuri sunt create de noi înșine, le creăm ca iluzii, atunci când ne dăm seama de acest fapt, ele vor dispărea în același mod în care le-am creat, pentru că nu au nici o existență reală pe cont propriu. Orice emoții și sentimente pe care le-am putea avea se bazează pe aceste otrăvuri care ne fură dragostea și pacea minții. Acesta este motivul pentru care eul trebuie să moară, ca să spunem așa, și atunci sinele poate funcționa în lume așa cum Dumnezeu a rânduit și se împlinească voia Tatălui, așa cum a declarat Hristos.

Încingeți-vă curelele cu mare putere, astfel încât tâlharii să nu găsească o modalitate de a ajunge la voi.

- Evanghelia după Toma: 21

Mai sus, Hristos ne spune să fim vigilenți, deoarece cele cinci otrăvuri ne pot deturna cu ușurință conștiința și ne pot face să acționăm într-un mod egoist, distructiv față de noi înșine și față de ceilalți. În parabolele Sale, Hristos a revelat unirea cu absolutul, după cum se menționează în cele ce urmează.

Luați unirea mea asupra voastră și învățați de la Mine, căci Eu sunt blând și smerit cu inima, și veți găsi odihnă pentru sufletele voastre. Căci uniunea Mea este buna și sarcina Mea este ușoară.

- Matei 11:29-30

Aici, Hristos înțelege uniunea astfel: căci uniunea mea cu tatăl ia-o asupra ta, căci eu sunt blând și nu silesc pe nimeni să facă nimic împotriva voinței lui, dar dacă iei această uniune, atunci orice povara ai avea în viață o poți duce cu ușurință, căci ea va fi făcută ușoară în lumina Tatălui. Hristos ne invită să învățăm din viața sa, care a fost plină de înțelepciune și de iubire. Orice a trebuit să îndure, a făcut-o datorită uniunii sale cu tatăl, energia pe care o numim Dumnezeu, Allah și multe alte nume, pentru că aceasta este realitatea supremă absolută.

De aceea, dragul meu fiu, din moment ce prin harul lui Hristos ai o înțelegere naturală, continuă să-ți ocupi mintea cu o astfel de meditație. Nu vă lăsați copleșiți de uitarea distructivă sau de lenea care paralizează intelectul și îl îndepărtează de viață; nu permiteți ignoranței, cauza tuturor relelor, să vă întunece gândirea; nu vă lăsați ademeniți de viciul coroziv al neglijenței; nu vă lăsați seduși de plăcerea senzuală sau învinși de lăcomie; nu lăsați ca intelectul vostru să fie luat prizonier de poftă prin consimțământul la gândurile sexuale, pângărindu-vă lăuntric; Nu vă lăsați copleșiți de mânia care vă face să-l urâți pe fratele vostru și, dintr-un motiv jalnic, să provocați și să suferiți durere, făcându-vă să acumulați gânduri răutăcioase împotriva aproapelui vostru și să vă îndepărtați de rugăciunea curată. Mânia înrobește intelectul și te face să-l privești pe fratele tău cu o cruzime bestială; Ea încătușează conștiința cu impulsuri necontrolate ale cărnii și te predă pentru un timp pentru a fi mustrat de duhurile rele cărora le-ai cedat.

- Sf Marcu Ascetul

Sfântul Marcu Ascetul descrie aici în mod clar cele cinci otrăvuri și subliniază ignoranța ca fiind cea mai rea. Toate învățăturile arată că trebuie să depășim aceste suferințe ale minții noastre și să încetăm să le creăm prin faptul de a nu ne identifica cu gândurile care ne trec prin minte. Buddha a subliniat, de asemenea, în învățăturile sale, că toate problemele noastre se află în propriile noastre minți și că vântul care aduce norii este, de asemenea, același vânt care le duce. La fel este și cu toate problemele create de noi. Noi suntem cei care le putem rezolva cu lumina clară a înțelepciunii.

Aceste energii nu sunt ușor de eliminat decât dacă le dezrădăcinăm și făcând acest lucru, punem eul la locul său. Aici diferite practici spirituale ne pot ajuta să scăpăm de unele dintre energiile nedorite acumulate în corpul și mintea noastră. Cea mai puternică practică spirituală este – așa cum toți maeștrii au subliniat și recunoscut – calea cunoașterii de sine (adevărata cunoaștere a propriei ființe).

Fiind liberi să vă agățați de orice, sunteți purificați de obiectele percepute în exterior. Obiectele purificate nu înseamnă că încetezi să percepi. Înseamnă să nu te ții și să te agăți în timp ce ești luminos și gol. Ca și exemplul reflexiilor într-o oglindă, ele apar, dar sunt goale în sensul că nu există nimic de înțeles, iar percepțiile voastre sunt cunoscute ca percepții care apar pentru voi înșivă. Prin intermediul purificării minții care percepe interiorul, iată instrucțiunea de a elibera o conștientizare agățată în sine: Indiferent ce se întâmplă în mintea ta – fluxul de gânduri, amintiri sau cele cinci emoții otrăvitoare – atunci când nu te concentrezi asupra lor, mișcarea dispare de lu sine; Astfel, sunteți nealterați de defectele gândirii.

- Padmasambhava

În cele de mai sus, Padmasambhava subliniază modul în care emoțiile create de cele cinci otrăvuri sunt doar miraje și nu au nicio existență reală. Dacă suntem stabiliți în conștiință, fără a ne concentra asupra vreunui gând sau emoție, acestea se vor limpezi de la sine. El nu spune să nu percepem sau să ne retragem percepția de la obiecte; El doar ne invită să nu percepem cu atașament și astfel să fim purificați de tot ceea ce percepem. Dacă putem trăi cu această percepție, suntem pe calea cea bună spre eliberare. Percepția este abilitatea de a asculta fără filtrul condiționării.

Căci atunci când sufletul a fost acoperit de uitare dăunătoare, de lene distrugătoare și de ignoranță, mama și doica oricărui viciu, intelectul chinuit în orbirea lui este ușor înlănțuit de tot ceea ce se vede, se gândește sau se aude. De exemplu, când vedem o femeie frumoasă, intelectul nostru este imediat rănit de dorința senzuală. Apoi ne amintim ceea ce am văzut, auzit sau atins cu plăcere pătimașă în trecut și astfel memoria noastră formează imagini păcătoase în noi. Acestea pângăresc intelectul care este încă pătimaș și chinuit prin activitatea demonilor lipsei castității. Atunci și carnea, dacă este bine hrănită, plină de spirit tânăr sau flască, este ușor trezită la pasiune de astfel de amintiri și mișcată de poftă; și face acte de necurăție fie în somn, fie treaz, chiar dacă nu are contact fizic cu o femeie. Deși un astfel de om este privit de alții ca fiind cast, pur și feciorelnic și poate avea chiar reputația de a fi un sfânt, totuși el este condamnat ca murdar, desfrânat și adulter de către Cel care pătrunde în tainele inimilor oamenilor.

- Sf Marcu Ascetul

Sfântul Marcu merge mai departe și dă un exemplu natural cum mintea se joacă cu imaginile și cum, văzând imaginea frumoasă a unei femei, mintea își amintește de plăcerile și imaginile trecute și formează o nouă senzație care apoi o face să dorească femeia văzută, astfel încât mintea este deja pângărită încercând să proiecteze imagini noi și acționând asupra lor. Dar dacă suntem atenți și vigilenți, putem să ne oprim în punctul în care femeia frumoasă este privită, să recunoaștem frumusețea și să o lăsăm acolo. Acest mod de a trăi și de a gândi nu ne-a fost învățat în nici o școală, prin urmare nu știm cum să oprim mintea care face ravagii în viața noastră și să ne trimită pe drumul suferinței și al mizeriei.

Așa cum ignoranța îi desparte pe cei care sunt înșelați, tot așa prezența luminii spirituale îi adună laolaltă și îi unește pe cei pe care îi luminează. Îi face perfecți și îi aduce înapoi la ceea ce există cu adevărat; Convertindu-i dintr-o multitudine de opinii, ea unește punctele lor de vedere variate – sau, mai exact, fanteziile lor – într-o singură cunoaștere spirituală simplă, adevărată și pură și îi umple cu o singură lumină unificatoare.

- Sf Maxim Mărturisitorul

Sfântul Maxim Mărturisitorul afirmă clar că ignoranța este depășită prin cunoașterea duhovnicească, care echivalează cu cunoașterea de sine. Când se va face acest lucru, lumina sufletului va fi văzută.

> *Prin urmare, solitarul ar trebui să păzească această Turmă zi și noapte, asigurându-se că niciunul dintre miei nu este prins de fiarele sălbatice sau nu cade în mâinile hoților. Dacă acest lucru se întâmplă într-o vale, el trebuie să smulgă imediat creatura din gura leului sau a ursului (Sam. 17:35). Ce înseamnă ca mieii să fie prinși de fiarele sălbatice? Înseamnă că atunci când ne gândim la fratele nostru ne hrănim cu ură; Când ne gândim la o femeie, suntem mișcați de o poftă rușinoasă; Când ne gândim la aur și argint, suntem plini de lăcomie; și la fel, când ne gândim la darurile primite de la Dumnezeu, mintea noastră este plină de stimă de sine. La fel se întâmplă și în cazul altor intelecte, dacă acestea sunt cuprinse de patimi.*

> *- Evagrie Solitarul*

Evagrie Solitarul explică modul în care patimile care străbat simțurile dau naștere celor cinci otrăvuri și când se întâmplă acest lucru, suntem înrobiți de aceste emoții și sentimente, ceea ce ne face să acționăm în moduri prostești și egoiste, dând putere eului din noi și de asemenea, din ceilalți. Pasiunile sunt satisfacțiile pe care le obținem din simțuri și orice gând îndreptat spre orice satisfacție va întări și hrăni eul.

> *Că dacă cineva se asociază cu oameni preocupați de lucrurile materiale implicați în treburile lumești, va fi cu siguranță afectat de modul lor de viață și va fi supus presiunilor sociale, vorbelor deșarte și oricărui alt fel de rău: mânie, tristețe, pasiune pentru lucrurile materiale, teama de scandaluri. Nu vă lăsați prinși în preocuparea pentru părinții voștri sau afecțiunea pentru rudele voastre; Dimpotrivă,*

*evita să te întâlnești frecvent cu ei, în cazul in care îți fură
liniștea pe care o ai în celula și te implică în treburile lor.
„Lăsați morții să-și îngroape morții", zice Domnul; „Dar
veniți și urmați-Mă" (cf. Mat. 8:22).*

- Evagrie Solitarul

Evagrie ne sfătuiește aici să fim vigilenți cu lucrurile lumii și cu
oamenii care ne pot abate cu ușurință de la calea cea dreaptă. El
pledează, de asemenea, pentru detașare chiar și de familii și de
cei dragi, deoarece orice atașament va împiedica dragostea să
curgă în mod natural.

*A spune că cineva este „eu" sau „eu" este ego. Sentimentul
că cineva este un individ este ceea ce se înțelege prin ego.
Eul este ignoranță, ceea ce înseamnă a avea atașament față
de sentimentul unui „eu" independent. Când se renunță
la atașament, există in unitate cu Ceea ce este neatașat.
Aceasta este autoritatea atingerii a Ceea ce este fără imag-
inație. Când cineva nu-și cunoaște Sinele, se numește igno-
ranță. Când ignoranța este îndepărtată prin Cunoașterea
de Sine, omul se realizează ca Parabrahman (Supremul
Dumnezeu). Înțelegeți că identificarea corpului nu este
importantă în Parabrahman. Acolo, sensul de „eu" nu are
loc.*

- Sf Shri Samartha Ramdas

În cartea Dasbodh, maestrul explică elevilor că cea mai mare
ignoranță dintre toate este identificarea cu corpul – simțul eului
„eu"; de a fi un individ – și numai prin detașarea de această iden-
tificare greșită și prin dobândirea cunoașterii de sine este înde-
părtată ignoranța.

A patra noastră luptă este împotriva demonului mâniei. Trebuie, cu ajutorul lui Dumnezeu, să eradicăm otrava Lui mortală din adâncul sufletelor noastre. Atâta timp cât El locuiește în inimile noastre și orbește ochii inimii cu tulburările Sale sumbre, nu putem nici să discernem ceea ce este spre binele nostru, nici să obținem cunoaștere spirituală, nici să ne împlinim intențiile bune, nici să participăm la viața adevărată; iar intelectul nostru va rămâne insensibil la contemplarea adevăratei lumini divine; căci este scris: „Căci ochiul Meu se tulbură din pricina mâniei" (Ps. 6:7. LXX).

- Sf Ioan Casian

Sfântul Ioan Casian arată că otrava furiei trebuie eradicată pentru ca nu cumva să ne țină într-o închisoare creată de noi înșine și să jefuiască intelectul de inteligența și înțelegerea care este lumina divină.

Odată cu mândria vine invidia și cu invidia vine ura. Această ură generează apoi furie, care continuă să devină mai puternică. În acest fel, omul devine răsfățat și plin de dorință și furie, iar eul fals îi afectează atitudinea. Acest lucru poate fi văzut clar în comportamentul cuiva. Cum se poate spune că cineva care este copleșit de dorință și furie poate fi considerat o persoană bună? În legendele antice, chiar și demonul Rahu a murit după ce a băut nectarul nemuritor din cauza răutății.

- Sf Shri Samartha Ramdas

Aici maestrul explică studenților cum invidia și mânia provin din mândrie și intelectul este copleșit de dorință și furie. Vedem clar cum înțelepții antici din toate tradițiile spirituale indică cele cinci otrăvuri și modul în care acestea ne afectează mintea, făcându-ne ignoranți cu privire la adevărata noastră natură și fără a scăpa de stările de suferință pe care le creează otrăvurile, nu vom fi niciodată în pace și nu vom funcționa în dragoste.

Eliberarea de mânie, de deprimare, stima de sine și mândrie contribuie, de asemenea, la puritatea sufletului în general, în timp ce autocontrolul și postul sunt deosebit de importante pentru a aduce acea puritate specifică a sufletului care vine prin înfrânare și moderație.

- Sf Ioan Casian

Aici Sfântul Ioan Casian arată că trebuie să se renunțe la mândrie și mânie pentru a purifica sufletul sau inima și pentru a ajunge la o minte curată în care inima își poate manifesta puritatea în iubire. Aceasta este ceea ce Buddha numește moderație sau calea de mijloc.

Adevăratul sanyasi (ascet religios) este cel care a renunțat complet la cele șase suferințe ale minții (dorință, mânie, aroganță, poftă, gelozie, ademenire). Numai cei care cercetează adevărata lor natură și sunt profund atenți pot fi adevărați renunțați. Progresul spiritual al unei persoane depinde de practica sa spirituală.

- Sf Shri Samartha Ramdas

Maestrul afirmă aici că cel care are intenția de a-și găsi adevărata natură cu ajutorul practicilor spirituale și al unei stări de spirit profund gândite poate să renunțe la otrăvurile care afectează mintea. Dacă pasiunile stârnite de simțuri sunt ținute sub control și înțelese, atunci putem trăi cu ele și le putem folosi în scopul pentru care ne-au fost date. Nu prin a fi atașați de ele, ci mai degrabă gata să le abandonăm în orice moment. Atunci eul, care se bazează doar pe ele pentru supraviețuirea sa, nu va avea nici o putere să ne înrobească prin ele și își va găsi propria moarte.

Dintre demonii care ni se opun în practicarea vieții ascetice, există trei grupuri care luptă în prima linie: cei cărora li se încredințează poftele lăcomiei, cei care sugerează gânduri de avaritate și cei care ne incită să căutăm stima oamenilor.

Toți ceilalți demoni îi urmează și la rândul lor îi atacă pe cei deja răniți de primele trei grupuri. Căci nimeni nu cade în puterea demonului lipsei castității, decât dacă a căzut mai întâi din cauza lăcomiei; Nici mânia cuiva nu este stârnită decât dacă luptă pentru hrană, bunuri materiale sau stima oamenilor. Și nu scapi de demonul deprimării, decât dacă nu mai experimentezi suferința atunci când ești lipsit de aceste lucruri. Nici nu va scăpa cineva de mândrie, primul vlăstar al diavolului, dacă nu va alunga avariția, rădăcina tuturor relelor, deoarece sărăcia îl face pe om umil, potrivit lui Solomon (cf. Prov. 10:4. LXX). Pe scurt, nimeni nu poate cădea în puterea vreunui demon, decât dacă a fost rănit de cei din prima linie. De aceea diavolul I-a sugerat Mântuitorului aceste trei gânduri: mai întâi L-a îndemnat să transforme pietrele în pâinc; apoi I-a făgăduit întregii lumi, dacă Hristos va cădea și i se va închina; și în al treilea rând a spus că, dacă Domnul nostru L-ar asculta, El ar fi glorificat și nu ar suferi nimic în căderea de pe vârful templului. Dar Domnul nostru, arătându-Se superior acestor ispite, i-a poruncit diavolului să „meargă în urma Lui". În acest fel, El ne învață că nu este posibil să-l alungăm pe diavol, dacă nu respingem cu dispreț aceste trei gânduri (cf. Mat. 4:1-10).

- Evagrie Solitarul

Evagrie și primii Părinți nu au scris aceste învățături doar pentru ascetul care trebuie să se retragă din lume, ci pentru toți cei care au intenția de a descoperi realitatea propriei noastre ființe. Adevărata asceză este în minte și dacă este practicată acolo, corpul va urma exemplul. Putem fi de acord că vremurile de singurătate sunt necesare în viața noastră, dar adevărata practică este să găsim această pace în mijlocul lumii, pentru că numai acolo ne putem testa pe noi înșine. A fi călugăr lăuntric este ceea ce se cere astăzi: să ai o minte castă, din nou și din nou în fiecare moment. Un om inocent care are o astfel de minte trăiește adevărata viață religioasă.

Evagrie explică faptul că demonii (patimile) care ne atacă primii sunt lăcomia, dorința și mândria și face o corelație cu motivul pentru care diavolul L-a ispitit pe Hristos în același mod și de ce Buddha a fost ispitit și de Lordul Mara. Deci, răul nu trăiește în afară, ci este un produs al propriei noastre gândiri care se naște din cele cinci otrăvuri. Aceasta înseamnă că atunci când dezrădăcinăm aceste otrăvuri din mintea noastră, răul este de fapt inexistent. Este așa cum au afirmat maeștrii budiști: aceste rele sunt doar apariții ale minții ca niște miraje în deșert. Tot ceea ce vedem, gândim și facem se întâmplă în minte; nimic nu este în afara ei.

Nu există venin mai otrăvitor decât cel al scorpionului sau al cobrei și nu există nici un rău mai mare decât cel al iubirii de sine. Copiii înaripați ai iubirii de sine sunt lauda de sine, mulțumirea de sine, lăcomia, lipsa castității, stima de sine, gelozia și coroana tuturor acestora, mândria. Mândria poate trage în jos nu numai oamenii, ci chiar îngerii din cer și îi poate înconjura cu întuneric în loc de lumină.

- Sf Neilos Ascetul

Sfântul Neilos arată că mândria este o otravă în inimile noastre care nu este ușor de dezrădăcinat, pentru că este foarte subtilă și ne poate coborî din conștiința noastră în înșelăciunea aroganței și a îngâmfării.

Pasiunea mândriei provine din două tipuri de ignoranță, iar atunci când aceste două tipuri de ignoranță se unesc, ele formează o singură stare de spirit confuză. Căci un om este mândru numai dacă este ignorant atât de ajutorul divin, cât și de slăbiciunea omenească. Prin urmare, mândria este o lipsă de cunoaștere atât în sfera divină, cât și în cea umană. Căci negarea a două premise adevărate are ca rezultat o singură afirmație falsă.

- Sf Maxim Marturisitorul

Îngâmfarea este o pasiune cu adevărat blestemată. Este o combinație a două vicii, mândria și stima de sine. Mândria neagă Cauza virtuții și a naturii, în timp ce stima de sine alterează natura și virtutea însăși. Un om mândru nu face nimic care să fie în acord cu voia lui Dumnezeu, iar un om plin de stimă de sine nu realizează nimic care să fie în acord cu natura.

Semnul mândriei este negarea faptului că Dumnezeu este autorul virtuții și al naturii; Semnul stimei de sine este de a face diviziuni în natură și astfel de a trata unele lucruri ca fiind lipsite de valoare. Îngâmfarea este urmașul lor natural, fiind o stare rea compusă dintr-o negare voluntară a lui Dumnezeu și ignorarea demnității egale pe care lucrurile o posedă prin natură. Îngâmfarea este un amestec de mândrie și stimă de sine. În disprețul ci față de Dumnezeu, El calomniază în mod blasfemator providența; în timp ce, în înstrăinarea sa de natură, tratează tot ceea ce aparține naturii într-un mod nenatural și, astfel, îi corupe frumusețea prin abuz.

- Sf Maxim Mărturisitorul

Sfântul Maxim Mărturisitorul explică modul în care mândria, ignoranța și stima de sine dau naștere îngâmfării, adică nu lucrăm în conformitate cu viața și natura, ci mai degrabă în contrast cu acestea, făcând o diviziune între natură și toate lucrurile: unde este dezbinare, există întotdeauna conflict. Mândria noastră ne face ignoranți față de adevărata noastră realitate – față de unitatea noastră cu întreaga existență – și făcând acest lucru suntem afectați în așa fel încât credem întotdeauna că natura există doar pentru a fi exploatată pentru beneficiile noastre egoiste, fără să ne dăm seama că facem parte din aceeași natură. Acesta este motivul pentru care omenirea tratează întotdeauna natura ca pe un obiect care trebuie manipulat și folosit pentru propriile beneficii, fără să realizeze că este o ființă vie.

Aceste opt patimi trebuie distruse după cum urmează: lăcomia prin stăpânire de sine; lipsa castității prin dorința după Dumnezeu și dorința după binecuvântările păstrate; avariție prin compasiune pentru cei săraci; mânie prin bunăvoință și iubire pentru toți oamenii; descurajarea lumească prin bucurie spirituală; apatie, prin răbdare, perseverență și mulțumire lui Dumnezeu; stima de sine făcând binele în ascuns și rugându-se neîncetat cu inima smerită; și mândria de a nu judeca sau disprețui pe nimeni în maniera fariseului lăudăros (cf. Luca 18,11-12) și de a se considera cel mai neînsemnat dintre toți oamenii. Când intelectul va fi eliberat în acest fel de patimile pe care le-am descris și va fi înălțat la Dumnezeu, el va trăi de acum înainte viața de fericire, primind garanția Duhului Sfânt (cf. 2 Cor. 1:22). Iar când va pleca din această viață, nepătimaș și plin de adevărata cunoștință, va sta înaintea luminii Sfintei Treimi și împreună cu dumnezeieștii îngeri va străluci în slavă toată veșnicia.

- Sf Ioan Damaschinul

Sfântul Ioan Damaschinul enumeră în cele de mai sus cum, dacă avem intenția de a descoperi adevărata noastră realitate, putem distruge patimile (suferințele) minții și trupului și astfel să ne eliberăm din închisoarea acestei lumii și să ne putem alinia trupul, mintea și duhul cu cea universală. Procedând astfel, descoperim propria noastră natură prin cunoașterea divină care este în noi toți.

Deci, mândria este una dintre pasiunile care trebuie urmărite, pentru că ne poate păcăli că suntem iluminați sau suntem maeștri, ne poate păcălii să facem caritate cu sensul de a aștepta laude pentru că facem acest lucru. Când facem orice act de caritate, ar trebui să o facem într-un mod secret și ar trebui să fie cunoscut numai de către cel care dă; Partea care primește nu ar trebui să știe de unde vine, ci doar că a sosit prin providență. Aceasta este adevărata caritate.

Toate aceste otrăvuri care sunt suferințe ale minții noastre sunt produse de noi înșine, dar cei mai mulți dintre noi nu vom accepta niciodată acest adevăr și vom căuta în afara noastră, unde cădem în ignoranță, pentru că nimic nu este în afara întregii existențe, suntem într-o singură minte, nici a ta, nici a mea și așa mai departe. Mintea, ca și spațiul, primește totul și pe toată lumea. Pentru că dorim, devenim atașați de obiectele dorinței și permitem acestor otrăvuri să creeze haos în lumea noastră interioară și exterioară, unde toată lumea este afectată de ele, astfel încât să nu uităm că noi suntem lumea, iar lumea suntem noi. Numai urmărind cum apar aceste necazuri în minte, prin ce mijloace apar și cum încearcă să ne corupă inimile, numai în acea observație pură putem, dacă suntem neclintiți, să oprim creațiile unor astfel de otrăvuri în mintea noastră, să ne purificăm mintea, inima și lumea în care trăim.

Toți maeștrii realizați au subliniat că modul în care aceste suferinţe vin în noi este prin cele cinci simțuri ale noastre și atunci când nu le folosim în mod corespunzător pentru scopul pentru care au fost create, atunci suntem predispuși să cădem pradă lor, cedând dorințelor pe care le produc. Cineva poate, de exemplu, să se bucure de o băutură cu câțiva prieteni, dar nu ar trebui să cadă pradă băuturii până când să ne pierdem cunoștința, pentru că atunci toate celelalte suferințe cum ar fi pofta, mândria și așa mai departe vor pune cu ușurință stăpânire pe mintea noastră. Putem vedea că dacă nu privim ceea ce nu este inteligibil, cădem din puterea inteligibilă a intelectului și cedăm ignoranței și dorințelor simțurilor. Aceasta este căderea din har de la cel original (Adam) până acum. Ar trebui să devenim ca niște copii și să umblăm cu inocență, iar când cădem, ar trebui să ne ridicăm din nou și să găsim calea cea bună. Nu este un drum ușor de parcurs;

Drumul spre libertate este marcat de multe adversităţii și travalii. Fiecare are propria cale de a călători. De aceea Hristos a spus: „Ia-ți crucea și urmează-Mă" în drumul adevărului, păcii și iubirii. Nimeni nu o poate face pentru noi; Trebuie să o facem singuri cu credință, rugăciune, meditație, contemplație și prin practicile noastre spirituale cu siguranță putem depăși toate obstacolele. Dacă avem intenție pură, vom transforma crucea grea în iubire, pace, armonie și fericire. În acel moment, nu va mai trebui să călătorim, să căutăm nimic, pentru că suntem acasă. Indiferent de forma pe care o avem sau oriunde ne-am afla, vom descoperi misterele iubirii și ale vieții supreme.

> *De aceea, fiul meu, cel care dorește să-și ia crucea și să-L urmeze pe Hristos trebuie mai întâi să dobândească cunoaștere și înțelegere spirituală prin examinarea constantă a gândurilor sale, arătând cea mai mare preocupare pentru mântuirea sa și căutându-L pe Dumnezeu cu toată puterea sa. El ar trebui să întrebe alți slujitori ai lui Dumnezeu care sunt de aceeași minte și angajați în aceeași luptă ascetică, astfel încât să nu călătorească în întuneric fără lumină, neștiind cum sau unde să meargă.*
>
> *- Sf Marcu Ascetul*

Toți maeștrii realizați ne-au spus că gândurile sunt rădăcina tuturor problemelor. Trebuie să ne dezvoltăm capacitatea de a discerne că gândurile care ne fac rău nouă înșine și altora nu sunt bune și că toate gândurile care promovează iubirea, compasiunea și adevărul sunt bune. În termeni simpli, toate gândurile egoiste sunt dăunătoare și toate cele altruiste sunt bune. În practica observării, ar trebui să fim vigilenți să nu cădem în egoism, mândrie și așa mai departe, și păstrând vigilența, vom merge pe calea cea dreaptă.

Pentru a merge mai departe în acest sens, ar trebui să cunoaștem suferințele corpului și ale minții păstrându-ne într-o stare de atenție la fiecare pas.

> *Trebuie spus ceva și despre viciile sau patimile sufletului și ale trupului. Patimile sufletului sunt uitarea, lenea și ignoranța. Când ochiul sufletului, intelectul, a fost întunecat de acestea trei, sufletul este dominat de toate celelalte patimi.*

Acestea sunt nelegiuirea, învățătura falsă sau orice fel de erezie, blasfemia, mânia, amărăciunea, iritabilitatea, lipsa de umanitate, ranchiuna, mușcătura pe la spate, cenzura, deprimarea fără sens, frica, lașitatea, cearta, gelozia, invidia, stima de sine, mândria, ipocrizia, minciuna, necredința, lăcomia, iubirea de lucruri materiale, atașamentul față de preocupările lumești, apatia, slăbiciunea inimii, nerecunoștința, bombăneala, vanitatea, îngâmfarea, pompozitatea, lăudăroșenia, iubirea de putere, iubirea de popularitate, înșelăciunea, nerușinarea, nesimțirea, lingușirea, trădarea, prefăcătoria, indecizia, asentimentul la păcatele care izvorăsc din aspectul pasiv al sufletului și stăruie continuu asupra lor, gândurile rătăcitoare, iubirea de sine, mama viciilor, avariția, rădăcina tuturor relelor (cf. 1 Tim. 6:10) și, în sfârșit, răutatea și viclenia.

Patimile trupului sunt lăcomia, îngăduința excesivă, beția, mâncatul în ascuns, blândețea generală a vieții, lipsa castității, adulterul, desfrânarea, necurăția, incestul, pederastia, bestialitatea, dorințele necurate și orice patimă murdară și nefirească, furtul, sacrilegiul, jaful, uciderea, orice fel de lux fizic și satisfacerea capriciilor cărnii (mai ales când trupul este sănătos), consultarea oracolelor, vrăjile, urmărirea semnelor și prevestirilor, împodobirea de sine, ostentația, afișarea prostească, folosirea cosmeticelor, pictarea feței, pierderea timpului, visarea cu ochii deschiși, înșelăciunea, folosirea greșită pasională a plăcerilor acestei lumi și o viață de ușurință trupească, care prin îngroșarea intelectului o face rece și brută și nu o lasă niciodată să se ridice spre Dumnezeu și spre practica virtuților. Rădăcinile sau cauzele primare ale tuturor acestor pasiuni sunt iubirea plăcerilor senzuale, iubirea laudei și iubirea bogăției materiale. Fiecare rău își are originea în acestea.

- Sf Ioan Damaschinul

Acestea sunt, mai mult sau mai puțin, patimile care ne distrug iubirea, pacea și fericirea. Dacă le privim cu conștiința goală într-o stare pură a minții, totul poate fi dezrădăcinat din mințile noastre și atunci putem avea o relație corectă cu noi înșine și cu lumea în general.

Odată cu mândria vine invidia și cu invidia vine ura. Această ură generează apoi furie, care continuă să devină mai puternică. În acest fel, omul devine răsfățat și plin de dorință și furie, iar eul fals îi afectează atitudinea. Acest lucru poate fi văzut clar în comportamentul cuiva.
Pentru moment, să lăsăm această discuție să se încheie. Fiecare ia în funcție de propria capacitate. Cu toate acestea, cititorul ar trebui să știe că cel mai bun lucru este să renunțe la toată mândria.

— Sf Shri Samartha Ramdas

Sfântul Shri Samartha arată că mândria este o otravă de care trebuie să scăpăm, pentru că acolo cădem în suferințe mai mari, iar atitudinea și comportamentul nostru sunt determinate de cât de mult afectează aceste afecțiuni trupurile și mințile noastre. Învățăturile marilor noștri maeștri din toate tradițiile nu sunt doar filosofii, ci o realitate strictă care se ocupă de toți factorii vieții. Au de-a face cu atașamentele noastre, obiceiurile noastre, dorințele noastre adânc înrădăcinate, sentimentele și emoțiile noastre, care sunt toate create de aceste suferințe sau pasiuni, așa cum le numesc părinții timpurii ai creștinismului.

Brahman (Dumnezeu) nu poate fi realizat de cei care sunt supuși lăcomiei, fricii și mâniei. Brahman nu poate fi realizat de cei care sunt supuși mândriei numelui și faimei sau vanității erudiției. Brahman nu poate fi realizat de cei care sunt prinși în dualitatea vieții. Dar tuturor celor care străpung această dualitate, ale căror inimi sunt date Domnului Iubirii, El se dăruiește pe sine prin harul său infinit.

— Tejobindu Upanishad

În Tejobindu Upanishad, maestrul arată că Dumnezeu nu poate fi realizat atâta timp cât suntem sub vraja celor cinci otrăvuri, și prin urmare, în lumea dualității care nu poate fi eradicată decât dacă suntem eliberați de otrăvuri, și ne predăm complet Domnului Iubirii.

Se spune că după ce Dumnezeu a creat toate universurile, înainte de a-l crea pe om i-a cerut arhanghelilor săi să-l sfătuiască unde ar trebui să ascundă toată înțelepciunea și cunoașterea, astfel încât omul să nu o poată găsi prea ușor. Rafael, unul dintre arhangheli, a spus „ascunde-l în cel mai adânc ocean"; Dumnezeu a spus: „Nu, o vor găsi, pentru că vor folosi inteligența Mea." Apoi Gabriel a spus „ascunde-l pe planeta mai îndepărtată", apoi Dumnezeu a spus „nu, în cele din urmă vor ajunge acolo, pentru că vor folosi inteligența mea". Apoi Dumnezeu a spus: „O voi pune adânc în inimile lor, vor fi prea cufundați în lumea exterioară și nu vor avea timp să privească în interiorul lor", și astfel, într-adevăr, foarte puțini au, sau vor avea tenacitatea și intenția de a privi înăuntru. Tatăl cel viu și toată cunoștința se descoperă celui care intră în uniunea cu Dumnezeu, căci atunci se deșteaptă toată cunoașterea care este în fiecare din noi.

Este imperativ a înțelege modul în care suntem modelați de sentimentele, emoțiile și dorințele noastre și modul în care otrăvurile ne modelează psihicul și ne determină comportamentele și acțiunile, pe baza nivelului de control pe care îl au asupra inimii noastre. Trebuie să ajungem la înțelegerea faptului că cunoașterea de sine este singura practică adevărată pentru a fi liberi și, prin urmare, pentru a fi una cu existența / conștiința / beatitudinea. Vom dedica un capitol cunoașterii de sine, dar mai întâi ar trebui să privim și să înțelegem yoga și valorile, practicile și beneficiile sale.

CAPITOLUL 14

YOGA

Toate practicile spirituale – yoga, meditația, rugăciunea, contemplarea – sunt doar metode de curățare a unora dintre energiile nedorite din corpul și mintea noastră pentru a putea să ne deștepte înțelepciunea și inteligența care pot duce la cunoașterea de sine. Nu vom scrie o teză despre yoga aici, pentru că multe cărți bune au acoperit deja acest subiect, dar vom oferi o descriere a ceea ce este yoga și a practicilor care sunt utile în vremurile noastre pentru a trăi o viață mai iubitoare și mai pașnică. Toată cartea este o descripție a drumului spre uniunea cu realitatea absolută care este inerentă fiecărei ființe.

Yoga este un cuvânt sanscrit care provine din rădăcină, „yuj", care înseamnă „a se alătura împreună". Pur și simplu, yoga înseamnă „uniune". În multe privințe, termenul yoga este similar cu termenul englezesc, „comuniune". Se referă la starea de uniune cu Dumnezeu, adevăratul Sine. Yoga se referă, de asemenea, la filozofia și practicile care pot fi întreprinse pentru a atinge o stare de uniune. Atrage atenția asupra condițiilor necesare pentru a experimenta pacea interioară și iluminarea. Două aspecte principale ale practicii yoga se concentrează asupra modului de a aduce flexibilitate corpului și a minții. În starea de yoga, corpul, mintea, emoțiile și sufletul sunt toate într-o stare de echilibru. Biblia vorbește despre același principiu în termenii „curăției inimii". Deci, care este singura calitate necesară pentru a ne permite să-L vedem pe Dumnezeu? Este puritatea minții și a inimii.

In Matei, Isus spune:

> *Ferice de cei curați cu inima, căci ei vor vedea pe*
> *Dumnezeu.*

> *- Matei 5.8*

Același principiu se află în practica de yoga. Este fundamentul tuturor religiilor că puritatea inimii ar trebui să fie modul nostru de viață. Această puritate este esența noastră: când scăpăm de cele cinci otrăvuri atunci dezvăluim adevărata noastră realitate, care este pură și divină. Yoga a fost clasificată în șase ramuri, dar de fapt, este doar o singură yoga, deoarece uniunea le încorporează pe toate. Cineva poate fi înclinat să practice o anumită ramură, dar de fapt, toate ramurile se susțin și se suprapun reciproc. Este nevoie de un anumit nivel de devotament pentru a practica orice altă ramură. Unele pranayama (respirații) sunt necesare în toate formele de yoga, iar unele mantre sunt folosite în altele. Cele șase ramuri sunt următoarele:

1. Raja Yoga

Raja yoga se concentrează pe meditație și contemplare pentru a realiza pe deplin sinele. Cunoscută sub numele de calea regală (Raja) sau calea regelui yoga, se bazează pe calea cu opt membre spre realizarea de sine prezentată în Yoga Sutra lui Patanjali și tinde să atragă practicanții mai devotați spiritual. Cele opt membre includ și celelalte membre de yoga.

2. Bhakti Yoga

Yoga de devoțiune este calea devoțiunii, subliniind dragostea și predarea față de Dumnezeu. Văzând Divinul în toată lumea și pretutindeni, Bhakti yoga cultivă acceptarea, toleranța și iubirea pentru toate ființele. Bhakti yoga implică, de asemenea, o mulțime de cântece de devoții care evocă sentimente de dragoste, conexiune și beatitudine. Fără devotament și credință, nu se poate practica nici o yoga.

3. Jnana Yoga

Yoga de Cunoaștere este calea înțelepciunii și cunoașterii (Jnana), implicând studiul disciplinat al scripturilor și cercetarea constantă a naturii sinelui. Adesea numită yoga minții, Jnana yoga este potrivită pentru cei înclinați intelectual. Yoga cunoașterii de sine a fost privită ca punctul culminant al yoga și calea cea mai directă. Toate practicile de yoga aduc pe cineva la cunoașterea de sine, care este realizarea de sine.

4. Karma Yoga

Karma yoga este calea acțiunii altruiste; Yoga de a face bine. Rămânând complet detașați de rezultatul acțiunilor lor, karma yoghinii sunt în serviciul continuu pentru îmbunătățirea tuturor ființelor, fără nici o intenție de câștig fizic. Această yoga este predarea fructului acțiunii către dumnezeu fără nici o așteptare de recompensă. Aceasta este cea mai bună organizație caritabilă din lume. Toată lumea poate practica această yoga în fiecare zi, într-o formă sau alta, prin caritate secretă.

5. Mantra Yoga

Mantra yoga este yoga sunetului. Considerate enunțuri sacre, mantrele sunt silabe, cuvinte sau fraze care reprezintă un anumit atribut al Divinului. Mantra yoga este practica de a deveni centrat prin repetarea mantrelor. Chiar și această yoga joacă un rol important în toate celelalte yoga. Îi poate ajuta pe mulți să se stabilească în meditație sau contemplare.

6. Hatha Yoga

Hatha yoga este practica posturilor yoga sau asana, folosind corpul ca vehicul pentru transformarea de sine. Fără un corp sănătos, nimeni nu poate efectua yoga. Acesta este motivul pentru care aceasta este o yoga esențială pentru organism.

Toate cele șase ramuri s-au răspândit în afara Indiei, dar au fost practicate și de alte tradiții din întreaga lume, deși nu ca un sistem, așa cum este descris în sutele Yoga ale lui Patanjali. El a fost primul dintre indienii rishi (clarvăzători) care au compus yoga și au scris-o într-un mod științific. Înainte de el, yoga a fost transmisă ca o tradiție orală, la fel ca și alte scripturi de la începuturile lor, transmise de la o generație la alta într-o formă orală.

În Bhagavad Gita, Krishna expune toate formele de yoga lui Arjuna ca fiind calea de a se elibera din ciclul existenței. Una dintre yoga pe care o expune este yoga de devoțiune.

Toate sunt aceleași căi care ne vor duce la eliberarea din ghearele eului.

> *ARJUNA A SPUS: Un om te iubește cu devotament pur; un alt om iubește Nemanifestatul. Care dintre aceștia doi înțelege yoga mai profund?*
> *DOMNUL BINECUVÂNTAT A SPUS: Cei care mă iubesc și mă venerează cu credință neclintită, concentrându-și întotdeauna mintea asupra mea, sunt cei mai perfecți în yoga.*
>
> *- Lordul Krishna*

În aceste declarații, Krishna îi spune lui Arjuna că cel care este scufundat în Dumnezeu cu devoțiune deplină și îi predă totul este perfect în uniunea cu Dumnezeu. O astfel de stare este atunci voită de voința universală a lui Dumnezeu, acționând întotdeauna corect pentru toate ființele.

Hristos a dat același mesaj de predare și devotament.

> *Atunci Isus le-a spus ucenicilor Săi: „Dacă vrea cineva să vină după Mine, să se lepede de sine, să-și ia crucea și să Mă urmeze. Căci oricine vrea să-și scape viața o va pierde; dar oricine își va pierde viața pentru Mine o va găsi."*
>
> *- Matei 16:24-25*

Aici Hristos nu numai că ne încurajează să luăm crucea și să-l urmăm, dar el afirmă dinainte că trebuie să ne lepădăm de noi înșine, adică să negăm eul, pentru că oricine vrea să-și salveze viața eului va pierde sinele real și oricine pierde viața eului va câștiga sinele real.

În Dhammapada se afirmă:

> *Cel care își protejează mintea de dorința atașată, furie, aversiune și inconștiență este cel care se bucură de o pace reală și durabilă.*
>
> *- Buddha*

Buddha a vorbit aici despre capitulare într-un mod diferit. El afirmă că, pentru a obține pacea veșnică, nu trebuie să ne atașăm sau să respingem nimic, ci să ne predăm la ceea ce este. Toți maeștrii și învățătorii au gândit așa: este singura cale. Fie predați-vă Iubirii sau momentului prezent, fie lui Hristos, sau lui Krishna etc.

În funcție de tendințele și impresiilor care le deținem prin eu, trebuie să găsim pentru noi înșine care yoga poate fi potrivită pentru noi sau dacă orice practică sau nici o practică poate să ne ajute în a eradica aceste tendințe și impresii care ne înrobesc. Chiar și nepractica este tot yoga. Ea vine prin harul lui Dumnezeu, dar rare sunt aceste suflete la care harul lui Dumnezeu coboară fără ca ele să urmărească sau să practice ceva. Scopul oricărei practici spirituale – yoga sau nu – este să transcendem lumea viziunii dualiste și să devenim în întregime una cu toată existența și așa cum a spus Buddha, să stingem toate energiile, cu excepția Iubirii.

Cel care a renunțat la ură, care tratează toate ființele cu bunătate și compasiune, care este întotdeauna senin, nemișcat de durere sau plăcere, liber de „eu" și „al meu", stăpân pe sine, ferm și răbdător, cu întreaga minte concentrată asupra mea, acel om este cel pe care îl iubesc cel mai mult.

Cel care nici nu tulbură lumea, nici nu este tulburat de ea, care este liber de orice bucurie, frică, invidie – acel om este cel pe care Eu îl iubesc cel mai mult.

Cel care este pur, imparțial, priceput, neîngrijorat, calm, altruist în toate întreprinderile – acel om este cel pe care îl iubesc cel mai mult.

Cel care, devotat Mie, este dincolo de bucurie și ură, durere și dorință, noroc și rău acel om este cel pe care îl iubesc cel mai mult.

- Domnul Krishna

Mai sus, Krishna expune calitățile care transformă o ființă umană într-o ființă divină, cel care este acasă oriunde s-ar afla și nu este afectată de adversitățile vieții. Acesta este cel care, deși se află într-un trup omenesc, îl cunoaște pe Dumnezeu. Aceste calități nu pot fi cultivate: ele sunt natura noastră înnăscută, dar pentru a ajunge la ele, trebuie să scăpăm de ceea ce nu suntem și aici yoga are rolul său în a ne ajuta să ne dezvăluim adevărata realitate, care este adevărata noastră natură.

Hatha Yoga ajută la menținerea corpului într-o stare sănătoasă, pentru că dacă suntem bolnavi va fi mult mai dificil să ne concentrăm și să ne păstrăm mintea asupra lui Dumnezeu, în meditație sau în cercetarea de sine. De aceea avem nevoie de un corp sănătos. Chiar dacă nu practicăm yoga, un corp sănătos este o necesitate pentru a obține o minte sănătoasă și atunci când există o minte sănătoasă, atunci o ființă sănătoasă va fi și ea acolo.

Chiar și o persoană non-religioasă care nu practică yoga poate atinge de fapt o stare sănătoasă de a fi, dar practica sa poate fi făcută inconștient și prin urmare, procesul continuă în mod natural. Cu toate acestea, așa cum am afirmat mai devreme, astfel de ființe umane sunt foarte rare. Printre ei sunt doar Hristos, Krishna și alții necunoscuți nouă, care s-au născut puri și care s-au încarnat doar pentru a arde karma altora și pentru a ajuta omenirea să se ridice la niveluri mai înalte de conștiință.

Practica yoga ne aduce față în față cu extraordinara complexitate a propriei noastre ființe.

- Sri Aurobindo

Yoga este o abordare științifică a misterelor vieții și nu ar trebui luată ca o religie, deoarece toate învățăturile de bază ale tuturor religiilor sunt de fapt yoga. Hristos sau Buddha și toate ființele iluminate nu au fondat nicio religie, au fost fondate de către alții după ce ei au dispărut de mult. Dacă practicăm adevăratele învățături fundamentale ale oricărei credințe cu toată inima noastră, în cele din urmă vom descoperi realitatea pentru noi înșine.

Unul dintre maeștrii yoga descrie frumos scopul yoga:

Yoga pe care o practicăm nu este doar pentru noi înșine, ci pentru Divinitate. Scopul său este de a lucra voința Divinului în lume, de a efectua o transformare spirituală și de a aduce o natură divină și o viață divină în natura mentală vitală și fizică în viața umanității. Obiectul său nu este personal Mukti (eliberare) chit că Mukti este o condiție necesară a yoga, ci eliberarea și transformarea unei ființe umane. Nu este Ananda personală, ci coborârea divinei Ananda, Împărăția cerurilor lui Hristos, Satya-yuga (era divină) – pe pământ.

- Sri Aurobindo

Kriya Yoga este o știință străveche. Babaji i-a dezvăluit lui Lahiri Mahasaya:

Kriya Yoga pe care o dau lumii prin voi în acest secol al XIX-lea este o renaștere a aceleiași științe pe care Krishna a dat-o, cu milenii în urmă, lui Arjuna și care a fost cunoscută mai târziu lui Patanjali, lui Hristos, Sfântului Ioan, Sfântului Pavel și altor discipoli.

- Lahiri Mahasaya

Aici, Lahiri Mahasaya subliniază că yoga pe care o predă este aceeași yoga pe care toți maeștrii au practicat-o într-un fel sau altul pentru a ajunge la aceeași uniune cu realitatea absolută, Dumnezeu. Există multe tipuri de yoga: budiștii au tipurile lor, hindușii le au pe ale lor, creștinii le au pe ale lor și așa mai departe. Orice disciplină spirituală am putea numi yoga. Înțeleptul Patanjali în sutele yoga descrie yoga după cum urmează:

„Yogas chitta vritti nirodha" este definiția lui Patanjali pentru yoga. Aceasta înseamnă că yoga este îndepărtarea fluctuațiilor minții. Yoga este liniștirea minții până când aceasta se odihnește într-o stare de liniște totală și calmă, astfel încât sa experimentam viața așa cum este: ca Realitate. Experimentând viața prin cele mai clare lentile, care nu sunt colorate de gânduri bune sau rele, sau ale mele sau ale tale. Când fluctuațiile minții sunt complet îndepărtate, suntem una cu totul, cu absolutul.

Făcând toate acțiunile de dragul meu, fără dorințe, absorbit în Sine, indiferent față de „eu" și „al meu", eliberează-ți durerea și luptă! Oamenii care practică în mod constant această învățătură a mea, Arjuna, care se încred în ea din toată inima, sunt eliberați din robia acțiunilor.

- Lordul Krishna

În afirmația de mai sus, Krishna îl învață pe Arjuna yoga acțiunii, spunând că toate acțiunile efectuate pentru el fără nici o dorință de sine și acționând numai în beneficiul tuturor sunt acțiunile corecte și cel care renunță la fructul oricărei acțiuni efectuează yoga acțiunii. Acțiunea corectă vine numai atunci când facem orice acțiune pentru alții, fără să ne gândim niciodată la noi înșine. Înainte de a putea ajunge la o astfel de practică, trebuie să avem credință pură și o intenție puternică de a-l mulțumi pe Domnul sau pe noi înșine în orice acțiune pe care o facem. Unii oameni sunt mai înclinați să practice această yoga și să o facă prin caritate sau prin efectuarea de muncă în beneficiul altora. Aceasta este Karma Yoga.

În yoga hindusă, acțiunile efectuate de un individ au trei naturi (Gunnas):

- Tamas (întuneric, distrugere, moarte)

- Rajas (energie, pasiune, naștere)

- Sattva (bunătate, puritate, lumină)

În linii mari, indivizii acționează în cadrul acestor calități în funcție de maturitatea lor spirituală și de nivelul de control pe care eul îl are asupra lor. Un individ care și-a ridicat conștiința la un nivel pur, acționează întotdeauna în Sattva, unde cineva împărtășește doar cu alții bunătatea, puritatea și lumina. Acestea sunt ființele care au atins starea de echilibru și umanitate a minții, iar eul lor este folosit doar ca un instrument pentru a funcționa în lume, dar nu sunt sub controlul eului.

Krishna explică:

Acțiunile sunt într-adevăr realizate prin funcționarea celor trei gunas; dar un om amăgit de simțul Eului își imaginează: «Eu sunt făcătorul». Înțeleptul știe că atunci când obiectele acționează asupra simțurilor, naturile acționează asupra naturii; Astfel, el este neatașat.

- Lordul Krishna

Aici Arjuna îl întreabă pe Krishna ce îl face să facă acțiuni rele. Krishna explică:

ARJUNA A SPUS: Ce îl împinge pe om la o acțiune rea, Krishna, chiar împotriva voinței sale, ca și cum o forță l-ar face să o facă?
DOMNUL BINECUVÂNTAT A SPUS: Acea forță este dorința, este mânia, care provine din guna numită rajas; mortală și puternică, acesta este dușmanul aici. Așa cum un foc este ascuns de fum, așa cum o oglindă este acoperită de praf, așa cum un făt este înfășurat în membrana sa, tot așa înțelepciunea este ascunsă de dorință. Înțelepciunea este distrusă, Arjuna, de dușmanul constant al înțelepților, care, izbucnind ca dorință, arde cu flăcări insațiabile.
Prin urmare, trebuie mai întâi să ți controlezi simțurile, Arjuna; Apoi distruge acest rău care te împiedică să cunoști vreodată adevărul. Toți spun că simțurile sunt puternice. Dar mintea este mai puternică decât simțurile; înțelegerea este mai puternică decât mintea; și cel mai puternic este Sinele. Cunoașterea Sinelui, susținerea sinelui de către Sine, Arjuna, ucide dușmanul greu de cucerit numit dorință.

- Lordul Krishna

Krishna ne spune că fără înțelegerea dorinței – care vine prin simțuri și se naște în minte, susținută și apoi inflamată de eu – astfel de dorințe pot fi dezrădăcinate numai de sine, care este mai puternic decât eul. Acesta este motivul pentru care este atât de important pentru noi să ne găsim adevărata realitate, pentru că atunci eul nu mai are putere asupra sinelui. Acest lucru este ajutat de practicile de yoga, dar cea mai profundă este yoga înțelepciunii conform lui Krishna și tuturor celorlalți maeștri. Mai jos, Krishna explică faptul că înțelepciunea este scopul final al fiecărei acțiuni și fiecare acțiune care este efectuată cu înțelepciune va elibera.

Astfel, multe forme de închinare pot duce la libertate, Arjuna. Toate acestea se nasc din acțiune. Când veți ști acest lucru, veți fi liberi. Mai bun decât orice ritual este închinarea realizată prin înțelepciune; Înțelepciunea este scopul final al fiecărei acțiuni, Arjuna.

- Lordul Krishna

Înțelepciunea este calitatea virtuții care va aboli dorința și această înțelepciune vine odată cu practica yoga, cu înțelegerea sinelui și a celorlalți, așa cum am văzut prin învățăturile lui Hristos, Krishna și mulți alții. Înțelepciunea vine din experiență; din observație pură, fără gândire. Înțelepciunea va fi întotdeauna urmată de acțiuni corecte, pentru că numai cel care are înțelepciune poate acționa corect într-un mod altruist. Înțelepciunea va privi întotdeauna sinele așa cum îi privește pe ceilalți, așa cum vedem în viețile sufletelor mari înțelepți. Înțelepciunea este acolo când eul nu este. Înțelepciunea este inteligenta pură care operează fără gândire. Înțelepciunea este Dumnezeu. Următoarea yoga pe care Krishna o explică este yoga renunțării. Dar la ce trebuie să renunți?

Omul care a văzut adevărul gândește: „Eu nu sunt făcătorul" tot timpul — când vede, aude, atinge, când miroase, mănâncă, merge, doarme, respiră, când defecă, vorbește sau apucă, când deschide ochii sau îi închide: tot timpul el gândește: „Acestea sunt doar obiecte senzoriale care acționează asupra simțurilor". Oferindu-și acțiunile lui Dumnezeu, el este liber de orice acțiune; Păcatul se rostogolește de pe el, așa cum picături de apă se rostogolesc de pe o frunză de lotus. Predându-se atașamentului, înțeleptul efectuează toate acțiunile, cu corpul, mintea și înțelegerea sa, doar pentru a se face pur.

- Lordul Krishna

După cum afirmă Krishna, adevăratul denunțător este cel care renunță la orice atașament, și făcând acest lucru, acționează cu înțelepciune, efectuând acțiunea corectă, așa cum am afirmat mai devreme. Există yoga acțiunii, a renunțării, a înțelepciunii și toate acestea se reunesc în yoga meditației.

Yoga meditației începe cu concentrarea, așa cum explică Krishna:

El îi privește imparțial pe toți: pe cei care Îl iubesc sau Îl urăsc, rudele Sale, dușmanii Săi, prietenii Săi, cei buni și, de asemenea, pe cei răi. Omul yoga ar trebui să practice concentrarea, singur, stăpânind mintea și corpul, liber de posesiuni și dorințe. Așezându-se, după ce a ales un loc care nu este nici prea înalt, nici prea jos, care este curat și acoperit cu o rogojină de iarbă, o piele de cerb și o cârpă, ar trebui să se concentreze, cu toată mintea, asupra unui singur obiect; Dacă practică în acest fel, mintea lui va deveni în curând pură. Cu trunchiul și capul ținute drepte, cu postura stabilă și nemișcată, uitându-te la vârful nasului, fără a-și lăsa ochii să privească în altă parte.

- Lordul Krishna

Apoi, Krishna ne arată că, prin a practica yoga, vom dezvolta atenția și conștientizarea care, în cele din urmă, vor duce la meditație, care prin ea însăși poate duce la eliberare.

El ar trebui să stea acolo calm, neînfricat, ferm în jurământul său de a fi cast, întreaga sa minte controlată, direcționată, concentrată, absorbită de mine. Stăpânindu-și constant mintea, omul yoga devine liniștit, atinge eliberarea supremă și dispare în fericirea mea. Cel care mănâncă prea multă mâncare sau prea puțină, care este mereu somnoros sau neliniștit, nu va reuși niciodată în yoga meditației. Pentru omul care este moderat în mâncare și plăcere, moderat în acțiune, moderat în somn și veghe, yoga distruge orice durere. Cu mintea crescută limpede și pașnică, eliberată de dorințele egoiste, absorbită numai în Sine, el este numit un adevărat om al yoga.

- Lordul Krishna

Omul yoga este mai mare decât asceții, sau învățații, sau cei care îndeplinesc ritualurile; De aceea, fii un om al yoga, fiul meu. Practicați yoga sincer, cu devotament unic; iubește-mă cu credință desăvârșită; Aduceți-vă întregul vostru sine la Mine.

- Lordul Krishna

Dacă avem intenția și suntem constanți în practica oricărui tip de yoga cu devoțiune totală, vom ajunge fără îndoială la starea de mare beatitudine, așa cum o numește Buddha; statul Brahman Vihara (bucuria de a trăi în Dumnezeu). Meditația este un subiect care este oarecum înțeles greșit în lumea modernă și îl vom analiza mai târziu.

Meditația este portalul care deschide noi dimensiuni pentru a fi văzute, iar acestea sunt mereu proaspete și noi, nu noi, într-un sens în care noul este diferit de vechi, dar cu adevărat nou în fiecare moment, fără trecut. Toate yoga și practicile spirituale îl vor conduce pe cel care practică meditația, care nu este diferită de activitatea de zi cu zi, dar poate face ca fiecare activitate care părea plictisitoare să fie din nou proaspătă și poate aduce o nouă energie care vindecă boala plictiselii.

Yoga lui Hristos nu este diferită de yoga lui Krishna sau Buddha. Toate yoga pe care toți maeștrii din toate tradițiile le-au expus pot veni în diferite forme – în diferite simboluri sau idei – dar, de fapt, aceeași energie își face jocul în diversitatea formelor. În Evanghelia lui Toma este scrisă întreaga yoga a lui Hristos și dacă cineva are ureche să o audă, va percepe realitatea și va deveni una cu absolutul, inteligența, beatitudinea și iubirea.

Putem defini yoga ca orice practică care ajută orice individ să ajungă acasă în sine, pentru că acolo găsim împărăția cerurilor și când o găsim, împărăția cerurilor va fi oriunde ne-am afla. Adevărata casă va fi acolo unde ne aflăm în orice moment.

În cele ce urmează, vedem același adevăr expus de Krishna reafirmat de un maestru Kryia Yoghin al timpurilor noastre.

> *Yoga nu este doar o practică a pozițiilor de corp. Yoga este ceea ce te duce de la obișnuit la extraordinar. Acesta este potențialul Yoga.*
>
> *- Sri M*

> *Ce este spiritualitatea? Pentru a găsi adevărul, pentru a vă găsi pe voi înșivă, pentru a vă găsi adevărata natură și legătura voastră cu Ființa Supremă. Acesta este singurul scop al practicii spirituale. Și dacă sunteți cu un învățător spiritual, acesta este exact ceea ce el sau ea ar dori să vă insufle.*
>
> *- Sri M*

Apoi, scopul yoga, așa cum expune Krishna, este următorul:

> *ARJUNA A SPUS: Ce este această libertate absolută, Krishna? Ce este Sinele? Care este adevărata natură a acțiunii, natura ființelor și a zeilor? Învață-mă calea închinării: ce este, aici, în trup. Și cum în ceasul morții poate un om să fie cu tine în duh?*
> *DOMNUL BINECUVÂNTAT A SPUS: Libertatea este unirea cu cei fără de moarte; Sinele este esența tuturor lucrurilor; Puterea sa creatoare, numită acțiune, face ca întreaga lume să existe. Despre ființe, să știți că mor; despre zei, cunoașteți Persoana Supremă; și să știți că adevărata închinare sunt eu însumi, aici, în acest trup. Oricine în ultimele sale clipe se gândește doar la mine, este sigur că*

va intra în starea mea de a fi odată ce corpul său este mort. Oricare ar fi starea de a fi asupra căreia un om se poate concentra la sfârșit, când își părăsește corpul, la acea stare de a fi el va merge.

De aceea, Arjuna, meditează la mine tot timpul și luptă; Cu toată mintea îndreptată spre Mine, veți veni la Mine – să nu vă îndoiți niciodată. Puternic în practica yoga, cu o minte care este înrădăcinată în mine și în nimic altceva, veți ajunge la Persoana Supremă care sunt. Meditează asupra Călăuzei, Dătătorul tuturor, Poetul Primordial, mai mic decât un atom, de neconceput, strălucitor ca soarele. Dacă faceți acest lucru în ceasul morții voastre, cu o minte nemișcată, trăgându-vă respirația între sprâncene, veți ajunge la Persoana care sunt Eu. Vă voi învăța despre starea numită eternă, absolută, în care cei care se străduiesc spre mine intră fără dorințe, eliberați de atașamente.

- Lordul Krishna

Krishna, Hristos, Buddha și toți ceilalți maeștri au dezvăluit acest adevăr într-un mod diferit, în limbi diferite, dar de fapt este același adevăr. Orice yoga la care cineva este înclinat să practice conștient sau inconștient va duce la starea absolută de libertate și de unire cu absolutul. Numai acea uniune finală va da libertate perfectă. Putem să învățăm de la toți învățătorii perfecți, putem învăța de la toate ființele, de la natură și dacă avem intenția de a găsi adevărul, vom fi călăuziți de mâna lui Dumnezeu cu o carte, un profesor, o experiență, o înțelepciune și încetul cu încetul vom ridica vălul iluziei și vom dezvălui adevărata realitate – nu așa cum ne imaginăm că este, ci așa cum este, perfectă în starea sa proprie, pentru că totul este desăvârșire în acea stare. Starea de spirit a oricăruia dintre noi este influențată de calitatea acțiunilor pe care le efectuăm așa cum sunt descrise în yoga și, în funcție de aceste calități, mintea va fi apoi într-o stare corespunzătoare de jos ca iadul sau înalt ca raiul, sau chiar mai bine, dincolo de toate în tărâmul realității absolute, Dumnezeu.

Există multe căi pentru a ajunge la divinitate și fiecare trebuie să găsească calea pentru el însuși. Intenția se naște și se va naște în timpul și în locul perfect; așa cum nu toate fructele se maturizează în același timp și într-un singur loc, tot așa intenția de a găsi adevărul va veni la noi în timpul nostru și în propriul nostru loc. Adevărul nu poate fi vândut la altarul cererii, dar fiecare ființă trebuie să-l găsească pe cont propriu, ajutată de mediul înconjurător și de lumea în care trăim, în funcție de circumstanțele și condițiile care apar în viața noastră, deși acestea nu sunt în controlul nostru, așa cum unii ar dori să creadă: avem foarte puțin control.

Viața însăși este o rețea de relații și modul în care acționăm în aceste relații cu oamenii, cu natura, cu toate lucrurile se bazează pe nivelul nostru de dependență de eul nostru. Dacă acționăm sub îndrumarea eului, acțiunile noastre și rezultatele acțiunilor noastre vor fi egoiste, indiferent cât de morale ar fi. Pe de altă parte, dacă acțiunile sunt direcționate de sine, atunci aceste acțiuni vor fi acțiunea corectă, iar toată lumea va beneficia fie direct, fie indirect. Acesta este motivul pentru care Krishna menționează că toate acțiunile efectuate fără a aștepta nici un rezultat, și făcute pe deplin pentru cel care este în toate ființele, vor fi acțiuni corecte. Acest fapt arată că yoga este benefică, pentru că ea ne ajută să ajungem la acțiunea corectă.

Inteligența poate opera și executa acțiuni fără să gândească și această acțiune va fi întotdeauna acțiunea corectă. Gândirea este gânditorul, iar gânditorul este gândul. Tot ceea ce experimentăm în viață, o facem prin minte și acționăm în mod corespunzător. Prin simțuri, așa cum am discutat mai devreme, intrăm în contact cu lumea (obiectele simțurilor) și prin raționamentul nostru luăm din simțurile senzațiile, în funcție de condiționarea noastră dând naștere dorințelor noastre bazate pe aceste senzații. Fie proaspete sau acumulate în memorie, din aceste senzații răspundem sau reacționăm la ele, dând naștere la sentimente care creează noi răspunsuri și reacții și nenumărate stări ale minții. Deci, toate aceste senzații pot da naștere la plăcere sau durere și întotdeauna încercăm să găsim stările fericite și să fugim de suferință și durere.

Am discutat acest lucru înainte, dar merită menționat din nou pentru că ajută să-l vedem în contextul yoga. Fugind de durere și suprimând suferința, ne punem într-o stare de conflict fără sfârșit și de eternă alergare sau căutare. Aici, dacă intenționăm să găsim adevărul, în loc să fugim de orice formă de suferință, trebuie să rămânem cu ea fără aversiune sau să ne agățăm de nimic. În această stare de liniște, ne dăm seama că suferința nu este ceva străin, ci este de fapt eul. Poate că atunci ne dăm seama că suferința este făcută de noi înșine, indiferent de calea prin care credem că a venit. În această realizare, suferința nu mai este, pentru că ne dăm seama că este o creație a propriei noastre minți. Același lucru este valabil și pentru durere. Acesta este motivul pentru care marii maeștri care au trecut prin boală nu au fost niciodată afectați de durere; ei o suportă cu plinătate de iubire.

Yoga ne ajută dacă exersăm din toată inima să regăsim acea stare originală. Aceasta nu este o stare indusă de minte: este lumina clară, o lumină în care tăcerea nu este afectată de zgomot la fel cum spațiul nu este afectat de nori sau de zborul unui avion; la fel cum mintea nu ar trebui să fie afectată de gânduri. Acea lumină este lumina eternă din care provin toate ființele, așa cum a subliniat Hristos:

> *Dacă te întreabă: De unde ai venit? spune-le: Noi am venit din lumină, locul unde lumina a luat ființă prin ea însăși. S-a [stabilit] și s-a revelat după imaginea lor. Dacă te întreabă: cine ești? spune: Noi suntem fii Lui și suntem aleșii Tatălui viu. Dacă te întreabă: Care este semnul Tatălui tău în tine? spune-le: Este mișcare și odihnă.*
>
> *- Evanghelia lui Toma: 50*

Iertați-l pe scriitor, dar este esențial să repetăm afirmații ca și cele de mai sus în diferite contexte, deoarece adevărul este multidimensional și nu poate fi exprimat în termeni lineari; este holistic.

În afirmația de mai sus, Hristos ne reamintește că noi suntem fiii tatălui, Dumnezeu. Trebuie doar să avem credință și să privim în noi înșine, cum agitația care este manifestarea lui Dumnezeu și restul care este esența lui Dumnezeu există ambele în noi. Prin urmare, și noi suntem dumnezei, așa cum ne-au arătat toți maeștrii iluminați ai tuturor tradițiilor.

Yoga este despre cum să-ți extinzi potențialul și să te ducă la cel mai înalt nivel. Ar putea fi muncă, Karma yoga, ar putea fi înțelegere sau inteligență care este Jnana yoga, ar putea fi spirituală, Raja Yoga sau ar putea fi inima, devotamentul și compasiunea voastră, Bhakti Yoga.

- Sri M

În tradițiile indiene și în alte tradiții, există forme de yoga, dar toate învățăturile și practicile pe care le folosim ne duc la unicul adevăr fundamental: că Dumnezeu este unic, El este Iubire și toți suntem o parte din El. Toată lumea, indiferent că practică sau nu yoga, va înțelege în cele din urmă acest adevăr fundamental și atunci împărăția cerurilor își va dezvălui gloria fiind văzută de jur împrejur. Dacă înțelegem acest adevăr fundamental, putem schimba societatea și lumea în care trăim. În capitolul următor ne vom uita la ce este societatea și cine face societatea și la efectele pe care societatea le are asupra vieții de zi cu zi.

Capitolul 15

SOCIETATEA

Ce este societatea și de ce este atât de important să înțelegem că societatea nu este ceva diferit de noi, ci este una cu noi.

O societate este un grup de persoane care participă la legături sociale continue sau un grup social larg care ocupă același teritoriu social sau spațial, expuse în mod normal acelorași puteri politice și standarde culturale dominante.

- Wikipedia

Din declarația de mai sus vedem că societatea este un grup de oameni care trăiesc într-o rețea strânsă de relații unul cu celălalt. Aceste legături cresc în complexitate de la conexiuni individuale (soț și soție) la conexiuni complexe precum familiile, apoi la conexiuni mai elaborate, cum ar fi organizații religioase sau mari societăți, care se dezvoltă în regiuni, țări și lumea în general.

Societatea este formată din oameni și oamenii creează societate. Dacă oamenii sunt fericiți și au înțelepciune și dragoste, societatea lor va reflecta asta. Astăzi, dacă observăm așa cum a sugerat

Hristos, vedem că societățile, familiile și indivizii sunt într-o stare de neliniște și de conflict cu ei și cu alții. Aceste conflicte produc război, distrugere și suferință pentru toate părțile implicate direct și indirect, pentru toată lumea, pentru că, în final, noi toți trăim pe același pământ și sub același cer, așa că și noi respirăm același aer.

Aceste conflicte apar din cauza egoismului nostru, eul nostru, care e întotdeauna în cele cinci otrăvuri: ale ignoranței, atașamentului, aversiunii, mândriei și invidiei.

Acest egoism reflectă și funcționează la nivel individual, familial și apoi în societate în general. Realitatea fundamentală este că începe cu individul. Dacă vrem ca societatea să se schimbe, trebuie să ne schimbăm ca indivizi pentru că noi suntem societatea, nu suntem despărțiți de ea. Dacă așteptăm ca societatea să ne schimbe – așa cum se întâmplă în prezent – atunci ne bazăm pe politicieni, lideri religioși, psihiatri și pe cei-ce-știu, pentru a ne schimba, – care ne transformă în mod conștient sau inconștient într-un model care le convine. Aceasta vine din înțelegerea lor, din condiționarea pe care o au și ei, iar rezultatul final este că vom fi în conformitate cu acea condiționare.

Putem observa că orice schimbare în societate care este făcută dintr-un factor extern este doar trecutul cu un strat de zahăr pus în prezent pentru a schimba cumva viitorul. Schimbările făcute în felul acesta nu sunt deloc schimbări. Este trecutul, iar trecutul este întotdeauna un lucru mort, fără viață și fără potențial de a exprima dragostea. Dragostea este întotdeauna proaspătă și nouă, și este întotdeauna în acest moment. Pentru a schimba societatea, trebuie să ne schimbăm și aceasta este o sarcină foarte grea. O societate s-ar putea schimba din afară doar printr-un lider sau lideri cu înțelepciune, care au ajuns la o stare Înțeleaptă. Din păcate, în prezent, astfel de suflete sunt rare și nu sunt implicate în politică.

Acesta este motivul pentru care Hristos a declarat:

Am stat în mijlocul lumii și m-am arătat în trup. I-am găsit pe toți beți; Nu am găsit pe niciunul dintre ei încetându-se și sufletul meu a fost îndurerat de fiii oamenilor; căci sunt orbi în inima lor și nu văd că au venit goi în lume și goi caută să părăsească din nou lumea. Dar acum sunt beți. Când se leapădă de vin, se vor pocăi.

- Evanghelia lui Thomas: 28

Hristos în declarația de mai sus menționează clar cum a găsit omenirea și societatea în tulburare, cu inimile închise și prea mult îmbătați de propria noastră ignoranță și a declarat că numai atunci când scuturăm vinul (ignoranța) ne vom pocăi și ne vom găsi calea. Dacă observăm, nu am găsit încă calea bună pentru că suntem încă ignoranți și prin urmare, inimile noastre sunt încă închise iubirii lui Dumnezeu și vom pleca din această lume goi în suflet în loc să trăim în această lume cu inimile pline de iubire unde nu este moarte.

În vechime, liderii s-au bazat pe providența divină și au avut îndrumare de la ființele înțelepte, cum ar fi preoți, șamani, filozofi, vraci și așa mai departe. Astăzi, societatea este mult coruptă de lăcomie, putere, ignoranță, ură și furie, pentru ca societatea să se schimbe, trebuie să înțelegem că societatea suntem noi și dacă fiecare membru privește în interior își va găsi adevărul că suntem cu toții o parte dintr-un întreg, și nu putem fi niciodată separați unul de celălalt, indiferent cât de fragmentați credem că suntem. Dacă nu am trecut printr-o revoluție interioară în ființa noastră, nu putem avea niciodată o societate iubitoare și grijulie. Maestrul chinez Loa Tzu ne-a dat trei arme ale schimbării și acestea sunt așa cum afirmă el.

Simplitate, răbdare, umilitate.
Acestea trei sunt cele mai mari comori ale tale.
Simpli în acțiuni și gânduri, vă întoarceți la sursa ființei.
Răbdător atât cu prietenii, cât și cu dușmanii, Ești de
acord cu felul în care sunt lucrurile. Plin de compasiune
față de tine însuți,
Voi împăcați toate ființele din lume.

- Lao Tzu

Dacă ne uităm mai atent la viețile marilor Înțelepți, toți au practicat simplitatea, răbdarea și umilitatea, care rezumă Iubirea și compasiunea. Trăim ca ei astăzi? Din punct de vedere intelectual putem înțelege ceea ce încearcă să ne transmită, dar practic este greu să urmăm aceste învățături pentru că este nevoie de o energie extraordinară pentru a renunța la tot ceea ce credem că suntem, la toate obiceiurile, experiențele și atașamentele acumulate, la tot conținutul conștiinței noastre.

Este foarte important să înțelegem că schimbarea trebuie să vină din interior. Există o ordine naturală așa cum se găsește în pădure în natură și această ordine vine cu propria inteligență. Această ordine este, de asemenea, inerentă în noi, dar am pierdut legătura cu ea. Am pierdut contactul cu natura odată cu industrializarea lumii și trecerea de la viața de sat la viața de oraș. Din ce în ce mai mulți oameni sunt atrași astăzi înapoi în natură, dar natura în care ar trebui să aspirăm să intrăm în contact este doar un indicator către natura noastră interioară. Trăim cu ficțiuni ale imaginației noastre și imaginația fiecăruia este diferită, în funcție de condiționările, simțurile, obiectele pe care le atragem și ceea ce face mintea din toate acestea. Suntem pierduți în lumea propriei noastre creații. Nu este nimic rău în a te bucura de lume, dar trebuie să te bucuri și să împărtășești cu toți această bucurie.

Dacă liderii de astăzi ar privi la conducerea lui Hristos, cu siguranță am trăi într-o lume diferită. În secolul XIV, biserica a avut putere asupra maselor. În secolul XVIII puterea a mers la națiuni cu armate puternice, iar în prezent puterea se afla în mâinile oamenilor și organizațiilor cu mai multe averi și bani. Totuși, adevărata putere se află în inimile noastre. Dacă puterea din inimile noastre este deblocată, toate națiunile, organizațiile, armatele vor deveni redundante și banii nu vor mai avea valoare, nu pentru că banii nu vor mai exista, dar nu le vom da nicio valoare intrinsecă. Aurul nu va mai avea nici o valoare atunci când ne-am găsit natura interioară și ne-am aliniat corpul, mintea și spiritul într-o singură mișcare unitară în iubire.

Multe probleme din lume vin de sub control; de la un proces autoritar prin care autoritatea coboară prin ierarhie la mase. Majoritatea afacerilor de astăzi au un sistem autoritar de management, la fel ca bisericile, templele și toate corporațiile. Autoritatea de orice fel poartă cu ea marea negativitate și conflict. Nici unul dintre marii maeștri nu și-a condus viața și învățăturile în acest fel. Nu am găsit un sistem mai bun, deoarece majoritatea dintre noi doar urmăm fără să punem întrebări; Atâta timp cât ne putem îndeplini dorințele, totul este bine. Ce nevoie este să punem la îndoială ceva? Putem observa că peste tot oamenii concurează și sunt în multe conflicte și stres. Aceste tensiuni între indivizi, familii și națiuni creează diviziuni și acolo unde există diviziune și conflict nu există iubire.

Timp de secole, am încercat să stabilim pacea și fără rezultat. Orice am face. Nu funcționează. Semnăm acorduri, dar ele sunt încălcate tot timpul. Nu trebuie să existe niciodată securitate într-o bucată de hârtie. De asemenea, nu există niciodată siguranță în a avea o bombă atomică. De fapt, națiunea care nu are arme, nici o armată, este cea mai în siguranță de orice conflict, pentru că națiunea care își pleacă capul este mai mare decât cea care cucerește și are mai multă putere. Este ca marea. Toate râurile curg spre mare. De ce? Pentru că marea este mai joasă. Marea s-a coborât și astfel a devenit vastă și iubitoare, acceptând ca toate râurile să curgă în iubirea ei. Cel care cucerește este nesigur, dorind mereu mai mult, niciodată mulțumit și niciodată în pace: mereu neliniștit și egoist.

Deoarece conștiința noastră nu a evoluat suficient pentru a nu mai ne folosi de acest fel de structuri care creează a mulțime de conflicte și mizerie în lume. Aceste structuri sunt societatea noastră. Ele nu sunt despărțite de noi și atunci când fiecare individ va recunoaște acest fapt, poate că atunci va avea loc o schimbare naturală în societatea în care calmul, înțelepciunea și inteligența vor prevala și nu viclenia politicienilor sau a oamenilor de afaceri care fac multe nenorociri în reușita lor din cauza naturii competitive de care au fost condiționați. Când umanitatea ajunge la un nivel de conștiință prin care un individ va folosi inteligența necoruptă de gândire, atunci nu vom avea nevoie de politicieni care să ne spună ce să facem. Din păcate, suntem încă departe de acea stare de viață și politicieni încă au rostul lor.

De aceea este foarte important ca fiecare dintre noi să ne străduim să ajungem la acea stare de inteligență, iubire și compasiune după care ordinea naturală a lucrurilor va avea grijă de familie, societate, stat, țară și lume. Viața însăși este doar o rețea de relații interdependente. Fiecare dintre noi depinde de relațiile pe care le are cu alți indivizi pentru a exista cu adevărat. Nici unul dintre noi nu poate exista pe cont propriu în timp ce se află în corp, și nici măcar după aceea, dacă nu ne-am deșteptat pe deplin la realitatea noastră. De aceea trebuie să înțelegem că viața este unitate. Este uniunea despre care Hristos și toți maeștrii realizați ai tuturor tradițiilor au vorbit într-o multitudine de forme.

Cum vom instiga o revoluție interioară? De unde începem? Cum putem să fim simpli și să facem întotdeauna ceea ce trebuie. Hristos a spus:

Căutați mai întâi Împărăția lui Dumnezeu și neprihănirea
Lui; și toate aceste lucruri vi se vor da pe deasupra.

- Matei 6:33

Ceea ce vrea să spună aici e o îndrumare să găsim pentru noi împărăția cerurilor care desigur, este în noi înșine și chiar în afara noastră: este pretutindeni. Împărăția este starea de spirit în care cineva trăieşte în neprihănire şi are doar ceea ce are nevoie. Acesta este lucrul corect de făcut, pentru că acest lucru permite altora să aibă, de asemenea ceea ce au nevoie. A fi răbdător este o altă virtute de cultivat pentru a curge cu fluxul vieţi fără a fi îngrijorat de ziua de mâine. Umilitatea şi Compasiunea este a treia virtute a lui Lao Tzu şi ne permite să acţionăm în beneficiul tuturor fiinţelor. Toate pasiunile pe care le are o persoană, atunci când sunt adunate laolaltă, creează pasiune comune (compasiune), iar toate aceste virtuţi simple, dar puternice (simplitate, răbdare, smerenie) se vor propulsa în IUBIRE pentru toate fiinţele.

Cunoaşterea de sine poate dezvălui adevărata noastră natură. Cei mai mulţi dintre noi trăim în ignoranţă cu privire la cine suntem şi ne preocupăm să alergăm după plăcerile pe care lumea le are de oferit. Există o mare diferenţă între a vedea lumea şi a o experimenta alergând după plăceri fără a avea cunoaştere de sine şi bucurându-ne de ceea ce lumea are de oferit, după ce dobândim cunoaşterea de sine. După ce ne trezim la adevărata noastră realitate, încetăm să alergăm după plăceri. Asta nu înseamnă că, dacă se prezintă, le vom respinge: ne vom bucura în continuare de ele, dar o vom face fără ataşamente şi prin urmare, orice are viaţa de oferit, vom primi, în acelaşi mod, fără agăţare sau aversiune şi vom şti cum să acţionăm în orice situaţie dată, pentru că înţelepciunea ne va arăta calea.

Învăţătorii şi scripturile pot stimula conştientizarea spirituală. Dar ucenicul înţelept traversează oceanul ignoranţei prin iluminare directă, prin harul lui Dumnezeu. Câştigaţi experienţă direct. Realizează-L pe Dumnezeu pentru tine însuţi. Cunoaşteţi Sinele ca singura Fiinţă indivizibilă şi deveniţi perfecţi. Eliberaţi-vă mintea de toate distragerile şi locuiţi în conştiinţa Sinelui. Aceasta este declaraţia finală a Vedantei: Brahman este totul; [Este] acest univers şi fiecare creatură. A fi eliberat înseamnă a trăi în conştiinţa continuă a lui Brahman, a Realităţii nedivizate.

- Adi Shankara

În afirmația de mai sus, Adi Shankara subliniază că numai prin propriul nostru efort și prin cunoaștere directă putem câștiga adevărata noastră eliberare de ignoranță, și prin urmare, să fim ceea ce am fost întotdeauna. El afirmă, de asemenea, că învățătorii și Scriptura sunt de ajutor dar, în cele din urmă, trebuie să realizăm singuri adevărul. Buddha le-a spus discipolilor săi să meargă și să afle singuri adevărul: el putea doar să-l indice. Hristos și alții după ei au spus același lucru. Putem vedea că autoritatea în aspectele fizice sau spirituale ale noastre nu are loc aici. Aici cel mai important este să ajungem la propriul nostru adevăr, prin propriile noastre experiențe, și prin propria noastră observație; Chiar trebuie să pătrundem pentru noi înșine în adevăr. Adevărul nu poate fi fixat pe o tablă cu o afirmație că cineva îl are: cel care spune că știe nu știe cu adevărat. Adevărul adevărat este un lucru viu într-o continuă transformare. Trebuie să observăm în fiecare moment și să rămânem cu el și aceasta este cea mai dificilă sarcină.

Adevărul este simplu: dacă fiecare dintre noi nu renunță la toate condiționările noastre – la toate așa-numitele cunoștințe acumulate cu privire la adevăr – nu putem avea niciodată o societate bazată pe Iubire. Societatea va reflecta întotdeauna ființa noastră interioară. Dacă ființa noastră interioară este împăcată și cu multă Iubire, societatea va reflecta în consecință. Fiecare societate și individ aspiră să fie fericit. În capitolul următor trebuie să investigăm fericirea și complexitatea ei.

CAPITOLUL 16

FERICIREA

Fericirea se referă la emoții și este, de obicei, un răspuns la ceva care ne place. Dar natura emoțională este dualitate, iar acolo unde există fericire, există și tristețe. Pentru că așa cum un lucru ne poate mulțumi și ne face să ne simțim fericiți, tot așa altceva ne poate nemulțumi și ne face să ne simțim triști. Bucuria aparține Sufletului sau Conștiinței. Bucuria apare spontan din interior în fiecare moment și nu depinde de nimic extern. Bucuria este o calitate mereu prezentă, care este simțită în inimă atunci când devenim suficient de liniștiți pentru a găsi spațiu în interior.

Beatitudinea se referă la Spirit sau Ființă. Aceasta nu este fericire în sensul unui extaz copleșitor. Aceasta este pur și simplu libertatea de a cunoaște Sinele pentru a exista fără limite, fericirea Ființei neîngrădite. Fiecare ființă din univers vrea să fie fericită, să fie împlinită, să fie sănătoasă și cu toții putem accepta acest fapt. Dar ar trebui să facem o distincție între o fericire indusă și o fericire naturală. Fericirea care apare din orice motiv nu este niciodată fericire permanentă. Fericirea care nu are nevoie de un motiv este o bucurie naturală. Putem numi bucurie să distingem între fericirea făcută de om și una naturală, care, apropo, este inerentă în noi toți. Bucuria este calea.

Cel care acționează conform adevărului este fericit în această lume și dincolo de ea.
Mii de lumânări pot fi aprinse dintr-o singură lumânare, iar durata de viață a lumânării nu va fi scurtată. Fericirea nu scade niciodată dacă este împărtășită.

- Buddha

De exemplu, observați un animal. Animalele au, de asemenea, capacitatea de a-și exprima fericirea, durerea sau plăcerea ca și noi. Diferența constă numai în sensul facultăților cu care au fost înzestrate. De asemenea, la un copil, bucuria este mai răspândită decât fericirca, deoarece copilul nu are nevoie de mult pentru a zâmbi și a fi bucuros. De aceea, le numim pachete de bucurie. Pe măsură ce îmbătrânim, acea calitate inerentă a bucuriei este acoperită și uitată fiind înlocuită de fericirea care are întotdeauna nevoie de un motiv, și de un obiect al dorinței pentru a se realiza. Dacă obiectul dorinței nu este dobândit, fericirea se transformă în tristețe și trăim într-o lume a dualității în care există plăcere însoțită întotdeauna de durere.

Ce ne-a schimbat din mici creaturi vesele în creaturi ale obișnuinței și creaturi ale dorinței care doresc mereu mai mult, mereu dorind să fie mai buni, devenind mereu ceva? Un copil are capacitatea de a învăța prin experiență directă, dar pe măsură ce crește, această învățare este inhibată de cunoștințele noastre acumulate despre lume și funcționarea ei și ni se spune întotdeauna cum să ne comportăm, ce să facem, cum să gândim etc., de către părinți, profesori și alții din viața noastră. Foarte rare sunt momentele în care noi, ca și copii, învățăm prin percepție directă și acest lucru se întâmplă doar când suntem mici. La acea vârstă, suntem atrași de obiecte, culori, mișcare și, pe măsură ce curiozitatea noastră despre lume crește, suntem atrași de senzațiile exterioare pentru a învăța de la lumea exterioară. Acesta este un proces natural găsit în toate animalele, plantele și ființele.

Aceste senzații sunt apoi stocate ca amintiri, plăcute și neplăcute, și alergăm în mod natural de la neplăcut la plăcut. Pe măsură ce suntem condiționați la ceea ce este bun și rău, încet acea simplitate pe care am avut-o în copilărie devine împovărată de complexitatea care poartă cu ea confuzie, conflict și tristețe. Până la vârsta adultă, momentele de bucurie în viață sunt rare. S-ar putea să avem momente temporare de fericire, dar bucuria este uitată de mulți.

Am fost condiționați să urmărim întotdeauna fericirea prin simțuri, dar această fericire – indiferent de modul în care apare – este doar temporară și trebuie să muncim foarte mult pentru a o menține. Aici munca nu înseamnă doar muncă fizică, ci și muncă psihologică. Dobândim fericirea, muncim pentru a o menține și, dacă cumva este pierdută și dispărută, atunci căutăm o nouă sursă de fericire. Este întotdeauna un cerc vicios și nu suntem niciodată cu adevărat fericiți. Este această fericire evazivă ceea ce ne face să facem toate relele pe care le vedem în lume din timpuri imemoriale? Dorința este energia în mișcare care ne face să alergăm mereu după fericire. Trebuie doar să observăm pentru noi înșine că acesta este cazul. În această observație, putem găsi adevăratul pericol în dorințe.

Potrivit lui Buddha, dorința este rădăcina tuturor tristeților și eliberarea de dorință este eliberarea de tristețe pentru întreaga omenire, pe care el a definit-o ca nirvana.

- Sri M

Dorința este rădăcina problemelor noastre. Discipolii lui Buddha l-au întrebat atunci cum să scape de dorință, iar el i-a trimis să mediteze. După un timp, un discipol s-a întors și a spus: „Chiar dacă am scăpat de toate dorințele, dorința este încă acolo sub forma dorinței care încearcă să scape de dorințe. Este la fel ca mintea care încearcă să omoare aceeași minte." Buddha a zâmbit și i-a spus. „Ai înțeles atunci." Încă putem trăi cu dorințe și le putem urmări, dar nu ar trebui să le urmăm cu orice preț și să ne atașăm de ele încercând să le retrăim în mod repetat din nou și din nou creând obiceiuri, care apoi construiesc modele de gânduri în mintea noastră, condiționând mintea tot mai mult.

> *Tot ceea ce suntem este rezultatul a ceea ce am gândit. Se bazează pe gândurile noastre. Este alcătuită din gândurile noastre. Dacă cineva vorbește sau acționează cu un gând rău, durerea îl urmează, așa cum roata urmează piciorul boului care trage căruța. Tot ceea ce suntem este rezultatul a ceea ce am gândit. Se bazează pe gândurile noastre. Este alcătuită din gândurile noastre. Dacă cineva vorbește sau acționează cu un gând pur, fericirea îl urmează, ca o umbră care nu pleacă niciodată.*

> *- Buddha*

Fericirea în această lume este creată de noi, de gândirea și acțiunile noastre. Așa cum Buddha a afirmat mai sus, depinde de gândirea noastră, deci este fericirea sau tristețea noastră. Toată gândirea noastră depinde de circumstanțele și condițiile care se prezintă și de capacitatea noastră de a răspunde negativ sau pozitiv în funcție de starea noastră de spirit, având în vedere dorințele și atașamentele pe care le avem.

În momentul în care încetăm să mai alergăm după fericirea de orice fel prin orice mijloace și rămânem mereu cu ceea ce este, atunci există posibilitatea ca bucuria să apară din adâncul ființei noastre. Dacă se întâmplă acest lucru, atunci fericirea este o afacere de mâna a doua. Desigur, nu este o sarcină ușoară să rămâi cu ceea ce este, întotdeauna în acest moment. Putem rămâne cu ceea ce este atunci când mintea este tăcută, fără pălăvrăgeală, fără judecăți, fără fluctuații de orice fel. În capitolul cinci, am folosit analogia carului pentru a explica modul în care mintea aleargă după simțuri și este înecată în lumea obiectelor, prizonieră în ciclul existenței. Un copil are puterea de a observa și de a învăța, dar această conștientizare pură este deturnată de profesor, de părinte și așa mai departe, iar copilul se bazează din ce în ce mai puțin pe conștientizarea inerentă și devine din ce în ce mai condiționat de cunoștințele acumulate, bazându-se astfel pe acele cunoștințe și, prin acest lucru, conformându-se și construind o structură mentală pe idei și concepte din care nu se poate scăpa cu ușurință iar Ființa umană devine un robot fiind prinsă într-o închisoare a propriei noastre acțiuni.

Cunoașterea directă este cunoașterea care vine din conștiința pură, observația pură, unde vederea și acțiunea sunt fără interferențe și fără ca observatorul să intervină cu cunoașterea din trecut din memorie. Învățarea directă este întotdeauna nouă, proaspătă, neatinsă de gânditor. Cunoașterea fizică poate implica gânditorul și gândul, dar cunoașterea spirituală este o experiență directă în care numai experiența este, iar experimentatorul este una cu experiența într-o stare de experiență continuă din moment în moment, proaspătă și vie, fără povara trecutului sau anxietate pentru viitor.

Buddha a numit-o (mindfulness); alții au numit atenție completă sau observație pură, conștiință fără alegere sau conștiință pură. Aceasta este cheia pentru a ne învăța despre viața noastră interioară și exterioară. Trebuie să o facem singuri să observăm, să întrebăm. Nu toată lumea este menită pentru acest lucru, dar dacă avem intenția de a vedea adevărul rămânând într-o stare de conștientizare fără alegere, putem afla cum să trăim o viață plină de bucurie în dragoste cu toate ființele. Toate practicile spirituale au fost concepute în așa fel încât să ne aducă aici, la această energie care mișcă și menține întreaga creație și din care și noi facem parte.

Conștientizarea este total inclusivă. Cel care este conștient de mișcarea interioară a vieții și de mișcarea exterioară este binecuvântat. Cel care rămâne în acea conștiință – necorupt de gânduri sau amintiri sau de vreo imagine, de nici o proiecție a trecutului schimbat în prezent și proiectat în viitor – cel care trăiește astfel fiecare moment este liber să vadă cu adevărat realitatea așa cum este, fără nici o distorsiune. Iubirea Divină se manifestă în acea stare pe deplin conștientă și acolo începe adevărata meditație. Bucuria se găsește acolo unde nu există nici un gând care să o corupă, unde există inteligență, fericire și iubire. Când suntem în acea stare, vom ști, pentru că această stare nu poate fi atinsă sau vine de undeva, ci este adevărata noastră natură și în acea stare suntem acasă. De acolo, vom acționa întotdeauna în mod corect și inteligența poate funcționa apoi în libertate. Când înțelegem că gândul nu poate aduce niciodată fericire veșnică, ci aduce doar o fericire iluzorie, o fericire superficială determinată de tendințele, dorințele și condiționările la care am fost expuși de-a lungul vieții noastre, în această înțelegere există libertate.

Putem alerga după fericire prin sex, băutură, divertisment, yoga; prin muncă, putere, statut etc., dar ne-am întrebat vreodată ce facem în acest proces? Acestea sunt doar modalități de a scăpa de adevărata noastră realitate, nu-i așa? Alergăm constant spre noi experiențe, noi modalități de a ne îmbunătăți. Suntem într-o stare de a deveni tot timpul, fără nici un sfârșit în vedere. Facem acest lucru pentru că nu știm mai bine, doar urmăm norma pentru că mințile noastre au fost condiționate să funcționeze într-o direcție în care există mai multă fericire sau un sine mai bun. Chiar și yoga este un factor de descurajare dacă nu există un profesor înțelept care să ne ajute.

Orice fericire pe care cineva o urmărește se face prin efort. Întotdeauna avem nevoie de un motiv pentru a fi fericiți și acel motiv este propria noastră proiecție în funcție de dorințele noastre. Motivele se pot schimba, dar scopul este o fericire iluzorie și dacă nu obținem rezultatele dorite, atunci suntem de cealaltă parte a fericirii, care este tristețea. Această tristețe se poate transforma în furie, frustrare sau dezamăgire și apoi creăm conflict în noi înșine, acest conflict se va exterioriza cumva în multe moduri diferite, în funcție de dorințele, circumstanțele și condițiile care au apărut. Acesta este modul în care tindem să curgem împotriva fluxului vieții.

De exemplu, așteptăm cu nerăbdare o vacanță. Ne-am pregătit pentru asta, ne-am imaginat unde vom merge și ce vom face și pe drum mașina se strică, toate închipuirile noastre, toate proiecțiile noastre s-au spulberat. Atunci s-ar putea să ne supărăm pe noi înșine sau pe mecanicul nostru. Suntem foarte dezamăgiți și așa mai departe. A apărut o problemă în minte, care este acum afectată de stricarea mașinii. Vacanța a fost stricată și acest lucru duce la dezamăgiri. Aici vedem un caz cum lucrăm cu imagini și proiecții și atunci când rezultatul dorit nu este îndeplinit, atunci anxietatea, dezamăgirile și chiar furia apar în noi. Ne agățăm întotdeauna de rezultatele acțiunilor noastre și respingem ceea ce nu este în favoarea lor. Aici, când mașina se strică, gânditorul o transformă într-o problemă. Problemele sunt în minte; S-au născut acolo. Pentru cel care nu este atașat, care nu se agață sau respinge ceea ce este, nu există nici o problemă, ci doar acțiuni diferite. De exemplu, bine mașina este defectă: o reparăm dacă putem, dacă nu, ne întoarcem și ne bucuram de o vacanță acasă. Un curs diferit de acțiune se va prezenta dacă cineva se află în acea stare de conștiință pură.

În următorul capitol, ar trebui să aruncăm o privire la atașare și aversiune, deoarece dacă acestea sunt înțelese, atunci putem găsi o stare în care echilibrul este prezent, o stare care ne va scoate din lumea dualității și din acea stare putem vedea viața cu alți ochi. Aceasta este starea în care poate avea loc meditația.

Capitolul 17

ATAŞARE ŞI AVERSIUNE

Să ne uităm la ceea ce Longchenpa, un maestru budist al non-dualității, a spus cu privire la dualitate.

> *A înțelege dualitatea acolo unde nu există dualitate este ca și cum ai privi un miraj. Nu vă lăsați prinși agățându-vă, luând sau respingând ceea ce nu are realitate. Urmăriți-vă mintea, ea însăși nu e diferită de un miraj. Aceasta este înțelepciunea Cuceritorilor din trecut, prezent și viitor.*
>
> *- Longchenpa*

În cele de mai sus, Longchenpa spune că fie atașarea, fie aversiunea sunt doar o stare de spirit iluzorie, indiferent de modul în care este produsă, fie de dorință, fie de aversiune. Și explică mai departe:

Așa cum într-un bazin de apă limpede reflecțiile stelelor și planetelor apar, la fel, în apa limpede a minții, iar prin ușile puterilor senzoriale limpezi, fenomenele exterioare și interioare (forma și celelalte cinci obiecte senzoriale) apar în maniera reflecțiilor. Dar mintea este amăgită și consideră că astfel de obiecte există cu adevărat. În termenii comparației, mintea și puterile simțurilor sunt ca apa pură, în timp ce apariția obiectelor senzoriale — care reprezintă trezirea tendințelor obișnuite stocate în minte din timpuri fără început — este reprezentată de stele și planete. Aceste obiecte senzoriale nu sunt nici mintea, nici altceva decât mintea. Manifestându-se în maniera imaginilor reflectate, obiectele care apar vin înaintea minții orientate dualist. Și reacționând la ele cu atașare și aversiune, ca lucruri care trebuie acceptate sau respinse, ființele sunt prinse de ele.

- Longchenpa

Longchenpa afirmă, de asemenea, că natura minții este întotdeauna pură, dar dacă obiectele senzoriale nu sunt recunoscute ca reflecții în minte și dacă cineva reacționează fie prin aversiune, fie prin atașare, atunci mintea este în viziunea dualistă, și prin urmare, mintea este înșelată de aceste obiecte, considerându-le astfel reale.

Este foarte important să înțelegem acest lucru și să vedem unde se află practica noastră interioară, acordând atenție modului în care mintea operează și se atașează de plăceri; Să privim doar ce se întâmplă și cum suntem în acest joc al vieții. Este nevoie de o energie extraordinară pentru a privi cu răbdare și chiar pentru a continua să privim în timp ce participăm la activitățile noastre zilnice. A fi în acea stare de conștientizare nu este deloc ușor și fiecare dintre noi trebuie să găsească propriile instrumente de ajutor pentru a rămâne în acea conștientizare fără alegere. Când suntem lăudați, răspundem repede, pentru că ne dă un sentiment de realizare și, prin urmare, mândrie. Când vine vina, o respingem la fel de repede iar mândria noastră este rănită. Dacă nu reacţionăm nici la învinovăţire, nici la laudă, atunci sinele nu este afectat nici de ataşare, nici de aversiune.

Modul în care suntem înclinaţi să ne ataşăm sau să ne opunem, să ne placă sau să nu ne placă, să vedem binele sau răul este în funcţie de condiţionarea noastră. Dacă toate condiţionările noastre şi toate trăsăturile noastre de personalitate nu se mai ataşează de ego, atunci vom vedea mult mai mult, vom auzi mult mai mult, vom simţi mult mai mult, vom gusta mult mai mult. Atunci simţurile ne duc într-o nouă dimensiune a existenţei, unde simţurile devin extraordinare în percepţia lor, devenind foarte inteligente şi sensibile.

Nissagarata Maharaj, un maestru Vedanta al non-dualităţii, afirmă că ataşarea şi aversiunea sunt cauza tuturor suferinţelor. Dacă observăm cu adevărat cum se desfăşoară procesul în noi înşine, vom descoperi adevărul acestei afirmaţii. Non-dualitatea nu poate fi depăşită spunând că este doar o iluzie.

Iluzia este acolo dacă o privim cu aversiune sau ataşând-ne, dar dacă privim fără judecată sau comparaţie, fără nici un filtru al condiţionării noastre, atunci dualitatea dispare. Când trăim fiecare moment în acea stare, suntem într-o stare de echilibru a minţii şi această stare este adevărata meditaţie, care e diferită de meditaţia care este indusă de gândire. Atunci nu există excludere sau includere a nimănui sau a nimic; există întotdeauna ceea ce este şi aceasta este Iubirea. Când suntem în acea stare, suntem prezenţi în fluxul vieţii, între plăcere şi durere.

În Discursurile lui, Buddha a spus:

> *Când vezi o formă cu ochiul, nu pofteşti după ea dacă este plăcută şi nu îţi displace dacă este neplăcută. ... Abandonând astfel favorizarea şi opoziţia, orice sentiment ai simţii, fie dureros sau plăcut, nici dureros, nici plăcut, nu cauţi satisfacţie prin sentimente şi nici nu rămâi ataşat de el. Deoarece cineva nu face acest lucru, pofta de sentiment încetează. Odată cu încetarea poftei vine încetarea*

atașării; cu încetarea atașării, încetarea ființei cu încetarea ființei, încetarea nașterii; Odată cu încetarea nașterii, a îmbătrânirii și a morții, tristețea, plângerea, durerea, durerea și disperarea încetează. Aceasta este încetarea întregii mase de suferință.

- Buddha

Aici Buddha afirmă clar o cale de ieșire din dualitate. Nu este vorba că nu suntem implicați în jocul vieții, ci mai degrabă că suntem conștienți și atenți la fiecare sentiment și emoție și nu reacționăm nici cu atașare, nici cu aversiune. Procedând astfel, punem capăt suferinței și ne ridicăm deasupra acelei stări de spirit sărac.

Buddha spune în Dhammapada:

Toate lucrurile condiționate sunt nepermanente – când cineva vede acest lucru cu înțelepciune, se îndepărtează de suferință.
Rădăcina suferinței este atașamentul.
Schimbarea nu este niciodată dureroasă, doar rezistența la schimbare este dureroasă.
Fiecare experiență, oricât de rea ar părea, conține în ea un fel de binecuvântare. Scopul este s-o găsim.

- Buddha

Ne place sau nu, schimbarea vine întotdeauna și cu cât este mai mare rezistența, cu atât este mai mare durerea.

- Alan Watts

Renunțarea ne oferă libertate, iar libertatea este singura condiție pentru fericire. Dacă încă ne atașăm de ceva în inimile noastre, nu putem fi liberi.

- Thich Nhat Hanh

Arta de a trăi... nu este nici alunecarea neglijentă, pe de o parte, nici atașarea temătoare de trecut, pe de altă parte. Ea constă în a fi sensibil la fiecare moment, în a-l privi ca fiind cu totul nou și unic, în a avea mintea deschisă și pe deplin receptivă.

- Alan Watts

Toate aceste citate indică aceeași energie: orice atașament față de orice este o cauză a suferinței, dar nu ar trebui să cădem în ignoranță, deoarece, așa cum afirmă Alan Watts, arta de a trăi este să fii sensibil la fiecare moment și să ai mintea și inima deschise ca și cerul și să operezi în acea inteligență care promovează întotdeauna acțiunea corectă. Am putea citi mii de citate, dar dacă nu acordăm cu adevărat atenție deplină și rămânem în momentul prezent, citatele ne vor da doar un orgasm intelectual și nimic mai mult. Acest lucru nu va duce în nici un fel la deschiderea minții și inimii către unica realitate a unității. Când nu există atașare sau aversiune fără efort, atunci se desfășoară o stare de echilibru. În momentul prezent nu există loc să ne jucăm cu imaginile și să le proiectăm în viitor unde ne atașăm de ele, astfel încât atunci când nu se desfășoară așa cum le-am proiectat, suferim în funcție de intensitatea atașamentului.

Și Hristos spune aceasta, după cum am văzut în capitolul anterior. Ar trebui să ne uităm din nou la declarația sa:

Isus le-a zis: „Când le transformați pe cele două într-una și când faceți dinăuntru ca exteriorul și exteriorul ca dinăuntru și cele de sus ca și cele de jos — adică să facă bărbatul și femeia întru-nul singur, astfel încât bărbatul să nu fie bărbat și femeia să nu fie femeie — și când veți face ochi în loc de ochi și mână în loc de mână și picior în loc de picior, imagine în loc de imagine, atunci veți intra în [împărăție].

- Evanghelia după Toma: 22

El subliniază în mod clar aceeași stare de echilibru pe care a arătat-o și Buddha. Când cineva trăiește în această stare și numai în această stare, va descoperi misterele vieții, iubirii și adevărului și aceasta este cea mai înaltă stare meditativă.

Jiddu Krishnamurti a declarat în discursurile sale că „Meditația este înțelegerea tuturor mișcărilor vieții" și acesta este sensul adevăratei meditații. Upanishadele au, de asemenea, indicii pentru a depăși lumea dualității și pentru a intra în starea de echilibru. În această stare, iubirea curge și nu este coruptă de gândire. În această stare, gândul este neputincios. Acolo operează doar inteligența, înțelepciunea, compasiunea și apoi iubirea curge neîntrerupt.

Frica este o altă cauză a suferinței și din cauza fricii tindem să ne atașăm sau să rezistăm. Sentimentele de singurătate sau nesiguranță se datorează condiționării noastre și modului în care abordăm și vedem viața. Frica trăiește, de asemenea, în dualitate, pentru că cel care nu are frică are Iubire și Iubirea este întreagă, niciodată divizibilă, niciodată dualistă. Așa cum razele soarelui nu discriminează un criminal de un sfânt, tot așa Iubirea nu discriminează deloc. Iubirea divină curge și prin sfânt și prin criminal. Singura diferență este că sfântul îi permite să se manifeste liber acolo unde un criminal nu poate manifesta pe deplin acea iubire, deoarece el trăiește încă în dualitate cu toate fricile, atașamentul și aversiunea în funcție de condiționarea sa. Iubirea este limitată la curgere acolo unde predomină condiționarea. Alternativ, putem spune că iubirea curge acolo pe deplin, dar criminalul nu este conștient de acel flux și este limitat în conștientizarea acelei iubiri.

Din ceea ce am descoperit până acum, putem observa că atât atașarea cât și aversiunea trebuie abandonate, iar fricile și dorințele sunt cauza atât a atașării cât și a aversiunii. Acolo unde dorințele sunt îndeplinite, apare automat atașamentul. Este plăcerea pe care ne-o oferă orice obiect al dorinței care ne permite sa creăm atașament față de acel obiect și din cauza acestei plăceri încercăm din greu să ne atașăm de el, repetând acea plăcere de mai multe ori. Cedăm unei senzaţii noi, mai plăcute şi apoi intrăm într-un tipar de gândire numit obicei.

Dorinţele nu pot fi abandonate, dar ataşamentul faţă de dorinţele noastre ar trebui să fie abandonat şi împlinirea oricărei dorinţe nu ar trebui să fie stocată în memorie. Putem să ne bucurăm de ceva şi să-l lăsăm să plece, a merge mai departe cu viaţa pentru că viaţa este o mişcare a Iubirii. Dacă încercăm să ne ataşăm de ceva, suntem în iluzie, dar dacă curgem cu viaţa, – niciodată opunând rezistenţă sau fiind ataşaţi de nimic – vom ieşi din suferinţă. Suferinţa este cauzată de ataşamentele pe care le-am făcut şi cu cât ne agăţăm mai mult, cu atât durerea şi suferinţa cresc.

Putem privi şi observa obiceiurile şi ataşamentele noastre faţă de lucruri, oameni, idei, concepte şi observaţia este cel mai mare instrument pe care îl avem la dispoziţie, observând mişcarea interioară şi mişcarea exterioară a vieţii. Dacă putem rămâne în această conştientizare, vom transmuta interiorul şi exteriorul prin fuzionarea ambelor într-o singură mişcare. Energiile poftei, lăcomiei, ignoranţei, invidiei şi mâniei nu dorm niciodată, pentru că şi ele fac parte din acea mişcare a vieţii şi sălăşluiesc în noi, în fiinţa noastră. Ele sunt un produs al eului nostru în ataşamente, dorinţe şi producerea de sentimente, senzaţii şi aşa mai departe. Ne putem bucura de viaţă numai dacă trăim fără ataşamente faţă de soţie, fiu, fiică, prieten şi aşa mai departe. În momentul în care ne ataşăm, controlul este acolo şi apar conflicte. Atunci iubirea nu poate să curgă; Este restricţionată de energia negativă produsă de ataşare sau aversiune care poate duce la vinovăţie. Trebuie doar să observăm acest lucru în viaţa de zi cu zi şi vom vedea adevărul afirmaţiei, aşa cum au subliniat toţi maeştrii, aceasta este imperativ ca noi să vedem pentru noi înşine.

Am putea crede că pentru a depăşi toate dorinţele, trebuie să fim ca nişte călugări şi să denunţăm toate bucuriile vieţii de zi cu zi. Nu există o singură cale spre adevăr, pentru că libertatea este aici şi acum. Dacă suntem atenţi, vom fi conştienţi de propriile noastre ataşamente şi în această conştientizare vom găsi calea de a le depăși. Putem sta în tăcere, putem scrie o carte, putem lucra; Orice am face, atâta timp cât funcționăm cu deplina conștiință a momentului, nu putem greși, pentru că acel moment este Ghidul nostru Suprem, care se află în inimile noastre. Este învățătorul nostru suprem.

Dacă putem trăi în deplină conștiință, suntem întotdeauna în momentul prezent. Este prezentul care este viu, plin de viață și iubire. Trecutul este un lucru mort, iar viitorul nu există. Prin urmare, viitorul este acum. Este determinat întotdeauna de ceea ce facem acum. Eckart Tolle în „Puterea Prezentului" atinge eternul acum, la fel cum toți maeștrii au prezentat frumos puterea momentului care este în minte, pentru că mintea este cea care ne ține în închisoare și aceeași minte ne poate elibera.

Un călugăr adevărat este cel care nu se atașează de nimic și nu respinge nimic, doar curge cu viața. Dar pentru ca cineva să curgă cu viața, este nevoie de credință în necunoscut unde nu există așa-numită siguranță, nu există nimic de care să te agăți sau nimic de care să fii susținut și ești cu adevărat singur. Cei mai mulți dintre noi se tem de singurătate, dar cel care este cu adevărat singur nu se simte niciodată singur, pentru că în acea stare de a fi singur totul este, și prin urmare, nu este niciodată separat de întreg. Dacă observăm singurătatea fără a fugi de ea prin divertisment sau pălăvrăgeală, vom vedea că singurătatea nu mai este acolo. Este acolo numai în momentul fugii, al încercării de a evada, dar dacă rămânem cu ea, în acea conștiință pură, acea singurătate se dizolvă și dacă suntem atât de binecuvântați, binecuvântarea vine neinvitată, plină de iubire și fericire supremă. Aici am introdus singurătatea, subiect pe care îl vom discuta în continuare, pentru a înțelege cum apare singurătatea și cum ne afectează.

CAPITOLUL 18

SINGURĂTATEA

Toată lumea, la un moment dat sau altul, s-a confruntat cu singurătatea. O putem numi plictiseală și un sentiment de anxietate sau depresie poate veni cu ea, sau cel mai probabil, o combinație a celor două. Această singurătate vine în viața noastră pentru a ne trezi la realitatea ființei. Toată lumea, fie dintr-o destrămare a relației, o moarte, o pierdere a ceva sau a cuiva, s-a confruntat cu acest sentiment de a fi singur sau de a se simți singur. A fi singur cu această singurătate este ceea ce majoritatea dintre noi nu putem îndura, și prin urmare, încercăm să scăpăm, fie prin muzică, căutând să fim în compania cuiva, uitându-ne la televizor sau prin orice fel de divertisment, prin mâncare, cumpărături și așa mai departe. Puțini sunt cei care pot rămâne cu adevărat cu ea și o pot înfrunta până când acel sentiment se disipează și este înțeles în cele din urmă doar ca o stare de spirit iluzorie creată de noi, care ne împiedică să găsim realitatea.

Aceste stări de anxietate și depresie sunt uneori foarte puternice și, prin urmare, creează atât de multă durere pentru individ. Aceste stări sunt create de incapacitatea noastră de a înțelege modul în care aceste sentimente sunt produse în primul rând.

Dacă rămânem cu acel sentiment de singurătate cât de mult putem în fiecare zi, puțin câte puțin îl vom depăși și vom realiza că singurătatea este o născocire a minții noastre, modelată de condiții, obiceiuri, idei, atașamente și așa mai departe, care sunt, de asemenea, produse de mințile noastre. Dar nu o vom depăși numai printr-o înțelegere intelectuală; Trebuie să trecem prin ea așa cum o navă trece prin ochiul unei mari furtuni. Trebuie să rămânem cu acel moment, fără a permite minții să fugă la obiecte senzoriale sau să ajungă în vreo direcție de gândire. Rămânând cu ea, predându-ne pe deplin, vom traversa în cele din urmă oceanul lumii dualiste. Aceasta este cheia pentru a ne câștiga adevărata libertate. Întotdeauna încercăm să fugim de acest sentiment, și făcând acest lucru, alimentăm această singurătate și îi permitem să crească. Această singurătate întărește apoi eul, prin faptul de a încerca să scăpăm de aceasta prin orice mijloace care susține eul în creștere, ținându-ne într-o închisoare creată de noi.

Yoghinii, călugării din toate tradițiile și toți oamenii de disciplină spirituală au învățat să rămână cu această singurătate și unii au depășit-o, arătându-ne că și noi o putem face dacă intenția există. Este nevoie de o minte fără judecăți, una liberă de idei sau concepte, o minte care încetează să mai creeze imagini despre sine și despre ceilalți, o minte cu răbdare, simplitate și umilință pentru a putea face față acestei singurătăți, din acest sentiment apar toate celelalte sentimente și dacă depășim acest sentiment minunat, am trecut dincolo de toate. A rămâne cu acea singurătate este cheia deschiderii de noi dimensiuni ale existenței, un spațiu minunat în care mintea se extinde și nu mai este limitată la niciun atașament față de idei, concepte, oricine sau nimic. Atunci micul centru — acel „eu" din care lucrăm – dispare.

Cei mai mulți dintre noi încearcă să fugă și, făcând acest lucru, rămân prinși în ciclul nașterii și al morții. Nu este o sarcină ușoară să scapi de ciclu. Este nevoie de credință și curaj pentru a renunța la micul nostru centru, eul nostru. Mințile noastre sunt condiționate de mintea universală, care a fost, de asemenea, condiționată din timpuri imemoriale și această condiționare este ca straturile unei cepe gigantice, unite unul pe unul cu lipiciul atașamentului și dorinței pentru lucrurile care ne dau plăcere; Cu cât plăcerea este mai mare, cu atât lipiciul este mai puternic. Rishii din India și învățătorii iluminați din toate tradițiile religioase au arătat că este posibil să transcendem această condiționare și dacă suntem dornici să scăpăm noi înșine de această condiționare, se poate face, dar nu este o sarcină ușoară. Isus Hristos a expus această dificultate.

Isus a spus: „Eu vă voi alege pe voi, unul dintr-o mie și doi din zece mii, și ei vor sta ca unul singur.

- Evanghelia după Toma: 23

Aici Hristos menționează cât de mare este sarcina de a învinge lumea cu toate dorințele și cât de rar este să fii ales. Pentru ființele care au intenția pură de a obține eliberarea din ciclul existenței lumești, binecuvântarea va veni și ele se vor contopi înapoi în Tatăl, în unitate. Când vom înțelege lumea și vom dezvolta intenția deplină de a fi cu adevărat liberi de toate tristețile și mizeriile, atunci ne vom preda pe deplin misterelor vieții, calităților iubirii precum inteligența, compasiunea, înțelepciunea, umilința, simplitatea și răbdarea. Toate aceste calități sunt încorporate în Iubire și apar după cum este necesar, lucrând magia lor peste tot.

Este clar până acum că credința este o cerință. Credința este capacitatea de a ne abandona pe deplin necunoscutului, vieții, care este purtată de inteligența înnăscută a absolutului. Numai iubirea adevărată poate avea o relație adevărată cu toate ființele fără conflict și fără nici o umbră de control asupra celuilalt. În această relație cu ceilalți, nu există nici o condiție; nu există nici o excludere a unuia asupra altuia; Nu există nici o legătură care să fie întreruptă, pentru că în unitate conexiunea nu există. Cel care este liber are o relație liberă cu totul, ceea ce înseamnă că este una cu (Sat, Chit, Ananda) Adevăr, Existență, Fericire.

Hristos și mulți alți maeștri iluminați au declarat că atunci când vom vedea această lume ca pe un cadavru, ne vom da seama că în ea nu găsim niciodată pace veșnică. Nu că lumea ar fi literar un cadavru și este urâtă: mai degrabă este doar atunci când ne dăm seama pe deplin că nu suntem separați de ea, ci suntem practic o parte din ea, o mișcare unitară cu întreaga manifestare – văzută și nevăzută. Aceasta este o mișcare unitară a iubirii. Totul este cuprinzător atunci când suntem într-o meditație profundă în care toate sunetele și mișcările au fost încorporate în unitate: ființa nu este ceva separat. Este una cu unitatea în care toate sunetele, mișcările și orice se manifestă vin din ființă și se întorc la ea, dacă cineva înțelege că poate vedea cu adevărat frumusețea naturii și a lumii atunci nu va face niciodată nimic pentru a o răni.

Rădăcina tuturor problemelor este atașamentul, dar atunci ne putem întreba cum putem trăi fără atașamente față de soție, posesiuni, copii și așa mai departe. Una este să o vezi la nivel intelectual, dar alta este să o înțelegi cu adevărat la nivelul inimii. A tăia toate atașamentele nu este o sarcină ușoară, pentru că cu cât lucrurile oferă mai multă plăcere, cu atât este mai mare atașamentul nostru față de ele. Dacă, de exemplu, renunțăm la toate atașamentele, ne putem întreba cum trebuie să funcționăm în viață și cum trebuie să avem o relație iubitoare cu ceilalți. În această frică apare; frica noastră că vom fi lăsați singuri fără nimic și nimeni pe care să-i iubim. Aici mintea gânditoare confundă iubirea cu atașamentul, dar pentru cel care este liber, nu există confuzie. Este doar dragoste, indiferent.

Hristos a declarat cu privire la aceasta.

> *Oricine își iubește viața o va pierde, în timp ce oricine își urăște viața în această lume o va păstra pentru viața veșnică.*

> *- Ioan 12:25*

Buddha a declarat:

Achiziția (atașamentul) este rădăcina suferinței.

- Buddha

Aceste afirmații arată clar că, dacă cineva se agață sau are atașamente față de dorința pentru orice în această lume, nu poate avea bucurie veșnică și iubind acest fel de viață – cufundat în plăceri și atașat de ele – va pierde viața reală și va gusta moartea, fiind în ciclul vieții și niciodată liber. În a doua parte, Hristos afirmă clar că a muri față de viața dorințelor și atașamentelor față de lucruri, locuri și oameni este cheia câștigării vieții veșnice. El vorbește de o moarte psihologică – moartea eului, unde suntem liberi de el – și în această libertate vom găsi viața veșnică.

Ceea ce Hristos se referă mai sus merge mână în mână cu afirmația Sa: „Căutați Împărăția și totul vi se va da pe deasupra." Odată ce vedem adevărul acestor afirmații, putem obține libertatea totală din toate stările iluzorii ale existenței și apoi ne putem preda vieții, bucurându-ne și văzând lumea cu ochi diferiți și bucurându-ne chiar și de viața simțurilor, dacă acestea sunt oferite, dar nu putem fi legați în nici un fel de ele. Mulți maeștri contemporani au venit și au plecat, dar fiecare în felul său a indicat același adevăr. Swamy Vivekananda a fost un ascet; Lahiri Mahasaya era un gospodar: niciunul nu avea vreo problemă în aflarea adevărului. Fiecare a lucrat în viață în consecință, pentru că a renunțat pe deplin la orice idee sau concept și amândoi au atins iubirea supremă, arătându-ne că orice poziție am avea în viață, putem începe chiar de acolo și nu trebuie să-i copiem pe alții, pentru că dacă copiem pe altul, cădem în iluzie.

Învățăturile marilor maeștri nu pot și nu ar trebui să fie luate literar, altfel vor da naștere multor contradicții și conflicte în individ și în societate în general. Aceste învățături trebuie înțelese de inimă și trăite în viața noastră de zi cu zi. Meditația este unul dintre instrumentele care ne ajută să rămânem cu această singurătate și cu cât stăm mai mult în ea, cu atât mai mult o vom transcende. Unele ființe nu sunt menite să întâlnească această singurătate în această viață și trec prin viață fără multe probleme, dar majoritatea dintre noi o vom întâlni pentru că se spune:

Fericiți cei săraci cu duhul, căci a lor este împărăția cerurilor.
Ferice de cei ce jelesc, căci ei vor fi mângâiați. Ferice de cei blânzi, căci ei vor moșteni pământul.
Ferice de cei ce flămânzesc și însetează după neprihănire, căci ei vor fi săturați.
Fericiți cei milostivi, căci ei vor căpăta îndurare.
Ferice de cei curați cu inima, căci ei vor vedea pe Dumnezeu.
Ferice de făcătorii de pace, căci ei vor fi chemați copii ai lui Dumnezeu. Ferice de cei prigoniți din pricina neprihănirii, căci a lor este Împărăția cerurilor.
Ferice de voi, când oamenii vă vor ocărî și vă vor prigoni și vor spune tot felul de lucruri rele pe nedrept împotriva voastră, din pricina Mea.
Bucurați-vă și fiți nespus de veseli, căci mare este răsplata voastră în ceruri, căci atât de prigoniți au fost proorocii dinaintea voastră.

- Matei 5: 3-12

Aici Domnul arată că toți cei care suferă într-un fel sau altul vor găsi o binecuvântare în fiecare suferință, dacă sunt capabili să rămână cu acea suferință. Fiecare suferință ne va pune față în față cu această singurătate în care există o mare frică și tristețe. Dacă avem puterea să nu fugim, ci să acceptăm suferința, vom găsi în ea că există o mare binecuvântare, libertate și cu fiecare suferință ceva din noi se transformă.

Cei mai mulți dintre noi nu suntem capabili să o înfruntăm; încercăm mereu să găsim o cale de a scăpa de ea și căutăm mereu plăceri care ne dau mici satisfacții: asta ne duce la pierderea vieții noastre, așa cum menționează Hristos. În acea singurătate putem vedea durerile noastre, fricile noastre, atașamentele noastre. În această observație pură, dacă suntem acolo în totalitate, putem transcendenta totul, realizând că această singurătate este poarta către cealaltă parte, ca să spunem, așa și când acea singurătate a fost ștearsă de lumina clară a înțelepciunii care este conștiința pură, nu mai există cealaltă parte și rămâne doar unitatea.

Am vorbit despre fricile care s-au acumulat de-a lungul unei vieți – sau a mai multor vieți. Adesea, nu am avut curajul să le înfruntăm, alergând mereu când ne confruntăm cu ele. Numai atunci când viața ne trage în jos și nu mai avem căi de scăpare, ne uităm la ea, dar în rezistența sau suprimarea fricii, a sentimentelor există potențialul unei mari dureri, deoarece într-o zi aceste frici și sentimente vor apărea în conștiința noastră cu o forță care este prea problematică pentru majoritatea dintre noi.

Confruntarea cu singurătatea poate veni cu sentimentul că nu am reușit să scăpăm de ea, un sentiment de a fi neputincioși asupra circumstanțelor și condițiilor din viața noastră care ne-au adus în stadiul în care ne aflăm. Este o binecuvântare să fim puși într-o astfel de poziție, să nu putem scăpa de ea și să fim forțați să o înfruntăm cu toată ființa noastră. Cu cât suntem mai capabili să o înfruntăm, cu atât mai mult ne dezvăluim adevăratul nostru sine. Cu cât dezvăluim mai mult, cu atât mai mult intram în unitate și ajungem să realizăm că suntem cu toții copiii tatălui viu, așa cum a declarat Hristos. În această confruntare a fricilor noastre, privim cu adevărat în interior. Când începem să privim în interior, vom vedea inițial doar întuneric, la fel ca atunci când se strecoară laptele, toate lucrurile rele ies mai întâi înainte de a putea scoate bunătatea. Deci, înainte de a găsi lumina, ne vedem propriile atașamente, dorințe și așa mai departe ca întuneric.

Această singurătate apare atunci când am înțeles cele cinci otrăvuri așa cum am discutat mai devreme; când am încetat să mai fim în plăcerile lumii și atașamentele care vin cu ea, care ne fac să cădem prizonieri capcanelor celor cinci otrăvuri. Fiind în întemnițarea celor cinci otrăvuri, suntem ignoranți cu privire la adevărata noastră natură și vom crea întotdeauna răutăți pentru noi înșine și pentru ceilalți, trăind astfel în conflict, neavând niciodată o relație iubitoare cu lumea și cu ceilalți, deoarece eul va face orice pentru a ne menține în acea stare de închisoare. În această stare, suntem aruncați din anxietate în depresie și oscilăm între cele două. Dacă căutăm o scăpare, atunci suntem înapoi în lume și ne pierdem viața, pentru că adevărata viață se găsește în dragostea adevărată, unde nu există atașamente, frici sau ignoranță.

Aici ne uităm la ceea ce ne indică Paramahamsa Upanishad.

Narada l-a întrebat pe Domnul Iubirii: „Care este starea Celui Iluminat?" Domnul a răspuns: „Greu accesibilă este starea celui iluminat. Doar câțiva o ating. Dar chiar și unul este suficient. Căci El este Sinele pur al scripturilor; El este cu adevărat măreț pentru că mă slujește, iar eu mă revelez întotdeauna prin El." El a renunțat la toate atașamentele egoiste și nu respectă ritualuri și ceremonii. El are doar posesiuni minime și își trăiește viața pentru bunăstarea tuturor. El nu are nici toiag, nici smoc, nici ață sacră. El înfruntă căldura și frigul, plăcerea și durerea, onoarea și dezonoarea cu același calm. El nu este afectat de calamitate, mândrie, gelozie, statut, bucurie sau tristețe, lăcomie, mânie sau infatuare, excitare, egoism sau alte otrăvuri; Căci el știe că nu este nici trup, nici minte. Eliberat de stăpânirea îndoielii și a falsei cunoașteri, El trăiește unit cu Domnul Iubirii, care este mereu senin, imuabil, indivizibil, izvorul oricărei bucurii și înțelepciuni. Domnul este adevărata sa casă, smocul de păr al pelerinului său, firul său sacru; Pentru că el a intrat în statul unitar. Renunțând la orice dorință egoistă, El și-a găsit odihna în Domnul Iubirii. Înțelepciunea este personalul care îl susține acum. Cei care iau toiagul unui pustnic în timp ce sunt încă la mila simțurilor lor nu pot scăpa de o suferință enormă. Omul iluminat cunoaște acest adevăr al vieții. Pentru el, universul este haina lui, și Domnul nu se desparte de sine. El nu oferă nici o ofrandă ancestrală; El nu laudă pe nimeni, nu învinovățește pe nimeni, nu depinde niciodată de nimeni. Nu mai are nevoie să repete mantra, nu mai are nevoie să practice meditația. Lumea schimbării și a Realității neschimbătoare sunt una pentru el, pentru că el vede totul în Dumnezeu. Aspirantul care Îl caută pe Domnul trebuie să se elibereze de atașamentele egoiste față de oameni, bani și posesiuni.

Când mintea lui se leapădă de orice dorință egoistă, El devine liber de dualitatea plăcerii și durerii care îi guvernează simțurile. El nu mai este capabil de rea-voință; El nu mai este supus euforiei, căci simțurile sale se odihnesc în Sine. Intrând în starea unitară, El atinge scopul evoluției. Într-adevăr, el atinge scopul evoluției. OM pacc, pace, pace."

- Upanișadele

În acest Upanishad, se arată că scopul evoluției este intrarea în starea unitară cu toată existența, subliniat de Domnul Iubirii, Dumnezeu sau orice nume atribuim absolutului. Pentru a intra într-o astfel de stare, trebuie să renunțăm la toate dorințele egoiste, să ne negăm pe noi înșine pentru a ne găsi adevărata natură, iar înțelepciunea este singurul sprijin pe care îl avem. Odată ce toate dorințele egoiste sunt abandonate, devenim liberi de lumea dualității plăcerii și durerii. Nu suntem afectați de frig și căldură, mândrie sau vină, ne place sau nu ne place. Suntem întotdeauna liberi de orice practici de meditație, tradiții și alte metode. Ne-am eliberat de orice atașament față de bani, posesiuni și plăceri. Suntem una în uniune cu Domnul Iubirii și vedem întreaga existență ca un singur Dumnezeu.

Hristos subliniază, de asemenea, același lucru ca Upanișadele: trebuie să înțelegem că această viață nu este adevărata noastră realitate; Este doar o realitate relativă prin care trebuie să trecem pentru ca procesul deșteptări noastre să aibă loc.

*În timp ce oricine își urăște viața în această lume o va
păstra pentru viața veșnică.*

- Ioan 12:25

Trebuie să renunțăm la toate dorințele egoiste, și făcând acest lucru să intrăm în starea de echilibru a minții, în care transmutăm lumea dualității și ne predăm Domnului Iubirii (Dumnezeu) și astfel intrăm în starea supremă de a fi, care este casa fiecărei ființe. Paramahamsa Upanishad relatează înțelepciunea necesară pentru a ne găsi propria realitate: cu cuțitul înțelepciunii, suntem capabili să tăiem viziunea dualistă asupra vieții, care este ignoranța și iluzia. Ar fi ușor dacă am avea o pastilă magică care să ne ducă acolo, dar din păcate, pilula magică este o pastilă plină de tristețe și suferință, pentru că numai prin aceasta putem fi înclinați să ne punem întrebarea dacă există mai mult în viață decât văd ochii. Când lumea trece prin războaie și crize naturale, apare un sentiment de unitate, iubire și compasiune. Numai în vremuri grele familiile se unesc și se unesc ca o mișcare unitară, este regretabil că numai suferința aduce unitatea în diversitate. Dacă avem intenția de a găsi împărăția, starea de mare fericire, o putem găsi doar pe cont propriu și nici un guru sau sfânt nu o poate face pentru noi. Trebuie să o găsim noi. Ei pot merge cu noi, dar nimeni nu ne va duce acolo – nici politician, nici instituție, nici bani – nimic nu ne poate ajuta. Numai cel care a făcut-o poate arăta calea sau poate arăta o licărire a eternului, dar chiar și aceasta este încă o experiență care trăiește în timp și trebuie ucisă. Buddha a spus: „dacă am venit în visul tău sau într-o viziune, ia învățăturile de la mine, dar ucide imaginea pe care o vezi", adică nu te atașa de ea. De aceea, trecerea prin această singurătate, mizerie și suferință trebuie să fie făcută numai de noi. Cu ajutorul înțelepciunii care va veni, dacă avem intenția de a găsi adevărul, vom găsi libertatea în iubire.

Suntem condiționați să fugim de orice formă de suferință. Este un instinct animal să facem acest lucru la nivelul fizic al existenței, ceea ce este bine, dar la nivel psihologic trebuie să rămânem cu tot ce este acolo, pentru că toată durerea și suferința interioară este cauzată doar de propria noastră ignoranță; din incapacitatea noastră de a vedea ce este în fața noastră. O soție sau un soț înșeală și când celălalt află, se află într-o stare de șoc, durere și suferință pentru că toate imaginile pe care le-au creat de-a lungul relației se prăbușesc și nu sunt în acord cu realitatea. Dacă unul în acea durere rămâne cu faptul, cu realitatea, fără a încerca să schimbe nimic, va transmuta durerea și îl poate accepta pe celălalt ca înșelător, indiferent de motiv. În această acceptare, se va prezenta o soluție la situație și fie unul îl iartă pe celălalt, fie se despart, schimbând astfel rolul relației, dar niciodată nu schimbă dragostea pe care o au unul pentru celălalt. Dar cine poate face asta? Numai cel care se află în starea de echilibru și poate vedea cu ochiul înțelepciunii dorințele care ard prin cel care a înșelat și poate vedea clar de ce a făcut-o, numai cel înțelept poate ierta și înțelege și acolo unde există iertare care nu este cultivată prin gândire, atunci există și iubire.

Această stare de echilibru nu are frici, nici anxietate, nici stres, nici frustrări, nici furie, nici un sentiment de vinovăție sau de părere de rău, nici atașamente de orice fel, nici dorințe egoiste. Acolo e doar compasiune și înțelepciune și dorința ca toate ființele să fie fericite, toate premisele pentru ca iubirea să coboare în inimă și să facă unirea ființei cu Domnul suprem al Iubirii.

A rămâne cu singurătatea cu momentul prezent nu este o sarcină ușoară, deoarece eul încearcă întotdeauna să ne scoată din acea stare de echilibru a minții, din starea de conștientizare a momentului și face acest lucru gândind îndemnând-ne să ne agățăm de orice gând, și făcând acest lucru, ne scoate într-un fel de acțiune, pentru că întotdeauna căutăm acțiune, în a face ceva. Rareori avem un moment de odihnă și chiar dacă suntem obosiți fizic și ne odihnim, mintea nu se odihnește niciodată în tăcere, se gândește mereu la ceva care ne ademenește în lume. De asemenea, facem acest lucru construind imagini, pentru că această construcție de imagini este mecanismul care ne ține în ignoranță și produce atât de multe răutăți pentru noi înșine și pentru alții. Pentru că noi creăm imagini care apoi dau speranță, fie le aducem din imagini trecute și le schimbăm în prezent, apoi le proiectăm în viitor, fie creăm altele noi în prezent și le proiectăm în viitor. Este la fel. Trăim cu aceste imagini despre soție, șef, și așa mai departe, dacă aceste imagini nu se potrivesc realității, suntem într-un conflict interior care apoi se poate exterioriza altora, dându-ne o stare de ne-odihnă și fără pace.

Hristos le-a spus ucenicilor:

> *Dacă vă întreabă: „Care este dovada că Tatăl vostru este în voi?", spuneți-le: „Este mișcare și odihnă".*

> - Evanghelia lui Toma: 50

Aici Hristos ne spune că suntem creaturi ale acțiunii, dar și ale odihnei, deși cei mai mulți dintre noi găsim plăcere doar în acțiune și foarte rar în odihnă. El sugerează, de asemenea, că tatăl este acțiune și odihnă în același timp, pentru că el este manifestarea a tot ceea ce este și esența a tot ceea ce izvorăște din totul și în care se întoarce. De asemenea, trebuie să găsim acest echilibru și să învățăm cum să ne odihnim, cum să găsim esența ființei noastre și numai în odihnă o putem găsi, în acea liniște unde există zgomot și nu zgomot. Aceasta este sarcina cea mai dificilă și este scopul tuturor ființelor. Trebuie să ne găsim realitatea; după cum arată Upanișadele, este scopul natural al evoluției.

Este foarte important, așa cum a afirmat Jiddu Krishnamurti, că mintea trebuie să înceteze să creeze și să stocheze imagini, acordând atenție deplină la ceea ce este în prezentul trăit.

> *Cu toții am suferit psihologic în diferite moduri, fie cu mare intensitate, fie într-o măsură mai mică – cu toții am avut suferințe de un fel sau altul. Când suferim, instinctiv vrem să fugim de ea – prin religie, prin divertisment, prin citirea cărților, prin orice pentru a scăpa de suferință. Dar, dacă mintea este atentă și nu se îndepărtează deloc*

de suferință, atunci veți vedea că din atenția totală vine nu numai energia – care înseamnă pasiune – ci și că suferința ia sfârșit. În același mod, toate imaginile se pot termina instantaneu atunci când nu există preferință pentru nici o imagine; Acest lucru este foarte important. Când nu ai nici o preferință, nu ai prejudecăți. Atunci ești atent, apoi te poți uita. În această observație nu există numai înțelegerea construirii imaginilor, ci și sfârșitul tuturor imaginilor. Deci, văd importanța relației și poate exista o relație fără nici un conflict, ceea ce înseamnă iubire. Iubirea nu este o imagine; nu este plăcere; Nu este dorință. Iubirea nu este ceva ce poate fi cultivat; Nu depinde de memorie.

- Jiddu Krishnamurti

Mai sus, Jiddu Krishnamurti ne arată clar o cale de ieșire din tiparele gândirii prin simpla observare, prin conștientizare. Buddha afirmă, de asemenea, acest lucru.

Nu locuiți în trecut, nu visați la viitor, concentrați-vă mintea asupra momentului prezent. ... Mintea omului, nu dușmanul sau dușmanul său, este cea care îl ademenește pe căi rele.

- Buddha

La fel ca Buddha, Hristos indică aceeași abordare în:

Aflați ce este în fața voastră și ceea ce este ascuns de voi vă va fi dezvăluit.

- Evanghelia după Toma: 5

În toate aceste cuvinte ale celor iluminați, vedem secretul ieșirii din suferință, tristețe și sentimente de singurătate. Această capacitate de a observa fără judecată sau prejudecată, fără nici o idee despre ceea ce am putea ști, despre ceea ce ne este prezentat, în acea stare de conștiință pură adevărul se dezvăluie fără nici un efort.

Jiddu Krishnamurti a subliniat că atâta timp cât suntem în lumea plăcerii și a proiectării imaginilor, nu putem găsi niciodată dragostea adevărată și nu putem avea niciodată o relație de iubire unul cu celălalt, pentru că vom fi întotdeauna în atașamente și capcane ale propriei noastre minți, așa cum afirmă Buddha. Proiecția imaginilor creează speranță, – speranța că imaginile pe care le-am creat și proiectat se vor realiza. Dacă se realizează, suntem fericiți; Dacă nu, suntem întristați și se produce suferință. Nu este nimic în neregulă cu imaginația și vizualizarea. Este de fapt important în practicile yoghini, în special în practicile tantrice în care cineva vizualizează zeitățile și lumea și la sfârșitul vizualizării dizolvă totul în lumina pură, fără atașament față de nimic, transformând și curățând astfel corpul și mintea în acest proces. De asemenea, nu este nimic în neregulă cu crearea de imagini despre viața și direcția de urmat, atâta timp cât nu ești afectat dacă aceste imagini devin realitate sau nu; atâta timp cât cineva nu este atașat de astfel de imagini și înțelege cum să le folosească într-un mod constructiv.

Vom vorbi despre Iubire în capitolele următoare, pentru că toate capitolele vor începe să se împletească într-un dans, pentru că învățăturile maeștrilor iluminați nu sunt niciodată liniare, niciodată limitate. Una dintre afirmațiile lor poate fi înțeleasă și poate răspunde la o multitudine de întrebări. În capitolul următor ne vom uita la conștientizare, pentru că această energie este acea care ne poate scoate din tiparele și obiceiurile minții noastre.

CAPITOLUL 19

CONȘTIENTIZAREA

Acesta este un subiect de o importanță imensă pentru că această conștientizare este energia pură, în care se poate găsi Iubirea și toate calitățile pe care iubirea le încorporează: Pace, Compasiune, Tăcere, Umilință, Simplitate, Răbdare, Sensibilitate, Inteligență, Înțelepciune. Toți maeștrii tuturor tradițiilor au indicat această energie – o putem numi atenție totală sau spirit – și au repetat că în această conștientizare a ființei vom găsi ceea ce nu suntem și apoi vom rămâne cu ceea ce suntem, iar sinele va fi descoperit fără efort. Singurul efort necesar este să renunțăm la tot ceea ce nu suntem.

> *Sunt o masă de conștientizare și de conștiință. Nu sunt nici un făcător, nici un experimentator. Eu sunt chiar Sinele, indestructibil și neschimbător.*
>
> \- Adi Shankara

Deasupra, Adi Shankara declară că conștientizarea sau conștiința este chiar substratul în care locuiește sinele. În această conștiință pură, experimentatorul nu este, rămâne doar starea experiențelor.

Această conștientizare este ca spațiul și este însăși esența în care totul vine și pleacă. În capitolul anterior, am văzut cum se lucrează cu imaginile și am menționat că, acordând o atenție totală acestui proces, îl vedem cum se desfășoară fără prejudecăți sau judecăți. Mergem la plimbare și în loc să rămânem cu ceea ce întâlnim – natura din jur, zgomotele, culoarea cerului, mirosurile și așa mai departe – ne gândim și ne îngrijorăm de diferite lucruri, prin urmare nu putem rămâne niciodată în bucuria de a merge, niciodată nu putem rămâne pe deplin cu momentul prezent așa cum apare. Trăim așa în cea mai mare parte a timpului și făcând acest lucru suntem cu toții fragmentați, mintea aleargă mereu după lucrurile care ne atrag și în care găsim mai multă plăcere și satisfacție.

În această conștiință pură ne uităm la expresia exterioară a vieții, precum și la cea interioară cu toate complicațiile, răspunsurile și reacțiile sale. Când suntem capabili să rămânem în această conștientizare fără nici un control asupra a ceea ce viața are de oferit sau a ceea ce viața are de luat, suntem în starea naturală de a fi. Noi numim această conștientizare fără alegere sau conștiința goală, așa cum este descris de Padmasambhava, un maestru iluminat, a cărui sosire ca unul complet iluminat a fost prezisă de Buddha Shakyamuni; în cartea sa „Eliberarea Sinelui prin Vederea cu Conștiința Goală", Padmasambhava subliniază modul în care cineva se poate elibera din ciclul nașterii și al morții.

Această Lumină Clară auto-originară, care de la bun
început nu a fost în nici un fel produsă de ceva antecedent
ei, este copilul conștiinței, și totuși este ea însăși fără
părinți. Uimitor!
Această conștiință primordială auto-născută nu a fost
creată de nimic – uimitor!
Nu experimentează nașterea și nici nu există o cauză
pentru moartea ei – uimitor!
Deși este evident vizibilă, totuși nu este nimeni acolo care

să o vadă – uimitor!
Deşi a rătăcit prin Samsara, nu a ajuns la nici un rău -
uimitor!
Chiar dacă a văzut Buddha în sine, nu a avut nici un
beneficiu din asta. Uimitor!
Chiar dacă există în toată lumea de pretutindeni, totuşi a
trecut nerecunoscută – uimitor!
Cu toate acestea, speri să obţii un alt fruct decât acesta în
altă parte – uimitor!
Chiar dacă există în tine (şi nicăieri altundeva), totuşi o
cauţi în altă parte. Uimitor!
Ce minunat!
Această conştientizare intrinsecă imediată este lipsită
de substanţă şi lucid clară: tocmai aceasta este cea mai
înaltă culme dintre toate punctele de vedere. Este atotcu-
prinzătoare, liberă de orice şi fără nici un fel de concepţii:
tocmai
aceasta este cea mai înaltă culme dintre toate meditaţiile.
Este nefabricat şi inexprimabil în termeni lumeşti:
Doar acesta este cel mai înalt vârf dintre toate cursurile
de conduită. Fără a fi căutată, ea se autoperfecţionează
spontan încă de la început: Doar acesta este cel mai înalt
vârf dintre toate fructele.

- Padmasambhava

Aceste versete arată cum totul se naşte din această lumină clară şi această lumină nu are nici un sprijin în nimic, ci susţine totul. Este eternă în sine. Hristos se referă la acea lumină în acelaşi fel în versetele următoare.

Dacă ei vă spun: „De unde veniţi?", spuneţi-le: „Noi am
venit din lumină, din locul unde lumina a luat fiinţă de la
sine, s-a stabilit şi s-a arătat după chipul lor". Dacă ei vă
spun: „Nu sunteţi voi?", spuneţi: „Noi suntem copiii ei şi

suntem aleșii Tatălui celui viu." Dacă vă întreabă: „Care este dovada că Tatăl vostru este în voi?", spuneți-le: „Este mișcare și odihnă".

- Evanghelia lui Toma: 50

Aici, într-o afirmaţie, Hristos se referă la lumina clară a conştiinţei; ceea ce Padmasambhava numea natura realităţii, fiind Dumnezeu. Ambii se referă la faptul că nu are nevoie să fie susţinută de nimic, pentru că a luat fiinţă de la sine. De asemenea, ambii se referă la faptul că este natura odihnei şi a mişcării şi există peste tot, inclusiv în noi.

Ramdas se referă, de asemenea, la aceeaşi lumină a conştiinţei:

Această unică Conștiință sau „cunoaștere" este cea care este dispersată în toate fiinţele vii și, fiind de natura conștiinţei, protejează toate corpurile de pretutindeni. Numele ei este „Lumina Universului" și toate fiinţele vii sunt vii datorită acestei Lumini Universale. Experiența reală a acesteia este evidentă și poate fi văzută direct pentru sine.

- Sf Shri Samartha Ramdas

Dacă recunoaştem realitatea la care indică aceste afirmaţii şi trăim acolo cu toată inima noastră, vom fi eliberaţi într-o clipă. Sunt sigur că toţi cititorii, la un moment dat sau altul, au experimentat această conştientizare atunci când au privit ceva care le-a tăiat respiraţia, unde micul centru, eul, a dispărut și am fost stabiliţi în acea unitate în care experimentatorul, experienţa și obiectul experienţei devin una, în acea conştientizare a fiinţei. Adi Shankara subliniază, de asemenea, acelaşi adevăr în afirmaţia în care „Eu sunt masa conştientizării și conştiinţei". Aici atât conştientizarea, cât și conştiinţa se referă la aceeaşi imensitate a fiinţei.

Conştientizarea fiinţei este explicativă în următorul citat din Dasbodh, unde un maestru iluminat dă învăţături aspiranţilor.

Ființa, Conștiința Pură și Unitatea sunt toate propria formă. Când toate elementele, care sunt non-esență, au fost lăsate să dispară, ceea ce rămâne este Esența și există realizarea că adevărata identitate a cuiva este fără formă.

- Sf Shri Samartha Ramdas

Când putem sta în acea conștiință fără judecăți sau prejudecăți, idei sau concepte despre orice sau oricine, atunci suntem acasă și acolo este începutul meditației. În această meditație, recunoaștem întreaga mișcare a vieții veșnice. În această stare, corpul nu este simțit, chiar dacă știm că trupul este acolo și lumina eternă este unitatea fără formă. Întregul scop al yoga, rugăciunilor, tantrelor și al tuturor acestor sisteme este de a face mintea tăcută, și împăcată, de a ne stabili în acea conștiință care vede cu lumina clară a înțelepciunii și îi permite lui Dumnezeu să se reflecte în ființa noastră. Apoi, de acolo vom acționa în mod corect; Vom ști ce este iubirea și vom lucra pentru beneficiul tuturor ființelor. Așa cum am discutat în capitolele anterioare despre minte, aici totul se reunește; Dacă am înțeles mintea și limitările, atunci putem vedea eul cu complicațiile sale care ne țin în mizerie și suferință.

Dacă suntem cu adevărat serioși, atunci vom fi stabiliți în acea conștientizare a ființei și vom trăi viața așa cum dictează voința universală, nu cum dictează mica noastră voință (eu și a mea). Nu este ușor să renunți la acel mic eu, așa cum am menționat anterior, dar nu există altă cale, mă tem că drumul este îngust și este ca și cum ai merge pe marginea unui lame de brici. Toate practicile spirituale sunt concepute pentru a ne ajuta să rămânem în acea stare de voință universală a iubirii, păcii și unității.

Longchenpa spune următoarele despre minte:

Această minte care estimează aparențele ca vise, Dacă din când în când o cauți cu adevărat – Afară sau înăuntrul undeva între ele – Nu există nici o modalitate de a o identifica, Nici un punct pe care să-ți stabilești direcția. Există o stare de deschidere ca un spațiu nemărginit. Lipsită de frenezia sălbatică a amintirilor și planurilor tale, Conști-entizarea luminoasă și goală, Liberă de orice construcție conceptuală, apare de la sine. Când reținătorul încetează, nici cel reținut nu mai este. Când subiectul s-a retras, orice deținere a unui obiect dispare. Atunci nu există nicio legătură cu un obiect care apare. Cadrul discernământului cade. Apoi, există pur și simplu înțelepciunea primară, non duală, auto-apărută.

- Longchenpa

Un alt maestru iluminat se referă la minte așa cum este construită; ca nimic altceva decât iluzie. Pe măsură ce renunțăm la orice apucare de obiecte și ne predăm în conștiința goală, atunci mintea este una cu lumina clară a înțelepciunii și vede realitatea așa cum este. Putem da o similitudine că conștientizarea este ca spațiul în care totul apare și dispare, iar spațiul nu este afectat de niciuna dintre aparențe, pentru că acel spațiu este realitatea și tot ceea ce apare este iluzoriu și nu are niciodată o origine sau un sprijin independent, în timp ce lumina conștientizării are propriul său suport și propria lumină. Totul depinde de alte lucruri: acesta este un adevăr pe care Buddha l-a expus în originea dependentă.

De exemplu, Buddha a spus că flacăra dintr-o lampă cu ulei depinde de ulei și fitil. Când uleiul și fitilul sunt prezente, flacăra dintr-o lampă cu ulei arde. Dacă oricare dintre acestea lipsește, flacăra va înceta să ardă. Acest exemplu ilustrează principiul originii dependente. Să luăm un alt exemplu: mlădița, care depinde de sămânță, pământ, apă, aer și lumina soarelui pentru a apărea. Există, de fapt, nenumărate exemple de origine dependentă, deoarece nu există nici un fenomen existent care să nu fie efectul originii dependente. Toate fenomenele apar în funcție de o serie de factori cauzali. Putem concluziona de fapt că întregul univers și altele asemenea sunt supuse acestei legi a originii dependente. Totul depinde de alte lucruri și astfel întregul univers este o matrice complexă de relații; este de fapt o entitate vie.

Nu ne vom cufunda acum în subiectul originii dependente, dar pentru a înţelege simplul fapt pe care maeştrii iluminaţi l-au înţeles: faptul că toată realitatea şi toate fenomenele din univers nu sunt decât o construcţie care are ca bază esenţa întregii existenţe. Aşa cum a afirmat Hristos, lumina conştiinţei este pretutindeni şi în toate pentru că orice apare şi dispare a venit din acea lumină.

Când vom înţelege că suntem cu toţii o parte a acestei mişcări universale a lui Dumnezeu în conştientizare, care este şi Dumnezeu, atunci poate că vom înceta să ne omorâm unii pe alţii sau să ne rănim unii pe alţii, pentru că ne vom da seama că ne rănim doar pe noi înşine în procesul vieţii. Eul poate încerca să ne îndepărteze de acest adevăr, dar dacă rămânem în lumina clară a conştientizării fiinţei, vom realiza adevărul nu doar ca o simplă afirmaţie, ci ca o realitate. De aceea Hristos a declarat:

Raiul acesta va trece, şi Raiul de deasupra lui va trece.
Şi morţii nu sunt vii, şi cei vii nu vor muri.
În zilele în care ai consumat ceea ce era mort, l-ai făcut viu.
Când veţi fi în lumină, ce veţi face?
În ziua în care erai unul, ai devenit doi. Dar când veţi
deveni doi, ce veţi face?

- Evanghelia lui Toma: 11

Oricine îşi găseşte propria realitate în Dumnezeu nu va muri, dar Hristos menţionează, de asemenea, că până şi raiurile sunt doar stări ale minţii, care vin, pleacă şi nimic nu este veşnic. Când suntem în acea lumină a conştiinţei, nu este nimic de făcut, pentru că suntem una cu Tatăl şi nu despărţiţi de El. În acest sens, Padmasambhava a declarat:

Astfel, vorbim despre Calea de Mijloc unde nu se cade în
niciuna dintre extreme,
Şi vorbim despre conştientizarea intrinsecă ca prezenţă

conștientă neîntreruptă.

Deoarece goliciunea posedă o inimă care este conștientă intrinsecă, prin urmare, este numit cu numele de Tathagata-garbha, adică „embrionul sau inima lui Buddha". Dacă înțelegeți semnificația acestui lucru, atunci acesta va transcende și va depăși orice altceva. Prin urmare, este numit cu numele de Prajnaparamita, adică „Perfecțiunea Înțelepciunii". Deoarece nu poate fi conceput de intelect și este liber de toate limitările (conceptuale) de la bun început, de aceea este numit cu numele de Mahamudra, adică „Marele Simbol". Din această cauză, în funcție de faptul dacă este înțeleasă sau nu în mod specific, deoarece este baza tuturor lucrurilor, a tuturor beatitudinilor Nirvanei și a tuturor durerilor Samsarei, de aceea este numită cu numele de Alaya, adică„fundamentul tuturor lucrurilor". Pentru că, atunci când rămâne în propriul său spațiu, este destul de obișnuită și nicidecum excepțională, această conștientizare prezentă și lucid clară este numită „conștiință obișnuită".

- Padmasambhava

Marii maeștri au explicat cu toții semnificația, a ceea ce numim conștientizare intrinsecă, conștiință pură, sau conștiință goală și subliniază că până și Samsara și Nirvana sunt doar manifestări ale aceleiași energii a lui Dumnezeu, care este esența tuturor lucrurilor.

Cartea *Zi de zi cu Bhagavan* este jurnalul lui Devaraja Mudaliar, un devotat pe termen lung al lui Sri Ramana Maharshi, înregistrând conversații și evenimente care au avut loc între anii 1945 și 1947.

Un tânăr din Colombo, Ceylon, i-a spus lui Bhagavan:
J. Krishnamurti ne învață metoda conștiinței fără efort și fără alegere, distinctă de cea a concentrării deliberate. Ar fi Sri Bhagavan încântat să explice cum să practice cel mai bine meditația și ce formă ar trebui să ia obiectul medi-

tației?

Ramana Maharshi: „Conştientizarea fără efort şi fără alegere este adevărata noastră natură. Dacă putem atinge acea stare şi să rămânem în ea, este în regulă. Dar nu se poate ajunge la ea fără efort, efortul meditației deliberate.

Toate vasanele străvechi (tendințele inerente) întorc mintea spre exterior, către obiecte exterioare. Toate aceste gânduri trebuie să fie abandonate şi mintea întoarsă spre interior şi acest lucru, pentru majoritatea oamenilor, necesită efort. Desigur, fiecare profesor şi fiecare carte îi spun aspirantului să tacă, dar nu este uşor să facă acest lucru. De aceea este necesar tot acest efort.

Chiar dacă găsim pe cineva care a atins această stare supremă de linişte, puteți considera că efortul necesar a fost deja făcut într-o viață anterioară. Astfel, conştientizarea fără efort şi fără alegere este atinsă numai după meditație deliberată.

Această meditație poate lua orice formă vă atrage cel mai mult. Vedeți ce vă ajută să păstrați toate celelalte gânduri şi adoptați-le pentru meditația voastră.

- Ramana Maharshi

Aici marele înțelept Ramana Maharshi explică învățătura lui Jiddu Krishnamurti despre conştientizarea fără alegere şi subliniază, aşa cum au făcut Hristos şi Padmasambhava, că în acea stare de conştiință pură găsim adevărata noastră natură şi într-adevăr aceasta este adevărata noastră natură. Spre deosebire de Krishnamurti, care dorea ca ascultătorii să atingă acea stare în timp ce el vorbea, Ramana Maharshi şi toate celelalte tradiții yoghine arată că efortul este necesar pentru a ajunge la acea stare, aşa cum şi Hristos a menționat că întoarcerea în interior este o necesitate deoarece toate condiționările şi tendințele noastre întorc mintea spre exterior, nepermițându-i să se întoarcă în interior spre a descoperi comoara care există în inimile noastre.

Fiecare tradiție yoghină învață că mintea trebuie să fie întoarsă spre interior, pentru a putea rămâne în acea stare de beatitudine și iubire supremă, nu în iubirea și fericirea despre care cineva știe sau despre care i s-a spus, pentru că aceasta este doar o proiecție, o căutare a ceva ce ai pierdut. Această iubire și fericire nu pot fi exprimate în cuvinte, la fel cum Dumnezeu nu poate fi un cuvânt sau o imagine, pentru că Dumnezeul care este descris nu este cel real, ci doar o ficțiune creată de eu (ego). Așa cum am menționat mai înainte, mintea are puterea de a ne ține în robie sau de a ne elibera, și pentru a ne elibera trebuie să fim cu adevărat conștienți de lucrările sale pe calea cunoașterii de sine și când vom ajunge să ne cunoaștem pe noi înșine, vom fi cunoscuți, așa cum a declarat Hristos.

Deoarece totul apare în minte, ar trebui să vedem ce a subliniat marele maestru Padmasambhava cu privire la minte.

Aparențele nu sunt eronate în sine, dar din cauza înțele-
gerii lor, apar erori.
Dar dacă știi că aceste gânduri se prind numai de lucru-
rile care sunt în minte, atunci ele vor fi eliberate prin ele
însele.
Tot ceea ce apare nu este decât o manifestare a minții.
Chiar dacă întregul univers exterior neînsuflețit vă apare,
el nu este decât o manifestarea minții.
Chiar dacă toate ființele simțitoare din cele șase tărâmuri
vă apar, ele nu sunt decât o manifestare a minții.
Chiar dacă fericirea oamenilor și deliciile zeilor din cer vă
apar, ele nu sunt decât manifestări ale minții.
Chiar dacă durerile celor trei destine rele vă apar, ele nu
sunt decât manifestări ale minții.
Chiar dacă vi se par cele cinci otrăvuri reprezentând igno-
ranța și patimile, ele nu sunt decât manifestări ale minții.
Chiar dacă conștiința intrinsecă, care este conștiința
primară de origine proprie, vă apare, ea nu este decât o

manifestare a minții.
Chiar dacă gândurile bune de-a lungul drumului spre
Nirvana îți apar, ele nu sunt decât manifestări ale minții.
Chiar dacă obstacolele datorate demonilor și duhurilor rele
vă apar, ele nu sunt decât manifestări ale minții.
Chiar dacă zeii și alte realizări excelente vă apar, ele nu
sunt decât manifestări ale minții.
Chiar dacă vi se par diferite feluri de puritate, ele nu sunt
decât manifestări ale minții.
Chiar dacă (experiența) de a rămâne într-o stare de
concentrare unilaterală, fără gânduri discursive, îți apare,
ea nu este decât o manifestare a minții. Chiar dacă vi se
pare o stare fără caracteristici și fără elaborări conceptuale,
ea nu este decât o manifestare a minții.
Chiar dacă non-dualitatea unuia și a multora vă apare, ea
nu este decât o manifestare a minții.
Chiar dacă existența și non-existența, care nu sunt create
nicăieri, vă apar, ele nu sunt decât manifestări ale minții.
Nu există nici un fel de aparențe care să poată fi înțelese ca
nevenind din minte.
Datorită naturii neobstrucționate a minții, aparențele
apar continuu. Ca valurile și apele oceanului, care nu sunt
două (lucruri diferite), orice apare este eliberat în starea
naturală a minții.
Cu toate acestea, multe nume diferite îi sunt aplicate în
acest proces neîncetat de numire a lucrurilor,
În ceea ce privește sensul său real, mintea (individului)
nu există decât ca unul. Și, mai mult decât atât, această
singularitate este fără niciun fundament și lipsită de orice
rădăcină.
Dar, chiar dacă este una, nu o puteți căuta într-o anumită
direcție.
Nu poate fi văzută ca o entitate situată undeva, pentru că
nu este creată sau făcută de nimic.
Nici nu poate fi văzută ca fiind doar goală, pentru că
există strălucirea transparentă pe propria sa claritate

luminoasă și conștientizare.
Nici nu poate fi văzută ca diversificată, deoarece goliciunea
și claritatea sunt inseparabile.
Conștiința de sine imediată este clară și prezentă.
Chiar dacă există activități, nu există nici o conștientizare
a unui agent care este actorul.
Chiar dacă sunt lipsite de orice natură inerentă, expe-
riențele sunt de fapt experimentale.
Dacă practici în acest fel, atunci totul va fi eliberat.
În ceea ce privește propriile voastre facultăți senzoriale,
totul va fi înțeles imediat, fără nici o intervenție a intelect-
ului.
La fel ca în cazul semințelor de susan fiind cauza uleiului
și laptele fiind cauza untului,
Dar dacă uleiul nu se obține fără presare și untul nu se
obține fără amestecare, deci, toate ființele simțitoare, chiar
dacă posedă esența reală a Buddhaității, nu vor realiza
starea de Buddha fără a se angaja în practică.
Dacă practică, atunci chiar și o cireadă de vaci poate
realiza eliberarea. Chiar dacă nu cunoaște explicația, el se
poate stabili sistematic în experiența ei.
(De exemplu) atunci când cineva a avut experiența de a
gusta efectiv zahăr în propria gură, nu este nevoie ca acest
gust să fie explicat de altcineva.
Neînțelegând acest lucru (conștientizarea intrinsecă),
chiar și Panditas (învățătorii scripturilor) pot cădea în
eroare.
Chiar dacă sunt extrem de învățați și cunoscători în expli-
carea celor nouă vehicule,
Va fi doar ca și cum ar răspândi zvonuri despre locuri, pe
care nu le-au văzut personal.
Și în ceea ce privește starea de Buddha, ei nici măcar nu se
vor apropia de ea pentru o clipă.
Dacă înțelegi (conștientizarea intrinsecă), toate meritele și
păcatele tale vor fi eliberate în propria lor condiție.
Dar dacă nu înțelegi, orice fapte virtuoase sau vicioase pe

*care le comiți se vor acumula sub formă de karma ducând
la transmigrație în renașterea cerească sau respectiv la
renașterea în destinele rele.
Dar dacă înțelegeți această conștiință primară goală, care
este propria voastră minte,
consecințele meritului și ale păcatului nu vor fi niciodată
realizate, la fel cum un izvor nu poate proveni din cerul
gol.
În starea de deșertăciune însăși, obiectul meritului sau al
păcatului nici măcar nu este creat.
Prin urmare, propria voastră conștiință de sine manifes-
tată ajunge să vadă totul gol.
Această eliberare de sine prin vederea cu conștiința goală
este de o profunzime atât de mare, și așa stând lucrurile;
Ar trebui să vă familiarizați îndeaproape cu conștiința de
sine.
Profund sigilat!*

- Padmasambhava

În aceste declarații, Guru Rinpoche, așa cum este numit Prețiosul Guru în Tibet, se referă la modul în care ar trebui să privim totul din perspectiva conștiinței goale. Conștiința de sine este o simil-itudine a cunoașterii de sine, pentru că numai atunci când ne cunoaștem propria realitate putem ști ce este Dumnezeu și apoi să trăim în această lume în iubire și armonie cu întreaga existență.

Nu este o sarcină ușoară să fii insuflat în această conștientizare și să fii conștient de mișcarea interioară și exterioară a vieții fără a fi atras de obiectele senzoriale din afară sau de simțurile corpului interior. Aici este nevoie de efort pentru a menține mintea onestă și goală în această conștientizare. Guru Rinpoche subliniază în mod clar, la fel ca toți ceilalți maeștri, că tot ceea ce apare, apare prin minte și orice lucru de care ne atașăm ne îndepărtează de starea de conștientizare, și prin urmare, ne ține în robie.

Hristos a abordat acest lucru și în Evanghelia Mariei, unde arată că mintea rămâne între duh și suflet, prin urmare tot ceea ce vedem sau experimentăm este făcut de minte, iar mintea, așa cum am văzut, nu este personală, este doar minte. Adi Shankara subliniază, de asemenea, că orice ne imaginăm, vedem sau experimentăm se face prin minte.

> *În vise, când nu există nici un contact real cu lumea exterioară, mintea singură creează întregul univers format din experimentator și altele asemenea. În mod similar, în starea de veghe, de asemenea, nu există nici o diferență. Prin urmare, tot acest univers fenomenal este doar o proiecție a minții.*
>
> *- Adi Shankara*

> *Ea a început să le spună aceste cuvinte: „Am văzut pe Domnul într-o vedenie, și i-am zis: „Doamne, Te-am văzut astăzi într-o vedenie." El mi-a răspuns și mi-a zis:*
> *Ferice de tine că nu ai șovăit la vederea Mea. Căci unde este mintea, acolo este comoara.*
> *I-am zis: „Doamne, cum vedem cine vede vedenia, duhul sau suflet?*
> *Drept răspuns, Domnul a zis: „El nu vede nici prin suflet, nici prin duh, ci mintea care este între cele două, care vede vedenia și este [...]*
>
> *- Evanghelia Mariei*

De la maeștrii tuturor tradițiilor, vedem că mintea este într-adevăr un lucru puternic dacă cineva o poate păstra curată și nu-i permite să alerge după simțuri.

Dacă mintea nu se agață sau respinge nimic, este începutul odihnei în starea sa naturală în care se va găsi comoara, așa cum Hristos i-a arătat Mariei și așa cum subliniază și Guru Rinpoche. Aceasta este, de asemenea, ceea ce Buddha a subliniat cu privire la (mindfulness) sau conștientizarea intrinsecă: aceasta este o stare a adevăratei noastre naturi și numai fiind în acea stare vedem cu ochiul înțelepciunii și ajungem să ne cunoaștem și să înțelegem viața prin observarea minții.

În această stare, vedem că suferința este doar o creație a propriei noastre minți; că singurătatea, suferința sunt de asemenea, un produs secundar al acesteia și toate sunt doar apariții în minte, bazate pe condiționările și tendințele propriei noastre minți, pe atracțiile și atașamentele bazate pe amintirile noastre. Aici orice practică spirituală este utilă pentru a ne apropia de acea stare de conștientizare, și încetul cu încetul să fim capabili să rămânem în ea mergând din ce în ce mai adânc în înțelegerea realității așa cum este, nu așa cum ne-am putea imagina că este.

Când meditatorul (mintea), obiectul meditației (Brahma, Dumnezeul suprem) și meditația însăși devin una, dincolo de conștientizarea cunoașterii meditației, numai atunci va exista o conștiință asemănătoare Vidului, care se numește Samadhi sau Ispășire.

- Lahiri Mahasaya

Mai sus, Lahiri Mahasaya subliniază conștientizarea vidului, care este starea noastră naturală. O putem numi Samadhi sau Nirvikalpa Samadhi, adică atunci când ești una cu Dumnezeu sau ai „ispășire". Toate yoga și practicile spirituale sunt concepute pentru a ne duce înapoi la starea noastră naturală de a fi. Creierul este sediul minții, iar mintea, în starea sa pură, permite conștiinței goale să existe. Acest lucru se întâmplă atunci când personalitatea noastră a fost epuizată și mintea este în starea sa pură, unde realitatea absolută Dumnezeu poate fi apoi reflectată în ea și unde operează inteligența.

Mintea care se odihnește în Sine este condiția sa naturală, dar în loc de asta, mințile noastre se odihnesc în obiecte exterioare.

- Sri Ramana Maharshi

Aici Ramana Maharshi subliniază că atunci când mintea se odihnește în sine, este în starea noastră naturală care este conștientizarea ființei. Pentru a atinge această stare cea mai înaltă este scopul nostru natural intrinsec și fiecare trebuie să găsească pentru sine drumul care este potrivit pentru ei. Când cineva este pregătit, un profesor sau profesori vor apărea, fie din interior, fie din lume în general, pentru a ajuta în procesul de eliberare a eului, și făcând acest lucru, înțelegerea minții. În procesul de înțelegere a minții, omul se va preda pe deplin în conștientizarea momentului prezent, unde va începe să vadă realitatea așa cum este. Acum, ar trebui să vorbim despre singura energie care ne ține inconștienți de propria noastră realitate și aceasta este Ignoranța.

Capitolul 20

IGNORANȚA ȘI CUNOAȘTEREA

A fi ignorant înseamnă a nu avea cunoștințe sau înțelegere despre o situație, o persoană sau despre sine. Ignoranța poate apărea dintr-o lipsă de expunere, confuzie sau chiar dintr-o gândire înșelătoare. Suntem cu toții oarecum ignoranți cu privire la adevărata noastră realitate și dacă nu am fi, lumea ar fi un loc frumos. Cuvântul ignoranță are o conotație foarte negativă, dar în realitate este doar o stare de inconștiență. În inconștiență cineva poate fi prost informat sau condiționat de informații, idei sau concepte false care nu se potrivesc cu realitatea, ci sunt considerate realitate.

Cea mai mare parte a ignoranței noastre vine din modul nostru de gândire și din modul îngust de a privi lucrurile și de a înțelege viața. Cu cât avem mai multe condiționări și mai multe credințe despre lume și despre noi înșine, cu atât putem fi mai ignoranți. Chiar și persoana mai inteligentă care a acumulat o mulțime de cunoștințe despre o mulțime de lucruri poate fi încă inconștientă de propria realitate, iar cunoștințele pe care le-au acumulat sunt doar adăugate în memorie. Această așa-zisă cunoaștere poate fi o vorbă de a scăpa de ignoranță dacă i se dă prea multă valoare. Dacă ne atașăm de cunoașterea lumească, aceasta devine mândrie.

Această zicală în Zen este explicativă în ceea ce privește ignoranța, iluziile și nebunia:

Ignoranța/iluzia/nebunia acționează ca o oglindă spartă: distorsionează faptele vieții.

- proverb Zen

Mai mult, să vedem ce spune Isha Upanishad referitor la ignoranță și cunoaștere:

Cei care se închină ignoranței intră în întuneric. Iar cei care se închină cunoașterii intră într-un întuneric și mai mare.

- Isha Upanishad

Aceasta pare a fi o afirmație contradictorie, dar nu este. Cei din ignoranță vor intra în întuneric, pentru că ignoranța este prin natura sa întuneric: întunericul produs de ignoranță atunci când credem că ceea ce știm este realitatea. Cei care se închină cunoașterii intră într-un întuneric mai mare, deoarece atunci când suntem mult atașați de cunoașterea pe care o avem de lume, ne limităm de fapt cunoașterea numai la ceea ce știm și, prin urmare, suntem legați de acea cunoaștere și niciodată liberi, pentru că toată această cunoaștere este din trecut. Cunoașterea corectă despre noi înșine ne va scăpa de ignoranță și ne va permite să ieșim din robia ignoranței sau a ceea ce credem că știm.

Jiddu Krishnamurti și mulți alți maeștri au afirmat că cunoașterea este din trecut; este întotdeauna o amintire. În capitolul „Astfel a vorbit Maestrul", învățătorul lui Sri M descrie cunoașterea și tipurile de cunoaștere de care cineva poate fi asistat.

Maestrul: În momentul în care ai ascultat cuvintele mele, ele au dispărut din prezent și au devenit lucruri din trecut. Ele constituie memoria, iar memoria este de domeniul trecutului. Cunoașterea, așa cum o știm, este ceva ce vă amintiți, fie că este din trecutul recent, ori o fracțiune de secundă în urmă sau cu ani în urmă. Adică este memorie. Toată cunoașterea este, prin urmare, memorie – un lucru din trecut.

Pe de altă parte, Brahman, Realitatea Ultimă, nu este niciodată o amintire, niciodată un lucru din trecut. Este prezentul viu, eternul, prezentul imediat și, prin urmare, nu poate fi niciodată înțeles prin cunoaștere, care are doar trecutul ca referință.

M: Dacă cunoașterea se referă doar la memorie, ce îl poate cunoaște pe Brahman?

Maestrul: Pentru a o înțelege chiar și conceptual, ar trebui să intrăm în diferite tipuri de cunoaștere. La capătul cel mai de jos se află ajnana, cunoașterea despre lume obținută prin organele noastre de simț. Mai înaltă decât ajnana este jnana sau cunoașterea Sinelui și a altor lucruri dobândite prin intelectul rațional, buddhi și din scripturi și învățători. Și mai înaltă este vijnana, cunoașterea discriminatorie, care este capabilă să diferențieze realul de aparent sau relativ. Cel care a atins nivelul de vijnana îl poate perfecționa la perfecțiune încercând să rămână constant la acel nivel. Dacă se face acest lucru, înțelegerea intelectuală jnana și ajnana care stârnește pasiunea și chiar stadiul incipient al capacității discriminatorii, vijnana, sunt depășite sau transcense, obținând astfel experiența intuitivă și unitară a lui Brahman (DUMNEZEU). În acest context, chiar și cuvântul „experiență" este un termen impropriu, un termen greșit, deoarece implică o experiență și, prin urmare, un obiect al experienței. Tot ce se poate spune despre o astfel de stare este că este o iluminare mentală / spirituală

în care nimic altceva decât o cunoaștere atât pătrunzătoare
nu există fără dualitatea cunoscătorului și a cunoscutului.

- Sri M

În această discuție, Sri M, un renumit maestru în Kriya Yoga, și învățătorul său discută într-un mod simplu cele trei tipuri de cunoaștere care există și afirmă că dacă cineva se stabilește în cunoașterea discriminatorie *sau* în cunoașterea directă, care înseamnă a vedea realitatea așa cum este, fără judecăți sau prejudecăți, va avea o înțelegere perfectă. Hristos a discutat, de asemenea, despre această cunoaștere când a declarat:

„Să știi ce este în fața ta și ceea ce este ascuns de tine îți
va fi dezvăluit. Căci nu este nimic ascuns care să nu fie
descoperit."

- Evanghelia după Toma: 5

Dacă cineva privește fără judecată, are înțelegere și se stabilește în conștiința goală a ființei, atunci va fi capabil să cunoască realitatea și acolo se află toată cunoașterea. Pentru a ajunge la cea mai înaltă cunoaștere, trebuie să treci prin gradele mai mici de cunoaștere care te vor face să experimentezi și să înțelegi viața și modul în care procesul vieții ne mișcă încet, dar sigur, spre acea cunoaștere perfectă ca înțelepciune. Această înțelepciune taie toate iluziile.

Așa cum focul este cauza directă a gătitului, tot așa fără
o cunoaștere adevărată nu poate avea loc nici o emanci-
pare. În comparație cu toate celelalte forme de disciplină,
cunoașterea Sinelui este singurul mijloc direct de eliberare.
Acțiunea nu poate distruge ignoranța, pentru că nu este
în conflict sau opusă ignoranței. Cunoașterea distruge cu
adevărat ignoranța așa cum lumina distruge întunericul
adânc.

- Adi Shankara

Mai sus, Adi Shankara subliniază că numai Cunoașterea de sine poate distruge ignoranța care ne-a învăluit din timpuri imemoriale și, făcând astfel, să ne elibereze din ghearele existenței iluzorii.

> *Cel care se supune pe sine, aproape toți îi vor fi supuși. Cine se cunoaște pe sine însuși, i se va da cunoștința tuturor lucrurilor. Cuvântul cunoaște-te pe tine însuți înseamnă realizarea întregii cunoașteri. După cum totul este cuprins în ființa voastră, tot așa în cunoașterea ființei voastre este cuprinsă toată cunoașterea, iar în supunerea ființei voastre, supunerea întregii lumi.*

> *- Sf Isaac Sirul*

La fel ca Hristos, unul dintre primii părinți ai creștinismului, Sfântul Isaac, ne dezvăluie aceleași adevăruri ca Adi Shankara, Upanișadele și așa mai departe: cunoașterea de sine este cheia întregii cunoașteri și odată ce ne cunoaștem pe noi înșine, toată cunoașterea este revelată din ființa noastră interioară.

> *Și pentru ca cei înzestrați cu cunoștință să știe că este adevărul de la Domnul vostru, și astfel să creadă în el, și inimile lor să se înmoaie față de el. Dumnezeu îi călăuzește pe cei care cred pe o cale dreaptă.*
> *O, voi care credeți! Când vi se spune să faceți loc în adunări, (întindeți-vă și) faceți loc: Allah vă va asigura (amplu) locul. Și când vi se va spune să vă ridicați, ridicați-vă, Allah vă va ridica, la ranguri (și grade) (potrivite), aceia dintre voi care cred și cărora li s-a acordat Cunoașterea (mistică). Și Allah cunoaște bine tot ceea ce faceți.*

> *- Coranul 58-11*

În Coran, se afirmă că celui care are credință și o inimă curată i se va da cunoașterea interioară care este adevărata cunoaștere de la Allah.

Gândurile de eliberare și robie sunt prezente numai în timpul stării de ignoranță. Natura Originală este evidentă. Nu este nici legată, nici eliberată.

- Sf Shri Samartha Ramdas

Dasbodh, o bine-cunoscută carte spirituală indiană, afirmă așa cum putem vedea mai sus: pentru cineva care se află în starea naturală nu există nici eliberare, nici robie.

Sutra 18: „Emanciparea (Kaivalya) este obținută atunci când cineva realizează unitatea Sinelui său cu Sinele Universal, Realitatea Supremă.”
Sannyasi sau Hristos, Mântuitorul uns. Când toate dezvoltările Ignoranței sunt retrase, inima, fiind perfect clară și purificată, nu mai reflectă doar Lumina Spirituală, ci o manifestă activ și, astfel, fiind consacrat și uns, omul devine Sannyasi, liber sau Hristos Mântuitorul.
Vezi Ioan 1:33. „Peste care vei vedea Duhul pogorându-Se și rămânând peste El, este acela care a botezat cu Duhul Sfânt.”

- Swami Sri Yukteswar

Swami Sri Yukteswar subliniază, de asemenea, că atunci când toate dezvoltările ignoranței sunt dezrădăcinate, atunci se obține unirea sinelui cu sinele universal și se obține și toată cunoașterea.

Nu este ușor să ajungem la cunoștințele corecte, pentru că am fost condiționați să concurăm, să vrem, să fim mai buni decât ceilalți, să devenim asta sau aia și să reușim. Un exemplu de condiționare este următorul: un băiețel fără prea multe cunoștințe dobândește o parte din ele printr-o carte, un profesor, un tată, un frate sau o soră, merge apoi la școală sau este în compania prietenilor și dintr-o dată apare o discuție despre acel subiect învățat anterior, apoi se grăbește să adauge la discuția despre ceea ce a învățat și să afirme că știe, când de fapt, el cunoaște doar o mică parte. Cei mai mulți dintre noi, dacă ne pasă să privim, avem o astfel de experienţă sau una similară şi cunoaştem sentimentul de mândrie de a crede că ştim. În viaţa noastră de zi cu zi acest lucru se întâmplă tot timpul: credem că ştim mai bine sau mai mult şi acest lucru devine competiţie. O astfel de competiţie, nefiind sănătoasă, provoacă întotdeauna conflicte cu ceilalţi şi de asemenea, oamenii, familiile şi naţiunile sunt mereu într-o stare de conflict.

Cunoaşterea lumească este necesară la nivel practic şi nu ar trebui să devină niciodată o platformă în care credem că suntem o fiinţă umană mai bună decât altcineva. Cunoaşterea lumească ar trebui folosită pentru îmbunătăţirea umanităţii. Cunoaşterea interioară este necesară pentru ca noi să ne eliberăm încet de ignoranţă. Pentru a ajunge la cunoaşterea interioară, trebuie să avem o perspectivă asupra modului în care funcţionează mintea.

Ignoranţa este credinţa că toată creaţia este doar manifestul material şi nimic nu se află dincolo, iar această credinţă ne face să ne identificăm doar cu corpul şi mintea şi să nu putem niciodată a depăşi această limitare. Cei mai mulţi dintre oameni, chiar dacă au înclinaţii spirituale, sunt blocată cu această credinţă. Din această cauză, suntem predispuşi la atât de multe conflicte. Credem că suntem o entitate mică care trebuie păstrată şi îmbunătăţită şi lucrăm întotdeauna dintr-un centru mic, eu. Sinele real nu are un centru. Este liber şi prin urmare, în unitate, nu are nevoie de un centru care este întotdeauna limitat, indiferent de starea sa. Sinele nu are nevoie de nici o îmbunătăţire, pentru că este perfect şi a fost de la începutul timpului.

Educaţia omenirii în orice domeniu joacă un rol important în a da putere ignoranţei, gândindu-se că numai prin ştiinţă putem dobândi cunoaşterea lui Dumnezeu. Ştiinţa poate fi cunoaşterea nivelului fizic al existenţei, dar este limitată numai la acel nivel. Vedele şi alte scripturi sunt privite încet cu alţi ochi, pentru că pe măsură ce conştiinţa omenirii se dezvoltă, la fel se dezvoltă şi înţelegerea acestor scripturi sacre, care pot dezvălui o realitate dincolo de văzut şi nevăzut, dacă cineva are grijă să privească şi să asculte fără judecată sau prejudecăţi.

Majoritatea oamenilor sunt blocați la cunoașterea simțurilor și la cunoașterea intelectulală. Ceea ce se numește înțelepciune este capacitatea de a gândi și de a acționa, folosind cunoștințele, experiența, bunul simț și viața nu poate fi învățată într-o sală de clasă, cum ar fi matematica și așa mai departe. Pentru a fi înțelept în viață, cineva are nevoie de o minte care a atins realitatea și are capacitatea de a avea o perspectivă asupra complexității vieții și a relațiilor pe care le avem unul cu celălalt și cu mediul înconjurător. Dar acest lucru nu poate fi învățat cu adevărat, poate fi doar subliniat. De exemplu, consumul excesiv de alcool este rău pentru noi, dar cum poți explica asta unui alcoolic? Omul trebuie să pătrundă în ființa interioară a acelui individ pentru a putea ajuta la înțelegerea problemei la îndemână. Toți maeștrii care au atins realitatea au avut această capacitate de a-i ajuta și ghida pe ceilalți spre o gândire mai largă.

Cunoașterea lumească este necesară și astfel cunoașterea interioară este necesară. Prin ele ajungem la adevărata înțelepciune care ne ajută să devenim una cu toți și făcând acest lucru, avem toată cunoașterea la dispoziția noastră, pentru că aceasta este natura noastră inerentă. Pentru a ajunge la aceasta, este nevoie de un corp și o minte sănătoasă.

Longchenpa în capitolul *al doilea punct Vajra:* Iluzia magică

> *Mintea amăgită și tendințele ei obișnuite, existența fenomenală, obiectele simțurilor și cele cinci otrăvuri care se fixează asupra lor – toate acestea apar din cauza ignoranței. Lipsite de existența reală, toate apar fără încetare. Ele sunt ca niște apariții conjurate. De acum înainte fiți convinși că sunt reflecții goale, false.*

- Longchenpa

În afirmația de mai sus, Longchenpa afirmă că mintea condiției este în ignoranța și, din această cauză, conștientizarea este distorsionată de dualitatea celui care se ocupă și a celui reținut. Astfel, aparențele halucinante, universul și conținutul său animal, par a fi reale.

> *Întrebările lui Ajita:*
> *Buddha a fost întrebat de discipolul său Ajita: „Ce sufocă lumea? Ce face lumea atât de greu de văzut? Ce ai spune că poluează lumea și ce o amenință cel mai mult?"*
> *Buddha a răspuns: „Ignoranța este cea care mocnește, iar nepăsarea și lăcomia sunt cele care fac lumea invizibilă. Foamea dorinței poluează lumea, iar marea sursă a fricii este durerea suferinței.*
> *„În toate direcțiile", a spus Ajita, „râurile dorinței curg. Cum le putem îndigui și ce le va reține? Ce putem folosi pentru a închide porțile?"*
> *Buddha, răspuns: „Orice râu poate fi oprit cu barajul atenției. Eu îl numesc opritorul de inundații. Și cu înțelepciune poți închide porțile."*

- Buddha

Mai sus, Buddha arată clar că ignoranța cu cele cinci otrăvuri este ceea ce face ca lumea (realitatea) să nu fie văzută, iar foamea de dorințe o poluează, și prin urmare, produce o mare frică și suferință. Într-o a doua parte, el subliniază că atenția ca și conștientizare goală și înțelepciunea ca și cunoaștere discriminatorie sunt cheia în risipirea ignoranței.

Deci, vedem până acum că ignoranța, care se naște din dorințele, atașamentele și pasiunile noastre care au venit prin simțuri, ne face să creăm obiceiurile pe care le avem, tiparele de gândire pe care le-am dobândit cu credințele, ideile și conceptele despre viață. Aceasta este ceea ce noi numim eu (ego), și aceasta este rădăcina tuturor relelor. Este așa pentru că atâta timp cât trăim o viață egoistă, vom crea întotdeauna diviziune între micul centru, eu și toți ceilalți. Deci, atâta timp cât nu lucrăm în beneficiul altora și numai în beneficiul nostru, vom fi întotdeauna în ignoranță și incapabili să vedem unitatea întregii existențe. Acest lucru face foarte imposibilă atingerea iubirii și compasiunii. Așa cum am menționat anterior, atunci când suntem capabili să aducem pasiunile noastre în viață într-o singură mișcare unitară, atunci putem spune că avem compasiune, care este aducerea tuturor pasiunilor într-una singură și aceasta este compasiunea pe care toată lumea trebuie să o atingă.

Deci, ne-am întors la eul, care este cauza tuturor durerilor și suferințelor din lume, pentru că este întotdeauna frică și se susține prin divizare. Această diviziune o vedem în modul nostru de gândire – în familii, în națiuni. Totul este distructiv și respiră întotdeauna conflict. Așadar, dragii mei prieteni, fără să ne înțelegem pe noi înșine, mințile noastre și modul în care acționăm în lume, nu vom găsi niciodată pacea ca indivizi și pacea în lume, pentru că totul începe cu noi și dacă unul dintre noi este capabil să vadă realitatea, îl putem numi unul nobil, unul care a traversat oceanul vieții.

Înțelegerea a cine suntem nu vine din suprimarea sau fuga de nimic. Este prin observație pură: Când observăm, de exemplu, că suntem furioși și vedem că furia nu a venit de la o agenție străină, ci că furia este una cu cel care este furios. Scânteia care aprinde furia poate proveni dintr-o situație sau de către cineva, dar furia este și va fi individul. Unde mânia este, dragoste nu este, unde gelozia este dragoste nu este, unde lăcomia este dragoste nu este, unde invidia este dragoste nu este, unde egoismul este dragoste nu este, unde morocăneală este dragoste nu este, unde rezistență este dragoste nu este, unde atașare este dragoste nu este. Dacă suntem conștienți, vom înțelege că singurul sentiment real care nu vine odată cu gândirea – nu vine din micul centru eu, – este energia iubirii. Ea include totul și pe toată lumea și nu discriminează criminalul de sfânt. Așa cum soarele dă lumină tuturor, tot așa Dumnezeu dă iubire tuturor și i-a făcut pe toți din acea iubire și în acea iubire, chiar dacă în ignoranța noastră nu o putem vedea.

Avem nevoie de credință deplină și trebuie să ne predăm pe deplin momentului prezent pentru a putea rămâne în acea atenție, în acea conștiință goală, și ne cere să murim de noi înșine pentru a ne regăsi. Aceasta nu este o sarcină ușoară; Toată lumea o va face în ritmul său și în timpul său. Este nevoie de timp pentru că întotdeauna fugim de ceea ce este și vrem să fim în altă parte, dar nu aici. Un sanyasi din India i-a spus odată scriitorului: „Doar ascultă, observă și așteaptă". Mi-a luat ani de zile să înțeleg această afirmație, care la vremea acea, a fost înțeleasă doar la nivel intelectual. Această afirmație într-un singur cuvânt este mindfulness (atenția totală).

Cu toții ne atașam de ceva – de soție, de mamă, de tată, de învățător, de biserică sau de sfânt, de tradițiile noastre și așa mai departe și facem asta pentru că vrem siguranță, un fel de confort, un fel de sprijin. Nu vrem să ne simțim singuri sau abandonați. Vrem să fim incluși, niciodată excluși, și din cauza acestei atașări nu putem renunța, prin urmare, nu ne putem preda niciodată lui Dumnezeu. Cu toții o facem pentru că lipsa noastră de iubire ne face să vrem să ne simțim în siguranță. Dar, așa cum am întrebat mai devreme, unde putem găsi securitate? Este în asigurarea ta, în bani, în ceea ce se poate găsi? Din păcate, nu există securitate în nimic, deoarece nimic din ceea ce vedem nu este real și cum ar putea realitatea falsă să ofere securitate. Când cineva găsește dragostea adevărată, are toată siguranța aici și acum. Lumea poate dispărea într-o clipă, de asemenea poate apărea într-o clipă. Cu creatorul, totul este o posibilitate. Când intrăm înapoi în unitate, există siguranță în mâinile Domnului Iubirii.

Cu toții suntem prizonierii propriei noastre creații și cu toții vrem să fim liberi și să facem tot ce dorim. Noi numim asta libertate. Ne predăm plăcerii doar pentru că asta ne dă satisfacție și ne face fericiți; Nu ne predăm niciodată durerii, pentru că încercăm întotdeauna să fugim de ea. Majoritatea oamenilor cred că libertatea constă în permisivitatea de a face ceea ce vrem și de a ne bucura de viață așa cum vrem. Acționăm în această stare de spirit și cei mai mulți dintre noi nu văd niciodată consecințele acțiunilor noastre. Unii le văd, dar sunt încă prea slabi pentru a-și schimba cursul acțiunilor și sunt luați numai dacă acțiunea se încadrează în zona de confort, acțiunile egoiste sunt în detrimentul sinelui și al altora. Dacă observăm, putem vedea cum acționăm, războaiele și distrugerile pe care le producem cu toții la orice nivel al existenței. Apoi spunem că Îl iubim pe Dumnezeu, sau viața, sau națiunea și așa mai departe, dar nu am atins cu adevărat dragostea pentru că dragostea adevărată vine cu propriile sale acțiuni fără ca eul să intervină și aceasta este întotdeauna acțiunea corectă. Spunem că ne iubim fii și fiicele, dar îi trimitem la războaie inutile să moară și pentru ce? Este trist că dormim incapabili să ne deșteptam din condiționarea profundă a minții noastre.

Nu avem capacitatea de a vedea că suntem cu toții împreună, ca merele într-un singur coș. Merele nu se separă: nu este nevoie, dar noi suntem cu toții împărțiți în națiuni, grupuri, religii și așa mai departe. Lumea este coșul și noi toți suntem merele care provin din același pom al vieții. Nu suntem diferiți. Suntem cu toții de aceeași natură a realității. De ce să ne separăm? De ce să ne urâm unii pe alții? Pentru ce? O idee sau un concept, un steag sau orice ar fi? Această separare este făcută de noi înșine și nu va aduce niciodată pace și iubire în inimile noastre și prin urmare, lumea va fi întotdeauna într-o stare de tulburare.

Dumnezeu îi iubește pe toți, îi hrănește pe toți, nu discriminează în nici un fel, de nici o formă. Toți maeștrii din vechime ai Iubirii care l-au urmat pe Domnul Iubirii au acționat la fel. De ce nu suntem capabili să facem acest lucru și în acest proces să facem raiul aici și acum? Hristos a spus: „Raiul este în mijlocul vostru", dar noi nu putem să-l vedem. Ignoranța ne face orbi. Dacă înțelegem acest lucru, atunci vom începe să facem un efort spre încercarea de a dezrădăcina această ignoranță și în acest proces să intrăm în contact cu adevărata noastră natură, dezvăluind adevăratul nostru potențial de a iubi, și de a include totul în unitate. Este posibil să acționăm în acea iubire și cu acea iubire, desigur. Da, vedem frânturi din acea iubire în acțiune în fiecare zi în spitale, în actele de caritate, în ajutorul pe care cineva îl dă altei persoane sau altui animal. O vedem într-un zâmbet al unei persoane, într-un act de bunătate, într-un gest sau într-o poezie, în muzică sau artă, în îngrijirea naturii. Vedem că mintea are puterea de a acționa în moduri egoiste sau în beneficiul tuturor în unitate, iubirea și compasiunea se găsesc în acte altruiste și noi suntem cei care alegem cum să acționăm în conformitate cu condiționarea noastră.

Iubirea prevalează întotdeauna, pentru că este eternă acolo unde orice altceva nu este și noi suntem o parte a acestei iubiri. Fiind pe deplin conștienți de acest lucru, acționăm apoi în acea iubire, apoi vederea și acțiunea devin una fără ca gândul să se amestece în treburile vieții.

Conștientizarea sau conștiința Domnului Iubirii (Dumnezeu) este aceeași conștiință pe care toți maeștrii au descoperit-o prin predarea în conștiința Krishna prin studiul *Bhagavad Gita*, una prin Sutrayana și, prin urmare, predarea conștiinței Buddha, unul prin învățăturile unui guru iluminat ca și Guru Nanak din tradiția Sihk predându-se conștiinței sale, unul prin studiul Coranului, prin urmare predarea conștiinței lui Mohamed și Allah, unul prin învățăturile lui Hristos prin Biblie, predarea conștiinței Christice și așa mai departe cu toate tradițiile și non-tradițiile, pentru că deșteptarea se poate întâmpla și fără nici o credință sau sprijin religios.

Acum este corect să afirmăm că toți maeștrii iluminați au intrat în conștiința lui Dumnezeu și astfel discipolii care i-au urmat prin conștiința maestrului iluminat au intrat și ei în conștiința lui Dumnezeu și au devenit una cu tatăl, unitatea, conștiința goală: numiți-o cum vreți să numiți pe Dumnezeu pentru ca el răspunde la toate numele. Deci, de ce facem atât de mult tam-tam despre religie și ne luptăm unii cu alții când oricum intrăm cu toții pe aceeași ușă?

Singura diferență este vehiculul care ne duce la acea ușă. Dar deschiderea acelei uși este făcută de inimile noastre. Numai în deschiderea iubirii pe care o avem pentru toți și pentru tot ce există, acolo se află cheia deschiderii ușii necunoscutului; singura realitate.

Trebuie să renunțăm la ideea personală despre Dumnezeu, pentru că acesta este egoist și nu este adevăratul Dumnezeu. Este doar o condiționare sau o idee despre care cineva crede că este Dumnezeu. Orice încercare de a-L descrie pe Dumnezeu este o nebunie, pentru că nu putem descrie ceva infinit cu cuvinte sau simboluri finite. Este o imposibilitate și oricât de minunată ar fi descrierea, nu este adevărul, pentru că adevăratul Dumnezeu nu poate fi descris, ci doar experimentat atunci când cel care experimentează nu mai este, dar devine una cu experiența.

Ignoranța, după cum vedem, este marea mamă a oricărei nefericiri, iar ignoranța fundamentală constă în a crede că spiritul Infinit din noi este finit. Aceasta este baza oricărei ignoranțe: că noi, cei nemuritori, puri, Duhul perfect, gândind că suntem minți mici, că suntem trupuri mici – și că gândirea vine din egoism. De îndată ce mă gândesc că sunt un corp mic, vreau să-l păstrez, să-l protejez chiar și în detrimentul altora și apoi tu și cu mine devenim separați. De îndată ce vine această idee de separare, ea deschide ușa tuturor răutăților și duce la toată nefericirea. Dacă s-ar desfășura un scenariu în care o foarte mică parte a ființelor umane care trăiesc astăzi ar lăsa deoparte ideea de egoism și micime, acest pământ ar deveni mâine un paradis. Numai îmbunătățirile tehnice ale cunoștințelor materiale nu vor duce niciodată la paradis. Fără cunoașterea de sine, toate cunoștințele materiale nu fac decât să adauge combustibil la foc; Doar dând în mâinile omului egoist încă un instrument pentru a lua ceea ce aparține tuturor, în loc să lucreze în beneficiul tuturor.

Adevărul nu aduce omagiu niciunei societăți, antice sau moderne. Societatea trebuie să aducă un omagiu Adevărului sau să moară.

- Swami Vivekananda

Cunoașterea de sine care duce la înțelepciune este o necesitate pentru a dezrădăcina toată ignoranța și otrăvurile care au crescut ca buruienile în societate și în propriile noastre minți. În următorul capitol ar trebui să ne uităm la Înțelepciune și să vedem cum toate învățăturile tuturor tradițiilor sunt pline de această înțelepciune.

229

capitol ar trebui să ne uităm la Înțelepciune și să vedem cum toate învățăturile tuturor tradițiilor sunt pline de această înțelepciune.

Capitolul 21

ÎNȚELEPCIUNEA

Ce este înțelepciunea și cine au fost bărbații și femeile cu înțelepciune adevărată? În termeni englezi, înțelepciunea este definită ca: „abilitatea sau rezultatul unei abilități de a gândi și de a acționa folosind cunoștințe, experiență, înțelegere, bun simț și înțelepciune".

Adevărata înțelepciune poate fi expusă numai de maeștrii iluminați care nu privesc viața cu nici un filtru de condiționare și prin urmare, nu au nici un eu implicat. Înțelepciunea din ei izvorăște ca o fântână și beau din apele ei ori de câte ori au nevoie să împărtășească acea înțelepciune pentru beneficiul umanității. Dacă observăm în propriile noastre vieți, știm că bătrânii au trăit și au înțeles viața și au dobândit o anumită înțelepciune în acest proces, dar numai sclipiri din ea și foarte puțini trăiesc și acționează pe deplin în acea înțelepciune completă.

Un proverb Zen spune:

Cunoașterea înseamnă să înveți ceva nou în fiecare zi.
Înțelepciunea înseamnă să renunți la ceva în fiecare zi.

- proverb Zen

Aceasta este înțelepciunea care vede fără cunoaștere, deoarece cunoașterea constă în observarea și perceperea realității așa cum este, fără cunoscător și cunoscut. Pentru a fi în această înțelepciune, trebuie să înțelegem cu adevărat viața în totalitatea ei: să înțelegem iubirea și să trăim ca Hristos, Buddha, Muhammad, Rama, Krishna și mulți alții care au depășit limitările naturii. Înțelepciunea este abilitatea de a avea o înțelegere a totalității; a vedea adevărul în orice moment pentru că adevărul este un lucru viu, o mișcare și nimeni nu poate spune „îl am".

Nu putem să-l posedăm și să-l punem într-o cutie ca să-l folosim ori de câte ori este convenabil. Cel care merge pas cu pas cu înțelepciunea este o ființă umană liberă.

Înțelepciunea indienilor Rishi din trecut, a indienilor azteci sau altor indieni americani, a aborigenilor australieni, a grecilor, a maeștrilor tantrici tibetani, a călugărilor creștini, a maeștrilor zen și așa mai departe este aceeași înțelepciune unificatoare care vine din adâncul ființei noastre. Este aceeași înțelepciune pe care a împărtășit-o Hristos, aceeași înțelepciune pe care a împărtășit-o Buddha sau orice alt maestru înțelept. Această înțelepciune nu este a mea sau a ta. Este a noastră și poate fi văzută de cel care are ochi să o vadă, de cineva care are o inimă curată și o minte curată.

Tagore explică ce erau Rishi și ce reprezentau:

Ei erau rishi. Ce erau rishi? Cei care, atingând sufletul suprem în cunoaștere, erau plini de înțelepciune și îl găseau în uniune cu sufletul, erau în perfectă armonie cu sinele interior; Ei, dându-și seama de El în inimă, erau liberi de toate dorințele egoiste și după ce L-au experimentat în toate activitățile lumii, au atins calmul. Rishi erau cei care, după ce au ajuns la Dumnezeul Suprem din toate părțile, au găsit pacea durabilă, s-au unit cu toți, au intrat în viața Universului. Astfel, starea de realizare a relației noastre cu toți, de intrare în toate prin unirea cu Dumnezeu, a fost considerată în India ca fiind scopul și împlinirea ultimă a umanității.

- Rabindranath Tagore

Același scop al Rishilor s-a dovedit a fi viabil în toate tradițiile spirituale: vechi, contemporane și actuale. Toate afirmațiile împărtășite nouă de toți maeștrii sunt pline de înțelepciune, și această înțelepciune atinge fiecare individ care este interesat să afle despre realitate și viață; despre dragoste și Dumnezeu. Toată lumea, la un moment dat, a fost atinsă de înțelepciune într-un fel sau altul. Această înțelepciune poartă cu ea iubirea, compasiunea, răbdarea, simplitatea și umilința; Ea vine din esența tuturor lucrurilor. Cu cât suntem mai capabili să renunțăm la starea noastră iluzorie a minții – care este eul cu toate imaginile construite despre lume – cu atât mai mult accesăm acest izvor de înțelepciune care nu se usucă niciodată, care este întotdeauna prezent și proaspăt.

Până acum, am întâlnit multe cuvinte de înțelepciune în această carte, de la mulți maeștri și vom continua să împărtășim mai departe această înțelepciune, pe care am primit-o și care poate trezi fântâna înțelepciunii care se află în fiecare din noi. În înțelepciune există râs, există bucurie. Râsul și bucuria se unesc, sprijinindu-se mereu reciproc, iar cel care trăiește cu această înțelepciune și o împărtășește celorlalți este o persoană a păcii și a iubirii fără rezerve.

Această înțelepciune a fost prezentată de-a lungul veacurilor într-o formă particulară a timpului, al locului, și în conformitate cu limba tradițională, cu o cunoaștere a societății particulară la momentul transmiterii. Hristos a transmis această înțelepciune într-o formă familiară timpurilor și locului în care a trăit. Din nefericire, el nu a fost înțeles, puțini l-au înțeles atunci, dar el știa că semințele pe care le-a plantat vor crește în lung și-n lat. Buddha a făcut același lucru, la fel ca Muhammad. Din nefericire, cu timpul, din cauza slăbiciunii și egoismului, în toate tradițiile această înțelepciune a fost folosită pentru a servi unora mai mult decât altora. Această înțelepciune reînvie încet și sigur în prezent, odată cu apariția internetului și a progresului nostru tehnologic, care ne permite să accesăm aceste învățături de pretutindeni. Problema este cum sunt privite aceste învățături, cine le răspândește și ce interes poate fi obținut prin ele.

Această înțelepciune poate fi folosită pentru a împărtăși adevărul sau pentru a-i ține pe alții în robie. Acesta este motivul pentru care este de o importanță vitală să studiem învățăturile, făcând acest lucru atunci să începem să trăim învățăturile în viața de zi cu zi, observând pentru noi înșine impactul pe care îl au în viața de zi cu zi. Trebuie să observăm în fiecare zi impactul învățăturilor dacă ne fac mai pașnici, mai puțin egoiști, mai puțin lacomi, mai puțin furioși și așa mai departe. Ne putem testa în relația noastră de zi cu zi cu lumea din jurul nostru. De aceea este important, dacă avem un învățător sau un guru, să nu acordăm prea multă importanță formei învățătorului, ci doar să înțelegem învățăturile date. Dacă vrem să vedem mai multe despre profesor, trebuie să-l observăm pentru un timp în viața sa de zi cu zi.

Unul dintre învățătorii mei mi-a spus: „Nu căuta un profesor. Va apărea la momentul potrivit, la fel cum un fruct va cădea din pom când va fi copt." Toate învățăturile și practicile, indiferent de unde provin, trebui să fie văzute și înțelese pentru noi înșine, atunci vom ști dacă sunt potrivite pentru noi sau nu. Dacă suntem binecuvântați să găsim un învățător iluminat acela ne va sfătui ce drum sa alegem.

Iată povestea unui maestru al Kriya Yoga care știa ce practică să împărtășească cui. Într-o zi, un om plin de mândrie, care fusese inițiat în practica de kriya yoga, a venit la maestru pentru a-i cere o inițiere superioară. Maestrul a tăcut și în același timp a sosit și poștașul, care fusese și el recent inițiat în primă practică kriya. Maestrul l-a întrebat pe poștaș: „Doriți să aveți o a doua inițiere kriya?" și poștașul, înclinându-se în fața maestrului, a spus: „Nu, maestre. Am destul. Atât de multă fericire vine din practică, încât cu greu îmi pot face datorările în timpul zilei." Apoi, mândria omului care a cerut să fie inițiat în kriya superioara a căzut la înțelepciunea maestrului și poștașului care a practicat și a avut încredere în maestru cu toată inima și a ajuns să atingă divinul cu o practică plină de inimă și umilință.

Din această poveste vedem cum înțelepciunea maestrului lucrează în multe feluri, influențând indivizii în funcție de condiționarea și starea lor de spirit, pentru că un maestru iluminat recunoaște aceste stări de spirit în discipolii săi și prin înțelepciunea sa, el împărtășește medicamentul potrivit. Înțelepciunea poate fi, de asemenea, câștigată din capacitatea noastră de a învăța din propriile noastre experiențe și de a avea o înțelegere pentru a pătrunde la rădăcina fiecărei probleme. Trebuie să fii cumva îndrumat cum să privești o problemă. Dacă suntem capabili să privim fără judecăți și să ne uităm la ceea ce este exact în fața noastră, vom vedea cum percepția directă ne înrădăcinează să observăm realitatea așa cum se prezintă fără să dea naștere la probleme. Un maestru este cel care ne poate învăța cum să privim viața și dacă avem înțelepciunea împărtășită de acești maeștri, vom ști cum să răspundem sau să nu răspundem vieții.

Înțelepciunea practică este mai ușor de explicat: este același lucru cu gândirea sănătoasă. Înainte de a face ceva ce nu am mai făcut înainte, trebuie să învățăm de la cineva care a făcut-o sau cel puțin să observăm cum o face. De exemplu, dacă încercăm să traversăm o baltă mare de apă pe un drum, o persoană înțeleaptă îi va verifica adâncimea cu un băț înainte de a o traversa, dar cel neînțelept va presupune că este în regulă va acționa prin presupunere și va traversa balta fără să verifice adâncimea.

Înțelepciunea interioară sau înțelepciunea spirituală este mult mai complexă. Ea vine atunci când individul atinge un nivel de maturitate la toate nivelurile existenței: fizic, mental și spiritual. Această maturitate și creștere vine odată cu experiența și poate cu vieți întregi de experiență; de învățare interioară în care ne extindem mintea și inima puțin câte puțin, discriminând ceea ce este real și ceea ce nu este. Procedând astfel, intrăm încet în înțelepciune până când aceasta înțelepciune ne învăluie și realizăm realitatea vieții, a iubirii și a adevărului. Atunci totul este cunoscut.

Pentru a ajunge la adevăr, trebuie să fim mereu prezenți în acest moment. Trebuie să vedem viața fără judecată sau prejudecăți, fără opinii. Trebuie să renunțăm la toate filtrele condiționării și să transcendem lumea dualității. A fi înțelept nu înseamnă doar a spune câteva cuvinte pe care le-ai învățat de la alții sau din cărți: este mult mai profund decât atât.

Să privim profunzimea înțelepciunii din perspectiva unui maestru:

> *Natura minții, înțelepciunea primordială auto-apărută, este primordial pură și asemănătoare spațiului. În această stare, care nu există ca nimic, se mișcă cele cinci vânturi, a căror rădăcină este vântul care susține viața. Aceasta duce la manifestarea experienței de sine a conștientizării în starea de luminozitate.*

> — Longchenpa

Mai sus, Longchenpa descrie ce este înțelepciunea și îi declară puritatea și starea de auto-înălțare care va conduce pe cineva în conștiința goală sau conștientizarea în starea de luminozitate. Acest lucru este greu de înțeles dacă nu atingem această stare primordială de înțelepciune. El continuă să afirme factorii care împiedică înțelepciunea.

> *Factorii care contravin înțelepciunii sunt stările în care mintea este complet întunecată și care apar prin vederi perverse și prin atașarea de supremația credințelor cuiva. Aceasta este ceea ce apare minții ființelor, forma tendințelor lor obișnuite. Când acestea sunt curățate, se manifestă spontan tripla kāya a elementului-Buddha împreună cu experiența de sine a înțelepciunii primordiale luminoase.*

Este așa cum spune Māyājāla: Există experiența de sine a minții obișnuite și apoi experiența de sine a înțelepciunii primordiale.

- Longchenpa

Aici el merge mai departe și explică faptul că înțelepciunea primordială vine odată cu curățarea tendințelor obișnuite, în care se experimentează sinele minții obișnuite, după care apoi sinele înțelepciunii primordiale auto-apărute. Deci, această înțelepciune este și ne-a fost împărtășită de toți maeștrii perfecți din toate timpurile și locurile. Noi trebuie să avem intenția de a înțelege și absorbi această înțelepciune pentru a ne elibera din ghearele iluziei.

Orice milă dezvăluie Dumnezeu pentru popor; nimeni nu o poate reține. Și dacă El o reține, nimeni nu o poate elibera după aceea. El este Cel Înălțat în Putere, Plin de Înțelepciune.

- Coranul: 35–2

Coranul afirmă aici în mod clar că înțelepciunea este puterea pe care Domnul o dezvăluie asupra oamenilor și nimeni nu o poate păstra, ei pot fi doar una cu ea.

Guru Nanak, de asemenea, în Japji Sahib exprimă faptul că în înțelepciunea supremă găsim frumusețe și beatitudine.

În Tărâmul Înțelepciunii, înțelepciunea spirituală domnește suprem. Curentul sonor al Naadului vibrează acolo, printre sunetele și priveliștile fericirii. În Tărâmul Umilinței, Cuvântul este frumusețe. Forme de frumusețe incomparabilă sunt modelate acolo. Aceste lucruri nu pot fi descrise. Cel care încearcă să vorbească despre acestea va

regreta încercarea. Conștiința intuitivă, intelectul și înțele-
gerea minții sunt modelate acolo. Conștiința războinicilor
spirituali și a Siddhailor, ființele perfecțiunii spirituale,
sunt modelate acolo.

- Guru Nanak

El arată frumos că înțelepciunea încorporează umilință, fericire și frumusețe și în această înțelepciune conștiința intuitivă ca și conștiință, intelect și minte pură. Totul este modelat în cea mai înaltă înțelepciune unde cineva atinge starea perfectă.

Prin curățirea minții noastre de toate tendințele obișnuite și de orice idei pe care le avem despre noi înșine, ajungem încet la înțelepciunea care ne va ajuta apoi să trecem peste ignoranță și ne va permite să găsim odihnă în adevăratul nostru sine. Este toată condiționarea noastră cu toate experiențele, amintirile și obiceiurile pe care trebuie să le dezrădăcinăm și să le înțelegem pentru a permite minții să se odihnească în starea primordială de lumină clară, unde putem reflecta apoi lumina Domnului Iubirii. Aceasta este ceea ce majoritatea dintre noi, dacă nu toți, aspirăm conștient sau inconștient să realizăm: să găsim iubirea veșnică și pacea supremă care este adevărata noastră natură. Dacă numai unul o găsește, acela va influența milioane de oameni să caute Împărăția așa cum a declarat Hristos și găsind-o, toate celelalte vor fi date aceluia.

Posibilitatea de a dezvălui adevărata noastră natură este acolo. Este inerentă în noi. Este dreptul nostru din naștere din timpuri imemoriale. Este așa cum Hristos le-a arătat fariseilor:

Isus le-a răspuns: „Nu este scris în Legea voastră: ,Am
spus că sunteți dumnezei'? Dacă El i-a numit „dumnezei",
la care a venit Cuvântul lui Dumnezeu – și Scriptura nu
poate fi desființată – cum rămâne cu Cel pe care Tatăl L-a

pus deoparte ca fiind al Său și L-a trimis în lume? Atunci de ce mă acuzați de blasfemie pentru că am spus: „Eu sunt Fiul lui Dumnezeu"?"

- Ioan 10:34-36

El arată clar că noi toți suntem Dumnezei, dar suntem atât de inconștienți de propria noastră divinitate și atât de cufundați în ignoranța propriei noastre creații, încât nu putem vedea realitatea despre care Hristos vorbește. Iată ce a avut de spus Tagore cu privire la această chestiune:

Deși Occidentul l-a acceptat ca învățător pe cel care a proclamat cu îndrăzneală unitatea sa cu Tatăl său și care i-a îndemnat pe discipolii săi să fie perfecți ca Dumnezeu, idea de azi nu se împacă cu idea unității noastre cu ființa infinită. Ea condamnă, ca o blasfemie, orice implicație a faptului că omul a devenit Dumnezeu. Aceasta nu este cu siguranță ideea pe care Hristos a predicat-o, nici poate ideea misticilor creștini, dar aceasta pare să fie ideea care a devenit populară în Occidentul creștin de astăzi.

- Rabindranath Tagore

Este ideea corectă că omul trebuie să ajungă la divinitatea interioară și Hristos ne-a arătat calea. Din nefericire, creștinismul, după întâlnirea de la Constantinopol, a pus o altă suliță în trupul lui Hristos, divizând Biserica și alegând ceea ce ei au crezut că este direcția pe care Biserica ar trebui să o ia în conformitate cu voința lor, nu cu voia lui Dumnezeu, iar aceste diviziuni sunt vizibile și astăzi.

De la un părinte timpuriu al creștinismului, Sfântul Isaac Sirul:

Când impulsurile sunt cufundate în încântare, după ce (au gustat) înțelepciunea conținută în cuvintele (divine), prin intermediul facultății care absoarbe informații de la ele, atunci fiecare om va lăsa corpul în urma lui. Uitând lumea și tot ceea ce este în ea, el va alunga din sufletul său toate amintirile pe care se bazează imaginile lumii materiale. Și adesea, sufletul, în gândurile sale în timpul extazului, se va abține de la folosirea deliberărilor obișnuite – practica naturală – din cauza novelei (experiențelor) care ajung la el din marea misterelor lor. Chiar și atunci când mintea plutește pe apele sale superioare, fără a-și putea face impulsurile adânci ca adâncimea apelor (astfel încât să poată vedea toate comorile din abisurile sale) – totuși meditația, prin (puterea ei) de iubire, va avea suficientă forță pentru a lega ferm gândurile împreună cu gândurile de extaz, astfel încât acestea să fie împiedicate să gândească și să alerge după natura corpului. După cum spune unul dintre cei care sunt îmbrăcați cu Dumnezeu: „Pentru că inima este slabă, nu este capabilă să suporte influențele rele care ajung la ea din afară, nici lupta dinăuntru. Căci știți că gândurile rele ale trupului sunt puternice. Și dacă inima nu este obișnuită cu învățăturile, nu este cu putință să suporte gândurile tulburi ale trupului."

- Sf Isaac Sirul

Mai sus, Sfântul Isaac explică în termeni yoghini, ce face înțelepciunea cu cel care a atins-o prin meditație sau ascultarea cuvintelor venite de la ființele divine, arătând cum va ajuta pe cineva să uite lumea, și prin urmare, să se poată scălda în fericirea și extazul Domnului.

Dumnezeu este numit deci Minte, Rațiune, Duh, Înțelepciune și Putere, drept cauză a acestora, și imaterial, și făcător a toate, și atotputernic. Și aceste nume sunt comune întregii Dumnezeiri, fie afirmativ, fie negativ. Și ele sunt, de asemenea, folosite pentru fiecare dintre subzistențele Sfintei Treimi în același mod și identic și cu semnificația lor deplină. Căci atunci când mă gândesc la una dintre subzistențe, recunosc că este Dumnezeu perfect și esență perfectă; dar când le combin și le socotesc pe cele trei împreună, cunosc un singur Dumnezeu perfect. Căci Dumnezeirea nu este compus, ci în trei subzistențe perfecte, un singur Dumnezeu perfect, indivizibil și necompus. Și când mă gândesc la relația dintre cele trei subzistențe, percep că Tatăl este Soare supra esențial, izvor de bunătate, mare insondabilă de esență, rațiune, înțelepciune, putere, lumină, divinitate: izvorul generator și productiv al binelui ascuns în el. El Însuși este deci mintea, adâncimea rațiunii, zămislitorul Cuvântului și, prin Cuvânt, Producătorul Duhului revelator.

- Sf Ioan Damaschinul

Mai sus avem, pe scurt, învățăturile lui Buddha, Hristos, Upanișadele și ale tuturor tradițiilor, scrise de un sfânt al creștinismului timpuriu, Ioan Damaschin, un călugăr creștin arab, preot, imnografic și apologet.

Ucenicul spune: Care sunt legăturile care captivează mintea [și o împiedică] să alerge după lucruri rele?
Profesorul spune: Căutarea constantă a înțelepciunii și dorința pentru învățăturile vieții. Căci legături mai puternice decât acestea împotriva nestăpânirii minții nu există.
Ucenicul spune: Unde este limita cursului înțelepciunii pentru cei care o caută și unde se termină cursul învățăturilor?
Profesorul spune: Calea acestui curs este străină de orice limită, într-o asemenea măsură încât nici îngerii sfinți nu ajung la perfecțiune. Cursul înțelepciunii este fără sfârșit. Ea urcă la o asemenea înălțime încât se amestecă cu Dumnezeu pe cel ce o urmează. Și chiar și acesta este un semn al nelimitații sale, că distincțiile sale sunt fără sfârșit; înțelepciunea este Dumnezeu.

- Sf Isaac Sirul

Aici Sfântul Isaac arată că căutarea înțelepciunii și învățăturile adevărului sunt doua subiecte importante, care ne ajută să nu cădem în ignoranță, sau, așa cum numește el ignoranța, în lucrurile rele. Și continuă spunând că înțelepciunea nu are limite: este Dumnezeu însuși și toți ceilalți maeștri au arătat același adevăr.

La fel cum lemnul de foc este transformat în cenușă în flăcările unui foc, toate acțiunile sunt transformate în cenușă în flăcările purificatoare ale înțelepciunii. Nimic în lume nu poate purifica la fel de puternic ca înțelepciunea; Hotărât, înfrânându-și simțurile, practicând în yoga, veți găsi această înțelepciune în voi înșivă. Omul credinței devine înțelept; Odată ce atinge adevărata înțelepciune, el atinge în curând pacea perfectă. Oamenii ignoranți fără credință sunt ușor împotmoliți în îndoială; Ei nu pot fi niciodată cu adevărat fericiți în această lume sau în lumea de dincolo. Un om nu este legat de acțiune dacă renunță la acțiune prin yoga si se concentrează asupra Sinelui și a cărui îndoială este întreruptă de înțelepciune. De aceea, cu sabia înțelepciunii tăiați această îndoială din inima voastră; urmați calea acțiunii altruiste; ridică-te, Arjuna!

- Domnul Krishna

Așa cum toți maeștrii ne-au împărtășit înțelepciunea, Krishna i-a împărtășit lui Arjuna calea înțelepciunii, infuzând credința în Arjuna că prin intenția de a cunoaște adevărul și prin practicarea yoga, restrângerea simțurilor (fără a le suprima făcând un punct aici) se va găsi fântâna înțelepciunii. Sfântul Isaac declară că înțelepciunea, conștiința goală, mintea curată sunt doar nume ale lui Dumnezeu. Deci, din înțelepciunea împărtășită nouă de Dumnezeu prin toți maeștrii din toate tradițiile, ar trebui să vedem cum lucrează Dumnezeu prin toți, pentru că El este în toți și în toate. Când vom începe să dezrădăcinăm egoismul și prostia din noi, atunci și el va putea permite voinței sale să se manifeste în noi și prin noi, spre folosul tuturor și pentru a aduce o stare de iubire și beatitudine acestui pământ frumos care este casa noastră în această dimensiune a existenței.

Să ne uităm la două exemple de înțelepciune la lucru de la Ramdas:

> *A spune că cineva este „eu" sau „el" este ego. Sentimentul că cineva este un individ este ceea ce se înțelege prin ego. Eul este ignoranță, ceea ce înseamnă a avea atașament față de sentimentul unui „eu" independent. Când se renunță la atașament, există unitate cu Ceea ce este neatașat. Aceasta este autoritatea atingerii a Ceea ce este fără imaginație. Când cineva nu-și cunoaște Sinele, se numește ignoranță. Când ignoranța este îndepărtată prin cunoașterea de sine, omul se realizează ca Parabrahman (Dumnezeu). Înțelegeți că identificarea corpului nu este importantă în Parabrahman (Dumnezeu). Acolo, sensul de „eu" nu are loc.*
>
> *Despre Brahman se spune că Brahman este natural, existând în orice moment, înțelepciune pură, dincolo de orice, permanent și dincolo de cuvinte.*

> *- Sf Shri Samartha Ramdas*

Sfântul explică aici că atunci când atingem adevărata înțelepciune, realizarea eului sau ignoranța este risipită și când renunțăm la atașamentul față de ideea că suntem trupul, atunci realizarea sinelui este atinsă fără nici o imaginație. Acest lucru ne permite să intrăm în unitate, știind că trupul este doar un vesel care ne ajută să realizăm adevărata noastră realitate, prin urmare, ne permite să trăim viața prin voința universală a Domnului Iubirii, fără griji pentru ziua de mâine.

Aici putem afirma că cu ajutorul practicilor de yoga, prin credință intensă, fiind atenți la ceea ce facem și ceea ce nu facem, prin rugăciune sinceră, fiind conștienți de fiecare pas al minții, încetul cu încetul ne purificăm mintea. Atunci în acea minte Domnul Iubirii va începe să strălucească prin înțelepciunea Sa supremă.

Trebuie să fim conștienți de atașamentul, obiceiurile și tendințele noastre, de diferitele sentimente care apar, de diferitele senzații, de fluctuațiile minții noastre,

de orice condiționare a minții noastre, de orice atracție față de diverse obiecte care atrag simțurile, privind ca un șoim, fără judecată doar privind, apoi în acea observație, Înțelepciunea va dizolva de la sine eul puțin cât de puțin și numai sinele care este iubire va rămâne.

Până acum, sperăm că am înțeles înțelepciunea, conștiința de a fi, cunoașterea de sine care ne conduce în înțelepciune și ne ajută să reducem eul sau să-l dizolvăm definitiv în sinele realității supreme. În următorul capitol ar trebui să ne uităm la capcanele pe care eul ni le pune, pentru a ne prinde în iluzie și nebunie.

CAPITOLUL 22

ILUZIA ȘI NEBUNIA

Ce este iluzia și ce este realitatea? Cum le deosebim pe unele de altele? Am explicat până acum că conștientizarea este cheia care ne duce în înțelepciune; care apoi trece prin ignoranță, permițându-ne să vedem realitatea. Înainte de a putea fi stabiliți în conștientizare, majoritatea dintre noi trebuie să o luăm pas cu pas ca un copil care începe să meargă și cade, dar totuși se ridică și continuă cu practica câștigând stabilitate și cu stabilitatea continuând cu mersul.

În Upanișade există un verset în care trebuie să fim atenți că yoga vine și pleacă.

> *Când cele cinci simțuri și mintea sunt liniștite, iar intelectul rațional se odihnește în tăcere, atunci începe calea cea mai înaltă. Această stabilitate calmă a simțurilor se numește yoga. Apoi, ar trebui să devii vigilent, pentru că yoga vine și pleacă.*
>
> - Katha Upanishad

Aici vedem cum ar trebui să fim întotdeauna conștienți, pentru că natura minții este să gândească și atunci când gândim mintea se pierde ușor în lumea simțurilor și a imaginației, devenind astfel înșelată și pierdută în iluzie. Trebuie să fim atenți să nu cădem în acea stare și să ieșim imediat din acea neatenție. Cu toate acestea, atenția majorității oamenilor în aceste zile este foarte limitată sau este acolo numai atunci când este atrasă de ceva plăcut. Așa cum bebelușul se ridică dintr-o cădere și continuă să meargă din nou, tot așa trebuie să fim întotdeauna conștienți atunci când suntem în afara stării de conștientizare în care suntem martorii a ceea ce se întâmplă în jurul nostru. Nu ne putem forța să fim în starea de conștientizare, pentru că eul ne poate păcălii să credem că suntem. Putem fi atenți doar că nu suntem în conștientizare, care este calea naturală și nu necesită efort.

Acest lucru nu este ușor pentru majoritatea dintre noi, cu excepția cazului în care am avut multe vieți de practică după care starea de observare devine mai ușoară. Pentru a fi vigilenți, trebuie în primul rând să învățăm să ne concentrăm asupra sarcinii la îndemână, fără a permite minții să ne îndepărteze în gânduri diferite, prin urmare, să ne întoarcă de starea de a fi prezenți în acest moment. De exemplu, suntem la serviciu și îndeplinim o sarcină, dar mintea este distrasă de gândul la ceea ce ar putea face partenerul acasă sau poate la ceea ce gândește șeful despre noi dacă am face treabă bună sau nu? Oricine poate observa că acest lucru se întâmplă de mai multe ori în timpul zilei și gândirea nu se oprește niciodată. Aceasta este ceea ce noi numim iluzie; procesul abstract de gândire și creare a imaginilor care sunt iluzii.

Cel care are intenția de a ajunge la pace și iubire trebuie să depună efort pentru a observa acest proces în fiecare zi. Făcând acest lucru încet, gândurile se vor reduce treptat în număr și potență. De aceea, în yoga, concentrarea și meditația asupra unui obiect ne ajută să fim atenți fie la respirație, fie poate, la o lumânare; Acestea sunt mijloace de a menține mintea pentru perioade mai lungi într-un singur loc. Buddha a numit meditația Vipassana, în care ne menținem atenția asupra respirației tot timpul până când ajungem încet la conștiința goală, la starea conștiinței primordiale.

Toate acestea sunt benefice dacă menținem practica pe tot parcursul zilei. Cu cât suntem mai implicați în lume, cu o mulțime de activități care ne țin ocupați, cu atât mai greu este să facem progrese în reducerea la tăcere a minții. Iluzia o înțelegem, dar nebunia este un rău mai mare pentru că ne păcălește să credem că am ajuns la conștientizare, iubire și înțelepciune, dar tot ne supărăm; încă mai avem griji, frustrări, anxietate; încă mai avem plăceri și antipatii și așa mai departe. Dacă una dintre stările descrise din dualitate este prezentă, nu putem ajunge la iubire. Putem face caritate, putem face muncă spirituală, putem fi Psihic și așa mai departe, dar suntem încă într-o stare de spirit iluzorie și de acolo unii pot cădea mai adânc în iluzie.

Iluzia este atunci când suntem pierduți în crearea de imagini abstracte și mintea încă lucrează în dualitate, trăind întotdeauna în acel mod abstract de gândire, tot timpul pierdut în gânduri. Iluzia este atunci când cădem în gândirea abstractă și credem că este realitatea. În momentul în care construim idei și imagini despre noi înșine, suntem în iluzie. În momentul în care credem că sunt adevărate, cădem în nebunie. Nebunia este o construcție greu de ieșit din ea, deoarece este o construcție abstractă care a fost transformată în realitate, unde iluzia este încă abstractă și poate fi aruncată de îndată ce suntem conștienți. În conștiința goală, toată iluzia se dizolvă.

Unii oameni sunt conștienți de modul în care funcționează mintea noastră, alții nu. Ambele grupuri de oameni sunt pierdute în lume și nu sunt gata să renunțe la bucuria simțurilor și a atașamentelor care vin cu ea, gândindu-se că totul este bine. Toată lumea va înțelege acest fapt la timpul său. Nu trebuie să renunțăm la bucurie pentru totdeauna, dar până când atașamentul poate fi rupt în minte și inimă cel mai bine este să ne abținem. Aceasta este ceea ce a vrut să spună Hristos când a spus că trebuie să murim de eu, adică să eliminăm toate atașamentele, pentru că toate sunt iluzorii, așa cum am arătat anterior. De aceea, pe vremurile din trecut, călugării și yoghinii se retrăgeau în locuri retrase pentru a nu avea prea multă emoție senzorială pentru simțuri, ceea ce făcea mai ușoară practica și detașarea de simțuri.

Unii au mers în cealaltă parte, renunțând la tot și făcând acest lucru au devenit și ei înșelați. Aici Alan Watts arată cum eul ne poate păcăli în orice și încercarea de a risipi eul cu eul este total absurdă.

Nu poți învăța un eu să fie altfel decât egoist, chiar dacă eul are cele mai subtile moduri de a pretinde că este reformat. Prin urmare, lucrul de bază este de a risipi, prin experiment și experiență, iluzia de sine este ca un eu separat.

- Alan Watts

Iluzia poate fi risipită prin meditație și conștientizare, dar iluzia are nevoie de experiență pentru a vedea că orice idee sau concept considerat realitate este încă o iluzie: numai experiența în conștientizare poate elimina iluzia. Cel care crede că este asta sau aceea și știe asta sau aceea, nu-și dă seama că aceasta sau aceea sunt doar stări de minte și când cineva se ține de ele pentru o vreme, poate deveni înșelat. Universurile și întreaga existență sunt o energie în continuă mișcare, vie tot timpul; mereu proaspăt în fiecare moment. Eul nu este. Eul este întotdeauna amintire, trăiește doar în trecut, sau e o idee bazată pe memorie, un eveniment care s-a întâmplat în trecut. Eul merge întotdeauna pas cu pas cu moartea, pentru că este moarte. Conștientizarea este întotdeauna vie și în mișcare.

Putem afirma că gândirea este întotdeauna din trecut, deci moartă. Eul se bazează întotdeauna pe trecut pentru a se susține, prin urmare, orice gândire despre sine sau despre altul este iluzie. Trăim așa în fiecare zi și este foarte greu să ieșim din starea aceasta, pentru că a devenit natural: nu o cunoaștem într-un mod diferit. Sistemele noastre educaționale din întreaga lume sporesc această gândire și sporesc eul; sporesc iluzia de sine. Prin urmare, este important pentru oricine care dorește să fie liber să înceapă încet, să urmărească în fiecare zi, în fiecare moment, cum gândește, unde este nevoie de gândire și să înceapă o practică pentru a se întoarce înapoi în sine, în conștiința de a fi care este natura noastră.

Gândirea este responsabilă pentru procesul de creare a imaginii și cel care devine conștient de acest lucru ia măsuri pentru a opri aceste imaginări și a crede că aceasta sunt reale. Aici ne uităm cum Jiddu Krishnamurti explică modul în care operează gândirea:

Mintea umană cere libertate. Libertatea este esențială, este cerută chiar și politic, dar nu ceri libertate din toate imaginile. Gândirea a creat aceste imagini pentru gândire și imagini din diverse motive sociologice, economice și culturale. Aceste imagini sunt măsurabile: cu cât mai mare, cu atât mai puțin. Cineva întreabă: poate gândul să observe fără distorsiuni? Evident, nu se poate. Există un factor distorsionant în gândire, deoarece gândul este răspunsul trecutului. Există o observație fără interferența gândirii? – adică fără interferența vreunei imagini. Puteți afla acest lucru; Nu este o chestiune doar de a accepta sau de a crede. Te poți uita la soția sau soțul tău, la copac, la nor sau la persoana care stă lângă tine, fără nici o imagine.

- Jiddu Krishnamurti

Mai sus, Krishnamurti subliniază ceea ce am afirmat mai devreme în capitolele anterioare și ceea ce toți maeștrii au subliniat, de asemenea: și anume, că putem privi viața și, de asemenea, să funcționăm din starea de conștientizare în care toată crearea de imagini s-a oprit, acolo unde nu există judecăți sau prejudecăți despre nimic, ci doar observație pură. În observația pură, realitatea este. Unele mici imagini la un nivel practic de existență pot fi încă necesare. Memoria este, de asemenea, necesară pentru a funcționa și a ne aminti unde este casa noastră de exemplu, dar imaginile abstracte, așa cum am vorbit mai devreme, nu sunt necesare: ele sunt distructive și întotdeauna vor crea conflicte între imaginea pe care am creat-o și ceea ce este real.

> *Gândurile sunt predispoziții acumulate în nenumărate nașteri anterioare. Anihilarea lor trebuie să fie scopul. A fi liber de ele înseamnă Puritate. Omul este înșelat de amestecul sinelui conștient cu corpul inconștient; Această iluzie trebuie să înceteze. Sinele mereu prezent nu are nevoie de eforturi pentru realizare, ci numai iluzia trebuie îndepărtată.*
>
> *Când camforul arde, nu rămâne nici un reziduu. Mintea este camforul: când s-a dizolvat în Sine fără a lăsa nici cea mai mică urmă, este Realizare. Mintea este un mănunchi de gânduri, avându-și originea în conștiință sau Sine. Gândurile nu sunt reale; singura realitate este Sinele. Fundalul durabil, liber de gânduri, întinderea lipsită de gânduri, este Sinele. Mintea în puritatea ei este Sinele.*

- Sri Ramana Maharshi

Mai sus, Ramana Maharshi arată clar că toate gândurile sunt iluzorii și atunci când suntem liberi de ele locuim în adevărata noastră realitate. El subliniază, de asemenea că iluzia noastră cea mai mare este crezul că trupurile sunt adevărata noastră realitate, pentru că am văzut în capitolele anterioare că aceasta este o credință greșită și trebuie dezrădăcinată. Mintea în puritatea ei este sinele, conștiința pură. Fiecare credință, idee sau concept apare în minte prin gândire și nu contează cât de real poate părea, este încă iluzorie. Această conștientizare nu vine dintr-o dată. Doar câțiva ajung la acest lucru cu ușurință. Cei mai mulți dintre noi au nevoie prin efort, să discearnă între gândurile practice necesare de care avem nevoie pentru o viață practică și gândurile abstracte care nu sunt deloc necesare.

Aici este locul în care practicile de yoga, rugăciune, meditație și post vin să fie de sprijin. În sutele Patanjali yoga, înțeleptul explică cele opt membre ale yoga și practicile necesare pentru supunerea minții. Toate ajung la stingerea tuturor energiilor în afară de iubire. Când eul este înțeles ca fiind doar amintire și gând, căutând scopuri, predarea în credința pură va fi realizată de înțelepciune.

Apoi, trebuie să fim atenți la modul în care funcționează mintea, și încetul cu încetul, să înțelegem limitările acesteia, pentru că aceasta nu poate atinge niciodată nelimitatul. Acest lucru cere ca mintea în cele din urmă, să se predea pe deplin și făcând acest lucru, să se purifice în conștiința ființei. La început, când începem să practicăm, nu este un proces ușor să dizolvăm eul, pentru că va face tot ce îi stă în putință pentru a supraviețui și a ne ține în ignoranță, deoarece la început, încercăm să-l depășim prin gândire, care este încă eul și astfel, e întotdeauna un pas înaintea noastră, știind următoarea noastră mișcare. Acesta este locul în care majoritatea căutătorilor de realitate se blochează într-o capcană a unei stări de spirit iluzorii pe care eul o produce.

Trebuie să înțelegem mai întâi modul în care gândurile iau senzațiile, care vin din simțuri, și modul în care sentimentele și emoțiile sunt produse în minte. Senzațiile sunt impulsuri nervoase care lucrează asupra celor cinci energii ce trec prin corp. Fiecare senzație are conexiunea sa printr-un organ de simț. Lumina vine prin ochi, atingerea prin piele, gustul pe parcursul limbi, auzul prin urechi, mirosul prin nas. Toate aceste organe senzoriale au o legătură cu creierul, care procesează cele cinci energii în consecință.

Dacă atingem o oală fierbinte, creierul primește stimuli de la nervii care se află în mușchi și țesuturile moi. Apoi, creierul reacționează prin nervi și mușchi. Un copil nu știe că focul arde și este atras de curiozitate vrând să-l atingă; Chiar dacă i se spune să nu atingă focul, el va încerca să o facă. Când va atinge, el va recunoaște prin experiență că a fost fierbinte și nu plăcut, învățând astfel din experiența directă, acea experiență este apoi pusă în memorie și data viitoare când întâlnește focul, știe că este pericol și se ocupă de el în consecință. Percepția senzorială servește unui scop; Ne-a fost dată pentru a ne ajuta să funcționăm în această lume și să supraviețuim. Am distorsionat scopul simțurilor, complăcându-le în tot felul de răutăți pentru plăcerile pe care le putem obține prin ele și, făcând acest lucru, suntem prinși într-un proces vicios fără sfârșit.

De exemplu, mâncăm ceva gustos și simțurile percep plăcerea dată de mâncare. Acum, în loc să ne bucurăm de ea, gândul vine și o înregistrează în memorie și vrea să aibă mai mult dând naștere dorinței. Apoi vine din nou amintirea mâncării, ceea ce dă plăcere și satisfacție, iar apoi se naște atașamentul, formând obișnuința. Dacă dintr-un motiv oarecare dorința nu este împlinită se naște sentimentul opus, nemulțumirea, aceasta poate fi transmutată într-un un sentiment depresiv sau frustrare care se poate transforma în furie. Acesta este un exemplu al modului în care, din senzație, memorie, dorință, sentiment și apoi se nasc emoțiile. Acest proces este susținut de gândul care este eul și se repetă toata ziua pentru cei mai mulți dintre noi chiar și în starea de vis. Acest proces trebuie observat și înțeles pentru că dacă nu este înțeles, poate face ravagii în viața oamenilor așa cum vedem in actualitate.

Observând cu atenție procesul, putem sublinia că sentimentele și emoțiile sunt create de gândire, de eu, acestea nu sunt reale; Ele sunt exact ca mirajele care apar în minte. Din păcate, le considerăm reale și identificându-ne cu ele, dăm putere identificării că noi suntem corpul și mintea, dând naștere iluziei și nebuniei. Acest proces poate fi observat în viața de zi cu zi. Obiectele dorinței pot fi diferite, modul de percepere a lor printr-un sens sau o combinație a lor, dar acesta este modul de a intra în iluzie care dă naștere celor cinci otrăvuri: ignoranța, atașamentul, aversiunea, mândria și invidia.

Desigur, nu este nimic în neregulă cu mâncarea sau cu orice plăcere sau bucurie, dar atașamentul nu trebuie să fie acolo. De aceea, în acest proces, ar trebui să ne oprim în momentul în care creăm atașamentul. Dacă atașamentul nu există, atunci nu există nici o problemă dacă dorința este împlinită sau nu și putem rămâne într-o stare de echilibru a minții care e pacea. Acesta este locul în care majoritatea dintre noi eșuăm: unde dorințele aleargă cu prea multă pasiune și nu putem închide porțile. Iată un răspuns din ceea ce Buddha i-a spus lui Ajita:

> *Întrebările lui Ajita: Buddha a fost întrebat de discipolul său Ajita: «Ce sufocă lumea? Ce face lumea atât de greu de văzut? Ce ai spune că poluează lumea și ce o amenință cel mai mult?»*
>
> *Buddha a răspuns: „Ignoranța este cea care mocnește, iar nepăsarea și lăcomia sunt cele care fac lumea invizibilă. Foamea dorinței poluează lumea, iar marea sursă a fricii este durerea suferinței.*
>
> *„În toate direcțiile", a spus Ajita, „râurile dorinței curg. Cum le putem îndigui și ce le va reține? Ce putem folosi pentru a închide porțile?" Buddha a răspuns; „Orice râu poate fi oprit cu barajul atenției. Eu îl numesc opritorul de inundații. Și cu înțelepciune poți închide porțile."*

- Buddha

Aici, așa cum am discutat anterior, vedem că este imperativ să înțelegem cum funcționează mintea, cum dorințele dezlănțuind procesul de a crea sentimente și emoții și cum putem opri toate iluziile propriilor noastre creații. Buddha a subliniat înțelepciunea și atenția. Observând procesul, înțelegându-l și citind sau ascultând înțelepciunea maeștrilor, putem depăși aparențele iluzorii ale lumii create de noi, și făcând acest lucru, putem vedea lumea așa cum este în actualitate. Văzând clar, ne putem odihni din ce în ce mai mult în conștiința ființei și făcând acest lucru, permitem înțelepciunii să taie corzile atașamentelor, ignoranței, fricilor și tendințelor inerente. Odată ce toate acestea sunt îndepărtate, rămânem cu starea noastră naturală de a fi și această stare este starea naturală a tuturor ființelor.

Acest proces prin care eul preia controlul minții dă naștere la tot felul de rele în lume: viol, sclavie, pedofilie, crime, furt, războaie și așa mai departe. Nu contează cât de morali suntem, uciderea altuia este evident procesul eului care creează haos, gândindu-ne că avem dreptul să facem acest lucru, deoarece moralitatea noastră dictează acest lucru, fără să ne dăm seama că moralitatea este iluzorie și înșelătoare și că suntem atât de mult prinși de cele cinci otrăvuri.

Iată cum un mare maestru descrie senzația și ramificațiile sale.

Senzația caută întotdeauna alte senzații, mereu în cercuri din ce în ce mai largi. Plăcerile senzațiilor nu au sfârșit; ele se înmulțesc, dar există întotdeauna nemulțumire în împlinirea lor; Există întotdeauna dorința de mai mult, iar cererea de mai mult este fără sfârșit. Senzația și nemulțumirea sunt inseparabile, pentru că dorința de mai mult le leagă. Senzația este dorința de mai mult și, de asemenea, dorința de mai puțin. În însuși actul împlinirii sau al senzației, se naște cererea de mai mult. Cu cât mai mult este vreodată în viitor; este nemulțumirea veșnică față de ceea ce a fost. Există un conflict între ceea ce a fost și ceea ce va fi. Senzația este întotdeauna nemulțumire. Cineva poate îmbrăca senzația în haine religioase, dar este totuși ceea ce este: un lucru al minții și o sursă de conflict și teamă. Senzațiile fizice plâng mereu pentru mai mult; Și când sunt zădărnicite, există furie, gelozie, ură. Există plăcere în ură, iar invidia este satisfăcătoare; Când o senzație este zădărnicită, satisfacția se găsește chiar în antagonismul pe care l-a adus frustrarea. Mintea nu poate găsi niciodată fericirea. Fericirea nu este un lucru care trebuie urmărit și găsit, ca senzația. Senzația poate fi găsită din nou și din nou, pentru ca este mereu pierdută; Dar fericirea nu poate fi găsită. Bucuria amintită este doar o senzație, o reacție pentru sau împotriva prezentului. Ceea ce s-a terminat nu este fericire; Experiența fericirii care s-a sfârșit este senzație, căci amintirea este trecutul și trecutul este senzația. Fericirea nu este senzație.

- Jiddu Krishnamurti

Aici vedem cât de frumos e prezentat: cum suntem prinși în acest proces și nu există niciodată un sfârșit al acestuia. Adevărata fericire este bucurie, așa cum am arătat în capitolele anterioare, și nu poate fi cumpărată. Este adevărata noastră natură. Numai găsindu-ne adevărata natură putem să ne scăldăm în bucuria Domnului Iubirii și să ne numim ființe divine. Vedem cum senzația duce la dorință, la atașamente, la obiceiuri, la o stare fragmentată a minții, la tot mai multă dezordine și conflict în noi ca indivizi și în societate în general.

Aici trebuie să înțelegem în viață ceea ce ne place și nu ne place. Privind cu atenție, renunțând la ceea ce ne place și acceptând și ce nu ne place, avem o modalitate de a începe să eliminăm obiceiurile și atașamentele. Putem începe cu ceva mic și simplu observând ce se întâmplă, să ne observăm reacțiile, sentimentele și emoțiile care pot apărea atunci când nu avem ceea ce ne dorim pentru o zi. Aceasta este o atenție practică, observarea fără acțiune sau reacție. În această observație, un miracol se poate întâmpla dacă ești atât de binecuvântat și în acea zi s-ar putea să scapi de un obicei.

Aici trebuie să vedem cum Jiddu Krishnamurti ne invită să observăm și să rămânem conștienți de ființa noastră. În această stare, eul nu are loc și nu poate funcționa.

A distruge senzația înseamnă a fi insensibil, mort; A nu vedea, a nu mirosi, a nu atinge înseamnă a fi mort, ceea ce înseamnă izolare. Problema noastră este complet diferită, nu-i așa? Gândul nu poate aduce niciodată fericire; El își poate aminti doar senzații, căci gândul este senzație. Nu poate cultiva, produce sau progresa spre fericire. Gândul nu poate merge decât spre ceea ce cunoaște, dar ceea ce

*este cunoscut nu este fericire; Cunoscutul este senzația. Fă
ceea ce vrei, gândul nu poate fi sa caută fericirea. Gândirea
poate fi conștientă de propria sa structură, de propria sa
mișcare numai atunci când gândirea face un efort de a-și
pune capăt, caută doar să aibă mai mult succes, să atingă
un scop, un scop care va fi mai plăcut. Cu atât mai mult
este cunoașterea, dar nu fericirea. Gândirea trebuie să fie
conștientă de propriile sale căi, de propriile ei înșelăciuni
viclene.*

*Fiind conștient de ea însăși, fără nici o dorință de a fi sau
de a nu fi, mintea ajunge la o stare de inacțiune. Lipsa
de acțiune nu este moarte; Este o veghere pasivă în care
gândirea este cu totul inactivă. Este cea mai înaltă stare
de sensibilitate. Când mintea este complet inactivă la toate
nivelurile sale, numai atunci există acțiune. Toate activ-
itățile minții sunt simple senzații, reacții la stimulare, la
influență, deci nu la acțiune. Când mintea este lipsită de
activitate, există acțiune; Această acțiune este fără cauză și
numai atunci există fericire.*

- Jiddu Krishnamurti

La fel ca toți maeștrii, Krishnamurti descrie starea de conștien-
tizare în care eul nu poate funcționa, unde realitatea este unitate
totală, unde iubirea este unitate care nu poate fi fragmentată de
un mic gând meschin, indiferent cât de curajos sau mare s-ar
crede a fi sau cât de moral.

Aici Guru Nanak subliniază că gândirea nu poate atinge reali-
tatea așa cum am afirmat mai înainte:

*Prin gândire, Cel Adevărat nu poate fi redus la gândire,
nici măcar gândind de sute de mii de ori. Rămânând tăcuți,
tăcerea interioară nu este obținută, nici măcar rămânând
absorbită cu iubire adânc în interior. Foamea celor flămânzi
nu este potolită, nici măcar prin acumularea de bunuri
lumești. Există sute de mii de trucuri inteligente, dar*

nici măcar unul dintre ele nu va merge împreună cu tine în cele din urmă. Deci, cum puteți deveni sinceri și cum poate fi smuls vălul iluziei? O, Nanak, este scris că trebuie să asculți de Porunca Celui Adevărat și să mergi pe calea Voinței Divine.

- Guru Nanak

Guru Nanak nu numai că subliniază faptul că gândirea nu poate atinge niciodată realitatea, ci descrie și o cale de ieșire din iluzie. Acea cale se găsește numai atunci când cineva moare de eu și se aliniază voinței universale, urmând astfel calea cea dreaptă și nu calea dată de micul eu cu propria sa voință egoistă meschină. Este imperativ să observăm, fiind conștienți de toate mișcările gândirii și de modul în care cădem pradă trucurilor eului celui rău. Dracul nu înseamnă a fi dracul la care am fost condiționați să îl cunoaștem, căci acel drac este doar o iluzie.

Dumnezeul care poate fi descris nu este adevăratul Dumnezeu și același lucru este valabil și pentru Dracul care poate fi spus: nu este adevăratul drac. Este doar o imagine creată de noi sau dată nouă de alții pentru a o considera adevărată, ceea ce este o iluzie profundă; Este doar un filtru al condiționării noastre. Am creat filtre de condiționare despre tot ceea ce experimentăm și așa am fost condiționați să funcționăm ca niște roboți.

Așa cum Hristos și toți maeștrii iluminați au subliniat, a muri de sine – ceea ce înseamnă a muri de toate imaginile pe care le-am creat despre lume – este imperativ. În nici un alt mod nu putem atinge iubirea și de aceea rămânem în mizerie. Acest proces prin care eul ne deturnează din conștiință și ne ține în tot felul de iluzii se întâmplă în mod repetativ. Acesta este motivul pentru care majoritatea dintre noi nu putem observa momentul în care suntem absorbiți în iluzii. Aici practica spirituală este o necesitate pentru majoritatea dintre noi. Trebuie să găsim un învățător, să citim cărți spirituale și prin post, rugăciune, meditație, contemplare, incantații, recitarea mantrei sau orice altă practică să reducem încet mintea la tăcere într-o măsură în care putem observa eul la lucru și în această observație pură, eul își va pierde încet toată puterea asupra celui care a atins înțelepciunea supremă.

Autoanihilarea duce la viața veșnică în Dumnezeu, Noume-nalul universal, prin care subzistă toate fenomenele.
- Rumi, Maulana Jalalu-'d-din Muhammad

Un cunoscut maestru sufit subliniază, așa cum a făcut Hristos, că auto-anihilarea duce la viața veșnică. Toți maeștrii iluminați din toate tradițiile au indicat același adevăr cu cuvinte diferite, tradiții diferite și acțiuni diferite, dar toate acestea indică spre aceeași ușă. Acum se pune întrebarea de ce există atât de mult conflict între religii. În continuare, vom explora un subiect care este de natură sensibilă pentru mulți, dar trebuie să-l observăm pentru a înțelege de ce conflictele și războaiele există încă în lume dacă toate religiile ne învață același adevăr.

Capitolul 23

RELIGII

Religia este definită în Wikipedia:

> *Religia este o serie de sisteme sociale, culturale, inclusiv comportamente și practici desemnate, morală, credințe, viziuni asupra lumii, texte, locuri sfințite, profeții, etică sau organizații, care în general relaționează omenirea cu elemente supranaturale, transcendentale și spirituale, deși nu există un consens științific asupra a ceea ce constituie exact o religie. Diferite religii pot conține sau nu diferite elemente, de la divinitate, sacralitate, credință și o ființă sau ființe supranaturale.*

Deoarece este greu de definit exact ce înseamnă religia, este la fel de dificil să se ajungă la un consens prin care toți indivizii implicați să-l accepte pe celălalt și să se iubească unul pe altul, chiar dacă iubirea este învățătura esențială a tuturor religiilor, așa cum am văzut în învățăturile maeștrilor iluminați, astăzi societatea nu a ajuns la o stare în care iubirea este punctul central primordial.

Războaiele au fost purtate din cauza religiei din timpuri imemoriale până în prezent. Mulți profeți și maeștri au venit au umblat pe pământ și au propovăduit dragostea fără nici un folos, căci războaiele încă se desfășoară; Ura, lăcomia, invidia, ignoranța și așa mai departe încă se răspândesc în mințile oamenilor. Dacă observăm cu atenție, omenirea nu a evoluat prea mult din starea primitivă a minții, cu excepția, poate, a unui anumit nivel de conștiință observat numai de cei exaltați care pot înțelege realitatea.

Dacă observăm, nici Hristos, nici alți maeștri iluminați nu au lăsat religiile în urmă. Ei au lăsat mai mult sau mai puțin învățături care indică un mod de viață prin care găsim ceea ce este real (Dumnezeu) și făcând astfel, trăim o viață în iubire, fără suferință și în armonie cu întreaga existență. Putem vedea religiile ca trenurile, iar destinația este Dumnezeu. Din păcate, majoritatea oamenilor nu coboară în stația potrivită și sunt prea atașați de trenuri, fiindu-le frică să facă un pas de credință și să coboare la destinația potrivită pentru că este necunoscut și se tem de ceea ce nu știu.

Cele mai multe religii au apărut după ce unul sau câțiva maeștri iluminați au părăsit corpul și învățăturile lor au fost scrise, formând scripturile pe care le avem astăzi, Biblia, Coranul și așa mai departe. Toate învățăturile intenționează să ridice conștiința unui individ pentru a trăi viața în armonie cu ceilalți. Puțini sunt cei care pot face acest lucru și așa cum am observat în capitolele anterioare, individul este problema, nu religia. Religiile pot avea contradicții între unele învățături, dar acestea există numai din cauza ignoranței și lipsei noastre de înțelegere. Unele învățături erau deja înțelese greșit într-o oarecare măsură de discipolii maeștrilor, care nu aveau capacitatea la momentul respectiv să înțeleagă pe deplin energia din spatele cuvintelor, căzând astfel în unele erori.

Nu vom stărui în învățături și nu vom scrie o teză despre religii, pentru că ar fi o pierdere de timp și ar dura vieți întregi pentru a fi finalizate, iar cine va avea vieți de citit când abia acordăm puțin timp practicii noastre spirituale. Toate sistemele ierarhice spirituale sunt sortite eșecului, pentru că au fost construite prin gândire și suprimă adevărata esență a învățăturilor, care sunt menite să elibereze indivizii, nu să-i țină în întuneric, unde sunt dependenți de alții pentru sprijin. Un anumit nivel de dependență poate fi necesar pentru o perioadă scurtă de timp, deoarece un copil, de exemplu, trebuie ajutat să meargă, dar odată ce copilul învață, merge singur. La fel și cu religia: odată ce înțelegem învățăturile și am atins adevărul, atunci nu mai avem nevoie de religie; Trebuie să renunțăm la ea. Acesta este un subiect foarte sensibil pentru majoritatea oamenilor, deoarece majoritatea dintre noi am fost condiționați de credințele unei anumite religii. Unii au schimbat o religie cu alta schimbând doar o condiție cu alta.

Din păcate, majoritatea oamenilor se bazează pe tradițiile religiei și prin urmare, ratează învățăturile ezoterice și mistice care religia le oferă. Cei mai mulți, de asemenea, distorsionează învățăturile, pentru că eul este bine versat în modul în care funcționează gândirea și este întotdeauna cu un pas înainte. Aceasta înseamnă că nu avem șansa de a înțelege religia cu gândul și aceasta este cauza tuturor nenorocirilor, în toate tradițiile care luptă pentru supremație. Învățăturile indică o energie care poate fi înțeleasă numai de o minte pură, iar atunci când mintea este pură și clară, atunci inima poate înțelege învățăturile, permițând acelei inimi să se conecteze cu acea energie pe care învățăturile o indică și care este iubirea Domnului Iubirii.

Deci, observăm că individul este de fapt problema, nu religia. Dacă înțelegem și asimilam învățăturile unei anumite religii, vom înțelege toate învățăturile tuturor religiilor, căci toate indică aceeași energie; Dumnezeului atotprezent, atotputernic și atotcunoscător. Dumnezeu nu conduce lumea dintr-un sistem ierarhic. Când înțelegem că inteligența lui Dumnezeu conduce întreaga existență, devenim una cu Dumnezeu. Pentru noi este imperativ să nu dăm vina pe nicio religie sau învățătură, ci doar să ne învinovățim pe noi înșine pentru înțelegerea greșită a adevărului, care prin urmare ne face să trăim în iluzie și ignoranță. Odată ce eliminăm ignoranța și iluzia, religiile nu ne vor mai da probleme. Când spunem «nu știu», de acolo ne putem îndrepta încet spre cunoaștere, dar dacă am venit cu vreo idee preconceput, evident că nu ne putem îndrepta spre adevăr.

Religia nu este ceva separat de noi la fel ca și societatea, noi am creat-o, prin urmare face parte din noi. Pe măsură ce ne schimbăm, privim religia diferit – cu ochiul înțelepciunii, ochiul care poate vedea prin iluzie. Acum, unii ar putea dori să includă yoga în religie, dar yoga este doar un sistem de știință care ajută un individ spre uniunea cu divinitatea. Toate yoga și practicile pot fi preluate indiferent de credințele religioase sau tradițiile pe care le avem. Toți indivizii, indiferent dacă sunt religioși sau nu, pot practica un sistem de yoga. Cea mai înaltă formă de yoga este cea a cunoașterii de sine, așa cum am discutat anterior. Această yoga nu este ușor de urmat, prin urmare, trebuie să practicam alte forme în prealabil pentru a avea un sprijin. Mai jos este o explicație frumoasă a ceea ce am prezentat până acum în acest capitol de către un suflet liber, Ramana Maharshi.

Toate crezurile nu sunt decât preliminarii pentru mase, conducând la adevărul real al Sinelui. Religiile nu sunt neapărat cea mai înaltă expresie sau cea mai înaltă înțelepciune a fondatorilor lor, care au trebuit să ia în considerare vremurile în care au trăit și capacitățile mentale ale oamenilor. Cea mai înaltă înțelepciune este prea subtilă pentru majoritatea minților, așa că o întreagă schemă de lumi, zei, corpuri, evoluție etc. a trebuit să fie dată pentru că oamenilor să le fie mai ușor să creadă toate aceste lucruri decât să creadă Adevărul simplu al unei singure realități – Sinele. Astfel, reîncarnarea, planurile astrale, supraviețuirea după moarte etc. sunt adevărate, dar numai dintr-un punct de vedere inferior. Totul este o chestiune de punct de vedere. De la cel mai înalt, cel al Sinelui real, orice altceva dispare ca iluzoriu și rămâne doar Realitatea. Este adevărat că există corpuri subtile astrale, deoarece pentru a funcționa în lumea viselor este necesar un corp pentru acea lume, dar și el este real numai pe planul său, în timp ce Sinele Unic este întotdeauna real, întotdeauna și etern existând, fie că suntem conștienți de el sau nu. Prin urmare, este mai bine să căutăm acest lucru, deoarece celelalte corpuri ale sinelui sunt doar condiționate reale. Un creștin obișnuit este mulțumit doar atunci când i se spune că Dumnezeu se află într-un cer îndepărtat, la care nu putem ajunge fără ajutor, că numai Hristos L-a cunoscut și numai El ne poate mântui. Prin urmare, când i se spune adevărul simplu că împărăția cerurilor este în tine, el nu este mulțumit și va citi înțelesuri exagerate în declarație. Numai mințile mature pot înțelege adevărul simplu în toată goliciunea lui.

- Sri Ramana Maharshi

După cum am văzut, adevărul predicat de toți maeștrii iluminați a fost într-adevăr greu de înțeles și nu mulți au înțeles acest lucru în timpul în care maeștrii erau în viață. Unii au atins adevărul mult timp după ce maeștrii au plecat, practicând și având intenția inimii de a găsi adevărul. Această intenție, împreună cu practicile spirituale care duc la cunoașterea de sine, este eliberarea. Înainte de a merge mai departe, ar trebui să înțelegem cum percepem și folosim intelectul pentru a avea o perspectivă asupra vieții, prin urmare, să ne uităm la percepție, inteligență și înțelegere.

CAPITOLUL 24

PERCEPȚIE INTELIGENȚĂ ÎNȚELEGERE

Modul în care percepem informațiile colectate din mediul înconjurător și din viața noastră interioară – emoții, gânduri, sentimente, – este de mare importanță. În funcție de percepție, care folosește inteligența pentru a percepe corect și, prin urmare, pentru a avea o înțelegere care pătrunde în adevăr este vital dacă dorim să eradicăm suferința din existența noastră de zi cu zi.

Percepția este o abilitate de a percepe mișcarea interioară și exterioară a vieții și această percepție vine prin cele cinci simțuri. Dacă percepția este clară, fără interferența gândirii sau a eului, inteligența operează liber și în acest proces corpul, mintea și inima sunt în armonie. Pe de altă parte, dacă eul deturnează procesul în beneficiul său, atunci orice acțiune care urmează este o acțiune egoistă.

Când fizicienii au descoperit energia atomică, au făcut-o prin percepție cuplată cu inteligență și înțelegere: nu au intenționat niciodată să descopere bomba atomică. Gândul de a construi o bombă atomică a sosit mai târziu din egoismul eului, care este întotdeauna distructiv. Vedem clar că fără eu există o percepție clară acolo unde operează inteligența și se câștigă o înțelegere a oricărei probleme a vieții, pentru că atunci problemele nu există. Percepția este, de asemenea, ascultarea oricărui lucru fără filtrul condițiilor noastre.

Dacă percepem ceva la care privim sau ascultăm fără nici o imagine a cunoștințelor trecute, atunci folosim o percepție clară și acest lucru nu este ușor de făcut, dar este o necesitate pentru a trăi o viață fără conflicte, deci fără suferință. Percepția clară este ea însăși inteligență și dacă acest proces nu este deturnat de eu, atunci există înțelegere și înțelepciune urmate de acțiunea corectă. Inteligența poate aduna atunci informații sau cunoștințe și dacă nu există nici o intervenție din partea eului, va folosi întotdeauna acea cunoaștere în mod corect.

Putem spune că cineva poate fi inteligent fără să fi dobândit cunoștințe pentru că inteligența poate folosi cunoașterea pentru a adăuga în continuare cunoștințelor, dar cunoașterea nu folosește inteligența pentru că cunoașterea este trecutul, este eul, care funcționează din memorie. Inteligența este o calitate a iubirii care nu poate fi folosită de gândire, dar care poate folosi gândul în orice moment. Putem spune că percepția, fără nici o interferență din partea gândirii, este inteligență și conduce la înțelegere care apoi ne înrădăcinează în conștientizare unde putem găsi înțelepciunea și iubirea. Percepția, inteligența, înțelegerea sunt egale cu conștientizarea și în această conștientizare înțelepciunea și iubirea sunt supreme.

Jiddu Krishnamurti indică percepția și inteligența:

Când gândul vede că este incapabil să descopere ceva nou,
că însăși percepția este sămânța inteligenței, nu-i așa?

Aceasta este inteligența: „Nu pot". Am crezut că pot face multe lucruri și pot într-o anumită direcție, dar într-o direcție cu totul nouă nu pot face nimic. Descoperirea acestui lucru este inteligența. Gândul este al timpului; Inteligența nu este a timpului. Inteligența este incomensurabilă. Inteligența apare atunci când mintea, inima și corpul sunt cu adevărat armonioase.

- Jiddu Krishnamurti

El merge mai departe în explicarea înțelegerii:

Nu. Cred că este destul de clar, domnule. Dai peste ea când vezi totul. Deci, înțelegerea este percepția întregului. Un fragment nu poate vedea acest lucru, dar „eul" vede fragmentele, iar „sinele" care vede fragmentele vede întregul, iar calitatea unei minți care vede întregul nu este atinsă de gând; Prin urmare, există percepție, există înțelegere.

- Jiddu Krishnamurti

O minte care are o percepție clară are de asemenea inteligență și o înțelegere care nu este divizibilă. Ea funcționează ca un întreg și acea minte este capabilă să atingă iubirea și înțelepciunea supremă.

Guru Nanak despre inteligență:

Cei credincioși au conștiință intuitivă și inteligență. Cei credincioși cunosc toate lumile și tărâmurile. Credincioșii nu vor fi niciodată loviți peste față. Credincioșii nu trebuie să meargă cu Mesagerul Morții. Acesta este Numele Celui Neprihănit Adevărat. Numai cel care are credință ajunge să cunoască o astfel de stare de spirit.

- Guru Nanak

Guru Nanak spune, de asemenea, că percepția, inteligența și înțelegerea sunt conștientizarea intuitivă și cel care o posedă are credință deplină, acela care are o astfel de credință ajunge să cunoască starea minții liberă de toate problemele. Dar pentru a ajunge la această stare de spirit nu este o sarcină ușoară, pentru că eul este viclean și manipulativ în folosirea cunoașterii pentru a ne menține în ignoranță și prin urmare în răutate, va face orice pentru a întrerupe înțelegerea și capacitatea noastră de a vedea întregul. Întotdeauna va întrerupe și, prin urmare, va promova divizia și va percepe întotdeauna orice dintr-o perspectivă fragmentară, promovând astfel izolarea, divizarea și conflictul.

Un maestru sufit descrie mai jos modul în care înțelegerea vede întregul, nu fragmentează ceea ce este prezentat de simțurile care sunt corupte de ego.

Urechea și nasul nu pot vedea obiecte frumoase, ci numai ochiul, și în mod asemănător ochiul senzual, orbit de poftă, este neputincios să vadă adevărul spiritual. Pe de altă parte, oamenii cu clarviziune spirituală, a căror viziune este curățită de poftă, devin ca și cum ar fi toți ochi și nu mai văd dublu, ci doar singura Ființă reală.

- Rumi, Maulana Jalalu-'d-din Muhammad

Sfântul Isaac în următorul citat, la fel ca Guru Nanak, arată că o minte ușoară nu este o povară. Ea are credință și credința este revelația clarviziunii, căci credința adevărată nu se agață de nici o cunoaștere. Este percepția liberă, care este inteligență și înțelegere. El afirmă că credința însoțită de învățătură – care este credința condiționată – nu-l eliberează pe om de îndoieli, dar credința care vine însoțită de clarviziune, fără îndoieli sau prezumții, va conduce la adevăr.

Lumina minții dă naștere credinței. Credința naște mângâierea speranței. Speranța face inima puternică. Credința este revelația înțelegerii. Când mintea este întunecată, credința este ascunsă și frica domnește în noi și ne taie speranța. Credința prin instruire nu-l eliberează pe om de îngâmfare și îndoieli; numai acea credință care răsare prin clarviziune. Se numește revelarea adevărului. Atâta timp cât credința Îl înțelege pe Dumnezeu ca Dumnezeu, prin revelarea clarviziunii, frica nu se va apropia de inimă. Când suntem lăsați în întuneric și pierdem această înțelegere nu putem deveni umili, ne asaltează frica care ne aduce mai aproape de umilință și pocăință.

- Sf Isaac Sirul

În «*Calea Bodhisattva*", Santideva subliniază eficacitatea înțelegerii în eradicarea stărilor de spirit afectate și a recomandat mai întâi căutarea calmului, care este dată atunci când percepția și inteligența sunt prezente. Apoi, mintea este liberă de gândurile care încearcă să deturneze înțelegerea.

Pătrunderea pătrunzătoare, unită cu calmul, statornicia, eradichează complet stările afectate. Știind acest lucru, căutați mai întâi rămânerea calmă, găsită de oameni care sunt fericiți să fie liberi de legăturile lumești.

- Śantideva

Există mult mai multe citate similare de la maeștrii iluminați, dar până acum ar trebui să avem o idee despre cum trebuie să privim, să ascultăm și să intelectualizăm informațiile, în special la nivel spiritual, prin care nu permitem gândurilor, imaginilor și memoriei să interfereze cu ascultarea și vederea, prin urmare, să fim capabili să obținem o perspectivă asupra lucrurilor. Chiar și oamenii de știință, pentru a descoperi noul, privesc cu mintea goală și după ce au o înțelegere curată, folosesc gândirea pentru a crea ceea ce trebuie creat.

Mintea intuitivă este un dar sacru, iar mintea rațională este un slujitor credincios. Am creat o societate care onorează slujitorul și a uitat darul.

Adevăratul semn al inteligenței nu este cunoașterea, ci imaginația.

- Albert Einstein

Einstein indică, de asemenea, mintea intuitivă ca fiind conștienta goală și că suntem prea mult în mintea servitorului, care este eul. În al doilea citat, el afirmă că semnul adevăratei inteligențe este imaginația, care provine din aceea stare intuitivă de a fi. Este imperativ pentru noi să fim conștienți în orice moment de modul în care percepem totul și pe toată lumea, deoarece cu o percepție clară obținem înțelegere și prin urmare, acționăm întotdeauna fără eu, mai degrabă într-un mod altruist, într-un mod constructiv pentru beneficiul tuturor. Nu este ușor să fim atenți, dar dacă perseverăm, vom deveni vigilenți la prinderea eului atunci când interferează cu percepția sau în procesul de deturnare a înțelegerii.

Fiecare caz de rezistență sau atașare de ceva este făcut de eu și în ambele există conflict. În relațiile dintre noi, cu natura, cu toată existența trebuie să fim atenți la mișcarea interioară și exterioară a vieții și asta este ceea ce Jiddu Krishnamurti numea adevărata meditație: adunarea întregii energii în vizionarea acestei mișcări în viața de zi cu zi. Puține sunt sufletele care pot rămâne întotdeauna înrădăcinate în conștiință, ele sunt într-adevăr suflete exaltate. Pentru a obține adevărata noastră libertate și pentru a dezvălui adevărata noastră realitate, este imperativ să realizăm acest lucru: nu se poate face altfel. Obiectivul oricărei practici spirituale este să ajungem în punctul în care să nu permitem eului să intervină în existența noastră de zi cu zi și ca noi să folosim eul doar atunci când este necesar, în partea practică a lucrurilor și chiar și acolo trebuie urmărit. De exemplu: la nivel practic se conduce mașina, se face treaba, se face orice activitate mecanică; La nivel psihologic, de exemplu, cel care conduce mașina începe să se gândească la altceva și este atras în acea gândire. Gândirea poate fi oprită numai atunci când suntem într-o stare profundă de conștientizare, dar nu putem intra în această stare în timp ce conducem o mașină. Încercarea de a face acest lucru este absurdă; Vom avea un accident. Ceea ce putem face este doar să fim martori la gândurile care vin și pleacă, fără a respinge sau a ne atașa de vreuna și asta este suficient pentru a rămâne cu conducerea noastră în momentul prezent. Făcând acest lucru tot timpul, vom observa că gândurile vor fi din ce în ce mai puțin dăunătoare. În cele din urmă, în minte vor apărea doar gândurile relevante pentru activitatea noastră de zi cu zi.

Nu putem păstra tăcerea. Vine și pleacă cum vrea ea. Nici tu, nici eu nu o putem menține sau să o păstrăm. În momentul în care încerci să o păstrezi, există un conflict. Când vine, bucurați-vă de ea, trăiți cu ea. Când intră în direct. Nu încerca să o ții oricât de mizerabil te-ai simții.

- Sri M

Mai sus, Sri M subliniază că nu ar trebui să încercăm să păstrăm tăcerea sau să o obținem, pentru că cel care încearcă este eul. Același lucru este valabil și pentru gânduri: lăsați-le să vină și să plece. Ele vor încetini din proprie inițiativă. Când am înțeles cum funcționează mintea, vom avea din ce în ce mai puține dorințe sau griji și prin urmare, mai puține lucruri la care să ne gândim.

Poate că vrem să tăcem – să nu vorbim – dar aceasta nu este tăcere adevărată. Aceasta este suprimarea, făcută de eu (ego), și ne va păcăli să credem că este o stare de tăcere. De asemenea, nu putem copia maeștrii spirituali care au păstrat tăcerea pentru că tăcerea lor nu a fost forțată; a venit de la sine. În momentul în care suprimăm ceva, suntem în iluzie. Gândurile, senzațiile, sentimentele nu pot fi suprimate pentru că dacă le suprimam pentru o viață întreagă, într-un moment ele vor reapărea și va trebui să le înfruntăm din nou. Orice suprimare sau fugă este lucrul eului și așa cum am menționat anterior, eul va câștiga atâta timp cât luptăm cu el, așa că ducem o bătălie pierdută, facilitând tot mai multă putere eului.

Toate practicile spirituale sunt făcute pentru a ne preda momentului prezent. Ramana Maharshi susține acest lucru spunând:

Cel realizat nu se gândește și nu planifică viitorul. El lasă viitorul să aibă grijă de el însuși. Pentru el, viitorul este în prezent.

- Sri Ramana Maharshi

În realizarea faptului că nimic din această lume nu ne poate face pe deplin fericit sau a ne da pace, atunci vine dezamăgirea față de lume și intenția de a găsi fericirea veșnică crește. Suntem atrași de magnetul divin atunci când începem să curățăm rugina ignoranței, atunci începem să realizăm uniunea cu realitatea supremă care este adevărata noastră natură. Rugina este separarea creată de ignoranță și acesta este eul. Trăind o viață simplă, ne înfrânăm dorințele, tăind încet obiceiurile, tendințele și ne putem urma intuiția bazată pe înțelepciunea maeștrilor care au mers înaintea noastră pe drumul iluminării. Acum, ar trebui să ne uităm la ajutoarele de care cineva s-ar putea folosi pentru a putea merge pe calea iluminării.

CAPITOLUL 25

RUGĂCIUNE, POST, CONTEMPLARE, MEDITAȚIE ȘI TĂCERE

Aveți încredere că toate aceste titluri din acest capitol ne pot ajuta să atingem scopul și să ridicăm conștiința umană la o conștiință divină în care vom putea găsi fericirea veșnică, care tradusă, înseamnă a fi realizat de sine. Unii sunt într-adevăr binecuvântați că nu au nevoie de aceste ajutoare, dar puțini sunt aceia și, de asemenea și ei au depus muncă spirituală în viețile anterioare. Cei mai mulți dintre noi au cu siguranță nevoie de aceste ajutoare pentru a reduce eul și a-l pune la locul său sau a-l dizolva, oricum este același rezultat.

Aceste ajutoare nu sunt diferite decât atunci când suntem handicapați sau răniți și avem nevoie de ajutorul recuzitei pentru a reveni la funcțiile naturale ale corpului. Pentru a ajuta mintea să-și găsească starea naturală, cei mai mulți dintre noi au nevoie de una, o combinație, sau toate aceste ajutoare. Înțelepții din vechime și majoritatea maeștrilor din trecut au folosit aceste ajutoare pentru a se trezi la adevărata noastră realitate și pentru a obține realizarea de sine. După cum am spus mai devreme, mintea pălăvrăgește întotdeauna; Chiar dacă intrăm într-o peșteră, luăm această pălăvrăgeală cu noi. Această pălăvrăgeală este datorită eului și angajându-ne mereu în ea, ne construim propria închisoare. Pentru a opri această pălăvrăgeală, yoghinii au fost atenți și au încercat diverse metode de a o încetini și de a înțelege cum apare.

Monahii creștini foloseau postul, rugăciunile, contemplarea lui Dumnezeu, predarea, credința și devoțiunea pentru a învinge mintea. Yoghinii hinduși și budiști au folosit, de asemenea, diverse ajutoare, așa cum sunt descrise în yoga, discutate în ramurile de yoga în capitolele anterioare. Fiecare individ trebuie să găsească ceea ce funcționează mai bine pentru el și să rămână cu această practică în mod regulat, cel puțin o dată pe zi.

Să începem cu postul și să vedem cum putem beneficia de el, dacă este cazul. Așa cum am discutat mai devreme, cele cinci otrăvuri vin la noi prin porțile corpului: simțurile. Un simț este gustul care este într-adevăr important și mulți oameni sunt conduși de el în lăcomie. Scopul gustului este pentru supraviețuirea noastră, deoarece trebuie să mâncăm pentru a avea energie pe tot parcursul zilei. Gustul adună informații și le transmite creierului, iar creierul reacționează în consecință. Evident, dacă gustul este rău, vom fi atenți să mâncăm sau nu în măsura condiționări noastre. Prin experiența acumulată de-a lungul timpului, știm ce putem mânca ca oameni și ce nu. De asemenea, am ajuns la un proces elaborat de fabricare a alimentelor pentru a satisface numeroasele plăceri care au venit prin facultatea gustului.

Cei mai mulți dintre noi cad pradă acesteia, iar eul va încerca să ne mențină în acea stare de dorință și de obținere a satisfacției prin percepția senzorială a mâncării. Acest lucru este problematic, așa cum se vede în problemele de obezitate și în numeroasele boli care derivă din mâncarea bazată pe eu. Acest lucru se datorează faptului că suntem slabi și încercăm să obținem satisfacție prin mâncare. Nu este nimic rău în a ne bucura de o masă gustoasă, dar când nu mai știm cât să mâncăm pentru că suntem lacomi, suferința vine la noi ca indivizi și ca societate în general.

Capitolele anterioare au discutat despre senzație ca o capcană, conducându-ne să găsim senzații din ce în ce mai multe, din ce în ce mai bune. Această capcană nu este doar faptul că mâncăm prea mult, ci are de-a face și cu starea noastră de spirit, pentru că ceea ce afectează corpul afectează și mintea și viceversa. Este imperativ să ne uităm la post și la modul în care îl putem folosi pentru a ieși din capcană. Vorbim aici despre postul spiritual, nu despre orice altă formă de post. Meditația, rugăciunea și contemplarea sunt, de asemenea, necesare pentru a susține postul.

Cineva care nu a postit înainte ar trebui să înceapă pur și simplu sărind peste o masă pe zi. În timpul acestui post, încercați să fiți atenți la gândurile care apar în minte și vedeți cum eul va încerca să vă aducă înapoi în capcană, pentru că ruperea unui post este ca începutul unui obicei și știm că este doar un model de gândire impus de eu. În timpul postului, corpul va răspunde întotdeauna, pentru că este obișnuit să-și ia energia și o va cere. Foamea în minte va crește; Gândurile despre mâncare se vor strecura și poate că vom renunța la post și vom cădea în capcana foamei. Putem să rupem postul, se întâmplă, dar trebuie să încercăm din nou și din nou până când reușim cu o masă mai puțin pe zi. Putem suplimenta masa cu apă, ceea ce este cel mai bine în post pentru că apa este un curățitor.

Prin post nu ajutăm doar corpul, ci și mintea. Aceasta devine mai liniștită și mai calmă și va învăța să se odihnească, să observe, să fie atentă la ceea ce se întâmplă în timpul postului. Toate tradițiile au folosit postul în practica spirituală, deoarece este bine ca organismul să se recupereze și organele să aibă un timp pentru a se odihni. La un individ care nu a postit niciodată, organele nu se odihnesc niciodată. Postul are multe beneficii atât pentru corp, cât și pentru minte. După ce am postit cu succes printr-o masă pe zi, ar trebui să încercăm o zi pe săptămână doar cu apă, desigur, să consultăm un medic este necesar mai ales dacă există afecțiuni medicale de luat în considerare. Postul mai regulat va face corpul și mintea să se simtă mai ușoare.

Prin post, ne vom da seama că suntem doar un pachet de obiceiuri și cât de greu este să ne detașăm de ele, să renunțăm la ele, să ne eliberăm de strânsoarea lor. Când putem înfrâna foamea de hrană, putem, de asemenea, să înfrânăm orice foame, pentru că foamea nu este numai pentru hrană, ci pentru orice alte obiecte care susțin plăcerea: căci foamea este lăcomie. Lăcomia este una dintre suferințe și din cauza ei unii au prea mult iar alții foarte puțin și alții nimic. Observând violența și conflictul pe care lăcomia le produce în lume, atunci poate vom înțelege de ce este imperativ să renunțăm la ele. Lăcomia pentru putere, pentru control, pentru bani, pentru proprietate și așa mai departe este una dintre cauzele mari mizerii în lume din timpuri imemoriale.

Eul va încerca să te scoată din post în orice fel posibil și dacă nu, te va sprijini și prin aceasta făcându-te să te simți mândru pentru realizarea ta, reușind să te prindă din nou în capcana lui cu mândria. Trebuie să fim atenți la asta, deoarece căile sale viclene sunt nesfârșite.

> *Deci credința ne arată, ca să spunem așa, în fața ochilor noștri realitatea acelei perfecțiuni viitoare. Prin credință suntem instruiți cu privire la acele lucruri de neatins, nu prin cercetare și puterea cunoașterii. Toate faptele dreptății: postul, milostenia, privegherea, sfințenia și celelalte care se fac cu trupul; și iubirea aproapelui, smerenia inimii, iertarea păcatelor, cugetarea la lucruri frumoase, cercetarea tainelor ascunse în Sfintele Scripturi, preocuparea minții cu practicarea faptelor bune, păstrarea sentimentelor sufletului între granițe și celelalte virtuți care se împlinesc*

cu sufletul: toate acestea au nevoie de cunoaștere ca putere stăpânitoare. Dar toate acestea sunt încă grade de-a lungul cărora sufletul urcă la înălțimea înaltă a credinței și sunt numite virtuți.

- Sf Isaac Sirul

Postul mental este adevăratul ajutor. Postul nu este un scop în sine. Trebuie să existe dezvoltare spirituală cot la cot. Postul complet face mintea prea slabă. Nu poți obține suficientă putere pentru căutarea spirituală. Căutarea spirituală trebuie menținută până la capăt printr-un post, dacă este să fie benefică din punct de vedere spiritual.

- Sri Ramana Maharshi

Cei doi sfinți explică aici că postul spiritual își are locul în a ajuta mintea atunci când este folosit împreună cu alte practici și este folosit în mod inteligent. Înainte de a posti, asigurați-vă că postul vă va aduce beneficii la nivel fizic și mental. Încercați și fiți atenți: răspunsul este în această atenție totală.

Ne-am uitat la post și acum să privim și să vorbim despre rugăciune. Ce este rugăciunea? Este doar o petiție? Și cui? Pentru un Dumnezeu creat de noi sau pentru adevăratul Dumnezeu? Dacă este făcută pentru Dumnezeul nostru sfidător nu va fi niciodată auzită, dar dacă este pentru cel real, va fi auzită, dar asta nu înseamnă că rugăciunea va primi răspuns în timpul așteptat.

În traducerea greacă a Omiliei sireace 2245 două citate din Gândurile lui Evagrie («rugăciunea este curăția minții care singură, spre uimirea persoanei umane, iese din lumina Sfintei Treimi» și «curăția minții este disparația a ceea ce este gândit. Este asemănată cu floarea cerească, în timpul rugăciunii lumina Sfintei Treimi strălucește în ea»).

- Sf Isaac Sirul

Așa descriau primii părinți rugăciunea: ca un ajutor pentru a ne păstra mintea liberă de gânduri pentru perioada în care suntem în rugăciune intensă din inimă.

În consecință, când vă ridicați pentru rugăciune și slujire, în loc să meditați la lucruri lumești, gândurile scripturale vor fi ilustrate în minte. Și astfel amintirea a ceea ce a văzut și a auzit mai înainte, va fi uitată și ștearsă în ea. Deci, mintea ta va ajunge la puritate. Iată ce s-a spus: mintea devine castă prin recitare când vine vorba de rugăciune, iar prin recitare este luminată în timpul rugăciunii. Aceasta înseamnă: sufletul va găsi puterea de a schimba distragerea exterioară cu obiceiurile rugăciunii, adică înțelegerea esențială care strălucește în minte datorită amintirilor minunate ale acelei lumi. Cât de des în acele momente puterea contemplației (stimulată! de scripturi), făcută tăcută și stupefiată (solitară) în timpul rugăciunii și lăsându-l în picioare fără impulsuri are aceeași putere, care taie rugăciunea prin desfătare, așa cum am spus.

- Sf Isaac Sirul

Sfântul Isaac explică mai departe puterea rugăciunii concentrate de a aduce mintea, încet, într-o stare contemplativă.

Sprijiniți-i cu cuvântul vostru pe cei slabi și necăjiți în duh ori de câte ori puteți, atunci mâna care poartă universul vă va sprijini. Participați împreună cu cei care suferă în inimă, la rugăciune pasionată și la jalea inimii, apoi, înainte de cererea voastră, se va deschide o fântână a harului.

- Sf Isaac Sirul

El subliniază că rugăciunea din inimă va deschide noi dimensiuni ale conștiinței, care sunt o binecuvântare pentru cel care le întreprinde.

Fie că te rogi cu frații sau singur, încearcă să te rogi nu doar ca o rutină, ci cu conștiința rugăciunii tale. Conștientizarea rugăciunii este însoțită de concentrare.

- Evagrie Solitarul

Evagrie afirmă, de asemenea, că adevărata rugăciune vine dintr-o minte care este conștientă de aceeași conștientizare pe care a subliniat-o Padmasambhava. Rugăciunea trebuie să vină din inimă și nu să fie doar o rutină mentală.

Înțeleptul Patanjali, cel mai mare exponent al yoga din India, îl descrie pe Dumnezeu Creatorul ca fiind Ishvara, Domnul sau Conducătorul Cosmic. Simbolul său este Pranava (Cuvântul Sfânt sau Sunetul, Aum). Prin rugăciune, încântarea repetată a lui Aum (Amin) și meditația asupra semnificației sale, obstacolele dispar, iar conștiința se întoarce spre interior (departe de identificarea senzorială externă).

- Swami Yogananda

Înțeleptul Patanjali afirmă că prin încântarea în rugăciune a lui OM, mintea este întoarsă în interior, departe de simțuri și astfel găsind realitatea.

Majoritatea oamenilor nu-L iubesc niciodată cu adevărat pe Dumnezeu pentru că nu știu cât de iubitor este Domnul atunci când vizitează inima devotatului care meditează. Acest contact real al prezenței transcendentale a lui Dumnezeu este posibil pentru adepții hotărâți care persistă în meditație și rugăciuni sufletești continue.

- Swami Yogananda

Swami Yogananda, un maestru de Kriya Yoga, subliniază, de asemenea, că prin meditație și rugăciune cu intenția inimii, vom atinge iubirea divină și vom putea să o împărtășim cu toate ființele.

Postul și rugăciunile i-au ajutat pe primii sfinți creștini să biruiască lumea și să intre în contact cu esența divină care este în noi toți. Rugăciunile și practicile trebuie făcute din inimă, pentru că dacă sunt făcute cu inima, vor fi auzite: „inima este legătura noastră cu propria noastră realitate. Postul cu rugăciune va ajuta la înfometarea minții de gânduri, permițând minții să se odihnească în starea naturală pură și astfel să ne scufunde în conștientizarea unde începe adevărata meditație și permițându-ne să rămânem în acea stare, bucurându-ne de viață așa cum se prezintă.

> *Întrebare: Este corect să ne rugăm lui Dumnezeu pentru tot felul de lucruri?*
> *Mātājī: Cea mai excelentă rugăciune este pentru Dumnezeu Însuși.*
>
> - Sri Anandamayi Mayi

Anandamayi subliniază că cea mai înaltă rugăciune este cunoașterea lui Dumnezeu, care se află în fiecare inimă, în toate ființele, în toată existența și non-existența.

> *În Kaliyuga (Era), cea mai bună cale este bhaktiyoga, calea devoțiunii – cântarea laudelor Domnului și rugăciunea.*
>
> - Sri Ramakrishna

Ramakrishna a declarat, de asemenea, că devoțiunea și rugăciunea, care este yoga devoțiunii, este calea ușoară de a atinge harul divin. Deci, vedem cum rugăciunea este esențială pentru majoritatea tradițiilor; chiar și budiștii folosesc rugăciunea în practicile lor.

*Datorită puterii rugăciunilor, instrucțiunile experiențele
asupra proceselor de tranziție sunt revelate de dragul uceni-
cilor care își antrenează fluxurile mentale. În aceasta există
practicile preliminare, practica principală și concluzia.*

- Padmasambhava

Padmasambhava subliniază, de asemenea, importanța rugăci-
unilor către zeități și gurus care sunt descriși ca zei în practicile
tantrice. Deci, în budism, de asemenea, rugăciunile au locul lor în
a ajuta indivizii să se conecteze cu stări subtile de conștiință.

De la rugăciune putem trece acum la contemplare, pentru că în
majoritatea tradițiilor rugăciunea contemplativă este o stare care
ne ajută să intrăm în conștiința de a fi, în adevărata noastră real-
itate. Contemplarea poate fi a obiectelor, dar mai ales se concen-
trează asupra sinelui sau a lui Dumnezeu, deoarece scopul
contemplării spirituale este de a purifica mintea de toate obsta-
colele. Aici contemplarea descrisă în titlul învățăturilor Padma-
sambhava este ultima etapă a meditației înainte de samadhi, care
intră în stare pură de conștiință.

*Odată cu discriminarea (viveka), Iluzia dispare și se ajunge
la realizarea lui Parabrahman prin gândire contemplativă
și cercetare.*

- Sf Shri Samartha Ramdas

De asemenea, Sfântul Sri Samartha Ramdas descrie starea
contemplativă ca fiind gândirea și cercetarea naturii realității lui
Dumnezeu. Contemplarea asupra sinelui este contemplare spir-
ituală. De asemenea, putem contempla un subiect sau un obiect
care ne poate aduce adevărata cunoaștere a obiectului contem-
plat.

Adevărat este Cel Divin, Adevărat este Numele Unului, rostește-l cu iubire infinită. Oamenii imploră și se roagă, „Dați-ne nouă, dați-ne nouă", și Marele Dătător dă daruri divine. Deci, ce ofrandă putem pune înaintea Unicului? prin care am putea vedea slava Divinului? Ce cuvinte putem rosti pentru a evoca Iubirea Divină? În Amrit Vaylaa, orele ambroziale dinaintea zorilor, cântați Numele Adevărat și contemplați Măreția Divină. Prin karma acțiunilor trecute se obține haina acestui corp fizic, prin Grația Divină se găsește Poarta Eliberării. O, Nanak, să știi bine asta: toată creația este în Cel Adevărat.

- Guru Nanak

Guru Nanak indică, de asemenea, contemplarea măreției divine pentru a se conecta cu singura realitate și cu întreaga existență. Toți cerem și ne rugăm pentru lucrurile nevoiașe, dar cel mai important este contemplarea numelui său și a iubirii sale.

Lăsați excelența să fie socotită de voi ca trup, contemplarea ca suflet. Cele două (formează) un singur om spiritual complet, compus din părți sensibile și inteligibile. Și după cum nu este posibil ca sufletul să ajungă la existență și naștere fără formarea completă a trupului, tot așa nu este posibil ca contemplația, al doilea suflet, spiritul revelațiilor, să fie formate în pântecele intelectului care primește plinătatea seminței spirituale, fără performanța corporală a excelenței, locuința cunoașterii care primește revelații. Contemplația este înțelegerea tainelor divine care sunt ascunse în lucrurile rostite.

- Sf Isaac Sirul

Sfântul Isaac spune aici că prin contemplație se poate ajunge la înțelegerea adevărului fără ca intelectul să intervină. Așa cum am văzut prin ceea ce afirmă înțelepții din trecut, contemplarea numelui lui Dumnezeu – indiferent de numele ales nu contează,

El răspunde tuturor numelor – putem a străpunge vălul ignoranței putem găsi realitatea care ne ajută să realizăm unitatea ființei. Acum, ne uităm la meditație și la practicile yoga care conduc la meditație.

Meditația este un cuvânt foarte greșit înțeles în multe feluri. Da, avem metode pentru a ne introduce într-o meditație, dar ele sunt doar instrumente care ne ajută să ajungem la acea etapă meditativă. O minte meditativă nu se epuizează în fiecare secundă după diferite gânduri și dorințe și fiind veșnic într-o stare de tulburare.

Krishnamurti menționează ce este meditația:

> *Te uiți în timp ce mănânci, când asculți oamenii, când cineva spune ceva care te rănește, te flatează. Asta înseamnă că trebuie să fii atent tot timpul   când exagerezi, când spui jumătăți de adevăr – urmezi? Pentru a observa, ai nevoie de o minte foarte liniștită. Aceasta este meditația. Toate acestea sunt meditație.*

> *- Jiddu Krishnamurti*

A fi mereu într-o stare de atenție, a fi martor la tot ceea ce se întâmplă în sine și în exterior, toate emoțiile, toate gândurile, înțelegerea întregii mișcări a vieții este o adevărată meditație, dar majoritatea dintre noi nu putem face aceasta. Înțelepții din vechime au lăsat numeroase sisteme pentru a ne ajuta să ajungem la această stare în care meditația poate avea loc. Pentru a ajunge la tipul de meditație care ne dă cunoașterea de sine, este adevărata minte meditativă și atunci când am realizat cunoașterea de sine, atunci realizarea de sine este prezentă în conștiința de a fi, pură așa cum a fost întotdeauna.

> *Scopul principal al meditației este de a deveni conștienți și familiarizați cu viața noastră interioară. Scopul final este de a ajunge la sursa vieții și a conștiinței.*

> *- Sri Nisargadatta Maharaj*

Aici Nisargadatta Maharaj subliniază adevăratul scop al meditației, care se explică de la sine.

> *În al doilea rând, despre Mahamudra meditației, o tantră spune: Lăsați natura de bază să se așeze fără să te atașezi; Aceasta este Mahamudra stării de meditație. În acest fel, Mahamudra meditației este de a permite naturii voastre originale să se lase să existe, fără a ține nimic în minte. Deci, nu este rezultatul gândirii, nu este indicat, nu este ceva care este sau nu este; Este fără conflict și acțiune mentală și nu exclude nimic.*

> *- Padmasambhava*

Mai sus, Padmasambhava descrie meditația în același mod și explică starea de mahamudra, unde suntem într-o stare de veghere fără să ne atașăm de gânduri sau să respingem vreunul. Aceasta este starea meditativă în care cineva este sinele.

> *Lady Tsogyal l-a întrebat pe maestru: Cum ar trebui să ne păstrăm mintea în timpul meditației? Maestrul a răspuns: În timp ce meditați, lăsați-vă corpul și mintea să se relaxeze. Deoarece nu există nimic de analizat, fluxul minții dualiste și stările mentale care decurg din ea sunt întrerupte. Nu trebuie să le opriți în mod deliberat. În timp ce nu păstrezi și nu respingi nimic, renunță la orice activitate mentală. Nu vă gândiți la nimic și nu vă imaginați nimic. Natura voastră este conștientă, așa cum este. Fără a vă îndrepta spre nimic, lăsați-vă să fiți în starea voastră naturală. Când rămâneți în acest fel, cunoscătorul și cunoscutul nu sunt văzuți ca fiind separați, așa că nu vă gândiți la obiect ca fiind acolo sau la cunoscător ca fiind aici. Nu concepeți altceva decât cele două. Din moment ce nici nu urmărești un obiect acolo, nici nu încerci să oprești un gând aici, poți*

*permite minții să fie pură, lucidă și trează, fără a fi nevoie
să stărui asupra a nimic.*

- Padmasambhava

Mai sus, Guru Padmasambhava îi arată consoartei sale, Lady
Tsogyal, cum ar trebuie să mediteze. Pentru a ajunge la această
minte meditativă în care putem sta și privi mintea, trebuie să
folosim câteva practici yoga, cum ar fi mantrele, tehnicile de respi-
rație, concentrarea și contemplarea obiectelor pentru a ne ajuta.

*Q. Dacă eforturile de meditație sunt împiedicate de karma
trecută, ce remediu poate exista?*
*M. Este auto-uluitor să te îneci în astfel de temeri fant-
eziste. Soarta și karma trecută se referă la lumea exte-
rioară. Scufundă-te cu îndrăzneulă în tine. Acestea nu vă
vor împiedica. Gândirea piedicilor este cea care formează o
piedică serioasă. Trebuie să ne întoarcem cu toții la sursa
noastră. Fiecare ființă umană își caută sursa și trebuie să
ajungă într-o zi la ea. Noi am venit din Interior; am ieșit
în afară; Acum trebuie să ne întoarcem spre interior. Ce
este meditația? Este sinele nostru natural. Ne-am acoperit
cu gânduri și pasiuni. Pentru a le arunca, trebuie să ne
concentrăm asupra unui singur gând – Sinele.*

- Sri Ramana Maharshi

Ramana Maharshi descrie, de asemenea, meditația ca fiind sinele
nostru natural. Aceasta este meditația reală și atunci când este
în sine, aceasta este conștientizarea deplină a faptului că trăiești
în unitate cu toată existența. Avem acum o înțelegere asupra
sensului meditației, care este să fim conștienți de întreaga mișcare
a vieții. Acum putem trece la metode și la modul în care se poate
ajunge la mintea meditativă.

Ni se spune să postim nu numai pentru a ne mortifica trupul, ci și pentru a ne păstra intelectul vigilent, astfel încât să nu fie ascuns din cauza cantității de alimente pe care le-am mâncat, și astfel, să nu putem să-i păzim gândurile. Prin urmare, nu trebuie să ne sacrificăm tot efortul în postul trupesc; De asemenea, trebuie să acordăm atenție gândurilor noastre și meditației spirituale, deoarece altfel nu vom putea avansa la înălțimile adevăratei purități și castități. Așa cum a spus Domnul nostru, trebuie să „[curățim] mai întâi interiorul paharului și al farfuriei, pentru ca și exteriorul lor să fie curat" (Matei 23:26).

- Sf Ioan Casian

Sfântul Ioan Casian subliniază că postul, meditația spirituală și atenția sunt instrumentele pe care trebuie să le folosim pentru a curăța interiorul paharului, care este natura noastră interioară și făcând acest lucru, exteriorul va urma exemplul.

În capitolul Yoga, am introdus yoga într-o mică măsură. Acum, să ne uităm la modul în care Sage Patanjali, primul înțelept care a expus yoga în formă scrisă, a expus yoga. Cele opt membre ale yoga ale lui Patanjali, așa cum sunt descrise în sutele yoga, sunt:

- Yama – Restricții
- Niyama – Reguli
- Asana – Postură
- Pranayama – Tehnici de respirație
- Pratyahara – Retragerea simțurilor
- Dharana – Concentrare
- Dhyana – Meditație
- Samadhi – Conștientizarea ființei sau Contemplarea pură

1. YAMA (RESTRICȚII)

Restricțiile sunt cinci precepte etice care conturează un cod de conduită care ar trebui respectat atunci când interacționăm cu lumea din jurul nostru. Ele oferă îndrumări despre cum să acționezi față de ceilalți, pentru că tu ești lumea și lumea ești tu, prin urmare, ceilalți sunt incluși în tine. Fiecare tradiție a expus restricții, de exemplu, Cele Zece Porunci în creștinism și așa mai departe. Fără practicarea acestor restricții nu se poate obține niciodată uniunea, pentru că ele sunt platforma de pe care se decolează, la fel cum un avion fără pistă nu poate decola. Deci, restricțiile și regulile trebuie respectate și trebuie să fim atenți la ele, deoarece ele joacă un rol important în a ne ajuta să scăpăm de tot ceea ce nu suntem.

Restricțiile sunt următoarele:

Ahimsa (Non-violență)
Non-violența față de oameni și ființe este o condiție prealabilă primară pentru a stabili o platformă unde putem practica yoga sau orice disciplina spirituala. Violența nu este doar violență exterioară, ci și în gândirea noastră, pentru că acolo se manifestă mai întâi. Trebuie să fim atenți la violența mentală care este ucigașul tăcut. Mintea este acolo unde este gândul și aceste gânduri determină cursul nostru de acțiune, mai mult sau mai puțin.

Satya (Adevăr)
A spune adevărul este o bază morală și în această eră este ușor să cazi din adevăr pentru a-ți îndeplini o dorință. De fapt, în epoca actuală, societatea este mult mai predispusă la minciuni albe și la baza nevoii de a cunoaște. Adevărurile nu sunt spuse uneori pentru a proteja sosirea unor beneficii.

Asteya (Fără furt)
În zilele lui Patanjali, aceasta a fost, fără îndoială, în primul rând o interdicție împotriva luării proprietății altcuiva. În timp ce acesta

continuă să fie un sfat bun (ca să nu mai vorbim de lege) există acum atât de multe alte modalități de a fura, dintre care unele pot să nu fie la fel de evidente. Proprietate intelectuală este o problemă în zilele de astăzi. Lăcomia este atât de înrădăcinată în societatea noastră încât furtul este făcut legal în unele cazuri.

Brahmacharya (Celibat)

Brahmacharya este probabil cel mai neînțeles din societatea de astăzi. Da, este foarte probabil ca intenția inițială să fi fost o interdicție totală a activității sexuale, dar numai pentru yoghinii care au luat interdicțiile celibatului. Yoga cu siguranță nu ar fi prima școală de gândire care promovează celibatul pentru practicanții care au luat interdicția. În același timp yoga poate fi practicată și de cei care nu au luat angajamentul de celibat.

Majoritatea înțelepților din trecut, chiar și Rishi – Vedelor, cărți scripturale – erau oameni normali, cu familii care trăiau o viață normală. Cei 84 de Mahassidass (suflete mari) au trăit în mare parte o viață de familie. Sfinții și-au cucerit trupul în viețile anterioare, astfel încât pentru ei celibatul a devenit natural. Majoritatea maeștrilor realizați erau gospodari, la fel ca și practicanții de tantra. Prin urmare, actul sexual nu este o problemă mai mare decât este mâncarea. Problema sexului este în minte, iar eul îndoaie actul pentru dorințele sale. Actul sexual este o nevoie trupească, dar l-am transformat mai mult în iubire. Sexul nu poate atinge niciodată dragostea și nu este dragoste. Dragostea poate atinge sexul și îl poate păstra la locul potrivit, pentru a fi folosit în scopul pentru care ne-a fost dat. Iubirea nu este dorință; Sexul este senzație care duce în dorințe egoiste și ne poate conduce la obiceiuri proaste care apoi ne pot face să acționăm într-un mod greșit. Celibatul adevărat este al minții, pentru că acolo e locul unde sunt create toate păcatele, trupul numai slujește minții.

Nimeni nu poate arăta mai bine decât Krishnamurti ce înseamnă adevăratul celibat.

Poate mintea să fie complet castă? Nefiind capabil să afle cum să trăiască o viață castă, cineva face jurăminte de celibat și trece prin torturi. Acesta nu este celibat. Celibatul este cu totul altceva. Înseamnă să ai o minte care este liberă de toate imaginile, de toată cunoașterea, ceea ce înseamnă înțelegerea întregului proces al plăcerii și fricii.

- Jiddu Krishnamurti

Lăsați castitatea să vă fie la fel de dragă ca pupila ochiului dumneavoastră și atunci veți deveni un templu al lui Dumnezeu și locuința Sa prețioasă. Căci fără stăpânire de sine nu poți trăi cu Dumnezeu. Castitatea și stăpânirea de sine se nasc dintr-o dorință după Dumnezeu combinată cu detașarea și renunțarea la lume; și sunt păstrate prin umilință, stăpânire de sine, rugăciune neîntreruptă, contemplare spirituală, eliberare de mânie și plâns intens. Cu toate acestea, fără lipsă de pasiune, nu puteți atinge frumusețea discriminării.

- Sf Teognot

Aici Sfântul Teognot subliniază castitatea reală, prin care mintea este liberă de atașament și este smerită și liberă de distragerile lumii. Nepătimirea este punctul de plecare al tuturor celor care caută împărăția cerurilor.

Aparigraha (Fără poftă)

Acum, iată unul care iese cu adevărat în evidență. Dorind ceea ce au alți oameni, gelozia, invidia și lăcomia sunt toate cuvinte pentru a dori să ne întoarcem la invidie, o suferință care se pare că a fost cu noi încă de la început. Este greu de trecut. Dorința este o forță care mișcă întreaga lume și este imposibil să te oprești, dar să nu te atașezi de ceea ce dorești poate fi observat și privit. În conștiința goală, dorințele nu mai au nici o influență asupra noastră.

2. NIYAMA (REGULI)

Dacă yamas privesc spre exterior spre societate, atunci niyamas sunt practici interioare pentru îmbunătățirea sinelui. Acestea sunt următoarele:

Saucha (Purificare)

Purificarea corpului și a minții este specificată în „*Sutrele yoga*" ca un pas necesar în detașarea de lumea fizică în pregătirea pentru meditație. Pentru noi, acest lucru ar putea însemna identificarea și eliberarea tiparelor de gândire care au capacitatea de a ne distrage atenția de la scopurile noastre. Această purificare se face cu ochiul înțelepciunii, care distruge obiceiurile înrădăcinate în noi din timpuri imemoriale. Corpul pur duce la o minte pură și o minte pură la un suflet pur nelegat.

Santosa (Mulțumire)

Mulțumirea este o adevărată provocare pentru mulți oameni, așa că merită să examinăm de ce este atât de greu să ne simțim fericiți cu noi înșine. Cultura noastră este condiționată să dorească mereu mai mult și această luptă constantă de a deveni și de a avea este atât de răspândită încât este nevoie de un pic de efort pentru a realiza că nu este obligatorie. A fi mulțumit înseamnă a curge cu ceea ce viața dă și ia. Bucuria nu depinde de nimic și am uitat că suntem un pachet de bucurie. Suntem întotdeauna într-o stare de devenire, de a avea, care este contradictorie cu ceea ce suntem și avem, rareori putem accepta ceea ce este.

Tapas (Ascetism)

Una dintre traducerile tapas este căldura, deci este adesea interpretată ca practici încurajatoare care ne alimentează focul interior. Purificarea prin autodisciplină este descrisă în lucrarea lui Patanjali. În yoga contemporană, tapas ar putea fi observate prin practica zilnică a posturilor, meditației, care necesită autocontrol pentru a menține un corp și o minte sănătoasă.

Svadhyaya (Studiu)

Svadhyaya este uneori tradus ca auto-studiu, ceea ce implică faptul că înseamnă introspecție. Studiul scripturilor, memorarea și repetarea rugăciunilor sacre și a mantrelor, – care a fost și continuă să fie o practică obișnuită în hinduism – a fost primul pas care a condus la al doilea în a ajunge la cunoașterea de sine care include toată cunoașterea.

Ishvara Pranidhana (Dedicare lui Dumnezeu / Maestrului)

Ar fi putut însemna un maestru, un învățător sau un zeu nespeci-ficat. Supunerea față de un profesor este în concordanță cu relația învățător-student, care a fost o tradiție stabilită în yoga din India. Pentru scopurile noastre, ne putem gândi la aceasta ca la o necesitate de a recunoaște că yoga este o practică spirituală. Aceasta afectează întreaga persoană, ale cărei părți constitutive sunt mintea, corpul și spiritul. Un învățător sau profesor care au experiență și sunt învățați într-un anumit domeniu este o necesitate în domeniul practic, iar calea spirituală nu face excepție. Până când vom fi stabiliți pe calea dreaptă, avem nevoie de un învățător. După aceea, putem merge singuri, pentru că învățătorul poate doar să ne arate calea, el nu poate să o străbată pentru noi.

Fără a respecta regulile și restricțiile din viața de zi cu zi, care este meditație, nu putem merge mai departe și nu putem deconditiona mintea pentru a pătrunde în straturile mai profunde ale conști-inței noastre, prin urmare, pentru a câștiga adevărata libertate pe care o căutăm cu toții.

3. ASANA (POSTURA)

Hatha Yoga, care a fost introdusă în Occident, nu a fost menționată în lucrările originale ale înțeleptului Patanjali. Ceea ce voia să spună prin postură era pur și simplu o poziție confortabilă. Lucrarea lui Patanjali nu are altă instrucțiune asana decât necesi-tatea de a găsi o postură care să ne angajeze în practicile de pranayama (Respirație) și meditație. Hatha Yoga a fost practicată în peșteri de către yoghini pentru a menține corpul sănătos, deoarece nu aveau prea mult spațiu pentru alte exerciții.

4. PRANAYAMA (CONTROLUL RESPIRAȚIEI)

În ceea ce privește controlul respirației, Patanjali instruiește că practicantul ar trebuie să reglementeze inhalările, expirațiile și retențiile respirației. Deoarece cele opt membre sunt preocupate de pregătirea pentru meditație, orice respirație care este calmantă, și ne aduce în contact cu momentul prezent, ajută la pregătirea corpului și a minții pentru a întoarce atenția spre interior. Respirația este, de asemenea singurul simț care nu a fost corupt de eu, prin urmare, respirând corect, putem aduce energii subtile în corp care calmează mintea, reducând astfel gândurile. Dacă luăm doar o respirație și o ținem puțin mai îndelung putem să observam că în reținerea respirației mintea devine calma.

5. PRATYAHARA (RETRAGEREA SIMȚURILOR)

Izolarea conștiinței de distragerile oferite de angajarea cu simțurile este pregătirea fizică finală pentru practicile de meditație prezentate în ultimele trei membre. Aceasta poate fi în sine o formă a ceea ce am numi mindfulness (Conștientizare) în care intrările senzoriale – sunetele, imaginile, mirosurile – sunt observate ca externe și apoi lăsate să treacă fără a ne captura atenția. Aici restricțiile și regulile trebuie respectate.

Cel care a reușit să-și atașeze sau să-și detașeze mintea de la centrii simțurilor, a reușit în Pratyahara, ceea ce înseamnă „adunarea spre", verificarea puterilor exterioare ale minții, eliberând-o de robia simțurilor. Când vom putea face aceasta, vom avea cu adevărat caracter; numai atunci vom fi făcut un pas lung spre libertate; Înainte de asta suntem simpli roboți.

- Swami Vivekananda

Aici Swami Vivekananda subliniază că retragerea minții de la simțuri nu este o sarcină ușoară, dar dacă cineva are intenția de a se elibera de simțuri, a făcut un pas mare spre libertate. Această retragere nu înseamnă închiderea simțurilor sau suprimarea lor; Este doar să observăm când ne captează atenția făcându-ne să reacționăm, atrăgându-ne în plăcerile pe care le oferă, și devenind sclavii lor, un robot, așa cum subliniază Swami. Este în regulă să ne răsfățăm dacă apare o nevoie, dar nu ca o tendință obișnuită față de ele și prin urmare fiind robi ai plăcerilor.

6. DHARANA (CONCENTRARE)

Dharana este prima etapă a călătoriei interioare spre eliberarea de suferință. În timpul acestui tip de meditație, practicanții își concentrează toată atenția asupra unui singur punct de focalizare, cum ar fi buricul, asupra unei imagini din mintea lor sau asupra unei lumânări. Concentrarea este mai ușoară atunci când cineva se concentrează pe ceva plăcut, așa că începeți acolo și apoi treceți la corp și la centrele energiilor din corp.

7. DHYANA (ETAPA MEDITAȚIEI)

În această etapă, practicantul meditează asupra unui singur obiect al atenției sale, excluzându-le pe toate celelalte. Mintea încearcă să se gândească la un obiect, să se mențină într-un anumit loc, cum ar fi vârful capului, inima etc., și dacă mintea reușește să primească senzațiile numai prin acea parte a corpului și prin nicio altă parte, aceasta ar fi Dharana, și când mintea reușește să se mențină în acea stare pentru un timp, se numește Dhyana.

8. SAMADHI (CONTEMPLARE PURĂ)

Când dhyana este atinsă, practicantul intră într-o stare de samadhi în care se contopește cu obiectul meditației sale. Deși acest lucru a fost interpretat ca însemnând uniunea cu divinul sau cu întregul univers, explicația lui Patanjali nu merge atât de departe pentru că această stare nu poate fi explicată.

> *Oamenii înțeleg adesea greșit samadhi [absorbția]. El [Bhagavan] a spus povestea yoghinului care a petrecut sute de ani în transă pe Gange și, la trezire, primul său gând a fost pentru niște apă pe care o ceruse înainte de a intra în transă. Gândurile își reluaseră influența. Transa era inutilă. Maharshi a spus că adevărata realizare este să fii pe deplin conștient, să fii conștient de împrejurimile tale și de oamenii din jur, să te miști printre toate, dar să nu-ți contopești conștiința în mediul înconjurător. Rămâneți în conștiința voastră interioară independentă a eului. Aceasta este cea mai înaltă – să nu stai în transă care doar îți oprește mintea. Mintea trebuie distrusă în întregime, nu doar arestată.*

> -Sri Ramana Maharshi

Ramana Maharshi explică starea de samadhi, căci atunci când suntem conștienți de toate întâmplările fără sa fim absorbiți de gânduri aceea e starea de samadhi, cufundați în conștiința goală în adevărata noastră natură, așa cum a declarat Padmasambhava, căci în acest samadhi găsim pacea eternă. La fel ca oceanul care nu este niciodată afectat de valurile sale, sau cum cerul care nu este niciodată afectat de ceea ce zboară prin el, tot așa și noi nu suntem afectați de jocul dualității în acea stare de samadhi.

Aceste opt membre ale yoga sunt doar un sistem care ne ajută să ajungem la starea de libertate și desigur, ele sunt, așa cum am discutat mai devreme prezente în fiecare tradiție într-o formă sau alta. Toate sunt concepute pentru a face mintea să ajungă la o stare pură în care inima poate manifesta adevărata noastră realitate a iubirii eterne. Contemplarea divină pură a sinelui asupra lui Dumnezeu este starea divină, care este starea naturală a ființei noastre și care are nevoie să fie dezvăluită pentru a-și manifesta gloria. Deci, meditația include toți acești pași care ne ajută să ne detașăm încet de toate condiționările și, făcând astfel, să ne înrădăcinăm în conștiința de a fi acolo unde meditația este întreaga mișcare a vieții eterne.

Germanos a întrebat apoi: „Cum se face că, chiar și împotriva voinței noastre, multe idei și gânduri rele ne tulbură, intrând pe furiș și nedetectate pentru a ne fura atenția? Nu numai că nu le putem împiedica să intre, dar este extrem de dificil chiar să le recunoaștem. Este posibil ca mintea să fie complet liberă de ele și să nu fie deloc tulburată de ele?"
Avva Moise a răspuns: „Este imposibil ca mintea să nu fie tulburată de aceste gânduri. Dar dacă ne străduim, stă în puterea noastră fie să le acceptăm și să le acordăm atenției noastră, fie să le expulzăm. Venirea lor nu este în puterea noastră de a controla, dar expulzarea lor este. Modificarea minții noastre este, de asemenea, în puterea alegerii și efortului nostru. Când medităm cu înțelepciune și: continuu asupra Legii lui Dumnezeu, studiem psalmii și cântările, ne angajăm în post și privegheri și avem mereu în minte ceea ce urmează – împărăția cerurilor, Gheena focului și toate lucrările lui Dumnezeu – gândurile noastre rele se diminuează și nu-și găsesc locul. Dar când ne dedicăm timpul preocupărilor lumești și chestiunilor cărnii, conversației inutile și fără rost, atunci aceste gânduri josnice se înmulțesc în noi.

- Ioan Casian

Primii părinți ai creștinismului arată că meditația și contemplarea vor ajuta la depășirea minții rele și la găsirea stării de pace și iubire pe care o căutăm cu toții. Astăzi, Biserica ar trebui să pună mai mult accent pe aceste învățături. Dacă citim **Filocalia**, vom găsi înțelepciunea și cunoașterea pentru a depăși condiționarea minții, așa cum au făcut primii părinți prin practicarea celor mai profunde învățături ale lui Hristos pe care le putem numi yoga lui Hristos. Meditația este un mod de viață. Este o mișcare care trebuie recunoscută și urmată cu credință în viața de zi cu zi. Acea inteligență care străbate și menține întreaga existență văzută și nevăzută știe de ce avem nevoie, când și cât și dacă ne predăm ei, vom trăi o viață de libertate, indiferent de adversitățile pe care viața le poate oferi.

Rugăciunea, meditația și contemplarea ne aduc în tăcere și pace. Această tăcere și pace sunt aceleași: unde este pace este mereu tăcere și unde este tăcere este mereu pace. Este aceeași energie. Tăcerea nu este o stare indusă fără zgomot; este departe de asta. Tăcerea este atunci când mintea s-a golit de toate condiționările, toate judecățile, toate dorințele și făcând acest lucru ajunge la o stare naturală de odihnă și pace, care este tăcere.

Inteligența este servitorul intelectului: orice vrea intelectul, inteligența concepe și exprimă.
Intelectul vede toate lucrurile, inclusiv cerul. Nimic nu o întunecă decât păcatul. Pentru intelectul pur nimic nu este de neînțeles, la fel cum pentru inteligență nimic nu este dincolo de exprimare.
În virtutea trupului său, omul este muritor; și în virtutea intelectului și inteligenței sale el este nemuritor. Prin tăcere ajungi la înțelegere; După ce ați înțeles, dați expresie. În tăcere, intelectul dă naștere inteligenței; iar inteligența recunoscătoare oferită lui Dumnezeu este mântuirea omului.

- Sf Antonie cel Mare

Sfântul Antonie cel Mare arată că inteligența este energia care, atunci când mintea este curată fără nici o condiționare, ne permite să vedem realitatea vieții și să-i înțelegem misterele. În mintea tăcută inteligența își produce minunile și prin această inteligență putem încet să stabilim conștiința și să găsim pacea și liniștea acolo unde se vede nevăzutul, și totul își are locul său în schema lucrurilor în care viața și iubirea dansează cu bucurie.

Un suflet care disprețuiește tot ceea ce este nespiritual și care este cu totul rănit de iubirea pentru Dumnezeu suferă un extaz divin ciudat. După ce a înțeles clar natura interioară și esența ființelor create, precum și rezultatul lucrurilor umane, nu poate suporta să fie întemnițat sau circumscris de nimic. Dimpotrivă, depășindu-și propriile limite, răzvrătindu-se împotriva lanțurilor simțurilor și transcendând orice creatură, pătrunde întunericul divin al teologiei într-o tăcere negrăită și — în măsura în care harul o permite — percepe în lumina intelectivă a înțelepciunii inexprimabile frumusețea Celui care este cu adevărat. Intrând reverențios tot mai adânc în contemplarea intelectivă a acestei frumuseți, ea savurează, cu venerație iubitoare, roadele nemuririi — intelectele vizionare ale Divinului. Neretrăgându-se niciodată din acestea înapoi în sine, este capabilă să exprime perfect măreția și gloria lor. Activată, ca să spunem așa, într-un mod ciudat de Duhul, ea experimentează această admirabilă pasiune în bucurie și tăcere de nedescris; Cu toate acestea, nu poate explica cum este activată sau ce este ceea ce o împinge și este văzută de ea și îi comunică în secret mistere de nedescris.

- Nikitas Stithatos

Nikitas Stithatos arată frumos cum un suflet găsește realitatea în tăcere, unde se află frumusețea, bucuria și iubirea, prin eradicarea a tot ceea ce nu este spiritual și prin urmare, înțelegerea naturii interioare și a esenței întregii existențe, care este Dumnezeu. Tăcerea vine la acela care, prin practici spirituale și prin cunoaștere interioară, ajunge să înțeleagă lumea interioară a sufletului și merge dincolo de minte și corp, dar încă folosește corpul și mintea pentru scopul vieții, care este inerent în noi toți.

Krishnamurti, despre gândire:

Apoi apare întrebarea: poate gândul să fie complet tăcut și să funcționeze numai atunci când este necesar – când cineva trebuie să folosească cunoștințe tehnice, la birou, când vorbește și așa mai departe – iar restul timpului să fie absolut liniștit? Cu cât există mai mult spațiu și liniște, cu atât mai mult poate funcționa logic, sănătos, cu cunoașterea. În caz contrar, cunoașterea devine un scop în sine și aduce haos. Nu sunteți de acord cu mine, vedeți singuri? Gândul, care este răspunsul memoriei, al cunoașterii, al experienței și al timpului, este conținutul conștiinței; gândirea trebuie să funcționeze cu cunoaștere, dar poate funcționa cu cea mai înaltă inteligență numai atunci când există spațiu și liniște – când funcționează de acolo. Trebuie să existe spațiu vast și tăcere, pentru că atunci când există acel spațiu și tăcere, vine frumusețea și acolo există iubire. Nu frumusețea pusă laolaltă de om, arhitectura, tapiseriile, porțelanul, picturile sau poeziile, ci acel sentiment al frumuseții, al spațiului vast și al tăcerii. Și totuși, gândirea trebuie să acționeze, trebuie să funcționeze. Nu există nici o viață acolo, și apoi coborând. Deci aceasta este problema noastră – o fac o problemă pentru a putea investiga împreună, astfel încât atât tu cât și eu să descoperim ceva complet nou în asta. Pentru că de fiecare dată când cineva investighează fără să știe, descoperă ceva. Dar dacă investighezi cu cunoaștere, atunci nu vei descoperi niciodată nimic. Deci asta este ceea ce facem. Poate gândul să tacă? Poate acel gând, care trebuie să funcționeze în domeniul cunoașterii total, complet, obiectiv și sănătos, să se sfârșească singur? Adică, poate gândul care este trecutul, care este amintirea, care este o mie de ieri, poate tot acel trecut, toate aceste condiționări să se termine total? – astfel încât există tăcere, există spațiu, există un sentiment de dimensiune extraordinară.

- Jiddu Krishnamurti

La fel ca și alți maeștri, Krishnamurti ne invită să căutăm și să găsim pentru noi înșine dacă există o modalitate de a tăcea în noi înșine și de a recunoaște acel gând ca fiind util. Probabil, nu ne va oferi niciodată spațiu și tăcere, prin urmare, întrebarea este: poate gândul să fie folosit în cunoaștere și să fie lăsat acolo pentru a fi folosit doar atunci când este necesar? Dacă nu folosim memoria decât atunci când este nevoie, atunci, desigur, este posibil să tăcem și să observăm din acea tăcere. Fiecare dintre noi trebuie să afle asta pentru sine, doar acceptând ceva ca adevăr nu ne va aduce tăcere, pace, frumusețe și iubire.

> *Gândul este al timpului, inteligența nu este a timpului. Inteligența este incomensurabilă – nu inteligența științifică, nu inteligența unui tehnician, sau a unei gospodine, sau a unui om care știe foarte mult. Toate acestea sunt în domeniul gândirii și cunoașterii. Numai atunci când mintea este complet nemișcată – și poate fi liniștită, nu trebuie să practici sau să controlezi, poate fi complet nemișcată – atunci există armonie, există spațiu vast și tăcere. Și numai atunci Incomensurabilul este.*
>
> *- Jiddu Krishnamurti*

Krishnamurti continuă să sublinieze că atunci când cineva privește cu inteligența care vine din starea de conștientizare, fără nici un gând intermediar, numai atunci putem avea spațiu și liniște. După cum a spus Hristos, suntem mișcare și odihnă:

> *Isus a spus: „Dacă ei vă spun: „De unde veniți?”, spuneți-le: „Noi am venit din lumină, locul unde lumina a luat ființă de la sine, s-a stabilit și s-a manifestat după chipul lor.” Dacă ei vă spun: „Cine sunteți voi?”, spuneți: „Noi suntem copiii lui, suntem aleșii tatălui viu”. Dacă te întreabă: «Care este semnul tatălui tău în voi?», spune-le: «Este mișcare și odihnă.»”*
>
> *- Evanghelia lui Toma: 50*

Hristos nu numai că ne arată de unde venim sau cine suntem, ci și ce semne sunt în noi care dovedesc acest lucru. El spune, de asemenea, că noi suntem manifestarea care vine din acea liniște, pentru că din tăcere totul vine și în tăcere totul se întoarce. Această lumină este energia inteligibilă ca iubire și înțelepciune din care toată existența și non-existența se manifestă veșnic.

Krishnamurti continuă, explicând tăcerea:

Știm un singur lucru: acel gând este mereu în funcțiune. Și când gândul este în funcțiune, nu există tăcere, nu există conștientizare, așa cum am arătat. Conștiința, sau percepția, implică o stare de a vedea în care nu există nici un fel de imagine. Până nu aflu că este posibil să vezi fără nici o imagine, nu pot spune nimic altceva. Nu pot afirma că există o conștientizare, există o tăcere. Este posibil pentru mine, în viața de zi cu zi, să-mi observ soția, copilul, totul în jurul meu, fără o umbră de imagine? Află. Apoi, din această atenție există tăcere. Această atenție este tăcere. Și nu este rezultatul practicii, care este din nou gândită.

- Jiddu Krishnamurti

Alungă de la tine spiritul de vorbăreț. Căci în el se ascund cele mai îngrozitoare pasiuni: minciuna, vorbirea liberă, pălăvrăgeala absurdă, bufoneria, obscenitatea. Pentru a spune problema pe scurt, „prin vorbărie nu veți scăpa de păcat" (Prov. 10:19. LXX), în timp ce un om tăcut „este un tron al priceperii" (Prov. 12:23. LXX). Mai mult, Domnul a spus că va trebui să dăm socoteală de fiecare cuvânt nefolositor (cf. Mat. 12:36). Astfel, tăcerea este cea mai necesară și profitabilă.

- Sf Teodor Marele Ascet

Sfântul Teodor Marele Ascet afirmă că vorbirea inutilă nu este necesară și ar trebuie să vorbim mai puțin – doar atunci când este nevoie, dacă este posibil. În caz contrar, ar trebui să fim atenți la ceea ce rostim, pentru că așa cum a subliniat și Buddha noi devenim ceea ce gândim, iar vorbirea înseamnă gândire. Fiind tăcuți, nu stârnim patimile și prin urmare, tăcerea este o necesitate și este folositoare pentru că ne permite să fim atenți.

> *Sabatul (cf. Exod. 16:23; 20:10) semnifică odihna de patimi și de gravitația intelectului către natura ființelor create. Ea semnifică liniștea totală a patimilor, încetarea completă a gravitației intelectului față de lucrurile create și intrarea sa totală în divinitate. Cel care a atins această stare – în măsura în care Dumnezeu îngăduie – prin virtute și cunoaștere duhovnicească, nu trebuie să cugete deloc la vreun lucru material, căci, asemenea toiagurilor (cf. Num. 15, 32), astfel de lucruri stârnesc patimile; și nu trebuie să-și aducă aminte de nici un principiu natural. Altfel, asemenea păgânilor, vom afirma că Dumnezeu Își găsește plăcerea în patimi sau este proporțional cu natura. Numai tăcerea perfectă Îl proclamă, iar necunoașterea totală și transcendentă ne aduce în prezența Sa.*

> *- Sf Maxim Marturisitorul*

Sfântul Maxim explică aici că sensul Sabatului este odihna deplină de patimi și gravitația intelectului față de obiectele simțurilor, astfel încât omul ar trebui să fie pe deplin stabilit în conștiința ființei. În tăcerea care urmează este realitatea ființei noastre, prezența lui Dumnezeu. Iudeii din acea vreme nu înțelegeau semnificația Sabatului. De aceea L-au acuzat pe Hristos că a făcut o lucrare în ziua Sabatului, fără să-și dea seama că Hristos era pe deplin în Sabat tot timpul; El nu avea nevoie să practice tradiția. Aceasta nu înseamnă că el era deasupra legii, ci că era în lege și legea în dânsul.

Există trei virtuți legate de liniște pe care trebuie să le păzim cu scrupulozitate, examinându-ne în fiecare oră pentru a ne asigura că le posedăm, în cazul în care, prin nepăsare, suntem jefuiți de ele și rătăcim departe de ele. Aceste virtuți sunt stăpânirea de sine, tăcerea și reproșul de sine, care este același lucru cu smerenia. Ele se îmbrățișează și se sprijină reciproc; Și din ele se naște rugăciunea și prin ele înflorește iubirea.

- Sf Grigorie Sinaitul

Sfântul Grigorie explică faptul că cel care este smerit în liniște și practică autocontrolul, tăcerea și introspecția sunt deja înrădăcinate în conștientizare, care este platforma de unde se poate decola în viața interioară a spiritului și începe să înțeleagă misterele vieții.

M: Înainte de a-L putea accepta pe Dumnezeu, trebuie să te accepți pe tine însuți, ceea ce este și mai înspăimântător. Primii pași în acceptarea de sine nu sunt deloc plăcuți, pentru că ceea ce vedem nu este o priveliște fericită. Este nevoie de tot curajul pentru a merge mai departe. Ceea ce ajută este tăcerea. Uită-te la tine în tăcere totală, nu te descrie. Uită-te la ființa care crezi că ești și amintește-ți – nu ești ceea ce vezi. „Asta nu sunt – ce sunt eu?" este mișcarea de autocercetare. Nu există alte mijloace de eliberare, totul înseamnă întârziere. Respingeți cu hotărâre ceea ce nu sunteți, până când Sinele real iese la iveală în nimicnicia sa glorioasă, în „non-unul" său.

- Nisargadatta Maharaj

Nisargadatta Maharaj subliniază calea cercetării de sine, iar procesul tăcerii este o cale în acest sens. A asculta, a privi în tăcere și în tăcere înseamnă a privi fără nici o judecată, fără nici o condiționare. Este doar pentru a observa și a vedea. A avea o înțelegere totală a propriei noastre ființe este calea cercetării de sine, și în acest proces, tot ceea ce nu este real dispare fără nici un efort.

Când înțelegem limitările minții, ne dăm seama că mintea singură nu poate face nimic pentru a merge dincolo de ea însăși! În acest stadiu, tăcem. Aceasta înseamnă că nu suntem neliniștiți, nu există conflicte, nu luptăm împotriva a nimic, suntem tăcuți. În această tăcere ne întrebăm: „Poate că există posibilitatea să se întâmple ceva care este altceva decât mintea?" Acest lucru nu poate fi conceput teoretic, poate fi doar experimentat.

- Sri M

Sri M subliniază că o minte tăcută nu poate apărea prin gândire forțată. Tăcerea vine atunci când cineva se predă și recunoaște că gândul nu ne poate duce în tăcere, pentru că cel care încearcă să aducă tăcerea încă gândește. Astfel, tăcerea vine atunci când cineva înțelege și se predă cu adevărat la ceea ce este, la viață, fără atașare, fără respingere, fără conflicte interioare sau exterioare, fără judecăți, când cineva privește și observă fără nici un filtru de condiționare, liber de cutare, atunci se produce o liniște în care chiar și în mijlocul unei străzi aglomerate cu zgomotele ei, oameni, mașini și așa mai departe nu ești deranjat, ești tăcut observând venirea și plecarea vieții cu toate gândurile care vin și pleacă netulburat de ele. Aceasta este deci liniște, o liniște și o minte sănătoasă. Într-o astfel de minte există înțelegere și conștientizare, iar iubirea se poate manifesta liber.

Pentru a ajunge la tăcerea și pacea interioară trebuie să te negi pe tine însuți, dar această negare trebuie făcută de ochiul înțelepciunii; prin inteligența care vine spontan într-o stare de atenție deplină, fără trecut sau amintire, fără a proiecta trecutul în viitor și fără a face imagini despre cum ar trebui să fie viața, sau cum ar vrea cineva să fie. Adevărata tăcere nu vine prin așteptare sau prin semne. Este acolo așa cum a fost întotdeauna. Este una dintre stările noastre naturale. Ea nu poate fi cultivată prin gândire; Ea poate fi descoperită doar de o minte care este pe deplin conștientă, trăind în prezent unde există inteligență, iubire și compasiune, așa cum au fost întotdeauna adevărata noastră natură dezvăluită prin renunțarea la toate atașamentele, ideile, dorințele și condiționările care nu sunt de la noi.

> *Este noțiunea de „tu" și „eu" prin care mintea ta a fost ținută captivă tot timpul; Ar trebui să înțelegeți că combinația de sunete care are puterea de a vă elibera de această robie este cea care trebuie folosită. Într-adevăr, prin sunet se pătrunde în Tăcere; căci El Se manifestă în toate formele, fără excepție. Într-adevăr, totul este posibil într-o stare care este dincolo de cunoaștere și ignoranță. Atâta timp cât nu sunteți în cele din urmă stabiliți în acea cunoaștere supremă, voi toți locuiți în tărâmul valurilor și al sunetului. Există sunete care determină mintea să se întoarcă spre exterior și altele care o atrag în interior. Dar sunetele care tind spre exterior sunt, de asemenea, conectate cu cele care duc spre interior. Prin urmare, datorită interrelației lor, se poate produce, într-un moment de bun augur, acea uniune perfectă, care este urmată de marea Iluminare, revelarea a ceea ce este. De ce nu ar fi posibil acest lucru, din moment ce El este întotdeauna revelat de Sine?*

> — Sri Anandamayi Mayi

Anandamayi subliniază că prin sunet se poate pătrunde în tăcere și atunci când sunetele exterioare ale vieții fuzionează cu cele interioare, atunci există iluminare, este uniunea perfectă cu sinele, care este întotdeauna auto-revelat. Când mișcarea interioară și mișcarea exterioară a vieții devin una, atunci am transmutat lumea dualității, trăind întotdeauna cu ceea ce este și în ea este libertatea noastră. Toți maeștrii indică tăcerea interioară, nu tăcerea indusă de gândire în care nu se vorbește. Aceasta nu este tăcere adevărată; Este un produs al eului. Va fi puțin beneficiu dacă cineva practică acea tăcere nerostită și trebuie să fim atenți să nu cădem în iluzie și să fim păcăliți de eu (ego). Fiecare tradiție ne invită să ne găsim propriul sine și găsindu-l, ne câștigăm adevărata libertate în fiecare acțiune. Putem vorbi mai departe despre libertate și putem vedea ce presupune libertatea reală.

CAPITOLUL 26

LIBERTATEA

Este libertatea o stare de a fi în care cineva face tot ce dorește, atunci când dorește, căzând astfel în permisivitate ca o mișcare egoistă doar pentru a-și îndeplini propriile dorințe? Dacă observăm, aceasta este condiționarea actuală a minții umane legată de libertate: o bulă inventată în care cineva trăiește cu confortul pe care îl are, cu relațiile pe care le are, pe baza dorințelor pe care le are, cu când și cum vrea să se bucure și cu cine.

Libertatea nu are nimic de-a face cu egoismul. Adevărata libertate este a unei minți care și-a înțeles limitele și a predat controlul vieții veșnice și în această predare, își găsește libertatea dacă este binecuvântare.

„Ceea ce este important nu este controlul gândirii, ci înțelegerea ei, înțelegerea originii, începutului gândirii, care este în tine însuți. Adică, creierul stochează amintiri – puteți observa acest lucru singur; Nu trebuie să citești cărți despre asta. Dacă nu ar fi stocat amintiri, nu ar fi putut gândi deloc. Această amintire este rezultatul experienței, al cunoașterii – a ta sau a comunității, a familiei, a

rasei și așa mai departe. Gândul izvorăște din acel depozit al memoriei. Deci, gândirea nu este niciodată liberă, este întotdeauna veche, nu există libertate de gândire. Gândirea nu poate fi niciodată liberă în sine, poate vorbi despre libertate, dar în sine este rezultatul amintirilor, experiențelor și cunoștințelor trecute; Prin urmare, este veche. Cu toate acestea, cineva trebuie să aibă această acumulare de cunoștințe, altfel nu ar putea funcționa, nu ar putea vorbi cu altul, nu ar putea merge acasă și așa mai departe. Cunoașterea este esențială. În meditație trebuie să aflăm dacă există un sfârșit al cunoașterii și, astfel, al eliberării de cunoscut. Dacă meditația este o continuare a cunoașterii, este continuarea a tot ceea ce omul a acumulat, atunci nu există libertate. Există libertate numai atunci când există o înțelegere a funcției cunoașterii și, prin urmare, libertatea față de cunoscut.

- Jiddu Krishnamurti

Aici Krishnamurti explică modul în care gândirea – oricât de puternică ar fi, – nu ne poate da niciodată libertate. Dimpotrivă, ne va ține mereu in întuneric și întreaga esență a tuturor practicilor spirituale este de a ne elibera din robia gândirii. Aceasta înseamnă să găsim eliberarea de orice condiționare, care este cunoașterea greșită despre noi înșine și despre adevărata noastră natură. În adevărata libertate, găsim iubire și nimic altceva. Nu este o libertate fizică, ci o libertate psihologică care, atunci când este descoperită, înseamnă că a fi în închisoare sau acasă sau în orice circumstanțe fizice ne-am afla nu ar face nicio diferență. Când am descoperit această libertate, suntem într-adevăr binecu-vântați pentru că nimic și nimeni nu ne poate lua această liber-tate. Este nemărginită și nu poate fi exprimată, ci doar trăită.

Banii și posesiunile de orice fel nu ne pot oferi această libertate. Ele ne pot da un sentiment de libertate, indus de condiționarea noastră care se potrivește cu proiecțiile și dorințele noastre, ofer-indu-ne satisfacție deplină dacă toate dorințele noastre sunt îndeplinite. De asemenea, banii ne pot oferi flexibilitate pentru a ne deplasa în plan fizic și a ne bucura de ceea ce banii pot să ne ofere, dar aceasta nu este libertate; Aceasta este adevărata robie. De aceea Hristos a spus:

Este mai ușor pentru o cămilă să treacă prin urechea acului decât pentru cineva bogat să intre în împărăția lui Dumnezeu.

- Marcu 10:25

Ceea ce a vrut să spună Hristos este că pentru un om bogat, care are multe averi și griji cu privire la ele, este foarte greu să-și predea mintea realității absolute care este Dumnezeu. Astfel de oameni sunt prea atașați de posesiunile lor și nu sunt capabili să se detașeze cu ușurință de ceea ce posedă, fizic sau de altă natură. Nu înseamnă că o persoană bogată nu o poate face, dar este nevoie de un efort mai mare pentru a ceda voinței universale, iubirii supreme. În schimb, o persoană săracă nu are atât de multe la care să renunțe și ar putea găsi mai ușor să se predea, dar chiar și săracii sunt încă prea mult în robia puținului pe care îl au. Nu înseamnă că trebuie să renunțăm la ceea ce avem: asta nu asigură libertatea. Este adevărat că trăirea unei vieți simple, doar cu posesiunile de care avem nevoie, ne va ajuta să mergem spre libertate. Ceea ce trebuie să dăruim și să predăm este eul cu toate speranțele, fricile, dorințele și așa mai departe. Dacă trebuie să renunțăm la ceva, la asta trebuie să renunțăm mai întâi.

Când câștigăm această libertate, relațiile cu oamenii, lucrurile și locurile sunt ca o briză răcoroasă într-o zi fierbinte. Relația corectă cu întreaga existență vine natural într-un mod iubitor, să nu excludem nimic, să nu ne atașăm sau să rezistăm, să nu urâm, să nu ne înfuriem, să nu posedăm sau să controlăm pe altcineva, să nu rănim pe nimeni. În această stare, suntem o lumină asupra noastră. Într-adevăr, foarte rare sunt astfel de suflete și dacă suntem binecuvântați cu prezența lor, vom beneficia fără ca noi să știm.

> *Binecuvântarea, pacea eternă, izvorâtă din libertatea perfectă, este cel mai înalt concept de religie care stă la baza tuturor ideilor lui Dumnezeu din Vedanta Existență absolut liberă, nelegată de nimic, de nici o schimbare, de nici o natură, de nimic care să poată produce o schimbare în El. Aceeași libertate este în tine și în minte și este singura libertate reală. Dumnezeu este nemișcat, întemeiat pe Sinele Său maiestuos și neschimbător. Tu și cu mine încercăm să fim una cu El, dar să ne plantăm în natură, în fleacurile vieții de zi cu zi, în bani, în faimă, în iubirea umană și în toate aceste forme schimbătoare din natură care duc la robie. Când natura strălucește, de ce depinde strălucirea? Asupra lui Dumnezeu și nu asupra soarelui, nici asupra lunii, nici asupra stelelor. Oriunde strălucește ceva, fie că este lumina din soare sau din conștiința noastră, acela este El. El strălucește, totul strălucește din El.*

> - Swami Vivekananda

Swami Vivekananda subliniază că această libertate – care este Dumnezeu absolut – nu poate fi găsită decât dacă încetăm să ne identificăm cu natura, cu banii, cu faima și dragostea umană. Nu putem cunoaște niciodată adevărata libertate până când nu ne găsim adevărata natură.

> *Doctrina eliberării pe care Buddha a predicat-o a fost eliberarea de sub jugul lui Avidyā. Avidyā este ignoranța care ne întunecă conștiința și tinde să o limiteze în limitele sinelui nostru personal. Această Avidyā, această ignoranță, această limitare a conștiinței creează separarea dură a eului și astfel devine sursa tuturor mândriilor, lăcomiei și cruzimii incidentale, căutării de sine. Când un om doarme, el este închis în activitățile înguste ale vieții sale fizice. El trăiește, dar*

nu cunoaște relațiile variate ale vieții sale cu împrejurimile sale, de aceea nu se cunoaște pe sine însuși. Deci, atunci când un om trăiește viața lui Avidyā, el este limitat în sinele său. Este un somn spiritual; Conștiința sa nu este pe deplin trează la cea mai înaltă realitate care îl înconjoară, prin urmare el nu cunoaște realitatea propriului său suflet. Când atinge Bodhi, adică trezirea din somnul sinelui la perfecțiunea conștiinței, el devine Buddha (ființa iluminată).

- Rabindranath Tagore

Rabindranath Tagore expune frumos că atunci când ne trezim la propria noastră realitate nu mai suntem închiși în închisoarea propriei noastre creații. Toate învățăturile marilor maeștri au învățat, în esență, eliberarea din această robie, lepădarea de orice condiționare care împiedică mintea să se unească în conștiința infinită a realității absolute, a ființei. În această deșteptare este eliberarea de toate ideile pe care le avem, de toate atașamentele, de toate atașamentele și controlul, de toate speranțele și fricile, de toate subiectele și obiectele. În această libertate acționăm în iubire cu înțelepciunea care izvorăște din iubirea supremă; O iubire care nu are un centru, ci curge netulburată, care este liberă să atingă toată existența și nici o existență. Această libertate este inerentă în noi toți; este adevărata noastră natură; este așa cum spațiul este infinit.

Deci, dacă credem că suntem liberi și avem mijloacele de a face orice ne place în orice moment, trebuie să ne gândim din nou, pentru că aceasta nu este libertate, ci este cea mai mare robie imaginabilă. A deveni liberi de lume și de atracțiile ei, liberi de propria noastră ignoranță, este o sarcină extraordinară și de aceea doar câțiva pot merge pe această cale spre libertatea supremă. Fără a ne găsi propriul drum, și a merge pe el renunțând la bagajul nostru de acumulări – materiale și mentale – nu putem ieși niciodată din suferință, mizerie, și nu putem atinge niciodată iubirea.

Nu poți fi sau deveni inteligent din punct de vedere spiritual în modul natural pentru om în starea sa pre-căzută decât dacă atingi mai întâi puritatea și eliberarea de corupție. Căci curăția noastră a fost acoperită de o stare de lipsă de rațiune dominată de simțuri, iar ne-stricăciunea noastră originară de corupția cărnii.

- Sf Grigorie Sinaitul

Sfântul Grigorie Sinaitul arată starea noastră naturală și că, pentru a o recâștiga, trebuie să ne curățim de corupția propriului nostru eu, de unde izvorăște toată ignoranța și cele cinci otrăvuri.

Deci, vedem că adevărata libertate vine atunci când mintea este în starea sa pură, fără încurcăturile eului, fără atașamente, fricii și conflicte. Apoi, există pace interioară, liniște și suntem liberi să acționăm în fiecare moment în mod corect, să ne raportăm la celălalt într-un mod iubitor. Când viața interioară și cea exterioară sunt în uniune, nu există nici un război interior de conflicte, vinovăție și așa mai departe. Indiferent de situația externă în care ne aflăm atunci, nu suntem afectați. Știm când și cum să reacționăm, pentru că în acea stare de spirit inteligența operează fără ca gândul să intervină și acesta este modul corect de a acționa, față de noi înșine și față de ceilalți. Atunci compasiunea este acolo pentru toate ființele simțitoare, și iubirea poate curge netulburată ca un râu care curge spre mare. Cel care acționează astfel nu cere nimic, nu vrea nimic: orice i se oferă, va accepta; Orice este luat, El va da cu bucurie. Adevărata noastră libertate se află în mintea noastră atunci când eul a renunțat la tot controlul și și-a dat seama de limitările sale. Apoi, sinele și eul se contopesc în unitate și lucrează în armonie.

Timp de secole, țările au purtat războaie între ele și aceste războaie sunt distructive, dar ele reprezintă, de asemenea, impuritatea minții noastre, care este atât de coruptă de lăcomie, de putere, de invidie, de gelozie, de ură, de mânie, de incapacitatea noastră de a ne elibera și de a ne câștiga libertatea interioară, de aceste otrăvuri care fac ravagii în mințile noastre, care au fost atât de condiționate din timpuri imemoriale, pentru că mintea nu este a mea sau a ta. Este mintea universală; Este o singură minte, nu multe, dar am împărțit totul și în această diviziune există întotdeauna conflict, iar fluxul iubirii este restricționat.

Când ne purificăm propria minte, purificăm și mintea universală, iar acest efect este resimțit de ceilalți. Gândurile nu pot fi oprite cu forța, pentru că este în natura minții să gândească. Totuși, putem înceta să ne atașăm de gânduri distructive; Putem discerne și făcând asta, nu reacționăm într-un mod egoist, într-un mod distructiv. Toate învățăturile spirituale indică o minte eliberată de cătușele egoismului, iar această libertate nu poate fi cumpărată pe altarul cererii. Această libertate vine atunci când mintea devine purificată prin post, rugăciune, meditație, atenție, observându-se în fiecare moment în fiecare act. Trebuie să fim propriul nostru judecător, procuror și călău pentru a aduce calitățile unei minți curate și acesta este cel mai greu lucru de făcut. Avansăm la nivel material în toate domeniile științei, pentru că ni s-a dat inteligența, dar acea inteligență trebuie să opereze la toate nivelurile conștiinței, nu numai pentru îmbunătățirea corpului și a confortului său.

Cu cât avem mai mult confort și libertate fizică de a face ce vrem, cu atât este mai dăunător. Devenim plictisitori, leneși, închiși în zona noastră de confort. Mintea fiind condiționată de cunoaștere, devine plină de mândrie pentru realizări. Toată lumea trăiește într-o bulă creată de noi înșuși, nefiind niciodată liberi, așa că acceptăm oameni și lucruri doar în funcție de ideile, conceptele, tradițiile noastre și așa mai departe. Cum putem atunci să avem o relație adevărată bazată pe iubirea cu celălalt? Atâta timp cât suntem condiționați, o relație cu altcineva este doar superficială; Este doar o tranzacție de afaceri. Când doi oameni renunță la toate condiționările, toate conflictele dispar și se pot întâlni de la inimă la inimă având o relație bazată pe iubire, atunci sunt liberi în dragoste dar puține sunt aceste suflete care pot face acest pas.

Pentru că am fost educați în acest fel – să concurăm, să comparăm, să judecăm întotdeauna pe celălalt în funcție de ceea ce știm, – condiționarea noastră direcționează mintea să gândească în acest fel; Este un obicei. Nu contează cât de inteligenți suntem în cuvinte sau fapte; Suntem încă închiși în această bulă creată de noi. Putem avea capacitatea de a dobândi cunoștințe și de a folosi aceste cunoștințe într-un mod egoist: aceasta nu este inteligență. A acționa cu o inteligență care nu a fost coruptă de gândire înseamnă a acționa întotdeauna în mod corect.

Putem observa acest lucru în viața de zi cu zi și putem vedea cum eul profită de inteligență și acționează în consecință dorințelor egoiste. Fără dorințe egoiste, eul nu ar avea nici o putere de a acționa.

Putem vedea că este imperativ pentru noi să căutăm să ne cunoaștem pe noi înșine și în această cunoaștere încetul sinele își dezvăluie propria glorie, iubirea sa pentru toate ființele. Numai în acest fel omenirea poate dezvălui raiul pe pământ așa cum a declarat Domnul:

> *Când a fost întrebat de farisei când va veni împărăția lui Dumnezeu, Isus a răspuns: „Împărăția lui Dumnezeu nu va veni cu semne observabile. Nici oamenii nu vor spune: „Uite, iată-l" sau „acolo e". Căci vedeți, Împărăția lui Dumnezeu este în mijlocul vostru."*
>
> *- Luca 17:20*

> *„Am luat poziție în mijlocul lumii, și întrupat, m-am arătat lor. I-am găsit pe toți beți și nu am găsit pe niciunul dintre ei însetat. Mă durea sufletul pentru copiii omenirii, pentru că ei sunt orbi în inimile lor și nu văd, pentru că au venit în lume goi și caută, de asemenea, să plece din lumea goi. Dar între timp sunt beți. Când se vor scutura de vin, atunci își vor schimba obiceiurile."*
>
> *- Evanghelia lui Toma: 28*

Hristos ne spune clar că raiul este printre noi, dar noi suntem prea beți ca să-l vedem. Beat aici înseamnă prea cufundat în ceea ce lumea are de oferit, ceea ce nu este nimic în comparație cu împărăția, dacă am putea să o vedem. Când devenim lipsiți de pasiune și relaționăm unii cu alții și ne vedem beția noastră, putem deveni însetați de adevăr și scuturându-ne vinul care este vălul iluziei și deschizându-ne inimile către adevăr, atunci este posibil să vedem raiul despre care Hristos vorbește. Procedând astfel, nu vom mai trăi goi în această lume, pentru că nu trebuie să mergem nicăieri. Raiul este atunci aici și acum și moartea nu are nici o putere asupra noastră.

Este într-adevăr atât de simplu, dar în același timp atât de complex. Noi am creat complexitatea și până când nu devenim simpli și nu trăim o viață de simplitate și umilință, cu răbdare unii pentru alții, nu vom vedea niciodată raiul despre care vorbește Hristos. De aceea este atât de important să ne câștigăm libertatea din ghearele ignoranței și otrăvurilor care au afectat omenirea timp de atâtea milenii. Această libertate este aici și acum. Dacă am avea curajul să privim, să observăm viața noastră de zi cu zi și modul în care reacționăm la circumstanțele și condițiile care apar în viața noastră, atunci poate că se poate produce o schimbare în conștiință.

Când suntem liberi, nu avem nevoie de arme, pentru că vom avea iubirea, cea mai mare armă dintre toate, iar dacă suntem amenințați cu moartea, nu ne va păsa prea mult de trup, pentru că știm că nu murim dacă trupul moare. Suntem liberi așa cum Hristos a fost pe cruce; Liber de orice corupe dragostea. Aceasta este o minte și o inimă care sunt libere pentru că au scuturat vinul și s-au trezit la ființa supremă absolută de lumină și atunci vom iubi așa cum spune Hristos:

Iubește-ți fratele ca pe viața ta! Protejează-l ca lumina ochilor!

- Evanghelia după Toma: 25

Această dragoste despre care vorbește Hristos nu poate fi cultivată prin nici o moralitate sau etică. Această iubire este eternă și nu are nevoie să i se adauge nimic. Când descoperim această iubire în inimile noastre, suntem acasă, suntem sfinți, suntem în uniune cu realitatea absolută a ființei și aceasta este adevărata libertate.

Libertatea este o stare de spirit. Nu înseamnă să fii liber de ceva, ci să fii liber să te îndoiești și să pui la îndoială totul, astfel încât să poți arunca orice formă de dependență, sclavie, conformitate și acceptare. A fi liber înseamnă a fi singur. Solitudinea este o stare interioară a minții care nu depinde de nici un stimul, cunoaștere sau experiență. Când experimentezi această singurătate, vei înțelege necesitatea de a trăi cu tine însuți așa cum ești, nu așa cum crezi că ar trebui să fii. Libertatea poate veni doar în mod natural, nu prin dorință, dorință sau dor. Nici nu o veți găsi creând o imagine a ceea ce credeți că este. Pentru a găsi libertatea, trebuie să înveți să privești viața fără robia timpului, pentru că libertatea se află dincolo de câmpul conștiinței.

- Jiddu Krishnamurti

Krishnamurti descrie adevărata libertate care vine în mod natural atunci când ne-am eliberat de toate atașamentele și dependența și ne-am confruntat în interior cu noi înșine, ajungând să cunoaștem cine suntem așa cum suntem, nu așa cum dorim să fim. Când mergem în interior fără a depinde de nimic sau de nimeni, atunci putem merge dincolo de timp, spațiu și cunoscut și acolo vom găsi adevărata libertate, nu libertatea imaginară pe care mintea a produs-o prin gândire și timp, care sunt întotdeauna limitate.

Stăpânit de sine, cu mintea neatașată tot timpul, dincolo de dorință, omul atinge prin renunțare libertatea supremă față de acțiune. Învață de la mine pe scurt, Arjuna, că atunci când un om câștigă succesul, el câștigă și liber-

tatea perfectă, starea supremă a cunoașterii. Cu o înțele-gere purificată, stăpânindu-se pe deplin, renunțând la toate obiectele senzoriale, eliberat de aversiune și poftă, mâncând solitar ușor, controlând vorbirea, mintea și corpul, absorbit în mediere profundă în orice moment, calm imparțial liber de Eu și al meu, liber de agresiune, aroganță, lăcomie, dorință și furie, el este potrivit pentru starea de libertate absolută.

- Domnul Krishna

În *Bhagavad Gita*, Krishna descrie modul în care o persoană poate atinge starea de libertate absolută și, ca toți ceilalți maeștri iluminați, subliniază că, după eliberarea dorințelor, neatașați și cu mintea absorbiți în conștiința liberă de otrăvuri, suntem apoi stabiliți în libertatea absolută și aceasta este singura cale.

Gândurile conduc viața. Eliberarea de gânduri este adevărata natură a noastră — Fericirea. Moartea este un gând și nimic altceva. Cine gândește ridică necazuri. Lasă-l pe gânditor să spună ce i se întâmplă în moarte. Adevăratul „eu" este tăcut. Nu ar trebui să gândim: „Eu sunt acesta", „Eu nu sunt acela". A spune „aceasta" sau „aceea" este greșit. Ele sunt, de asemenea, limitări. Numai „Eu sunt" este adevărat. Tăcerea este „eu".

- Sri Ramana Maharshi

Ramana Maharshi subliniază că adevărata noastră natură este dezvăluită atunci când dobândim înțelegere despre noi înșine și realizăm că toate gândurile sunt limitate și nu pot da niciodată libertate; Numai tăcerea poate.

Intelectul face multe lucruri bune și rele fără corp, în timp ce corpul nu poate face nici bine, nici rău fără intelect. Acest lucru se datorează faptului că legea libertății se aplică la ceea ce se întâmplă înainte de a acționa.

- Sf Marcu Ascetul

Sfântul Marcu Ascetul subliniază, de asemenea, că toate întâmplările din lume se datorează intelectului nostru și asta determină modul în care acționăm. Dacă mintea este liberă și pură, atunci libertatea urmează peste tot. O minte liberă este o minte care nu se atașează și nu rezistă la nimic; este într-o stare de echilibru.

Libertatea și fericirea sufletului constau în puritate autentică și detașare de lucrurile trecătoare.

Rețineți că trebuie să fiți întotdeauna un exemplu prin viața morală și acțiunile voastre. Pentru cei bolnavi găsiți și recunoașteți medicii buni, nu doar prin cuvintele lor, ci și prin acțiunile lor.

Sfințenia și inteligența sufletului trebuie recunoscute din ochiul, mersul, vocea, râsul omului, felul în care își petrece timpul și compania pe care o ține. Totul este transformat și reflectă o frumusețe interioară. Căci intelectul, care se bucură de dragostea lui Dumnezeu, este un paznic vigilent și împiedică intrarea în gândurile rele și întinătoare.

- Sf Antonie cel Mare

Sfântul Antonie cel Mare arată aici că o inimă liberă este curată, detașată de toate lucrurile trecătoare. Conștientizarea intelectului este o condiție prealabilă pentru păstrarea minții și a inimii pure.

Atâta timp cât suntem în ignoranță, suntem aparent liberi doar în chestiuni minore. Slăbiciunile noastre, nepotrivirile noastre ne leagă. Suntem sclavii stărilor noastre de spirit, poftelor și impulsurilor noastre. Ānandamayī Mā aseamănă libertatea omului obișnuit cu cea a unei vaci care este legată cu o frânghie de un stâlp. În limitele frânghiei, ea are libertate. Dar, desigur, dacă vaca ar putea să se desprindă de frânghie, ea ar câștiga libertate completă. În mod similar, persoana care face efortul spiritual corect poate tăia astfel

*frânghia iluziei care o leagă de lumea finită a pseudo-feri-
cirii și poate atinge libertatea.*

- Sri Anandamayi Mayi

Anandamayi subliniază că suntem întotdeauna sclavii poftelor
și reacțiilor dispoziției noastre la lucruri și, prin urmare, suntem
legați de frânghia iluziei și pentru a o tăia este necesar un efort
spiritual. Această libertate vine în schimbul negării a tot ceea ce
nu suntem și este necesar să știm ce suntem, observarea directă
și experiența. Putem ști ce suntem doar atunci când am desco-
perit ceea ce nu suntem și, negând toate acestea, vom rămâne cu
ceea ce suntem. Nimeni nu ne poate da această libertate; Numai
noi ne putem elibera dacă avem intenția de a face acest lucru, dar
aici apare imposibilitatea pentru majoritatea oamenilor: teama de
a pierde identitatea a ceea ce am fost condiționați să credem că
suntem. A ști ceea ce suntem cu cunoașterea timpului și a gândirii
nu este adevărat, pentru că este limitată. Cunoașterea de sine
vine numai prin percepție și înțelegere directă, prin experiență
directă după ce realizăm ceea ce nu suntem, vom rămâne cu ceea
ce suntem cu adevărat: adevăr, existență și beatitudine.

*Tocmai am văzut că Sinele nu se poate vedea pe Sine.
Cunoașterea noastră se află în rețeaua Mâyâ (irealitatea),
iar dincolo de aceasta este libertatea. În cadrul rețelei există
sclavie, totul este sub lege; Dincolo de asta nu există lege.
În ceea ce privește universul, existența este guvernată de
lege, iar dincolo de aceasta este libertatea. Atâta timp cât
vă aflați în rețeaua timpului, spațiului și cauzalității, a
spune că sunteți liberi este un nonsens, pentru că în acea
rețea totul se află sub legi, secvențe și consecințe riguroase.
Fiecare gând pe care îl credeți este cauzat, fiecare senti-
ment a fost cauzat; A spune că voința este liberă este un
nonsens pur. Numai atunci când existența infinită vine, ca
să spunem așa, în această rețea Maya, ea ia forma voinței.
Voința este o parte din acea ființă, prinsă în rețeaua Maya
și, prin urmare, „liberul arbitru" este un termen impropriu.*

Nu înseamnă nimic – prostie pură. La fel și toată această discuție despre libertate. Nu există libertate în Maya. Toată lumea este la fel de legată în gând, cuvânt, faptă și minte, ca o bucată de piatră sau această masă. Faptul că vă vorbesc acum este la fel de riguros în cauzalitate ca și faptul că mă ascultați. Nu există libertate până când nu treci dincolo de Maya. Aceasta este adevărata libertate a sufletului. Oamenii, oricât de ageri și intelectuali ar fi, oricât de clar ar vedea forța logicii că nimic aici nu poate fi liber, sunt cu toții obligați să creadă că sunt liberi; nu se pot abține. Nici o muncă nu poate continua până când nu începem să spunem că suntem liberi. Înseamnă că libertatea despre care vorbim este întrezărirea cerului albastru printre nori și că adevărata libertate – cerul albastru însuși – este în urmă. Adevărata libertate nu poate exista în mijlocul acestei iluzii, al acestei halucinații, al acestui nonsens al lumii, al acestui univers al simțurilor, al corpului și al minții.

- Swami Vivekananda

Aici Swami Vivekananda afirmă, de asemenea, că libertatea este dincolo de timp și spațiu, în spatele minții și intelectului. Când vedem limitarea intelectului, atunci ne predăm complet momentului prezent și acolo găsim libertatea. Pentru această predare să se întâmple, efortul este necesar pentru un timp, deoarece intelectul – eul – va găsi modalități de a ne păcăli cu o libertate făcută de el. Suntem liberi de la început, pentru că așa cum Hristos a declarat unde este începutul acolo este și sfârșitul.

Ucenicii i-au spus lui Isus: Spune-ne cum va fi sfârșitul nostru. Isus a spus: Din moment ce ai descoperit începutul, de ce cauți sfârșitul? Căci unde este începutul, acolo va fi și sfârșitul. Ferice de cel ce va sta la început căci va cunoaște sfârșitul și nu va gusta moartea.

- Evanghelia după Toma: 18

Aici Hristos arată spre momentul prezent, pentru că dacă cineva ia poziţie la început şi nu permite eului să aducă timp prin judecăţi, atunci va vedea viaţa aşa cum este şi în acea observare înseamnă a trăi fără moarte.

Eu nu sunt mintea, intelectul, eul sau memoria, nu sunt urechile, pielea, nasul sau ochii, nu sunt spaţiu, nici pământ, nici foc, apă sau vânt, sunt forma conştiinţei şi a fericirii, sunt eternul Shiva.

Eu nu sunt respiraţia, nici cele cinci elemente, nu sunt materia, nici cele cinci învelişuri ale conştiinţei, nici vorbirea, nici mâinile, nici picioarele, sunt forma conştiinţei şi a fericirii, sunt eternul Shiva.

Nu există nici o asemănare sau antipatie în mine, nici lăcomie sau amăgire, nu cunosc mândrie sau gelozie, nu am nici o datorie, nici o dorinţă de bogăţie, poftă sau eliberare, eu sunt forma conştiinţei şi a fericirii, eu sunt eternul Shiva.

Fără virtute sau viciu, plăcere sau durere, nu am nevoie de mantre, de pelerinaj, de scripturi sau ritualuri

, nu sunt experimentatul, nici experienţa în sine, sunt forma conştiinţei şi a fericirii, sunt eternul Shiva.

Nu am frică de moarte, nici castă sau crez, nu am tată, nici mamă, pentru că nu m-am născut niciodată, nu sunt nici rudă, nici prieten, nici profesor, nici student, sunt forma conştiinţei şi a fericirii, sunt eternul Shiva.

Sunt lipsit de dualitate, forma mea este lipsa formei, exist peste tot, pătrunzând toate simţurile, nu sunt nici ataşat, nici liber, nici captiv, sunt forma conştiinţei şi a fericirii, sunt eternul Shiva.

- Adi Shankara

Rândurile de mai sus sunt luate din *Nirvana Shatakam* de Adi Shankara. Adi Shankara descrie ceea ce nu este şi, făcând acest lucru, dezvăluie adevărata realitate. Dar rostirea acestor cuvinte nu este suficientă pentru a dobândi adevărata cunoaştere; Trebuie să depunem efort și făcând acest lucru cu o practică constantă, totul va fi revelat prin grația Supremului, căci cel care are inima hotărâtă să găsească adevărul îl va găsi. Am putea vorbi la nesfârșit despre această libertate, dar din ceea ce am prezentat până acum ar trebui să înțelegem că această libertate este deja inerentă în noi, așteptând să fie dezvăluită. Cum să o descoperim, în cele din urmă, este prin cunoașterea de sine.

În această libertate există iubire – merg împreună – și cu această iubire trecem prin viață fără probleme, fără griji, pentru nimic. Suntem nemișcați de acțiune și avem compasiune și afecțiune pentru toate creaturile. Vom acționa în dragoste cu iubire și vom deveni liberi de orice condiționare a trecutului sau viitorului.

> *Trebuie să aflăm singuri ce înseamnă să mori; atunci nu există frică, prin urmare, fiecare zi este o nouă zi – și chiar vreau să spun asta, se poate face asta – pentru ca mintea și ochii voștri să vadă viața ca pe ceva cu totul nou. Aceasta este eternitatea. Aceasta este calitatea minții care a venit asupra acestei stări atemporale, pentru că a știut ce înseamnă să mori în fiecare zi față de tot ceea ce a adunat în timpul zilei. Cu siguranță, în asta există iubire. Iubirea este ceva cu totul nou în fiecare zi, dar plăcerea nu este, plăcerea are continuitate. Iubirea este mereu nouă și, prin urmare, este propria sa eternitate.*

> *- Jiddu Krishnamurti*

Krishnamurti descrie această iubire ca pe un nou moment în timp, mereu proaspăt, viu și cu o energie imensă. Dacă trăim cu această iubire și în această iubire, putem relaționa cu oamenii cu ușurință. Trebuie să trecem să vorbim despre viață și relații, pentru că viața este relaționarea și modul în care relaționăm și interacționăm unul cu celălalt este de mare importanță, pentru că acolo, dragostea are jocul ei.

CAPITOLUL 27

VIAȚA SI RELAȚIILE

Viața însăși este relații. Este doar o matrice de relații interconectate cu oamenii, mediul, lumea în general și relația interioară pe care o avem cu noi înșine. Am fost în relații de la nașterea noastră: cu mama, tatăl, frații, prietenii și așa mai departe, dar foarte puțini pot avea o relație deschisă bazată pe iubire, pentru că suntem cu toții călăriți de condiționările noastre și de problemele noastre. Cu toții am făcut din viață o închisoare și toți luptăm pentru a scăpa din ea în același mod, înlocuind o închisoare cu alta, ceea ce ne oferă mai multă satisfacție. Suntem într-o căutare nesfârșită pentru a găsi acea închisoare perfectă – care, de fapt, nu există.

Viața este o energie vie într-o continuă transformare, deoarece corpurile noastre sunt miliarde de organisme care trăiesc împreună într-o singură mișcare. Așa este cu întreaga creație: este Dumnezeu în mișcare. Dacă putem curge doar cu mișcarea vieții, atunci avem șansa de a fi liberi de toate necazurile. Viața știe de ce avem nevoie, cât de mult și când și ne va oferi totul dacă ne predăm pe deplin ei. Din păcate, puțini sunt cei care pot face asta. Cei mai mulți dintre noi ne scurgem împotriva vieții și împotriva naturii într-un mod distructiv. Noi nu suntem separați de natură;

Noi facem parte din ea. Viața este atotcuprinzătoare, nu exclude niciodată, dar noi suntem creaturi ale excluderii și includem doar ceea ce ne oferă satisfacție și plăcere. Pe oamenii care dansează pe melodiile noastre în viață îi includem iar pe restul îi excludem sau îi evităm. Relațiile de astăzi sunt doar tranzacții de afaceri și când încetăm să dăm sau să primim, relația are probleme. Găsim câteva relații adevărate: o mamă cu un copil, de exemplu, este relația mai apropiată de iubire care ar trebui să susțină toate relațiile, dar numai unii au descoperit că dragostea nu este coruptă în nici un fel, pentru că nu poate fi niciodată coruptă de nimic. Viața este iubire și iubirea este viață.

Scopul vieții este descris în *Filocalie*, din care până acum ne-am uitat la mulți maeștri și învățăturile lor:

Ce a determinat mai întâi alegerea textelor făcute de Sfântul Nicodim și Sfântul Macarie și le dă coeziunea? „Filocalia" însăși înseamnă iubire față de frumos, față de cel înălțat, față de cel excelent, înțeleasă ca izvor transcendent al vieții și revelare a Adevărului. Printr-o astfel de iubire, așa cum spune subtitlul ediției originale, „intelectul este purificat, iluminat și desăvârșit". Textele au fost adunate în vederea acestei purificări, iluminări și perfecțiuni. Ele arată calea de a trezi și dezvolta atenția și conștiința, de a atinge acea stare de veghere care este semnul distinctiv al sfințeniei. Ele descriu condițiile cele mai eficiente pentru a învăța ceea ce autorii lor numesc arta artelor și știința științelor, o învățare care nu este o chestiune de informație sau de agil-itate a minții, ci o schimbare radicală a voinței și a inimii care îl conduce pe om spre cele mai înalte posibilități care îi sunt deschise, modelând și hrănind partea nevăzută a ființei sale și ajutându-l la împlinirea spirituală și unirea cu Dumnezeu. Filocalia este un itinerar prin labirintul timpului, un drum tăcut al iubirii și al cunoașteri prin deșerturile și golurile vieții, mai ales ale vieții moderne, o prezență însuflețitoare și neștearsă. Este o forță activă care revelează o cale spirituală și îl determină pe om să o urmeze. Este o chemare pentru el să-și depășească ignoranța, să descopere cunoașterea care se află în interior, să scape de iluzie.

> \- G.E.H. Palmer, Philip Sherrard,
> Arhimandritul Kallistos,
> Ware (Bussock Mayne).

Se spune frumos că starea de veghere trebuie găsită pentru a ajunge la cunoașterea de sine, care nu este o activitate mentală prin dobândirea de informații, ci conștientizarea intrinsecă a ființei care va dezvălui realitatea a cui suntem cu ajutorul iubirii și liniștii, fără reacțiile și impulsurile intelectului. Viața este terenul unde se întâmplă totul. Este o energie vie în iubire și include toate ființele și non-ființele de pretutindeni.

Fizica s-ar opri atunci când ar fi capabilă să-și îndeplinească serviciile în descoperirea unei energii din care toate celelalte nu sunt decât manifestări, iar știința religiei ar deveni perfectă atunci când L-ar descoperi pe El, care este unica viață într-un univers al morții, pe Cel care este baza constantă a unei lumi în continuă schimbare. Unul care este singurul Suflet din care toate sufletele nu sunt decât manifestări înșelătoare. Astfel, prin multiplicitate și dualitate, se ajunge la unitatea finală. Religia nu poate merge mai departe. Acesta este scopul întregii științe.

> \- Swami Vivekananda

Swami Vivekananda descrie că viața, ca întreaga existență, este energia existențială, baza întregii vieți și în cele din urmă, știința va descoperi adevărul acestei energii existențiale din care se manifestă toate energiile. El afirmă, de asemenea, că atunci când cineva l-a găsit pe cel care este viața supremă, atunci a atins apogeul perfecțiunii religiei.

Există două tipuri de pelerini în călătoria vieții: unul, ca un turist, este dornic de vizitarea obiectivelor turistice, rătăcind dintr-un loc în altul, zburând de la o experiență la alta pentru distracție. Cealaltă pășește pe calea care este în concordanță cu adevărata ființă a omului și duce la adevărata sa casă, la cunoașterea de Sine.

- Sri Anandamayi Mayi

Anandamayi subliniază, de asemenea, că adevăratul scop al vieții este viața care duce la cunoașterea de sine, în timp ce majoritatea dintre noi suntem atrași de o viață de experiențe pentru distracție și plăcere.

Spiritul se identifică în mod greșit cu corpul grosier. Corpul a fost proiectat de minte; Mintea însăși își are originea în spirit. Dacă identificarea greșită încetează, va exista pace și fericire neîntreruptă permanentă. Viața este existența care este Sinele tău. Aceasta este viața veșnică. În caz contrar, vă puteți imagina un moment în care nu sunteți? Că viața nu este condiționată de corp și vă identificați greșit existența cu cea a corpului. Ești viață necondiționată. Aceste corpuri se atașează de voi ca proiecții mentale și sunteți afectați de ideea „eu sunt corpul". Dacă această idee încetează, voi sunteți Sinele vostru.

- Sri Ramana Maharshi

Ramana Maharshi subliniază, de asemenea, că noi înșine suntem viață; Noi suntem existența care este însuși Sinele în toate ființele. Numai odată cu apariția cunoașterii de sine poate fi înțeleasă realizarea a ceea ce este viața. Până atunci, cei mai mulți dintre noi ne vom privi viața dintr-un punct de vedere îngust al propriei condiționări, cu toată meschinăria pe care o producem. Viața este cel mai mare dar pe care Dumnezeu l-a dat, pentru că El S-a dat pe Sine într-o multitudine de forme, pentru ca noi să experimentăm măreția, viața și iubirea sa supremă. Viața este o mișcare unitară în iubire, căci viața și iubirea nu pot fi separate: ele sunt o singură energie care dansează dansul vieții.

Viața este totul – personal sau nu – deoarece în ea întâlnim circumstanțe și condiții care apar și ne provoacă; Este Universitatea Vieții. Cele mai multe dintre aceste circumstanțe și condiții nu sunt în controlul nostru sau orice control pe care l-am putea avea este minim. Singurul lucru care este în controlul nostru este modul în care reacționăm la ceea ce se prezintă în fața noastră. Cel care este liber va reacționa, fără îndoială, în mod corect, dar cel aflat sub influența eului, cu toate condiționările sale, va reacționa în conformitate cu filtrele acestei condiționări, frici, dorințe și așa mai departe. De exemplu, o persoană care trece printr-o despărțire în căsătorie, dacă este profund atașată și trăiește într-o rețea de imagini despre cum ar trebui să fie viața, proiectând mereu prin imagini, atunci acea persoană va trece printr-o mulțime de conflicte în acea separare. Pe de altă parte, cineva stabilit în conștiință nu va fi afectat de vestea separării și poate avea înțelepciunea de a repara relația, dacă este posibil și dacă nu, poate accepta pe deplin rezultatul și se va separa în dragoste, menținând în continuare o relație cu cealaltă parte. Dragostea ar trebui să fie încă acolo, doar relația se schimbă, dragostea nu se schimbă niciodată. Acolo unde este dragostea adevărată problemele nu există.

Pe partea practică a vieții – viața exterioară ca să spunem așa – probleme nu există pentru cel care este neatașat și liber. Circumstanțele și condițiile apar și, dacă pot fi schimbate, acționați asupra lor, dar dacă nu pot fi schimbate acceptați ceea ce este. Chiar dacă ar putea fi schimbate, acționați asupra lor numai dacă este în beneficiul multora, nu numai în beneficiul câtorva. Majoritatea dintre noi acționăm numai dacă există ceva pentru noi în acea acțiune. Mintea este condiționată de-a lungul acestor linii de gândire și este egoistă așa cum este eul.

Uitarea naturii tale reale este adevărata moarte; Amintirea ei este adevărata naștere, pune capăt nașterilor succesive. A ta este atunci viața veșnică. Cum apare dorința de viață veșnică? Pentru că starea actuală este insuportabilă. De ce? Pentru că nu este adevărata voastră natură. Dacă ar fi fost natura ta reală, nu ar fi existat nici o dorință de a te agita. Cum diferă starea prezentă de natura ta reală? Voi sunteți Spirit în adevăr.

- Sri Ramana Maharshi

Ramana Maharshi arată cum viața este eternă – nu are un început sau un sfârșit – și este adevărata noastră natură. Pentru că suntem morți față de recunoașterea acestui adevăr dacă nu ne trezim, viața poate fi un șir de nenorociri și tristeți. Așa cum am prezentat în capitolele anterioare, suferința este făcută de noi înșine și dacă suferim, atunci suferim doar pentru că mergem împotriva curentului vieții. Fluxul vieții este manifestarea Dumnezeului suprem care este iubirea. Totul în univers curge cu viața, numai noi mergem împotriva fluxului vieții și a căii naturale. Încercăm să cucerim natura, dar adevăratul cuceritor este cel care a transmutat natura interioară și făcând acest lucru, depășește timpul și spațiul.

Viața înseamnă o multitudine de relații – directe sau indirecte. Suntem într-o relație cu întreaga existență, de la cel mai mic atom la cea mai mare dintre planete. Modul în care ne raportăm unii la alții și la mediu are un impact asupra tuturor lucrurilor, pentru că suntem cu toții interdependenți și ceea ce îl afectează pe unul îl va afecta și pe celălalt. Din păcate, nu toată lumea este conștientă de acest fapt. Pentru a deveni conștienți, trebuie să observăm natura și oamenii și să vedem cum o acțiune are un efect de undă asupra multora.

Aici, unde majoritatea dintre noi acționăm în moduri egoiste, devenim distructivi față de natură și alte creaturi, acționând numai pentru propriul nostru beneficiu și satisfacție.

Există cineva care guvernează lumea și este grija Lui să aibă grijă de lume. Cel care a dat viață lumii știe să aibă și grijă de ea. Dacă progresăm, lumea progresează. Așa cum ești tu, așa este și lumea. Fără înțelegerea Sinelui, la ce folosește înțelegerea lumii? Fără cunoașterea de sine, cunoașterea lumii nu este de nici un folos. Vezi lumea prin ochii Sinelui tău suprem.

- Sri Ramana Maharshi

Ramana Maharshi ne reamintește că lumea progresează în conformitate cu progresul nostru spre realizarea de sine. O persoană auto-realizată curge cu viața și niciodată împotriva ei. Dacă nu am realizat adevărul, viața va fi în concordanță cu cât de mult suntem stabiliți în conștientizare și cât de pure sunt mințile și inimile noastre.

„Eu sunt sinele, Arjuna,
Așezat în inimile tuturor ființelor:
Eu sunt începutul și durata vieții,
a ființelor și a sfârșitului lor, de asemenea."

- Domnul Krishna

În *Bhagavad Gita*, Krishna îi spune lui Arjuna că el este viața din toate ființele și acesta este adevărul pe care toți maeștrii l-au rostit de la începutul timpului. Suntem pur și simplu ignoranți față de acest adevăr și tratăm viața ca pe un lucru care se întâmplă pur și simplu. Dacă ne lăsăm modelați de iubire, viețile noastre vor fi binecuvântate.

Încă din copilărie, întâlnim viața și trecem prin multe experiențe din care învățăm foarte mult. Cu toate acestea, această învățare – dacă este prin filtrul unei minți condiționate – nu este învățare adevărată. Adevărata cunoaștere are loc doar prin cunoașterea adevărată – în prezent, nu printr-o amintire adusă într-un prezent care urmează să fie schimbat în viitor. Adevărata învățare are loc prin cunoaștere directă, fără judecăți sau prezumții. A vedea este împreună cu înțelegerea și acțiunea; este o mișcare în momentul prezent.

În moduri practice, noile descoperiri științifice se întâmplă în acest fel. Da, trebuie să adăugăm cunoștințe și să folosim memoria pentru a funcționa – pentru a conduce o mașină, de exemplu, sau pentru a învăța o abilitate sau pentru a efectua orice acțiune practică. Acest tip de învățare este esențial pentru a funcționa în societate. Toate progresele înregistrate în domeniile tehnologice se bazează pe acest tip de învățare. Viața la nivel practic este un lucru, dar nivelul psihologic este altul. La școală am învățat să devenim medici și așa mai departe, dar nimeni nu ne-a învățat cum să ne ocupăm de viața interioară, cum să reacționăm și să nu reacționăm, cum să nu urâm și cum să nu fim geloși. Toate acestea sunt predate în același mod în care se predă aritmetica, dar aceste lucrări interioare nu pot fi înțelese în același mod. Adevărata învățătură cu privire la acest aspect trebuie să fie prin învățare directă, fără nici o condiționare. Trebuie să avem capacitatea de a acorda atenție aspectelor interioare ale ființei noastre, de a observa mișcarea interioară a emoțiilor și sentimentelor, de unde vin, cine le creează, cum apar și de ce răspundem în moduri atât de distructive față de noi înșine și față de ceilalți din cauza lor; Chiar și cum să facem față depresiei sau anxietății, care cicatrizează inima și mintea, creând atât de multă suferință după experiențe proaste pe măsură ce trecem prin viață.

Prin urmare, dacă suntem serioși în ceea ce privește trecerea spre scopul spiritual și meditația, atunci ar trebui să acționăm și să trăim în această lume cât de bine putem. Ar trebui să facem tot posibilul să fim buni, atât atunci când este ușor, cât și atunci când este greu. Acest lucru va fi diferit pentru diferite persoane, deci trebuie să vă urmăriți cu atenție. Observarea de sine într-o relație cu ceilalți este o parte foarte importantă a sadhanei spirituale. Voi încheia cu un exemplu. Am mai spus acest lucru. Dacă mă duc și stau într-o peșteră din Himalaya și meditez timp de treisprezece ani și la sfârșit spun: „Acum sunt cu adevărat liber de furie, fără tristețe, liber de gelozie și așa mai departe", de fapt nu are sens, pentru că în peșteră nu este nimeni pe care să te enervezi. Nu mă pot supăra pe peșteră. Nu pot deveni gelos pe nimic acolo, pentru că nu este nimic pentru care să fiu gelos. Doar când ies din peșteră și intru în lume, când mă urc într-un autobuz de la Rishikesh pentru a merge la Haridwar și cineva mă calcă pe picior în autobuz, atunci știu dacă sunt cu adevărat liber de furie, gelozie etc. Prin urmare, poate una dintre cele mai importante mărci ale progresului spiritual, ale progresului în meditația noastră, este cât de moale este inima noastră, dacă simțim durerea altora, grija noastră pentru ceilalți, nu doar pentru familia noastră, ci pentru toată lumea.

- Sri M

Sri M, unul dintre maeștrii spirituali de astăzi, subliniază, de asemenea, că viața spirituală este încorporată în viața lumească și invers. Nu fugind de lume, ci doar rămânând cu practica noastră în viața noastră de zi cu zi avem o idee despre cum progresăm în spirit, prin modul în care reacționăm și răspundem la ceea ce viața are de oferit.

Maeștrii noștri au subliniat că numai prin dobândirea cunoașterii de sine – prin înțelegerea funcționării minții, a gândurilor și a eului – putem merge dincolo de corp și minte, pentru că făcând acest lucru atingem iubirea supremă, devenind una cu viața și având o relație corectă unul cu celălalt și cu natura. Căile cunoașterii de sine trebuie integrate în educația tinerilor, pentru că ei sunt viitorul omenirii. Tinerii de astăzi s-au rătăcit; Ei sunt cei mai confuzi. Înțelepciunea și iubirea sunt necesare pentru a-i trezi pe ceilalți și pot fi primite numai de la maeștrii iluminați de ieri, de azi și de mâine. Toți răspund dacă li se cere să ajute cu inima deschisă, pentru că nu sunt morți, sunt vii în toate. De aceea Hristos a declarat:

„Eu sunt lumina care este în ansamblu. Eu sunt Totul. Totul a ieșit din mine. Și pentru mine Totul a venit. Despicați o bucată de lemn – eu sunt acolo. Ridică piatra și mă vei găsi acolo."

- Evanghelia lui Toma: 77

Hristos este viață și lumina Lui este pretutindeni. El este iubirea supremă. Numai noi trebuie să căutăm împărăția și totul va fi adăugat asupra noastră. Viața știe de ce avem nevoie și când, de asemenea, cât. Toți maeștrii iluminați împărtășesc aceleași calități, aceeași înțelepciune și iubire. Este aceeași conștiință care răspunde prin Hristos, Buddha și așa mai departe.

De ce suferă omul. Cu toate acestea, atâta timp cât omul se identifică cu corpul său material și nu reușește să-și găsească odihna în adevăratul său Sine, el își simte dorințele în funcție de dorințele inimii sale care rămân nesatisfăcute. Pentru a le satisface, el trebuie să apară adesea în carne și oase pe scena vieții, supus influenței întunericului, Maya, și trebuie să sufere toate necazurile vieții și morții nu numai în prezent, ci și în viitor.

- Swami Sri Yukteswar

Sri Yukteswar ne amintește că atâta timp cât credem că suntem corpul și nu găsim odihnă în sine, vom fi întotdeauna blocați în ciclul nașterii și morții, revenind la universitatea vieții pentru a învăța cum să iubim și să renunțăm la eu.

Această luptă complexă între ceva interior și lumea exterioară este ceea ce numim viață. Deci, este clar că atunci când această luptă va înceta, va exista un sfârșit al vieții. Ceea ce se înțelege prin fericire ideală este încetarea acestei lupte. Dar atunci viața va înceta, pentru că lupta poate înceta numai atunci când viața însăși a încetat. Am văzut deja că, ajutând lumea, ne ajutăm pe noi înșine. Principalul efect al muncii făcute pentru alții este să ne purificăm pe noi înșine. Prin efortul constant de a face bine altora încercăm să uităm de noi înșine; Această uitare de sine este singura mare lecție pe care trebuie să o învățăm în viață. Omul crede prostește că se poate face fericit și, după ani de luptă, află în sfârșit că adevărata fericire constă în uciderea egoismului și că nimeni nu-l poate face fericit decât el însuși.

- Swami Vivekananda

Swami Vivekananda subliniază că lupta dintre sine și lumea exterioară se numește viață și dacă nu scăpăm de egoismul nostru, nu vom fi fericiți. Dacă putem realiza acest lucru, viața este doar fericire. Nu mai există lupte, și chiar dacă există lupte, nu suntem afectați de ele. Deci, putem trăi viața simțurilor cu dorințele pe care viața le are de oferit sau putem să ne ridicăm deasupra și, făcând acest lucru, să trăim o viață de iubire și fericire fără nici o luptă. Viața nu se schimbă, este acolo, dar modul în care reacționăm la viață este o alegere și în funcție de modul în care reacționăm în ea se află fericirea sau tristețea noastră. Am fost educați greșit în ceea ce privește căutarea fericirii și condiționarea adusă de educație este greu de eradicat, deoarece obiceiurile sunt insuflate în psihicul nostru. Educația spirituală este esențială pentru a ne transforma pe noi înșine și lumea. Fără ea, nu vom putea ieși din cursa șobolanilor și ne vom lupta și suferi în propriile noastre mâini.

Mai întâi, ocupă-te de datoriile vieții lumești, apoi apucă-te de viața spirituală folosind puterea discriminării. Cei înțelepți nu vor fi leneși în a avea grijă de ambele aspecte ale vieții. Dacă neglijezi viața lumească și urmezi doar viața spirituală, îți vei crea suferință. Dacă ai grijă de viața lumească împreună cu viața spirituală, atunci se poate spune că ești înțelept.

Dacă cineva renunță complet la viața lumească pentru viața spirituală, atunci nu poate nici măcar să obțină mâncare pentru mesele sale. Cum poate o persoană atât de nevoiașă să aibă succes în viața spirituală?

Dacă viața spirituală este părăsită și cineva urmărește doar viața lumească, atunci va exista suferință în momentul morții. Fără viață spirituală, vei fi extrem de nefericit la sfârșitul vieții tale, când va veni moartea.

Dacă cineva nu îndeplinește munca atribuită de șef, ci doar stă leneș acasă, șeful îl va pedepsi, iar acest lucru va fi văzut de alții.

Într-o astfel de situație, cineva își pierde reputația și oamenii râd cu cruzime de el. În acest fel, ființa vie creează o mare suferință și tristețe în timpul vieții.

Același principiu se aplică și cu privire la ceea ce se întâmplă la sfârșitul vieții. Prin urmare, trebuie să aveți devotament față de Dumnezeu și să câștigați experiența reală a propriei voastre Forme Adevărate divine (Swaroopa).

Înțelegeți că cel care este eliberat în timp ce duce o viață lumească este un adevărat yoghin. El vede continuu clar și se gândește la ceea ce este potrivit și la ceea ce este nepotrivit.

Cel care este atent în viața lumească poate înțelege cu ușurință ce va face ca viața spirituală să aibă succes. Cel care nu are capacitatea de a funcționa corespunzător în viața lumească nu va avea succes nici în viața spirituală.

De aceea, aveți grijă și fiți vigilenți atât în viața lumească, cât și în viața spirituală.

Dacă nu reușiți să faceți acest lucru, veți suferi multe

dureri.

Chiar și viermii și insectele se uită cu atenție atunci când pășesc de la o frunză la alta. Toate ființele vii din lume se mișcă folosind un anumit simț al discernământului și al discriminării. Ce se poate spune atunci despre ființele umane care își trăiesc viața rătăcind în iluzie?

- Sf Shri Samartha Ramdas

Sfântul Shri Samartha arată mai sus că viața lumească și viața spirituală trebuie să meargă mână în mână pentru ca noi să atingem scopul suprem, care se află în noi toți. El afirmă, de asemenea, că cel care găsește libertatea în timp ce duce o viață lumească este un adevărat yoghin. Pentru că adevărata libertate trebuie găsită în mijlocul lumii, nu prin evadarea din ea. Există momente când trebuie să ne retragem pentru o perioadă pentru a ne stabili în conștiință, dar odată ce am reușit, atunci putem să ne întoarcem și să trăim o viață morală și să urmăm moralitatea inimii.

Din nou, unele plăceri sunt adevărate, altele false. Iar plăcerile exclusiv intelectuale constau în cunoaștere și contemplare, în timp ce plăcerile trupului depind de senzație. Mai mult, dintre plăcerile trupești, unele sunt atât naturale, cât și necesare, în absența cărora viața este imposibilă, de exemplu plăcerile hranei care umple risipa și plăcerile îmbrăcămintei necesare.

Altele sunt naturale, dar nu necesare, ca plăcerile actului sexual natural și legal. Căci, deși funcția pe care o îndeplinesc acestea este de a asigura permanența rasei ca întreg, este totuși posibil să trăiești o viață virgină separat de ele.

Altele, însă, nu sunt nici naturale, nici necesare, cum ar fi beția, pofta și excesul de alcool. Căci acestea nu contribuie nici la menținerea vieților noastre, nici la succesiunea neamului omenesc, ci, dimpotrivă, sunt mai degrabă chiar o piedică.

De aceea, cel care vrea să trăiască o viață plăcută lui Dumnezeu trebuie să urmeze acele plăceri care sunt atât naturale, cât și necesare: și trebuie să acorde un loc secundar acelora care sunt naturale, dar nu necesare, și să se bucure de ele numai la timpul potrivit, în maniera și măsura potrivită; în timp ce la celelalte trebuie să se renunțe cu totul.

- Sf Ioan Damaschinul

În cele de mai sus, Sfântul Ioan Damaschinul arată că plăcerile necesare pentru susținerea vieții nu sunt o problemă atâta timp cât cineva le acordă atenția cuvenită și le folosește numai atunci când este nevoie, fără a forma un obicei din ele.

A trăi o viață luând doar ceea ce este necesar este corect, trăind în faptul că toată lumea este inclusă și toată omenirea va avea lucrurile necesare pentru a trăi viața în bunătate.

A trăi într-o bunătate perfectă înseamnă a-ți realiza viața în infinitiv. Aceasta este cea mai cuprinzătoare viziune asupra vieții pe care o putem avea prin puterea noastră inerentă a viziunii morale, viziunii asupra plenitudinii vieții. Iar învățătura lui Buddha este să cultivăm această putere morală în cea mai mare măsură, să știm că domeniul nostru de activitate nu este legat de planul sinelui nostru îngust.
Aceasta este viziunea Împărăției cerești a lui Hristos. Când ajungem la acea viață universală, care este viața morală, ne eliberăm de legăturile plăcerii și durerii, iar locul eliberat de sinele nostru se umple de o bucurie negrăită care izvorăște din iubirea fără măsură. În această stare, activitatea sufletului este cu atât mai intensă, numai puterea sa nu este din motivul dorințe, ci din propria sa bucurie. Aceasta este karma-yoga Gitei, calea de a deveni una cu activitatea infinită prin exercitarea activității bunătății dezinteresate.
Când Buddha a menționat calea realizării omenirii din strânsoarea mizeriei, el a ajuns la acest adevăr: că atunci

când omul atinge scopul său cel mai înalt prin fuzionarea individului în universal, el devine liber de chinurile durerii.

- Rabindranath Tagore

Tagore folosește învățăturile maestrului despre viață pentru a sublinia că viața noastră ar trebui să fie petrecută într-o bunătate perfectă, prin contopirea vieții noastre în viața universală, și făcând acest lucru, devenim liberi de legăturile plăcerii și durerii, în acest lucru, manifestăm bucuria care izvorăște din iubirea supremă, starea noastră naturală de a fi. Dacă cineva renunță la voința personală și se aliniază voinței universale, atunci libertatea este acolo, pentru că voința universală știe direcția pe care trebuie să o luăm și ne va menține pe calea cea bună spre libertate.

Viața este o rețea de relații și de fiecare dată când ne raportăm la cineva sau ceva, modul în care relaționăm este de cea mai mare importanță, deoarece determină modul în care ne trăim viața. Dacă relațiile pe care le avem nu sunt construite prin iubire, atunci ele vor duce la suferință; Totul depinde de cine relaționează: eul sau sinele. Eul cu tot egoismul, judecățile și așa mai departe sau sinele care este liber și capabil să se conecteze cu oricine prin iubire.

Cred că trebuie să înțelegem, nu ca o teorie, nu ca un concept speculativ, distractiv, ci mai degrabă ca un fapt real – că noi suntem lumea și lumea suntem noi. Lumea este fiecare dintre noi; A simți asta, a fi cu adevărat angajat față de ea și față de nimic altceva, trezește un sentiment de mare responsabilitate și o acțiune care nu trebuie să fie fragmentară, ci întreagă. Cred că suntem înclinați să uităm că societatea noastră, cultura în care trăim, care ne-a condiționat, este rezultatul efortului uman, al conflictului, al mizeriei și suferinței umane. Fiecare dintre noi este acea cultură; Comunitatea este fiecare dintre noi – nu suntem separați de ea. Pentru a simți acest lucru, nu ca o idee intelectuală sau un concept, ci pentru a simți efectiv realitatea acestui lucru, trebuie să intrăm în întrebarea ce este relația; Pentru că viața noastră, existența noastră, se bazează pe relații. Viața este o mișcare în relație. Dacă nu înțelegem ce implică relațiile, inevitabil nu numai că ne izolăm, ci creăm o societate în care ființele umane sunt divizate, nu numai la nivel național, religios, ci și în ele însele și, prin urmare, proiectează ceea ce sunt în lumea exterioară. Nu știu dacă ați intrat pro- fund în această întrebare pentru voi înșivă, pentru a afla dacă cineva poate trăi cu altul în armonie totală, în acord complet, astfel încât să nu existe nici o barieră, nici o diviziune, ci un sentiment de unitate completă. Pentru că relația înseamnă a fi relaționat – nu în acțiune, nu într-un proiect, nu într-o ideologie – ci a fi total unit în sensul că diviziunea, fragmentarea dintre indivizi, dintre două ființe umane, nu există deloc la nici un nivel. Dacă nu găsim această relație, mi se pare că atunci când încercăm să aducem ordine în lume, teoretic sau tehnologic, suntem obligați să creăm nu numai diviziuni profunde între om și om, ci și să nu putem preveni corupția. Corupția începe în lipsa relațiilor; Cred că aceasta este rădăcina corupției. Dacă examinăm îndeaproape relația noastră actuală unul cu celălalt, fie ea intimă sau superficială, profundă sau trecătoare, vedem că este fragmentată. Soție sau soț, băiat sau fată, fiecare trăiește în propria ambiție, în preocupări personale și egoiste, în propriul cocon. Toate acestea contribuie la factorul de a aduce o imagine în sine și, prin urmare, relația sa cu altul este prin acea imagine, prin urmare nu există o relație reală. Fiecare persoană face acest lucru tot timpul și cum poate exista o relație cu altul, dacă există acel impuls personal, invidie, competiție, lăcomie și toate celelalte lucruri care sunt susținute și exagerate în societatea modernă? Cum poate exista o relație cu celălalt, dacă fiecare dintre noi urmărește propria realizare personală, propriul succes personal? Nu știu dacă cineva este deloc conștient de acest lucru. Suntem atât de condiționați încât o acceptăm ca normă, ca model de viață, încât fiecare trebuie să-și urmărească propria iluzie sau tendință particulară și totuși să încerce să stabilească o relație cu altul în ciuda acestui fapt. Nu asta facem cu toții? S-ar putea să fii căsătorit și să mergi la birou sau la fabrică; Orice ai face pe parcursul întregii zile, urmărești asta.

- Jiddu Krishnamurti

Nimeni nu poate explica acest lucru mai bine decât un maestru care a făcut-o, care a pătruns în adevăr și a dobândit o înțelegere profundă a funcționării minții. Krishnamurti subliniază, așa cum au făcut toți maeștrii, că atunci când relaționăm prin eul îngust, relațiile pe care le avem unul cu celălalt sunt foarte superficiale, sunt la nivelul eului și doar puțini pot merge adânc în sine, pentru a găsi iubirea care se raportează întotdeauna într-o armonie perfectă. Iubirea nu este divizibilă; Este doar unitate, o energie care nu poate fi divizată și nu poate fi dată unuia mai mult decât altuia, nu unui fiu sau unei fiice, unei mame sau unui tată. Are aceeași intensitate către oricine este îndreptată această iubire, o fiică sau un străin, nu are nicio importanță, la aceea iubire. Diferența este rolul pe care îl jucăm unul cu celălalt: unul este fiu, unul este străin și așa mai departe. Atunci ar trebui să jucăm orice rol în iubire și acolo se află adevărata relație unul cu celălalt. Umanitatea încă trebuie să atingă acea iubire și ea nu poate fi atinsă decât dacă încetăm să lucrăm printr-un eu îngust care creează condiționare și ne ține într-o bulă de confort și iluzii.

Numai atunci când fiecare dintre noi vede realitatea a ceea ce se întâmplă în lume – și anume că majoritatea relațiilor noastre se bazează pe plăceri, satisfacții, comparații de succes, judecăți și așa mai departe despre noi înșine și despre ceilalți – numai atunci într-o pură observație, putem, dacă suntem binecuvântați, să ajungem la o iubire care nu poate fi niciodată atinsă de gând. Numai prin iubire vom avea o relație adevărată. Când toate condiționările au fost eradicate, atunci în acea conștientizare a ființei, iubirea curge nestingherită și relațiile sunt armonizate de iubirea supremă.

În relații, putem înțelege cum funcționează mintea noastră. În relațiile intime, unde condiționarea inconștientă iese la suprafață, trebuie să urmărim și să observăm jocul vieții și ce fel de reacții și răspunsuri avem. Observând și fiind pe deplin atenți, ajungem să înțelegem ce este real și ce nu, care sunt imaginile pe care le construim, proiectăm, și urmărim în viața de zi cu zi. Numai în viața lumească ne vedem propriile greșeli așa cum sunt, fără a încerca să le schimbăm, pentru că în conștiința pură a acesteia există schimbarea. O soție / soț are capacitatea de a-l ajuta pe celălalt să descopere această condiționare prin dragostea pe care o împărtășesc unul cu celălalt, dacă procesul de creare a imaginii în minte s-a oprit de ambele părți. Într-o relație intimă, iubirea împărtășită este aproape de iubirea lui Dumnezeu. De aceea, dragostea lui Dumnezeu poate fi atinsă prin relația intimă, dacă amândoi au intenția de a se înțelege pe ei înșiși. În contopirea vieții lumești cu viața spirituală, putem smulge încet, dar sigur, penele iluziei din minte, dacă cineva are intenția de a o face, desigur. Mulți dintre noi separăm, ca să spunem așa, spiritualul și personalul, creând un conflict interior cu ceea ce cere viața spirituală și cu ceea ce oferă personalul. Aceste conflicte nu vor înceta niciodată, făcându-ne să trăim în frică și speranță și creând suferință pentru noi înșine și pentru alții.

> *Femeia își iubește tatăl; își iubește mama; își iubește copilul; Își iubește prietenul. Dar ea nu se poate exprima totul tatălui, nici mamei, nici copilului, nici prietenului. Există o singură persoană de care nu ascunde nimic. Deci, cu omul. Relația [soț-soție] este relația completă. Relația dintre sexe are toate celelalte iubiri concentrate într-una singură. În soț, femeia are tatăl, prietenul, copilul. În soție, soțul are mamă, fiică și altceva. Acea iubire extraordinară și completă a sexelor trebuie să vină [pentru Dumnezeu] – aceeași iubire cu care o femeie se deschide unui bărbat*

fără nici o legătură de sânge – perfect, fără teamă și fără rușine. Fără întuneric! Ea nu ar ascunde nimic de iubitul ei mai mult decât ar face-o de ea însăși. Chiar acea dragoste trebuie să vină [pentru Dumnezeu]. Aceste lucruri sunt mai greu de înțeles. Veți începe să înțelegeți încetul cu încetul și orice idee despre sex va dispărea. „La fel ca picătura de apă de pe nisipul malului râului într-o zi de vară, tot așa este această viață și toate relațiile ei."

- Swami Vivekananda

Mai sus Svami Vivekananda confirmă ceea ce am afirmat mai devreme: că dragostea într-o relație intimă este total-inclusivă; Avem iubirea celuilalt inclusă în unitate. Dacă doi oameni au intenția de a atinge împreună dragostea divină, ei sunt binecuvântați. Dacă dragostea pentru soț sau soție este pură, atunci acea dragoste va topi toate condiționările. Dacă nu ne stabilim în conștiința goală, nu o putem face corect, pentru că vom fi întotdeauna influențați de eu cu toate condiționările sale, dorințele și așa mai departe. Trebuie să ajungem la o înțelegere căci gândirea nu poate da acea libertate, gândirea poate doar să îndulcească ceea ce dorim să fie, dar acesta este același lup în blană de oaie.

Krishnamurti descrie mai departe:

Dorim securitate, atât în exterior, cât și în interior; prin urmare, depindem de oameni, fie că este vorba de preot, de lider sau de guru care spune: „Am experimentat, de aceea știu". Trebuie să stai complet singur – nu izolat. Există o mare diferență între izolare și a fi complet singur, integral. Izolarea este o stare de spirit în care relația încetează, atunci când în viața și activitatea de zi cu zi ai construit de fapt un zid în jurul tău, conștient sau inconștient, pentru a nu fi rănit. Această izolare împiedică în mod evident orice formă de relație. Singurătatea implică o minte care nu depinde psihologic de altcineva, nu este atașată de nici o persoană, ceea ce nu înseamnă că nu există iubire – iubirea nu este atașament. Singurătatea implică o minte care este profundă, interioară, fără nici un sentiment de frică și, prin urmare, fără nici un sentiment de conflict.

- Jiddu Krishnamurti

Cei mai mulți dintre noi ne izolăm mai mult sau mai puțin în propria noastră lume, bula pe care mintea o creează cu ideile, confortul și dorința sa. Ieșim să relaționăm cu ceilalți doar dacă acea bulă nu este în pericol, perpetuând o stare de spirit care nu se poate relaționa niciodată pe deplin, ci se poate raporta doar prin imagini și filtrele condiționării noastre, aceasta nu este deloc relație; Este modul în care, în lumea de astăzi, ne raportăm unii la alții. Krishnamurti subliniază în continuare că în conștiința ființei suntem lumea și nu în afara ei. În acest sens, relațiile de conștientizare sunt naturale, deoarece cele cinci elemente sunt în natură, dansând și relaționând unul cu celălalt pentru totdeauna în armonia iubirii.

De ce, dacă îmi permiteți să vă întreb, folosiți cuvântul privilegiu? Ce este sacru sau privilegiat în a fi conștient? Este un lucru natural, nu-i așa, să fii conștient? Dacă sunteți conștienți de propria voastră condiționare, de tulburare, murdărie, mizerie, război, ură, dacă sunteți conștienți de toate acestea, veți stabili o relație cu altcineva atât de completă, încât sunteți legați de orice altă ființă umană din lume. Înțelegi asta? Dacă sunt legat de cineva complet, total – nu ca o idee sau o imagine – atunci sunt legat de fiecare ființă umană din lume. Atunci voi vedea că nu voi răni pe altul – ei se rănesc pe ei înșiși. Apoi du-te, predică, vorbește despre asta – nu cu dorința de a-l ajuta pe altul, înțelegi? – acesta este cel mai groaznic lucru să spui:
„Vreau să-l ajut pe altul". Cine ești tu să ajuți pe altul? – inclusiv vorbitorul. Domnule, uite, frumusețea copacului sau a florii nu vrea să vă ajute, este acolo; Este pentru voi să vă uitați la mizerie sau la frumusețe și, dacă sunteți

incapabili să vă uitați la ea, atunci aflați de ce ați devenit atât de indiferenți, atât de duri, atât de superficiali și goi. Dacă aflați asta, atunci sunteți într-o stare în care apele vieții curg, nu trebuie să faceți nimic.

- Jiddu Krishnamurti

Textul, „Împărăția cerurilor s-a apropiat" (Mat. 3:2; 4:17), după părerea mea, nu implică nici o limitare temporală. Pentru că împărăția „nu vine într-un mod care să poată fi observat: nu se poate spune: „Iată, este aici" sau „Iată, este acolo" (Luca 17.20-21). Expresia se referă la relația pe care sfinții o au cu împărăția, fiecare după starea sa interioară. Căci „Împărăția lui Dumnezeu", spune Scriptura, „este înlăuntrul vostru" (Luca 17:21).
Împărăția lui Dumnezeu Tatăl este prezentă în toți cei care cred în potențialitate; ea este prezentă în realitate în aceia care, după ce au expulzat total viața naturală a sufletului și a trupului din starea lor lăuntrică, au dobândit numai viața Duhului și sunt capabili să spună: «Eu nu mai trăiesc, ci Hristos trăiește în mine» (Gal. 2:20)

-Sf Maxim Marturisitorul

Sfântul Maxim Mărturisitorul ne arată un unghi diferit. Relația devine o relație adevărată atunci când am trecut dincolo de natură și am atins viața spiritului. În acea persoană, eul nu mai există și devenim una cu lumea, având atunci o relație adevărată, deschisă cu toți, unde există împărăția cerurilor, unitatea lui Dumnezeu în iubire.

Există o relație eternă între Dumnezeu și om. Dar în piesa Lui este uneori acolo și alteori tăiată, sau mai degrabă pare a fi tăiată; Nu este chiar așa, pentru că relația este eternă. Din nou, văzută dintr-o altă parte, nu există relație. Cineva care a venit să întâlnească acest corp, a spus: „Sunt un nou venit pentru tine". El a primit răspunsul: „Mereu nou și mereu vechi într-adevăr!" Lumina lumii vine și pleacă, este instabilă. Lumina care este eternă nu poate fi stinsă niciodată. Prin această lumină voi priviți lumina exterioară și tot ceea ce există în univers; numai pentru că strălucește mereu în voi puteți percepe lumina exterioară.

- Sri Anandamayi Mayi

Dacă relația care este eternă este văzută, atunci, așa cum afirmă Anadamayi, nu există nici o legătură; Este numai uniunea într-o stare de spirit care este liberă și singura robie este iubirea veșnică, adevărata relație cu toată existența și non-existența.

Dacă păstrezi mintea altora mulțumită, există în mod natural o relație reciprocă și un sentiment de unitate cu ceilalți. Dacă rănești mintea altuia, atunci relația devine răsfățată.

Din acest motiv, cel care păstrează mintea altora mulțumită este cu adevărat un mare lider spiritual (Mahanta). Mulți oameni sunt atrași în mod natural de o astfel de persoană. În exterior, natura unei relații este a bărbatului cu femeia, dar relația subtilă este numai a Sinelui cu el însuși.

- Sf Shri Samartha Ramdas

Ramdas subliniază că cel care a stabilit o relație adevărată cu sinele va fi capabil să acționeze în mod corespunzător în toate relațiile și acea persoană este un suflet mare.

Se pot asuma și alte atitudini față de Dumnezeu – atitudinea în care devotatul îl contemplă cu seninătate pe Dumnezeu ca Creator, atitudinea de slujire față de El, atitudinea de prietenie, atitudinea afecțiunii materne sau atitudinea iubirii conjugale. Relația conjugală, atitudinea unei femei față de soțul sau iubitul ei, conține tot restul – seninătate, slujire, prietenie și afecțiune maternă. (Până la M.) „Care dintre acestea îți atrage mintea?" M: „Îmi plac toate." Maestrul: „Când cineva atinge perfecțiunea, se bucură de toate aceste relații."

— Sri Ramakrishna

Din toate învățăturile de până acum din acest capitol, vedem necesitatea relației corecte cu sinele și cu lumea. Aceasta include toate relațiile, pentru că toate fac parte din viață și nimic nu este separat de viață. Unii ar putea contesta acest lucru, pentru că ar putea fi îndemnați să privească doar dintr-un unghi redus al vieții lor personale. Se arată că relația care este cea mai apropiată de relația divină și care ajută cel mai mult este relația intimă dintre soție și soț. În această relație, toate iubirile sunt concentrate într-una singură și armonizarea acestei relații în iubire ne va aduce mai aproape de propria noastră realitate. În tantre, iubirea dintre femeie și bărbat este de a uni cele două energii masculine și feminine într-una singură, deoarece un bărbat nu mai este bărbat și o femeie nu mai este femeie. Uniunea tantrică a energiei mamă-femeie/energiei tată-bărbat devine:

- uniunea compasiunii (masculină) și a înțelepciunii (feminină)
- mijloace abile (masculin) și înțelegere (feminin)
- adevărul relativ (masculin) și adevărul ultim (feminin)

În această uniune, cele două energii devin una, transmutând lumea dualității și plasându-ne în lumina clară a înțelepciunii, în conștiința goală, așa cum menționează Padmasambhava în învățăturile sale.

Hristos a făcut referire la acest lucru și în învățăturile Sale:

Isus le-a zis: „Când le veți face pe cele două într-una, și când veți face dinăuntrul ca exteriorul și exteriorul ca lăuntricul, și partea superioară ca cea inferioară, și când veți face bărbatul și femeia într-unu singur, astfel încât bărbatul să

*nu fie parte bărbătească și femeia să nu fie femeie, când veți
face ochi în locul unui ochi, o mână în locul unei mâini, un
picior în locul unui picior, o imagine în locul unei imagini,
atunci veți intra [în Împărăție].*

- Evanghelia după Toma: 22

Hristos descrie, de asemenea, această unire într-o iubire perfectă, care transmută dualitatea și face ca cele două energii să devină una. În acea unitate, mințile devin goale de orice condiționare și acolo nu simțim nici o durere, nici o emoție. Nimic nu poate intra în afară de iubire. Cu aceasta practică, cei doi pot lua conștientizarea iubirii găsite în uniune și se pot stabili în viața de zi cu zi. Cei doi trebuie să fie pregătiți cu rugăciune, meditație și contemplare înainte de a putea intra în astfel de practici, altfel pot cădea sub vraja poftei și ai plăcerii. La fel cum cineva are nevoie de un profesor pentru a învăța o abilitate, tot așa aici este nevoie de un învățător care a practicat și a devenit realizat. Un maestru va ști ce practică este mai bună pentru fiecare individ. Dacă o persoană are intenția de a găsi adevărul, va apărea un învățător și o cale va fi deschisă. Calea poate fi de unul singur sau cu un partener, dar în cele din urmă veți găsi calea bună.

În această eră (kali), calea simplă este calea credinței și a devotamentului față de Dumnezeu. Apoi vine calea cunoașterii de sine, dar această cale are nevoie de vitalitate intelectuală pentru a intra în ea. Calea yoga și retragerea din această lume este încă în practică astăzi, dar nu este o cale ușoară. Practica spirituală, împreună cu trăirea unei vieți normale, este ceea ce este necesar, acolo unde observăm viața de zi cu zi, reacțiile noastre, emoțiile și sentimentele noastre, iar în această observație pură vedem rănile, insultele și recunoaștem că nimic nu este permanent. Jocul vieții se întâmplă mai întâi în intelect. Dacă ne purificăm intelectul observând toate dedesubturile vieții, atunci, încet, prin acea observație cuplată cu practica spirituală, ne vom stabili încet în conștiința ființei; în starea de dincolo de timp și spațiu, unde orice ne-ar oferi viața vom accepta fără nici o rezistență sau atașare. De acolo vom acționa întotdeauna corect.

Deci, în relația pe care o avem cu sinele nostru interior, acolo războiul interior este câștigat și eul eradicat. Vom vedea sinele în ceilalți; și îl vom recunoaște pe Dumnezeu în fiecare ființă vie. Atunci nu vom răni pe nimeni, ci mai degrabă vom avea compasiune, afecțiune și iubire pentru toate ființele. Aceasta este cea mai înaltă învățătură primită de la toți maeștrii din toate tradițiile: să ajungem să relaționăm unul cu celălalt în iubire.

Î: Este introspecția un aspect important în înțelegerea minții?

M: Introspecția este cea mai importantă parte. În Vivekachudamani a lui Shankaracharya, atât vichara (discriminare) cât și viveka (discern), sunt considerate a fi părți foarte importante ale înțelegerii vieții. Cuvântul „introspecție" înseamnă să privim cu atenție la tot ceea ce se întâmplă în noi înșine, să ne uităm la interacțiunile noastre cu lumea. Nu înseamnă să cauți ceva anume. A face o introspecție înseamnă a examina relația dintre mine și tine, dintre lume și eu. Cum reacționez în diferite situații? Dacă există o reacție, de ce reacționez în acest fel? Aceasta se numește introspecție. Acest lucru se întâmplă împreună cu observarea atentă a minții , urmărind cum este prinsă de diverse dorințe sau cum nu se poate descurca fără un anumit lucru, deoarece mintea devine atât de obișnuită cu ceva încât nu o poate părăsi. Introspecția înseamnă, de asemenea, că caut serios eliberarea de toate acestea? Sau mă uit doar la o modificare minoră, cosmetică a ființei mele? Sunt fericit cu câteva medicamente „care mă fac să mă simt bine" și placebo? Sau încerc să găsesc cauza principală a bolii? Sunt gata să aduc schimbări drastice care ar putea fi necesare pentru o vindecare totală?

- Sri M

Sri M Guru descrie aici introspecția ca observație interioară care ne-a fost prezentată pe tot parcursul cărții de la toți învățătorii și învățăturile diferite.

Fără introspecție, nu putem obține o înțelegere pură a adevărurilor vieții. Deci, trebuie să fim atenți cum suntem atrași de plăcerea lumii, a simțurilor și lăsând loc pentru ca otrăvurile să intre în mințile noastre, corupând mintea și întemnițându-ne inimile. Când lucrăm, conducem o mașină sau orice altă activitate pe care o întreprindem, dacă suntem atenți la neatenția noastră, atunci putem readuce mintea în atenție prin a nu lăsa să fie dusă prea departe de gânduri. Încă ne putem bucura de viață, dar nu interferăm prea mult cu ea, doar permițând vieții să se desfășoare frumos prin voința inteligenței supreme. Deci, primii părinți ai creștinismului, Rishii din India, maeștrii budiști și toate celelalte tradiții indică cunoașterea de sine și nevoia de a privi în interior, pentru că acolo se află comoara supremă, iubirea care este esența întregii existențe și a non-existenței.

În continuare, Nisagarata Maharaj exprimă frumos ceea ce tocmai am afirmat:

> *Pentru el, procedura corectă este să adere la gândul că el este fundamentul întregii cunoașteri, conștientizarea imuabilă și perenă a tot ceea ce se întâmplă cu simțurile și mintea. Dacă o păstrează în minte tot timpul, conștient și alert, este obligat să rupă limitele non-conștiinței și să iasă la viață pură, lumină și iubire. Ideea – „Eu sunt doar martorul" va purifica trupul și mintea și va deschide ochiul înțelepciunii. Atunci omul trece dincolo de iluzie și inima lui este liberă de toate dorințele. La fel cum gheața se transformă în apă, apa în vapori, iar vaporii se dizolvă în aer și dispar în spațiu, la fel corpul se dizolvă în conștiință pură (chidakash), apoi în ființă pură (paramakash), care este dincolo de orice existență și non-existență.*

> *- Nisargadatta Maharaj*

„Dezvoltarea sentimentului „eu" cu referire la adevărata natură a cuiva este ceea ce se numește minte. Este doar ignoranță să identifici diferite corpuri ca „eu", soția mea etc. Relația de „soție" nu există la început. Se dezvoltă mai târziu, dar cineva se duce cu ea. Aceasta este ignoranța. Acest lucru se întâmplă deoarece îl identificăm pe Brahman cu multe corpuri diferite, deși este o singură entitate. Toată această aparență mondială este o iluzie. Renunță. Faceți-o pas cu pas. În primul rând, treceți peste sentimentele „Aceasta este casa mea", „Acesta este satul meu" etc.

- Shri Siddharameshwar Maharaj

Mai sus, în *„Amrut Laya"*, maestrul ne spune să nu ne identificăm cu nimic și să practicăm detașarea de mine și de ai mei ori de câte ori este posibil, aducând focalizarea atenției înapoi la sine de îndată ce suntem conștienți că suntem neatenți.

M: Ce este greșit în a căuta plăcutul și a evita neplăcutul? Între malurile durerii și plăcerii curge râul vieții. Numai atunci când mintea refuză să curgă cu viața și se blochează la maluri, devine o problemă. Prin a curge cu viață, mă refer la acceptare — a lăsa să vină ceea ce vine și pleacă, ceea ce merge. Nu doriți, nu vă temeți, observați realitatea, așa cum și când se întâmplă, pentru că nu sunteți ceea ce se întâmplă, sunteți cei cărora li se întâmplă. În cele din urmă, nici măcar observatorul nu ești. Voi sunteți potențialitatea ultimă, a cărei manifestare și expresie este conștiința atot-cuprinzătoare.

- Nisargadatta Maharaj

Așa cum au afirmat toți ceilalți maeștri, trebuie să ne scurgem cu viața. Nisarga-datta Maharaj subliniază același adevăr: nu vă agățați, nu rezistați, permiteți orice vine și pleacă și bucurați-vă de viață așa cum se prezintă fără nici un atașament și în acel flux al vieții veți găsi libertatea în iubire și iubirea în libertate.

*Î: Cum se trece dincolo de nevoia de ajutor? Și poate cineva
să-l ajute pe altul să facă acest lucru?*
*M: Când ai înțeles că toată existența, în separare și limitare,
este dureroasă și când ești dispus și capabil să trăiești inte-
gral, în unitate cu toată viața, ca ființă pură, ai depășit
orice nevoie de ajutor. Îl puteți ajuta pe celălalt prin precept
și exemplu și, mai presus de toate, prin ființa voastră. Nu
poți da ceea ce nu ai și nu ai ceea ce nu ești . Poți da doar
ceea ce ești – și din asta poți da fără limite."*

- Nisargadatta Maharaj

În această învățătură, Nisargadatta Maharaj arată frumos cum
se merge dincolo de ajutor pentru a găsi o singură realitate, și
pentru a trăi o viață integrală în unitate. Atunci îi putem ajuta
pe alții fiind doar un exemplu viu de libertate. În continuare, în
răspunsul la o întrebare, el descrie modul în care ar trebui să ne
raportăm unii la alții și cum cuvintele sunt necesare doar pentru
schimbul de informații fiind impotente în a descrie cu adevărat
realitatea.

Î: Cuvintele sunt necesare pentru comunicare.
*M: Pentru schimbul de informații – da. Dar comunicarea
reală între oameni nu este verbală. Pentru stabilirea și
menținerea relației, este necesară conștientizarea afectuoasă
exprimată în acțiunea directă. Nu ceea ce spui, dar ceea ce
faci este ceea ce contează. Cuvintele sunt făcute de minte
și au sens numai la nivelul minții. Cuvântul „pâine": nici
nu poți mânca, nici trăi prin el; doar transmite o idee. Ea
capătă sens numai prin mâncatul propriu-zis. În același
sens vă spun că starea normală nu este verbală. Aș putea
spune că este o iubire înțeleaptă exprimată în acțiune, dar
aceste cuvinte transmit puțin, dacă nu le experimentați în
plinătatea și frumusețea lor.*

- Nisargadatta Maharaj

În conştientizare, ştim ce avem nevoie, cum ne simţim şi acţionăm cu compasiune faţă de toate fiinţele, ştiind ce acţiune este necesară. Cel care trăieşte în acea conştiinţă pe care înţelepţii ne-au prezentat-o are o conştiinţă foarte dezvoltată şi sensibilă, iar această sensibilitate ne permite să ştim care sunt sentimentele şi emoţiile celuilalt şi cum să acţionăm într-un mod care este util pentru ceilalţi. În această conştientizare, iubirea se manifestă şi aici are loc vindecarea inimii şi a minţii. Minţile şi inimile noastre au fost rănite timp de milenii de condiţionarea noastră. În modul îngust şi egoist de gândire, în care iubirea nu are loc să se manifeste şi vindecarea este, de asemenea, absentă.

Întotdeauna vrem să controlăm natura, să controlăm copilul, soţia / soţul şi aşa mai departe. În familiile de astăzi nu există pace; Întotdeauna conflict: tată cu fiu, mamă cu fiică şi aşa mai departe, aceste conflicte se datorează plictiselii minţii noastre, pentru că întotdeauna ştim mai bine şi ar trebui să facem aşa cum spune expertul. Din păcate, astăzi experţii sunt maşini bazate întotdeauna pe cunoştinţele de ieri, modelate în prezent şi prezentate în viitor. Oamenii aflaţi la putere doresc întotdeauna să-i controleze şi să-i modeleze pe ceilalţi într-un mod pe care îl consideră cel mai bun, iar legile de astăzi sunt făcute pentru a diviza societatea. Este trist, dar este adevărul. Dacă omenirea nu aduce viaţa spirituală în conformitate cu viaţa materială, ne vom distruge pe noi înşine şi multă suferinţă va veni asupra noastră produsă de mâinile noastre. Viaţa fiinţei umane spirituale este contopită în unitate, spiritul şi materia lucrând împreună. Fiinţa umană spirituală va lua de la viaţă doar ceea ce este necesar şi nimic mai mult, trăind astfel în armonie cu natura şi cu toate fiinţele. Cu toţii trebuie să acţionăm în acest fel, altfel nu vom avea niciodată o viaţă liniştită.

Vedem din toate învăţăturile maeştrilor iluminaţi cum ar trebui să fie viaţa şi relaţiile noastre, pentru ca noi să trăim în iubire, armonie, cu toate creaturile şi cu natura însăşi. Care este punctul de progres în domeniul tehnologic, putem cuceri şi găsi viaţă în univers, a prelungi viaţa unui om, vindeca majoritatea bolilor.

La ce folos, dacă nu ne-am schimbat puțin inima spre bine și nu ne-am cucerit pe noi înșine? Dacă nu aducem o revoluție în ființa noastră interioară, toate eforturile în orice altă direcție vor fi în zadar.

În relațiile de zi cu zi, trebuie să acționăm într-un mod altruist cu simplitate, umilință și răbdare, gândindu-ne mereu la ceea ce face celălalt. Este doar un mod diferit? Nu judecați pe nimeni, pentru că în momentul în care judecăm sau comparăm, lucrăm din eu, dându-i mai multă putere. Trebuie să diminuăm eul în relațiile noastre de zi cu zi, în special în cele în care predomină mai multe conflicte. Când suntem umili și simpli, eului nu-i place, pentru că atunci eul pierde toată puterea, tot controlul și va riposta, atacându-ne cu tot felul de gânduri, în special cele în care suntem mai predispuși să eșuăm. Trebuie să fim vigilenți și să încercăm să nu reacționăm la niciun gând, să nu ne atașam de ele, pentru că în momentul în care ne agățăm de un gând, vor apărea alte sute ținându-ne într-un tumult de gândire. Majoritatea oamenilor nu au o pauză de cinci secunde de la gânduri, chiar și în vacanță. Este acea vacanță o sărbătoare sau o suferință?

Dacă vrem să găsim puțină pace în minte, trebuie să depunem un efort pentru a ajunge la o stare de pace. Trebuie să renunțăm la unele lucruri în schimbul acestei păci; Unele obiceiuri, practici mentale trebuie eradicate. Nu mulți oameni din societatea occidentală se roagă, pentru că au pierdut legătura cu practica rugăciunii. Totuși, așa cum am văzut în învățăturile maeștrilor noștri, mulți sfinți s-au ridicat cu rugăciunea umilă a inimii în sfințenie. Dacă cineva se roagă din inimă nu pentru sine, ci pentru folosul tuturor ființelor, rugăciunea va fi ascultată, pentru că cel care o aude este în noi, mai aproape decât respirația noastră. Sinele, Dumnezeul suprem, care este iubire absolută, trăiește în inimile tuturor ființelor, de aceea nimic nu poate fi ascuns de un Dumnezeu care cunoaște toate gândurile noastre, toate grijile și toate durerile noastre și dacă facem un pas spre El, El va face trei spre noi.

Deci, atunci când ne raportăm la alte ființe, cunoscând adevărul că Dumnezeu se află în inimile tuturor ființelor, de la criminal la sfânt toți sunt în mâinile sale, atunci relația cu alții devine aceeași relație care o avem cu noi înșine. În inimile noastre El ne așteaptă să ne unim cu El prin iubirea care, de fapt, este adevărata noastră natură. Când ne-am dezvăluit adevărata realitate, vom fi cufundați în acea iubire fericită și pace, oriunde ne-am afla sau în orice situație. Nimic nu va tulbura iubirea și pacea supremă.

La copiii cu vârsta de până la șase ani, nu există aproape nici o judecată. Filtrul condiționării nu s-a instalat în minte și mintea nu este încă coruptă. Mici tendințe pot exista, dar nimic prea drastic. Tendințele și condiționările din viețile trecute nu au ieșit încă la suprafața din inconștient. Un astfel de copil are un intelect liber, inteligența lucrând. Un astfel de copil are încă capacitatea de a învăța din înțelegere directă – ceea ce se numește cunoașterea directă – dar pentru ca un copil să învețe în acest fel, părinții trebuie să-i ofere copilului spațiu și timp să învețe singur și procesul să nu fie deturnat cu ceea ce mama sau tata știe, cu viețile lor condiționate pline de norme și așa mai departe. Dacă părinții sunt condiționați, atunci și copilul va fi condiționat. În plus, școlile și instituțiile noastre sunt concepute pentru a condiționa mintea. Aceasta este o mare problemă în societatea de astăzi, unde un copil este într-o clasă toată ziua ascultând și asimilând informații, dintre care 70% nu vor fi folosite niciodată. Acesta este un fapt; Putem observa și vedea și este ceva ce trebuie să se schimbe pentru a ne de-condiționa mintea de orice autoritate psihologică. Cu cât îi condiționăm mai puțin pe copii, cu atât este mai probabil ca ei să fie capabili să se ocupe de viață și să înțeleagă mai bine viața, făcând acest lucru, își permit să fie în armonie cu ea și să trăiască o viață în dragoste. Astăzi majoritatea copiilor sunt pierduți și pentru că progresul tehnologic alterează relațiile, la telefon, cu caricaturi și așa mai departe, copii astăzi au puține relații adevărate. Când se confruntă cu relații adevărate, cu cele cinci otrăvuri care îi pot tulbura la nivelul de bază, cei mai mulți nu știu cum să gestioneze situația, intrând în condiționări suplimentare, fugind de ceea ce trebuie înfruntat, bazându-se mai mult pe psihiatri și medicamente care nu vindecă doar acoperă boala. Dacă ne uităm la nivelurile de sinucidere ale copiilor din prezent, comparativ cu trecutul, vom vedea cifrele terifiante peste tot în lume, dar mai ales în societățile occidentale, unde presiunile au crescut. De aceea este necesar contactul direct în relații, unde se poate acționa cu afecțiune în conștiința care izvorăște din inimă și care știe să acționeze în momentul respectiv în mod corect. Telefonul și Calculatorul nu vă pot oferi această interacțiune, chiar dacă inteligența artificială devine perfectă.

De aceea este important pentru ca noi toți să privim în interior, pentru că acolo sunt răspunsurile pe care le căutăm. Fără a ne întoarce spre interior și a continua să scăpăm de viața noastră interioară prin tot felul de experiențe care ne țin ocupați, nu vom putea niciodată să avem o minte sănătoasă care să poată funcționa fără efort și să aibă o adevărată înțelegere a vieții, aducând o înțelegere deplină a vieții. Viața interioară trebuie să fie în ordine, iar viața exterioară va urma exemplul. Copiii au nevoie să fie învățați cum să privească, cum să nu reacționeze într-un mod egoist, cum să aducă bunătatea din ființa lor și să acționeze cu ea. Da, ei sunt cei care trebuie să învețe să acționeze în mod corect, care trebuie să privească în interior și să găsească comoara iubirii, pentru că ei sunt viitorul, iar viitorul este proiectat de modul în care se acționează în prezent.

Cu toții trebuie să începem să privim în interior pentru a găsi realitatea. Când acest lucru este realizat, relațiile noastre vor deveni transparente și totul va curge fără efort. Când cineva iubește cu adevărat, acea iubire vine spontan din esența noastră, din esența noastră de a fi și de a nu fi. Când mintea este purificată și cineva și-a dezvăluit sinele, atunci se poate raporta la tot ceea ce există, acesta este adevărul pe care toți maeștrii din toate tradițiile l-au învățat. În cele din urmă, se ajunge la un singur cuvânt: Iubire. Și dacă înțelegem acea energie, ignorând lumea, atunci suntem acasă în pace în tăcere, o tăcere și o liniște care nu pot fi descrise, ci doar trăite. Prin cunoașterea de sine putem ajunge la o stare de spirit liberă, în care iubirea se poate manifesta în acea libertate și în care acționăm întotdeauna cu iubire. În capitolul următor trebuie să ne uităm la cunoașterea de sine pentru că este imperativ să înțelegem cine suntem, aceasta este calea cea mai directă spre libertate.

CAPITOLUL 28

CUNOAȘTEREA DE SINE

În capitolele anterioare, ne-am uitat deja la modul în care cunoașterea de sine are impact asupra lumii noastre și cum este o parte integrantă a vieții noastre, având un rol atât de important în viața noastră care ne îndeamnă să abordăm acest subiect în profunzime.

Să aflăm cine suntem cu adevărat nu este ca și cum ai merge la școală și ai învăța în clasă un subiect. Cunoașterea de sine nu devine mai clară prin adăugarea de informații despre sine. Dimpotrivă: scăzând ceea ce *nu suntem*, rămânem cu ceea ce suntem cu adevărat. Nimic nu poate fi adăugat sau luat din ea este adevărata noastră natură. Sinele este acoperit de o mulțime de condiționări, idei, concepte, obiceiuri, tendințe, dorințe, plăceri și antipatii, atașamente, aversiuni, identificări și așa mai departe. Toate acestea interferează cu cunoașterea sau realizarea adevăratei noastre naturi.

Cunoașterea, adică, este de două feluri. Prima rezidă în inteligență și în intelectele sale divine și nu include, în termeni de viziune reală, o percepție a ceea ce este cunoscut. Cea de-a doua constă numai în desfătarea efectivă a realităților divine prin viziune directă, fără ajutorul inteligenței și a intelectelor sale. Dar inteligența este capabilă să ne dea o aluzie la ceea ce poate fi cunoscut prin adevărata cunoaștere și astfel să trezească în noi o dorință pentru o astfel de cunoaștere.

- Sf Maxim Mărturisitorul

Sfântul Maxim explică cele două tipuri de cunoaștere pe care le avem: una este prin inteligență și intelect pur, iar cealaltă este experimentală și constă în bucuria de a experimenta realitățile divine cu înțelegere directă. Cunoașterea divină poate fi înțeleasă prin inteligență, dar nu poate fi exprimată: inteligența poate indica doar o astfel de cunoaștere. Cunoașterea de sine se încadrează în cel de-al doilea tip de cunoaștere, care este divină.

Cunoașterea de sine ne poate răsări prin cercetare de sine, prin credință și devotament, prin predare deplină lui Dumnezeu. Poate veni prin providență și har, dar în cele din urmă, indiferent de căile de pe care vine, în acea realizare a cine suntem există și cunoașterea de sine. Cunoașterea de sine este un proces de a scăpa de ceea ce nu suntem prin observație pură, atenție și practici spirituale. Este un proces experimental de eliminare a ceea ce nu este real.

Aproape toată omenirea este mai mult sau mai puțin nefericită pentru că aproape toți nu cunosc adevăratul Sine. Adevărata fericire rămâne numai în Cunoașterea de Sine . Toate celelalte sunt trecătoare. A-ți cunoaște Sinele înseamnă a fi fericit mereu.
Q.: Progresează lumea acum?
M.: Există cineva care guvernează lumea și este grija Lui să aibă grijă de lume. Cel care a dat viață lumii, știe să aibă

*grijă și de ea. Dacă progresăm, lumea progresează. Așa
cum ești tu, așa este și lumea. Fără înțelegerea Sinelui, la
ce folosește înțelegerea lumii? Fără cunoașterea de sine,
cunoașterea lumii nu este de nici un folos. Vezi lumea prin
ochii Sinelui tău suprem.*

- Sri Ramana Maharshi

Ramana Maharshi subliniază că adevărata fericire constă numai
în cunoașterea de sine și acolo găsim starea de fericire: totul este
trecător și temporar.

*Numai atunci când vă cunoașteți ca fiind complet străini
și diferiți de corp, veți găsi un răgaz de la amestecul de
frică și dorință inseparabil de ideea „eu sunt corpul". Doar
calmarea fricilor și satisfacerea dorințelor nu vu îndepărta
acest sentiment de gol din care încercați să scăpați; Numai
cunoașterea de sine te poate ajuta. Prin cunoaștere de sine
înțeleg cunoașterea deplină a ceea ce nu ești. O astfel de
cunoaștere este realizabilă și finală.*

- Nisargadatta Maharaj

Nisargadatta Maharaj, așa cum am văzut în capitolele anterioare,
se referă la cunoașterea de sine ca la procesul de a cunoaște pe
deplin ceea ce nu suntem. Prin aceasta ajungem la cunoașterea
de sine, realizarea sinelui care nu poate fi pusă în cuvinte sau
descrisă de gând, pentru că gândul poate descrie doar ceea ce nu
suntem și este limitat în descrierea infinitului.

*Există multe învățături, dar fără Cunoașterea de Sine
toate sunt lipsite de sens. Cu privire la acest subiect există
o afirmație făcută de Domnul Krishna: „Mulți oameni
citesc multe scripturi și se închină multor zeități, dar fără
Cunoașterea de Sine, totul este lipsit de sens. Opiniile
shaiva, shaktas (adepți ai lui Shiva și Shakti) sau altele,
sunt multe. Există multe doctrine greșite ale indivizilor în*

*iluzie care sunt confuzi. Nu există nimic care să purifice
mai mult decât Cunoașterea de Sine.*

*Nu există nimic care să poată fi găsit care să fie la fel de pur
ca Cunoașterea de Sine. Prin urmare, trebuie mai întâi să
dobândești cunoașterea de sine.*

*Dintre toate învățăturile, învățăturile despre Cunoașterea
de Sine sunt speciale. Acest lucru a fost spus de Dumnezeu
în multe locuri.*

*Măreția Cunoașterii de Sine nu este cunoscută nici măcar
de Brahma cu patru fețe, ce pot înțelege simplii indivizi?*

*Valoarea și statutul cunoașterii de sine sunt de miliarde de
ori mai mari decât beneficiul tuturor pelerinajelor, rezul-
tatele tuturor băilor sacre sau meritul dăruirii în caritate.*

- Sf Shri Samartha Ramdas

Sfântul Ramdas le explică elevilor că fără cunoașterea de sine,
cineva este ca o pasăre fără aripi și că cunoașterea de sine este
purificatorul minții care duce apoi la purificarea inimii.

Pentru a ajunge la cunoașterea de sine, trebuie să avem un
intelect cu puterea de a discerne și o conștiință curată în stare de
funcționare. Cunoașterea de sine este un proces de descoperire.
Este ca și cum ai dezgropa un sit arheologic unde se pune multă
răbdare și efort în dezvelirea obiectelor găsite. Această dezvăluire
se face prin practica noastră spirituală, prin observarea noastră
în viața de zi cu zi, prin credința în necunoscut și conștiința care
ne îndrumă din interior, prin rugăciune, meditație și contem-
plare asupra descoperirilor obiceiurilor, tendințelor noastre și
apoi aruncându-le cu grijă în conștiința ființei. Nu este o sarcină
ușoară să ne dezrădăcinăm toate ideile, conceptele, identificările
și atașamentele. Este nevoie de mult efort la început. Pe măsură
ce încetul cu încetul ne stabilim din ce în ce mai mult în conști-
ință, efortul devine mai puțin obositor, și va veni un moment
în care vom cădea într-o stare de echilibru a minții, în care am
pătruns prin dualitate și în care beatitudinea și iubirea încep să

curgă ca un izvor de apă care iese din pământul ființei, aceasta este adevărata noastră esență.

Fiecare dintre noi va găsi practici spirituale diferite în funcție de ceea ce ne atrage, dar singurul instrument pe care trebuie să-l folosim cu toții în orice practică spirituală este observația noastră pură. Este nevoie de timp pentru a deveni purificat și aici trebuie să urmărim cum eul interferează prin judecăți, cu mecanismul de cunoaștere a gândirii care creează toate sentimentele și emoțiile noastre. Toate aceste atribute au nevoie de observație atentă și atenție pentru a fi înțelese și înțelese ca iluzorii. Doar să spui „totul este iluzie și totul este iubire și unitate" și în minutul următor să rănești pe altul, este doar vorbă goală. Trebuie să găsim un suflet care a regăsit realitatea pentru a fi ghidat pe calea cea dreaptă. Este ca și cum ai avea o sămânță și ai planta-o în pământ. Are nevoie de multă îngrijire și protecție până când poate sta singură ca plantă. Doar așa cel care a decis să dezvăluie realitatea noastră are nevoie de îndrumare despre cum să înceapă și ce să caute. Așa cum am menționat deja, eul cunoaște fiecare mișcare a noastră în câmpul gândirii. Cum îl putem păcăli pe eu? Nu putem. Trebuie să înfometăm eul încet, reducându-i cu ceea ce se hrănește – gânduri, emoții, sentimente și așa mai departe – până când vine ziua în care ne putem preda pe deplin la ceea ce este, la momentul prezent.

> *Cel care a renunțat la mândria numelui de familie, a făcut de rușine*
> *„rușinea publică" a ochiului public (nu-i pasă de statutul social) și care hrănește spiritualitatea prin forța detașării sale, este numit aspirant.*
> *Aspirantul este cel care rupe legătura cu ignoranța, scapă din robia încurcăturilor familiale și scapă repede din mâinile lăcomiei*
> *Aspirantul este unul care nu este preocupat de măreție sau bogăție și nu este interesat de importanța personală din*

cauza forței detașării sale.

Aspirantul este cel care a rupt dualitatea, a renunțat și a aruncat eul și a zdrobit dușmanul numit îndoială.

Aspirantul este cel care ucide imaginația argumentelor alternative, care cu o lovitură puternică distruge oceanul vieții lumești și care taie și înlătură orice opoziție față de toate cele cinci elemente.

Aspirantul pârjolește frica de legăturile lumești, rupe picioarele timpului și bate și rupe capul ciclului nașterii și morții.

Aspirantul este cel care atacă bântuit de identificarea corporală, anihilează dorințele și ucide rapid înșelăciunea imaginației.

Aspirantul învinge orice frică interioară, învinge corpul subtil (minte, intelect, gânduri etc.) și învinge vorbirea eretică cu puterea discriminării.

Aspirantul a învins mândria, egoismul și a distrus viața imorală și a arătat-o lipsită de sens trăind o viață virtuoasă și susținând dreptatea și moralitatea.

Aspirantul sfâșie ispitele, îndepărtează durerea și aruncă necazurile. Aspirantul alungă invidia, alungă sentimentele non-devoționale și face ca gândurile și comportamentul ilogic să fugă.

Pentru cel care este aspirant, Cunoașterea de Sine este întărită prin discriminare, convingerea devine fermă, iar viciile sunt distruse cu puterea detașării.

Pentru cel care este aspirant, lipsa oricărei religii adevărate este ștearsă de propria „Religie de Sine" (Swadharma) și de Natura Sinelui. Faptele rele sunt înlocuite de fapte bune, iar nechibzuința este înlocuită de gândirea corectă.

Aspirantul zdrobește cu entuziasm ura, sculptează și renunță la invidie și rămâne întotdeauna fericit prin zdrobirea durerilor.

Aspirantul a doborât mânia, a lovit uneltirile din interior și este considerat un prieten pentru toți oamenii din lume.

Aspirantul a renunțat la activitățile orientate spre exte-

rior, a renunțat la asocierea prietenilor lumești și a atins „Uniunea prin Cunoaștere" (Jnana Yoga) pe calea îndepărtării de preocupările lumești.

- Sf Shri Samartha Ramdas

Sfântul Shri Samartha indică o parte din munca aspirantă care trebuie făcută pentru a fi stabilit în conștiința sinelui și pentru a deveni liber de toate iluziile. Așa cum am văzut în capitolele anterioare și când am vorbit despre cele cinci otrăvuri care trebuie anihilate, tot așa aici maestrul ne arată frumos cum trebuie să distrugem cu puterea discriminării și a detașării tot ceea ce credem că suntem pentru a dezvălui ceea ce suntem cu adevărat. Totul este procesul cunoașterii de sine, care se desfășoară pe măsură ce trăim și duce la eradicarea celor cinci otrăvuri și detașarea de toate dorințele, chiar și de dorința de eliberare. El merge mai departe în a arăta cum, găsind realitatea în sine cu ajutorul îndrumătorului care trăiește în noi toți, ne câștigăm adevărata libertate urmând instrucțiunile unui învățător iluminat, care indică spre marele învățător aflat în inimile noastre.

Mai întâi este ascultarea discursurilor spirituale, apoi vine servirea la picioarele lui Sadguru (urmând instrucțiunile sale) și, în cele din urmă, există „Identificarea cu Sinele" prin binecuvântările lui Sadguru.
Dincolo de această „Identificare cu Sinele" nu există decât Realitatea Absolută eternă. Aceasta este înțelegerea interioară pe care Sinele o are întotdeauna despre sine.
Cu această Realizare de Sine a lui Brahman, tristețea vieții lumești dispare și soarta corpului este abandonată fără efort pentru a-și urma cursul cuvenit.
Aceasta se numește cunoaștere de sine. Cu această Cunoaștere de Sine se obține satisfacție deplină. Devotatul este inseparabil de Realitatea Absolută, Parabrahman.

- Sf Shri Samartha Ramdas

Sadguru (Adevăratul Învățător) se referă la un maestru desăvârșit și, de asemenea, la Dumnezeu care locuiește în toate ființele și care ne ghidează să găsim realitatea din interior. Un guru este o ființă străină, ca să spunem așa, care a mers pe calea dreaptă și ne poate îndruma cum să-l găsim pe Sadguru în interiorul nostru. Înțelepciunea pe care învățătorul exterior și învățătorul interior o împărtășesc este aceeași înțelepciune care este latentă în toți; Are nevoie doar de o scânteie de deșteptare de la un maestru pentru a trezi în noi înțelepciunea supremă. Deci, în viața de zi cu zi, trebuie să observăm și să vedem cum reacționăm și răspundem la viață. Dacă reacționăm și răspundem cu înțelepciune care nu implică eul, atunci acționăm corect și putem trăi cu viața și iubirea. În observația pură a noastră, în fiecare zi ceva va fi aruncat și, în funcție de intenția noastră, într-o zi nu va mai fi nimic de aruncat, pentru că vom găsi esența sinelui și realitatea ființei.

Așa cum am menționat, renunțarea la aparențele iluzorii se poate face în multe feluri, dar în cele din urmă, indiferent de calea aleasă, vom ajunge la cunoașterea de sine. Putem merge pe multe căi și putem întâlni mulți învățători sau putem avea o singură cale și un singur învățător. Nu contează atâta timp cît avem intenția inimii, ea ne va ajuta să ajungem la lumina tuturor luminilor.

> *Să stăm liniștiți și să ne păstrăm atenția fixată în noi înșine, astfel încât să înaintăm în sfințenie și să ne împotrivim mai puternic viciului. Treziți în acest fel la cunoașterea spirituală, vom dobândi o înțelegere contemplativă a multor lucruri; și înălțându-ne și mai sus, vom primi o vedere mai clară a luminii Mântuitorului nostru.*

> \- Evagrie Solitarul

Sfântul Evagrie arată că, pentru a dobândi cunoașterea duhovnicească, care este cunoașterea de sine, trebuie să ne concentrăm atenția asupra noastră. Fără aceasta, nu putem sparge stările iluzorii ale minții pe care le produce eul.

Cel care a dobândit cunoașterea spirituală și s-a bucurat de plăcerea care vine din ea nu va mai ceda demonului stimei de sine, chiar și atunci când îi oferă toate deliciile lumii; Căci ce i-ar putea promite demonul mai mare decât contemplarea spirituală? Dar atâta timp cât nu am gustat această cunoaștere, să ne dedicăm cu râvnă practicării virtuților, arătându-I lui Dumnezeu că scopul nostru în toate este să ajungem la cunoașterea Lui.

- Evagrie Solitarul

Evagrie arată din nou că odată ce cunoașterea spirituală este atinsă, atunci suntem acasă în uniune cu realitatea supremă Dumnezeu.

Dacă cineva întreabă: „Cine ești?", răspunsul este de obicei automat. „Sunt Joe, trăiesc în așa și așa, fac asta și așa" și așa mai departe. Răspunsul va fi al unei minți condiționate și va da informații în funcție de conținutul conștiinței individului care răspunde la întrebare. Dacă privim și observăm asta, suntem doar un răspuns – un moment în timp a ceea ce credem că suntem – dar în fiecare moment suntem diferiți. Corpul se schimbă, ideile și conceptele, iar condiționarea se schimbă în fiecare moment, astfel încât, în fiecare moment, nu mai suntem la fel în toate aspectele. Suntem într-o continuă transformare. Suntem un proces în timp și nu există nimic din ceea ce știm care să fie permanent în niciunul dintre noi. Gândul poate face ceea ce vrea, dar nu poate da niciodată peste ceva permanent.

Toți maeștrii iluminați au afirmat același adevăr: sinele este singura entitate permanentă, dacă îl putem numi astfel de dragul de a-l exprima, dar Dumnezeul care se poate explica nu este adevăratul Dumnezeu. Cel real nu poate fi explicat decât găsit în toate ființele și in totalitatea existentei. Scopul cunoașterii de sine sau al cunoașterii spirituale nu este de a câștiga nimic sau de a acumula ceva, ci doar de a renunța la tot ce nu e real până când ceea ce rămâne este conștientizarea ființei. De aceea Hristos a spus: „Voi toți sunteți Dumnezei." singurul lucru care ne rămâne este să-L descoperim pe Dumnezeu în noi înșine. Este ca și cum ai curăța o ceapă. Când curățăm o ceapă, doar goliciunea este în centru. În acel gol vom vedea realitatea care nu poate fi exprimată, ci doar trăită.

Acesta este motivul pentru care este atât de greu pentru noi să ne îndepărtăm de condiționarea noastră. Ne temem că, renunțând și îndepărtându-ne condiționarea, nu vom rămâne cu nimic și în acest proces, vom fi exterminați. Totuși, există o atracție către adevăr. Indiferent de fricile noastre, ceva adânc în interiorul nostru ne îndeamnă să găsim realitatea. Dacă cineva întreabă o persoană iluminată: „Cine ești tu?", răspunsul ar fi „Eu sunt tu într-o formă diferită". Iluminarea sau deșteptarea la adevărata noastră realitate nu este un scop care trebuie atins, pentru că în momentul în care gândim în acest fel cădem în lumea dualității și eul ne prinde in capcană. Noi suntem deja realitatea; Nu trebuie să devenim nimic. Buddha le-a menționat în mod repetat discipolilor săi să înceteze să devină, așa cum au făcut Hristos, Krishna și toți maeștrii iluminați.

Deci, este foarte important pentru noi să înțelegem de ce cunoașterea de sine a fost predată de toți maeștrii, deoarece în cunoașterea spirituală se pierde ceva în fiecare zi, unde în cunoașterea practică se adaugă ceva. Aceasta este singura cale spre eliberare și nu contează ce practică spirituală am ales, trebuie să renunțăm la ceva în fiecare zi.

Dacă păstrezi gândul Sinelui și îl urmărești cu atenție, atunci chiar și acel gând care este folosit ca focalizare în concentrare va dispărea și vei FI, adevăratul Sine. Meditația asupra Sinelui este starea noastră naturală. Numai pentru că ne este greu ne imaginăm că este o stare arbitrară și extraordinară. Suntem cu toții nenaturali. Mintea care se odihnește în Sine este condiția sa naturală, dar în loc de asta, mințile noastre se odihnesc în obiecte exterioare. După expulzarea numelui și formei (namarupa) care compun

*lumea exterioară și stăruința asupra existenței-cunoaște-
rii-fericirii (sat-chit-ananda), aveți grijă să împiedicați
reintrarea în minte a numelui și formei expulzate.*

- Sri Ramana Maharshi

Ramana Maharshi subliniază că sinele este starea noastră naturală de a fi. Când încetăm să ne identificăm cu numele și formele, atunci ne întoarcem la starea noastră naturală pe care hindușii o numesc *existență-cunoaștere-fericire (sat-chit- ananda)*. Cunoașterea de sine ne va permite să manifestăm iubirea și să trăim o viață de o ordine naturală în care nu există nici o umbră de conflict, internă sau externă, pentru că nu există dualitate: viața interioară și viața exterioară s-au contopit în unitate. Când trăim cu iubire și ne scurgem cu ritmul vieții, nu trebuie să fim dependenți de nimic; Nu este nevoie de religie, de națiune și așa mai departe. Suntem liberi. În această libertate, nu suntem afectați de suișurile și coborâșurile vieții, de mizeriile pe care omenirea le creează și de ignoranța care face ravagii în lume. Când Buddha a fost întrebat: „Care este singurul lucru care sufocă lumea?", el le-a spus discipolilor săi: „Este ignoranța". Este ignorarea realității a cine suntem. Când ignoranța este ridicată, atunci trăim în acord cu legile naturale care au fost scrise de pana iubirii și care locuiesc în inimile noastre.

Pentru oricine este serios și dorește o viață de pace în care nu există conflicte, frustrări, stres, trebuie să ajungă la acea stare de spirit care ne împlinește și ne permite să trăim in armonie cu viața. Trebuie să începem să privim, să observăm, să ascultăm toată mișcarea vieții în viața interioară și în viața exterioară. Trebuie să observăm reacțiile la oameni, în lucrurile văzute, emoțiile, sentimentele noastre – furie, gelozie, invidie – controlul pe care îl avem asupra celorlalți. În observația pură, dacă vedem că suntem furioși, atunci trebuie să rămânem cu furia fără a încerca să ne schimbăm în a deveni non-furioși pentru că orice mișcare este mișcarea gândului, care dorește să schimbe ceea ce este în ceea ce vrea să fie, menținându-ne în lumea dualității, și prin urmare, încă în iluzie. Privind cu conștiința goală, fără să răspundem sau să reacționăm la furie ea se va dizolva de la sine, pentru că nu există nimic care să o mențină. Așa cum focul moare dacă nu-l hrănești cu combustibil, tot așa gândurile, emoțiile, tendințele se vor dizolva în liniște, în conștiință. Trebuie să încercăm și făcând acest lucru, să nu risipim energia, ci să devenim energizați, alerți cu suficientă energie pentru a menține observația și când suntem în afara ei, să ne întoarcem atenția înapoi în acea conștientizare.

Krishnamurti ne arată acest lucru în următorul citat:

> *Vreau să aflu dacă mintea poate fi liniștită și poate funcționa numai atunci când este necesar. Controlul, deoarece implică conflict, este o mare risipă de energie; acest lucru este important de înțeles, deoarece simt că meditația trebuie să fie o eliberare de energie în care nu există nici cea mai mică fricțiune. Cum este o minte să facă acest lucru? Cum este să ai o asemenea energie în care orice formă de fricțiune să înceteze? Cercetând acest lucru, trebuie să ne înțelegem pe noi înșine complet, trebuie să existe o cunoaștere totală de sine – nu conform vreunui psiholog, filozof sau profesor, sau modelului stabilit de o anumită cultură – dar să te cunoști pe tine însuți până la capăt, atât la nivel conștient, cât și la niveluri mai profunde, este posibil acest lucru? Când există o înțelegere completă a sinelui, atunci există sfârșitul conflictului – și aceasta este meditația.*
>
> *- Jiddu Krishnamurti*

Krishnamurti subliniază că cunoașterea totală de sine este necesară pentru ca cineva să fie stabilit în meditație, care vine prin observație pură. Toate sunt interconectate și toate vor aduce o stare de spirit în care putem funcționa corect; unde nu există fricțiuni și conflicte, după cum afirmă el.

Aceasta este cea mai importantă practică. Prin aceasta, cunoașterea de sine va răsări asupra celor care sunt serioși în a ieși din suferință și a elimina toate capriciile eului. Înainte de a porni pe acest drum, trebuie să fim simpli, să avem răbdare și să învățăm să fim umili: acestea sunt cele trei comori pe care trebuie să le păstrăm. Fiind simpli, există mai puține dorințe de rezolvat și cu răbdare devenim mai calmi, cu o minte mai clară. Umilința ne va scădea mândria și acesta este un factor important în sărăcirea eului. Cu practică constantă și credință, vom dizolva învelișul eului care acoperă sinele și atunci numai sinele va străluci, transformând viața noastră interioară și exterioară într-o viață de pace, fericire și iubire. Când vom face aceasta, toate ființele vor beneficia. Viața atunci va avea un sens diferit și ne vom putea bucura cu adevărat de un apus de soare, sau de o plimbare, sau de un zâmbet de la un copil și așa mai departe. Fără ca eul să intervină, viața este plină de lumină și Iubire.

Ne-am uitat la conștientizare, la ce este libertatea și ce este meditația, ce este contemplarea. Am înțeles de unde vine suferința, cum percepem viața, cum funcționează inteligența. Am văzut iluziile create de noi. Am înțeles atașamentul ca fiind un element cheie în suferința noastră. Am înțeles înțelepciunea maeștrilor iluminați, care toate indică același adevăr. Ne-am uitat la minte și am văzut cum tot ceea ce experimentăm și tot ceea ce suntem este văzut și experimentat prin minte. Știm cum ar trebui să fie relațiile pentru a transforma viața în rai pe pământ. Ne-am uitat la religii și la contradicțiile pe care le produc prin faptul că nu pun în realitate învățăturile maeștrilor și ne permit doar să fim în eul care nu poate atinge niciodată realitatea. Ne-am uitat la singurătatea care ne sfâșie inima; la fericirea temporară pe care o luăm de la simțuri în loc să ne aliniem cu bucuria ființei noastre. Ne-am uitat la modul în care ne agățăm de obiectele simțurilor, de tot felul de lucruri și rezistăm la orice nu ne place. Ne-am uitat la Dumnezeu și am înțeles că suntem o parte din el, nu în afara lui, iar Dumnezeu nu poate fi văzut prin gândire, ci doar printr-o inimă și o minte care sunt pure. Toate acestea trebuie privite ca un șoim. Atunci vom ajunge să învățăm tainele vieții, ale iubirii și ale lui Dumnezeu.

Am făcut referiri la iubire, dar înainte de a putea privi mai în profunzime în ceea ce este dragostea, am putea dori să vorbim despre spirit și suflet.

CAPITOLUL 29

SPIRIT ȘI SUFLET

Spirit și suflet. Vorbim adesea despre ele, dar poate nu suntem conștienți de ceea ce vorbim sau doar repetăm ceea ce am învățat de la alții și punem puțină aromă proprie deasupra.

Sufletul este numai sinele și nu se identifică cu nimic, ci doar cu sufletul universal, dacă îl putem numi așa. În momentul în care facem sufletul personal, nu este sufletul; Este eul care încearcă să supraviețuiască prin așa-numitul suflet. Totul în acest univers este energie; Sufletul este doar o formă subtilă de energie care nu poate fi distinsă de cele cinci simțuri. Putem vorbi despre asta, dar când vorbim doar despre ea, nu ajungem să o cunoaștem, la fel cum putem vorbi despre ocean fără să-l vedem. Cuvântul suflet indică o energie pe care o putem numi inimă sau sine, pentru că toate indică aceeași energie.

Isvara, un Dumnezeu personal sau creatorul suprem al Universului, există. (Acest lucru este adevărat numai din punctul de vedere relativ pentru cei care nu au realizat adevărul ultim și care cred în realitatea sufletelor individuale.) Din punct de vedere Absolut, înțeleptul nu poate accepta nici o altă existență, alta decât Sinele impersonal, unul și fără formă. Isvara are un corp fizic, o formă și un nume, dar nu este atât de grosier ca acest corp material. Poate fi văzută în viziuni, în forma creată de devotat. Forma și numele lui Dumnezeu sunt multe și variate, schimbându-se odată cu religiile. Esența Sa este aceeași cu a noastră, Sinele real fiind unul singur și fără formă. Prin urmare, formele pe care și le asumă sunt doar creații sau aparențe.

- Sri Ramana Maharshi

Ramana Maharshi subliniază că un suflet există atâta timp cât individul nu a realizat adevărul ultim. Când realizăm adevărul despre ceea ce este sufletul, acolo există doar iubire care ne leagă de unitatea divină realizatoare. Atunci sufletul, așa cum îl numim noi, este contopit în universala unitate cu toți. Identificarea cu nimic nu este necesară, pentru că noi toți suntem unitate.

Răul este o pasiune găsită în materie și, prin urmare, nu este posibil ca un trup să se elibereze de rău. Sufletul inteligent, înțelegând aceasta, se străduiește să se elibereze de povara rea a materiei; și când este eliberată de această povară, ajunge să-L cunoască pe Dumnezeul tuturor și veghează asupra trupului ca fiind un vrăjmaș și nu cedează în fața lui. Atunci sufletul este încununat de Dumnezeu pentru că a biruit patimile răului și ale materiei.

- Sf Antonie cel Mare

Sfântul Antonie se referă la suflet ca esență. Pentru sufletul inteligent care a înțeles acest adevăr prin experiențele trăite în trup și în minte, nu mai există separare de Dumnezeu. Putem pretinde că sinele, ca suflet, este atât o entitate inteligibilă, cât și o parte a lui Dumnezeu care pare a fi separată prin iluzie și dă impresia că suntem doar un suflet sau un sine, când, în realitate, separarea există numai în starea iluzorie a minții.

> *Impuritatea sufletului constă în faptul că nu funcționează în conformitate cu natura. Din acest motiv, gândurile pasionate sunt produse în intelect. Sufletul funcționează în conformitate cu natura atunci când aspectele sale pasibile — adică puterea sa neîncetată și dorința sa — rămân lipsite de pasiune în fața provocărilor atât din partea lucrurilor, cât și din partea imaginilor conceptuale ale acestor lucruri.*

> — Sf. Maxim Mărturisitorul

Sfântul Maxim se referă la suflet ca fiind pur atunci când nu dorește lucruri sau imagini și acest lucru, este de asemenea, în conformitate cu ceea ce Ramana Maharshi numește sinele impersonal care este liber și la fel este sufletul care a înviat în Dumnezeu.

> *Fără o investigație adecvată, mulți oameni spun că sufletul bărbatului și sufletul femeii sunt diferite. Cu toate acestea, Sinele tuturor este unul singur. Acest secret subtil trebuie înțeles experimental.*

> — Sf Shri Samartha Ramdas

Sfântul Ramdas, de asemenea, înlătură orice diferențe în sufletul unei femei sau al unui bărbat și afirmă că sinele, care este sufletul, este același. Vom ști doar când vom fi realizați. După cum Dumnezeu nu poate fi descris, nici realizarea nu poate; Se poate da un indicator, dar acestea sunt limitate în descrierea infinitului.

> *Cel în care locuiesc toate ființele și care locuiește în toate ființele, care este dătătorul harului tuturor, Sufletul Suprem al universului, ființa nelimitată — eu sunt acela.*

> — Amritabindu Upanishad

Amritabindu Upanishad afirmă că sufletul suprem nu este diferit de sufletul nostru, doar ignoranța noastră vede separarea. Hristos a afirmat, de asemenea, același lucru. Când a spus: „Eu și tatăl una suntem", el s-a referit la aceeași realitate supremă a tatălui. Prin urmare, sufletul nu există prin el însuși: el există în toate ființele. Sufletul există numai în relație cu corpul și după căderea acestuia, dacă realizarea nu a fost atinsă, este nevoie de un corp subtil pentru a continua călătoria spre realizarea deplină.

Existența, conștiința și fericirea sunt cele trei dorințe (ale inimii umane). Ananda, fericirea, este mulțumirea inimii atinsă prin căile și mijloacele sugerate de Salvator, Sat-Guru. Chit, adevărata conștiință, aduce distrugerea completă a tuturor necazurilor și apariția tuturor virtuților. Sat, existența, este atinsă prin realizarea permanenței sufletului. Aceste trei calități constituie adevărata natură a omului. Toate dorințele fiind împlinite și toate mizeriile îndepărtate, realizarea Paramartha (cel mai înalt scop) este făcută.

- Swami Sri Yukteswar

Swami Sri Yukteswar subliniază că prin realizarea celor trei dorințe ale inimii umane inerente în noi toți (Sat – Adevăr, Chit – Existență, Ananda – Beatitudine) ajungem să realizăm permanența sufletului. Fără să ne dăm seama de suflet, putem avea credință în existența lui și sclipiri de lumină și înțelepciune, dar trebuie să avem o minte și o inimă curată pentru ca toate cele trei calități să se manifeste pe deplin în noi și pentru ca noi să înțelegem și să vedem ceea ce intelectul nu poate înțelege.

Cu intenția de a găsi adevărul, de a face practica noastră spirituală, de a fi stabiliți în conștiința existenței, vom ajunge, cu grația lui Dumnezeu, să realizăm sinele sau sufletul și prin spiritul suprem vom ajunge să realizăm unitatea tuturor sufletelor în unitatea lui Dumnezeu. Spiritul este conștiința sau conștiința care este esența tuturor manifestărilor, iar mintea este agentul intermediar dintre suflet și spirit. De aceea în creștinism este numit Duhul Sfânt, pentru că puritatea lui nu poate fi coruptă de nimic: este conștiință pură. Gândul poate păta mintea și inima, dar nu poate atinge esența întregii existențe, care este singura realitate a lui Dumnezeu.

Hristos îi arată Mariei că mintea este cea care o vede, este mijlocul dintre cele două. Aducem aici câteva citate din alte capitole pentru că, așa cum am menționat, învățăturile spirituale sunt multidimensionale și oferă o perspectivă în orice context.

> *Ea a început să le spună aceste cuvinte: „Am văzut pe Domnul într-o vedenie, și I-am zis: „Doamne, Te-am văzut astăzi într-o vedenie." El mi-a răspuns și mi-a zis:*
> *Ferice de tine că nu ai șovăit la vederea Mea. Căci unde este mintea, acolo este comoara.*
> *I-am zis: „Doamne, cum vedem cine vede vedenia, duhul sau suflet?*
> *Drept răspuns, Domnul a zis: „El nu vede nici prin suflet, nici prin duh, ci mintea care este între cele două, care vede vedenia și este [...]*
>
> *- Evanghelia Mariei*

Upanișadele afirmă, de asemenea, că o minte și o inimă curată pot vedea realitatea atâta timp cât au fost purificate.

> *Dincolo de atingerea simțurilor este el, dar nu dincolo de atingerea unei minți liniștite prin practica meditației profunde. Dincolo de cuvinte și fapte este El, Dar nu dincolo de atingerea unei inimi curate eliberate de stăpânirea simțurilor.*
>
> *- Upanișadele*

Adevărata vedere a îngerilor este emoția prin înțelegerea spirituală cu privire la domeniul lor. Dar este imposibil pentru noi să vedem natura forțelor spirituale fără minte. Când omul este socotit vrednic să le vadă în natura și locul lor și așa cum sunt ele în creația lor spirituală, harul îi mișcă mintea prin revelația clarviziunii duhovnicești cu privire la ele. Când sufletul a fost purificat și este vrednic să-și vadă semenii, vederea lor este percepută cu acești ochi. Ele nu sunt obiecte și nu pot fi văzute așa cum sunt, fără alterare, ci prin vedere psihică, care este adevărata contemplare. Aceasta înseamnă fără deteriorarea naturii lor prin vedere. Această vedere nu poate fi dobândită de nici un om fără a doua purificare a minții.

- Sf Isaac Sirul

Sfântul Isaac afirmă, de asemenea, că este imposibil să vedem fără minte, iar atunci când mintea este purificată prin practică spirituală și har, atunci putem vedea dimensiunile spirituale cu ochiul psihic care, prin purificare, se deschide pentru a vedea realitatea. Deci, spiritul sau conștiința pot avea conținut, dar nu sunt afectate de conținut, la fel cum spațiul nu este afectat de ceea ce trece prin el. Se poate vedea că duhul sau duhul sfânt este esența: este Dumnezeu, pentru că Dumnezeu poate lua orice formă și răspunde tuturor numelor fără nici o discriminare.

Spiritul conștient și materia inconștientă Ambele au existat încă din zorii timpului, Maya (Iluzia) părând să le conecteze, prezentând greșit bucuria ca fiind în afara noastră. Când toate acestea trei sunt văzute ca unul, Sinele își dezvăluie forma universală și servește ca instrument al voinței divine.

- Shvetashvatara Upanishad

În Upanișade putem găsi referința înțelepților că Spiritul este Conștient și când iluzia gândirii că bucuria este în lumea exterioară, atunci sinele poate servi ca instrument al voinței divine.

> *Când omul care intră astfel în lumea spirituală devine un Fiu al lui Dumnezeu, el înțelege Lumina universală – Duhul Sfânt – ca un întreg perfect, iar Sinele său ca nimic altceva decât o simplă idee care se sprijină pe un fragment din Lumina Omului. Când se jertfește Duhului Sfânt, altarul lui Dumnezeu; adică, abandonează ideea zadarnică a existenței sale separate și devine un întreg integral. Kaivalya, unificarea. Astfel, fiind una cu Duhul Sfânt universal al lui Dumnezeu Tatăl, el devine unificat cu Substanța Reală, Dumnezeu. Această unificare a Sinelui cu Substanța Eternă, Dumnezeu, se numește Kaivalya. Vezi Apocalipsa 3:21. „Celui ce va birui îi voi da să șadă cu Mine pe scaunul Meu de domnie, după cum și Eu am biruit, și am șezut cu Tatăl Meu pe scaunul Lui de domnie."*

> — Swami Sri Yukteswar

Swami Sri Yukteswar arată că Duhul Sfânt este Dumnezeu și când devenim una cu esența, Duhul Sfânt al lui Dumnezeu, sinele va apărea doar ca o idee. El dă un exemplu din Biblie în Apocalipsa 3:21 al lui Isus arătând spre această unificare. Deci, este la fel cu sufletul, care este sinele. Este folosită doar ca idee până când ne dăm seama de propria noastră divinitate și ne reunim cu Dumnezeu.

Am putea continua să vorbim despre asta, dar până când nu vom realiza și vom înțelege realitatea cu mintea, corpul și sufletul, vom continua să ne luptăm cu confuziile pe care eul le va produce. Când mintea și inima sunt pure, sufletul se va uni cu un singur Dumnezeu și își va realiza propriul Dumnezeu (*existență, conștiință, beatitudine*). Când Dumnezeu este realizat în timp ce noi suntem încă în trup, atunci ne vom schimba dintr-o ființă umană într-o ființă divină, care este realitatea inerentă în toate ființele.

Realizarea nu este un scop care trebuie atins prin devenire, trebuie doar să fie realizată, pentru că noi suntem perfecți în toate privințele. Ne-am uitat la conștientizare și am subliniat substratul și esența întregii existențe și aici ajungem să vedem că spiritul este doar un alt cuvânt pentru aceeași esență și fiecare tradiție folosește cuvinte diferite pentru a-l exprima. Când suntem stabiliți în spirit sau conștiință, toate cuvintele și conceptele nu au nici un sens. Ele sunt arse de lumina clară a înțelepciunii, unde iubirea este recunoscută ca o singură energie din care toate manifestările și nemanifestările vin și pleacă. Iubirea este singura energie care întruchipează toate calitățile bunătății și nu poate fi explicată ca fiind una sau alta. Ea poate fi trăită doar împărtășind-o cu toate ființele ca o relație de iubire cu toți. Este total inclusivă și nu poate fi niciodată stinsă de nimic, pentru că este totul. Deci, am vorbit până acum despre Iubire în parcursul acestei cărți. Acum este timpul să privim iubirea și ceea ce constituie iubirea din perspectiva maeștrilor realizați ai trecutului, prezentului și viitorului. Menționăm viitorul pentru că ei sunt dincolo de spațiu și timp.

Capitolul 30

IUBIREA

În acest cuvânt se află atât de multă energie încât întregul univers poate fi ars într-o clipă de această energie supremă pe care o numim Iubire, deși majoritatea dintre noi nu avem o înțelegere reală a realității sale. S-ar putea să fi întâlnit sclipiri din ea, dar cam atât.

Toate disciplinele spirituale fondate din timpuri imemoriale trebuie să aducă un individ în acea iubire și să manifeste acea iubire pe deplin în viața de zi cu zi. Dacă suntem neclintiți să înțelegem această energie și să o dezvăluim, suntem într-adevăr binecuvântați, pentru că veșnicia se află în ea. Cu toții folosim acest cuvânt pe scară largă în existența noastră de zi cu zi și foarte rare sunt momentele în care suntem una cu ea. Această iubire este Dumnezeu și iubirea care poate fi descrisă nu este cea reală la fel cum Dumnezeu, nu poate fi descris, ci doar realizat. Maeștrii și înțelepții din vechime au menționat cum să ajungem la această splendoare și numai mergând înăuntru nostru vom găsi comoara în propriile noastre inimi. Când o descoperim, suntem liberi. Este o libertate totală în iubire un dans cu iubirea îndrăgostit de sine, fericire totală. Cel care a atins iubirea supremă va deveni un magnet al iubirii care îi atrage pe toți spre unitate, la fel cum un magnet puternic atrage toate obiectele din metal. Hristos, Buddha, Krishna Rama și așa mai departe au fost magneți al iubirii, pentru aceia care nu au fost încă pe deplin învăluiți de rugina eului și au fost încă capabili să fie atrași de iubirea lor.

Hristos spune în Evanghelia după Toma:

Iubește-ți fratele ca pe viața ta! Protejează-l ca lumina ochilor!

- Evanghelia după Toma: 25

Hristos ne-a arătat această iubire supremă și ne-a îndemnat să o găsim în noi înșine: Nu putem ajunge la Iubirea pe care Hristos ne-a învățat-o în alt mod.

Posturile și privegherile, studiul Scripturii, renunțarea la posesiuni și la tot ce este lumesc nu sunt în ele însele perfecțiune, așa cum am spus; Ele sunt instrumentele sale. Căci perfecțiunea nu poate fi găsită în ei; este dobândită prin ele. Prin urmare, este inutil să ne lăudăm cu postul, privegherile, sărăcia și citirea Scripturii atunci când nu am dobândit dragostea lui Dumnezeu și a semenilor noștri. Oricine a dobândit iubirea Îl are pe Dumnezeu în sine și intelectul său este întotdeauna cu Dumnezeu.

- Sf Ioan Casian

Sfântul Ioan Casian subliniază, de asemenea, că toate disciplinele și practicile spirituale sunt în zadar dacă nu găsim iubire în interior și că toate practicile spirituale sunt doar instrumente ajutătoare care ne ajută să găsim această iubire.

„Dragostea domnește curtea, tabăra, dumbrava; Oamenii de jos și sfinții de sus; Pentru că dragostea este cerul și cerul este dragoste." - Sir Walter Scott
Puterea iubirii a fost frumos descrisă de poet în strofa citată

mai sus. S-a demonstrat clar în paginile precedente că „Iubirea este Dumnezeu", nu doar ca şi cel mai nobil sentiment al unui poet, ci ca un aforism al adevărului etern. Oricărui crez religios i-ar aparţine unui om şi oricare ar fi poziţia sa în societate, dacă cultivă în mod corespunzător acest principiu conductor implantat în mod natural în inima sa, el este sigur că va fi pe calea cea bună, pentru a se salva de la Rătăcitor în această creaţie a întunericului, Maya.

- Swami Sri Yukteswar

Swami Sri Yukteswar, citându-l pe poetul Sir Walter Scott, subliniază că poetul descrie ce este dragostea, nu numai ca un sentiment, ci ca un adevăr incontestabil. Această iubire are nevoie să fie descoperită în noi înşine, pentru că această iubire este mântuirea noastră, mântuitorul nostru. Hristos şi toate fiinţele sunt în acea iubire supremă. Dragostea nu se învârte în jurul micii noastre bule în care ne-am închis cu satisfacţiile şi plăcerile noastre, şi apoi în rare ocazii, ieşind din ea şi răspândim puţină dragoste, numai atunci când este convenabil. Aceasta nu este deloc dragoste adevărată; este doar iubirea eului.

El umple cosmosul, dar îl transcende. Cei care îl cunosc lasă în urmă toată separarea, durerea şi moartea. Cei care îl cunosc nu trăiesc, ci suferă.
Domnul iubirii, omniprezent, locuind în inima fiecărei creaturi vii. Toată milostivirea întoarce fiecare faţă spre sine.
El este Domnul suprem, care prin harul său ne determină să-l căutăm în inimile noastre. El este lumina care străluceşte pentru totdeauna. El este Sinele interior al tuturor, ascuns ca o mică flacără în inimă. Numai prin mintea liniştită poate fi cunoscut. Cei care îl realizează devin nemuritori.

- Shvetashvatara Upanishad

Shvetashvatara Upanishad arată spre Domnul suprem care trăiește în toate inimile și cu iubirea sa ne determină să-l căutăm în inimile noastre. El este dragostea din toate. El este în tot și este esența tuturor lucrurilor, independent de orice. Cei care nu-l găsesc în inimile lor trăiesc pentru a suferi încă, dar cei care l-au găsit lasă în urmă suferința și moartea. Înțelepții ne-au spus că comoara iubirii infinite se află în inimile noastre.

Î: Iubești lumea?

M: Când ești rănit, plângi. De ce? Pentru că te iubești pe tine însuți. Nu-ți îmbutelia dragostea limitând-o la corp, păstreaz-o deschisă. Atunci va fi iubirea pentru toți. Când toate falsele autoidentificări sunt aruncate, ceea ce rămâne este iubirea atotcuprinzătoare. Scapă de toate ideile despre tine, chiar și de ideea că ești Dumnezeu. Nici o autodefinire nu este validă.

- Nisargadatta Maharaj

Ceea ce sunteți, adevăratul vostru sine, îl iubiți și orice faceți, faceți pentru propria voastră fericire. Să o găsești, să o cunoști, să o prețuiești este nevoia ta de bază. Din timpuri imemoriale te-ai iubit pe tine însuți, dar niciodată cu înțelepciune. Folosește-ți corpul și mintea cu înțelepciune în slujba sinelui, asta este tot. Fii sincer cu tine însuți, iubește-te absolut. Nu pretinde că îi iubești pe ceilalți ca pe tine însuți. Dacă nu le-ați realizat ca fiind una cu voi înșivă, nu le puteți iubi. Nu pretinde că ești ceea ce nu ești; Nu refuza să fii ceea ce ești. Iubirea ta pentru ceilalți este rezultatul cunoașterii de sine, nu cauza ei. Fără realizarea de sine, nici o virtute nu este autentică. Acolo unde știi, dincolo de orice îndoială, că aceeași viață curge prin tot ceea ce este și tu ești acea viață, vei iubi totul în mod natural și spontan. Când realizezi profunzimea și plinătatea iubirii tale pentru tine însuți, știi că fiecare ființă vie și întregul univers sunt incluse în afecțiunea ta. Dar

*când privești ceva ca fiind separat de tine, nu-l poți iubi,
pentru că ți-e frică de el. Alienarea provoacă frică, iar frica
adâncește alienarea. Este un cerc vicios. Numai realizarea
de sine o poate rupe. Du-te pentru asta cu hotărâre.*

- Nisargadatta Maharaj

Maestrul non-dualității, Nisargadatta Maharaj, vorbește despre iubirea pentru sine, care este o iubire exprimată natural, dar atunci când este direcționată într-un mod egoist nu este iubire adevărată, ci mai degrabă coruptă de dorințele eului. Numai atunci când sinele este realizat prin intenție autentică, toate virtuțile se vor exprima în mod natural față de sine, care atunci este recunoscut în toate ființele și iubirea este apoi direcționată cu aceeași intensitate pentru toți. A vorbi despre iubire și lumină pentru toți este una, dar a le realiza în viața de zi cu zi este altceva. Iubirea pentru toți vine atunci când cineva se vede în toate.

*Arjuna, nimeni care cu
adevărat Mă iubește va fi
mereu pierdut.
Toți cei care mă iubesc și au încredere în
mine Chiar și cel mai mic dintre cele mai
joase Prostituate, cerșetori și sclavi,
Va atinge scopul final.*

- Domnul Krishna

Krishna îi spune lui Arjuna că până și cel mai de jos dintre cei de jos poate atinge realitatea supremă dacă au iubire adevărată pentru Dumnezeu. Oricine poate realiza sinele și, prin urmare, poate atinge iubirea supremă care se află în inima fiecăruia. De fapt, așa cum a afirmat Hristos, „ferice de cei blânzi, bolnavi și slabi", El arată că atunci când trecem prin necazuri sau suferințe și când suntem pierduți în iaduri create de noi, atunci suntem mai predispuși să ieșim, pentru că în acele stări de spirit dezvoltăm nemulțumire față de lume și apoi suntem îndepărtați de ea, respins de realitatea relativă, deci predispus să găsească adevărata realitate. În găsirea realului, ne deschidem către Iubire; În această deschidere, totul este în unitate.

> *Dumnezeu este Iubire; Planul său pentru creație nu poate fi înrădăcinat decât în iubire. Oare acest gând simplu, mai degrabă decât raționamentele erudite, nu oferă consolare inimii omenești? Fiecare sfânt care a pătruns în miezul Realității a mărturisit că există un plan divin universal și că acesta este frumos și plin de bucurie.*
>
> *- Swami Yogananda*

Swami Yogananda subliniază, ca mulți alții, că Dumnezeu este toată iubirea și întreaga creație, așa cum afirmă Upanișadele, a venit din plinătatea bucuriei Sale. Nu reușim să o vedem din cauza condiționărilor și iluziilor noastre. După cum a declarat Hristos: „Vă voi alege unul dintr-o mie și doi din zece mii". El se referă la cât de rari sunt cei care au cu adevărat intenția de a găsi realitatea noastră, care de fapt este iubire și bucurie. A trăi cu această bucurie și pace este binecuvântarea harului. Nu poate fi explicată, trăită doar atunci când am terminat cu lumea văzută din micul nostru eu. Când eul s-a predat sinelui și a ocupat locul desemnat pe care a fost proiectat să-l ocupe, va rămâne doar un instrument care să ne ajute să funcționăm în spațiul tridimensional.

Când atingem acea Iubire, simțim o conexiune profundă cu lumea și cu toate ființele. Nu devenim una cu ele într-un sens fizic, dar miezul ființei simte asemănarea cu o floare sau o piatră. Indiferent cu cine intrăm într-o relație, nu mai există bariere de frici și judecăți. În această relație, comunicarea este ușoară. Putem asculta o pasăre și simți bucuria unificatoare care unește observatorul cu ceea ce este observat; în aceea stare e uniunea supremă, comuniunea. În această uniune, dualitatea este inexistentă. Când am atins acea iubire, ne uităm la străinul de pe stradă și vedem ochii materni din acea persoană și cele două inimi devin una. Vom simți orice simte celălalt și compasiunea este prezentă, fără a fi nevoie să fie cultivată, pentru că orice cultivare a virtuții este iluzie.

Virtuțile sunt calități ale Iubirii. Dacă am atins Iubirea, acționăm cu ordinea care vine din inimă. Este o ordine naturală care este întreagă, completă. În momentul în care încercăm să o modelăm, o distrugem. Asta se întâmplă în lume: încercăm să reparăm lumea nevăzând că lumea este perfectă așa cum este. Trebuie să renunțăm la toate reparațiile și să rămânem cu ceea ce am fost întotdeauna: eternitatea, iubirea absolută pe care cuvintele nu o pot atinge sau descrie.

> *„Îmi vei oferi aceeași iubire necondiționată?" M-a privit cu o încredere copilărească. „Te voi iubi veșnic, Gurudeva!" „Dragostea obișnuită este egoistă, înrădăcinată întunecată în dorințe și satisfacții. Iubirea divină este necondiționată, fără limite, fără schimbare. Fluxul inimii umane a dispărut pentru totdeauna la atingerea trans fixantă a iubirii pure. El a adăugat cu umilință: „Dacă mă veți găsi vreodată căzând dintr-o stare de realizare a lui Dumnezeu, vă rog promiteți să-mi puneți capul în poala dumneavoastră și să mă ajutați să mă aduc înapoi la Preaiubitul Cosmic pe care îl venerăm amândoi."*

- Swami Yogananda

În cartea sa, Swami Yogananda descrie dragostea pe care (Maestru Iluminat) a avut pentru el și recunoaște atingerea pură și transformarea inimii pe care o poate avea cineva dacă este supus unei picături de iubire necondiționată. Această iubire necondiționată este iubirea pe care toate ființele trebuie să o înțeleagă pentru ca noi să trăim o viață de bucurie, indiferent de mediul, circumstanțele și condițiile care apar și care trebuie să le străbatem in viață. Cel care a atins acea iubire vede cuvântul cu ochi noi și atunci când relaționează cu alte ființe vorbește limbajul iubirii care este înțeles chiar și de cele mai crude creaturi.

Iubirea este miezul nostru; este natura noastră intrinsecă. Dacă ne uităm la un nou-născut, putem observa acest fapt simplu. În același timp, este atât de complex. Complexitatea apare atunci când eul nostru se dezvoltă și acoperă fluxul natural al iubirii, făcându-l egoist, însoțit de dorințe și satisfacții personale.

> *Î: Cum ajung la asta?*
>
> *M: Nu trebuie să ajungi la asta, pentru că tu ești. Va ajunge la tine, dacă îi dai o șansă. Renunță la atașamentul tău față de ireal și realul va păși rapid și lin în propriul său. Încetați să vă imaginați că sunteți sau faceți asta sau aia și realizarea că voi sunteți sursa și inima tuturor va răsări asupra voastră. Cu aceasta va veni o mare iubire care nu este alegere sau predilecție, nici atașament, ci o putere care face ca toate lucrurile să fie vrednice de iubire și demne de iubit.*

- Nisargadatta Maharaj

În cele de mai sus, Nisargadatta Maharaj ne spune să nu mai lucrăm prin eu și realitatea se va arăta la timpul său. Când vom fi pregătiți, vom cădea din pomul cunoașterii ca un fruct copt. Rare sunt momentele de iubire necondiționată. Imaginați-vă că sunteți într-o relație în care a avut loc o trădare a încrederii. Cum și care ar fi reacția eului? S-ar baza pe modul în care eul a fost condiționat și cu siguranță cele cinci otrăvuri vor ieși ca un vulcan la o astfel de experiență. Cel iluminat va vedea eroarea din celălalt și răspunsul și reacția ar fi iubire și compasiune, fără ca vreuna dintre otrăvuri să aibă vreun efect asupra acelei ființe, dar rare sunt astfel de suflete.

> *Se spune că Dumnezeu este inițiatorul și creatorul iubirii și al forței erotice. Căci El le-a exteriorizat din interiorul Său, adică le-a adus în lumea lucrurilor create. De aceea Scriptura spune că „Dumnezeu este dragoste" (1 Ioan 4:16), iar în altă parte că El este „dulceață și dorință"*

(cf. Cântarea Cântărilor 5:16. LXX), care semnifică forța erotică. Căci ceea ce este vrednic de iubire și cu adevărat dezirabil este Dumnezeu Însuși. Deoarece dorința iubitoare este revărsată din El, se spune că El Însuși, ca zămislitor al ei, este în mișcare, în timp ce, pentru că El este ceea ce este cu adevărat dorit, iubit, dorit și ales, El pune în mișcare lucrurile care se întorc spre El și care posedă puterea de a dori pe fiecare în măsura potrivită.

- Sf Maxim Mărturisitorul

În cele de mai sus, Sfântul Maxim descrie prin cuvintele din Biblie ceea ce sfinții au înțeles: că Dumnezeu este Iubire și este în mișcare. El este totul în toate, iubirea în mișcare care face viața. Toate tradițiile spirituale indică spre același Dumnezeu, spre aceeași Iubire și spre aceeași viață. Atunci de ce nu putem face lucrurile cum trebuie? De ce suntem atât de pierduți în agendele noastre personale și atât de mult în iubirea de eu și nu în iubirea de sine? Este, desigur, din cauza egoismului nostru; Pentru că funcționăm dintr-un mic centru eul, în schimb fiind una cu toți centrii și funcționând din toți centrii în unitate, punând capăt micului eu și deschizându-ne către ceea ce nu are centru, spre iubirea infinită.

Numai dragostea dintre virtuți poate conferi ne-pătimirea sufletului, căci „dragostea este împlinirea legii" (Rom. 13:10). În acest fel, omul nostru interior se reînnoiește zi de zi prin experiența iubirii și în perfecțiunea iubirii își găsește propria împlinire.

- Sf Diadoh din Fotiki

Sfântul Diadoh recunoaște că iubirea este cheia pentru a scoate la iveală omul interior care este plin de iubire, reînnoit în fiecare zi cu iubire desăvârșită și găsindu-și propria împlinire în prezența momentului în iubire. În această prezență, suntem conștienți că suntem noi în fiecare moment, acționând întotdeauna în prezent, care este singurul timp existențial, pentru că trecutul și viitorul depind întotdeauna de momentul prezent. Ele pot fi văzute în prezența momentului. Așa cum căutăm în memorie amintirea de ceva, privim cu prezența momentului realitatea și iluzia poate fi văzută doar în prezent. Când ne trezim în fiecare dimineață, asta este acum. Putem spune: „Mă trezesc mâine", dar mâine nu vine niciodată. Doar acum există fiecare moment este real in prezent.

Timpul – ca ceas – există numai în raport cu ceva, dar este relativ. Este ca sudul, vestul și toate coordonatele; se referă la Polul Nord și Polul Sud, dar pentru cineva de pe altă planetă coordonatele pot diferi în contrast cu ale noastre, în funcție de locul în care este situată planeta respectivă. Din acest mic exemplu, putem vedea că totul este relativ. Nimic în existență nu este permanent, doar sinele care nu are nevoie de referințe, este subiectul și obiectul într-una. Iubirea și iubitul sunt una. Acesta este motivul pentru care adevărata iubire necondiționată curge în unitate și nu poate fi împărțită de nimeni și nimic. Acest lucru trebuie trăit; ea nu poate fi explicată, căci gândirea, așa cum s-au exprimat maeștrii, nu poate descrie realitatea care este Iubire.

Trebuie să aflăm singuri ce înseamnă să mori; atunci nu există frică, prin urmare, fiecare zi este o nouă zi – și chiar vreau să spun asta, se poate face asta – pentru ca mintea și ochii voștri să vadă viața ca pe ceva cu totul nou. Aceasta este eternitatea. Aceasta este calitatea minții care a venit asupra acestei stări atemporale, pentru că a știut ce înseamnă să mori în fiecare zi față de tot ceea ce a adunat în timpul zilei. Cu siguranță, în asta există iubire. Iubirea este ceva cu totul nou în fiecare zi, dar plăcerea nu este, plăcerea are continuitate. Iubirea este mereu nouă și, prin urmare, este propria sa eternitate.

- Jiddu Krishnamurti

Krishnamurti vorbește despre starea atemporală în care cineva trăiește în prezent și unde este iubirea și subliniază modul în care plăcerea își are continuitatea în timp, în care iubirea este proaspătă în fiecare moment din nou.

A înțelege ceva înseamnă a găsi în el ceva care este al nostru, iar descoperirea noastră în afara noastră este ceea ce ne bucură. Această relație de înțelegere este parțială, dar relația de iubire este completă. În iubire, simțul diferenței este șters și sufletul uman își îndeplinește scopul în perfecțiune, depășind limitele sale și ajungând peste pragul infinitului. Prin urmare, iubirea este cea mai înaltă fericire pe care omul o poate atinge, pentru că numai prin ea el știe cu adevărat că este mai mult decât el însuși și că este una cu Totul. Acest principiu al unității pe care omul îl are în suflet este mereu activ, stabilind relații în lung și-n lat prin literatură, artă și știință, societate, statalitate și religie. Marii noștri revelatori sunt cei care manifestă adevăratul sens al sufletului, renunțând la sine pentru iubirea omenirii. Ei înfruntă calomnia și persecuția, privațiunile și moartea în slujba iubirii. Ei trăiesc viața sufletului, nu a sinelui, și astfel ne dovedesc adevărul ultim al umanității. Noi îi numim Mahātmās, „oamenii marelui suflet".

- Rabindranath Tagore

Rabindranath Tagore subliniază elegant că iubirea este cea mai înaltă fericire și numai prin iubire ne găsim împlinirea în viață și adevărata noastră realitate.

Purusha nu iubește, este iubirea însăși. Ea nu există, este existența însăși. Sufletul nu știe, este cunoașterea însăși. Este o greșeală să spunem că Sufletul iubește, există sau știe. Iubirea, existența și cunoașterea nu sunt calitățile Purusha, ci esența sa.

- Swami Vivekananda

Purusha este un sinonim pentru suflet, iar Swami Vivekananda subliniază, de asemenea, că sufletul este iubirea însăși, și aceasta este starea sa naturală, esența sa și cel care a descoperit acest adevăr este într-adevăr binecuvântat.

> *Nu există nici un fel de tristețe pentru cineva care nu mai vede prin simțurile sale fizice și începe să vadă totul ca pe propriul său Sine. Mai mult, această durere (a pierderii soției sale) nu indică dragostea adevărată. Iubirea pe care cineva o manifestă față de obiectele și formele exterioare nu este iubirea adevărată. Iubirea adevărată își are întotdeauna sălașul în propriul Sine.*
>
> - Sri Ramana Maharshi

Ramana Maharshi explică faptul că dragostea adevărată se găsește în suflet și, odată găsită, poate fi împărtășită prin simpla existență. Iubirea găsită în lumea exterioară prin obiecte nu este adevărata iubire, pentru că vine cu atașamente și prin simțuri.

> *Buddha este El Însuși esența iluminării. Toate manifestările parțiale ale înțelepciunii care vin în cursul sādhanā (practici spirituale) culminează în iluminarea supremă. În mod similar, cunoașterea supremă sau iubirea supremă pot fi atinse. Așa cum există o stare de supremă cunoaștere de Sine, tot așa există și o stare de perfecțiune la zenitul căii iubirii. Acolo se găsește nectarul iubirii perfecte identic cu cunoașterea supremă.*
>
> - Sri Anandamayi Mayi

Anandamayi vorbește despre Buddha ca fiind esența iluminării și că această stare se poate găsi prin practica spirituală. În același fel, calea iubirii ne va aduce iubirea supremă și cunoașterea supremă dacă ne ținem de ea.

Pur și simplu acordarea atenției unui copil este automat experimentată ca un act de iubire. Aceasta este ceea ce eu numesc iubire ne în-culturală sau neasociativă, deoarece nu are nimic de-a face cu trecutul vostru, cu rasa, religia, politica sau alte credințe pe care le aveți. Atingerea cuantică este despre a fi prezent, care este o expresie a esenței tale. Aș numi acest tip de iubire „precondiționată" și aș crede că însăși natura și esența voastră este alcătuită din țesătura iubirii. Dacă credeți că există sau nu (în opinia mea) este irelevant. Această iubire este natura esențială a ființei voastre care vine prin mâinile voastre, indiferent de starea voastră de spirit. Energia voastră fundamentală, instinctivă și de bază este cea a iubirii. Nu trebuie să lucrezi la asta – este cine ești. Așa cum o piatră nu trebuie să încerce să fie mai „pietroasă" și apa nu trebuie să încerce să fie mai umedă, nu trebuie să încercăm să avem mai multă esență a iubirii.

- Richard Gordon

În citatul de mai sus, Gordon afirmă că iubirea este starea noastră naturală și nu trebuie să lucrăm la ea pentru a deveni mai iubitori, trebuie doar să fim conștienți de esența noastră și să-i permitem să se manifeste în mod natural. Este ca și cum ai fi cu un copil. Toți oamenii din jurul copiilor încearcă să chicotească și să facă fețe amuzante pentru a-l face pe copil să râdă, fără să-și dea seama că dacă cineva se comportă natural, copilul va râde oricum și va fi vesel indiferent de fețele și zgomotele pe care le facem, este natura copilului să fie vesel.

Dumnezeu este iubire și în fiecare creatură vie El a pus această facultate a iubirii, dar mai ales în om. Prin urmare, nu este decât corect ca Iubitul care ne-a dat viață, rațiune și iubire însăși să primească tributul cuvenit de iubire. Dorința Lui este pentru tot ceea ce El a creat, și dacă această dragoste nu este folosită cum se cuvine, și dacă noi nu-L iubim cu toată inima, sufletul, mintea și puterea noastră pe Cel care ne-a înzestrat cu dragoste, atunci acea dragoste cade din starea ei înaltă și devine egoism. Astfel, apare dezastrul atât pentru noi înșine, cât și pentru alte creaturi ale lui Dumnezeu. Fiecare om egoist, destul de ciudat, devine un ucigaș de sine.

- Sadhu Sundar Singh

Sadhu Singh explică frumos că iubirea cu care Dumnezeu ne-a înzestrat trebuie să fie împărtășită cu toți. Dacă nu împărtășim, devenim cu toții egoiști și acel egoism va crea suferință pentru noi înșine și pentru alte ființe.

După cum a spus Hristos ucenicilor Săi, și le-a lăsat-o în cele din urmă, zicând: Iubiți-vă unii pe alții, cum v-am iubit Eu; căci astfel oamenii vor cunoaște că voi sunteți ucenicii Mei. Dacă oamenii ar căuta cu atâta ardoare Iubirea și Neprihănirea cum caută Opiniile, nu ar mai fi nici o ceartă pe pământ, iar noi am fi ca niște copii ai unui singur Tată și nu am avea nevoie de Lege sau Rânduială.
Căci Dumnezeu nu este slujit de nici o Lege, ci numai de Ascultare. Legile sunt pentru cei răi, care nu vor îmbrățișa Iubirea și Neprihănirea; ei sunt, și trebuie să fie, obligați și forțați de Legi.

- Jakob Boehme

Jakob Boehme afirmă că iubirea nu are nevoie de legi sau autoritate pentru că legile sunt necesare doar pentru cei răi și dacă renunțăm cu toții la toate opiniile și judecățile – care sunt eul – vom găsi iubirea și nu va exista nici o ceartă pe pământ, pentru că iubirea vine cu propria sa ordine interioară care este inerentă în noi. Așa cum este și neprihănirea, sunt în conștiința noastră.

„Dragostea [nu spune niciodată] că deține ceva, [deși] deține [totul]. Dragostea nu spune: „Aceasta este a mea" sau „Aceasta este a mea", ci mai degrabă, „[Tot ce este al meu] este al tău.

- Evanghelia lui Filip

Filip scrie că dragostea nu are dorința de a deține ceva, pentru că este intrinsecă în tot ceea ce este Dumnezeu și nu are egoism pentru tot ceea ce deține, ci dă în același timp. Iubirea este ca viața, ca Dumnezeu și ca noi.

Deci, am putea cita multe ființe de lumină despre ceea ce este iubirea, dar dacă nu realizăm Iubirea în propriile noastre vieți, atunci nu vom putea depăși suferința și mizeria, pentru că ele ne vor ține legați în iluzie și în lumea simțurilor, a judecăților și concepțiilor greșite despre realitate și adevărul etern. Este esențial să ne dăm seama ce este acolo care ne unește, care ne face să acționăm. Ceea ce pune laolaltă energiile esențiale pentru ca o floare să înflorească, pentru ca un copil să crească, pentru ca noi să ajungem la lună, pentru ca lumina să strălucească în întuneric și așa mai departe. Trebuie să aflăm singuri, pentru că dacă luăm răspunsul de la altul, nu-l putem înțelege pe deplin. Pentru a înțelege realitatea, ea trebuie să fie dezvăluită de fiecare dintre noi, pentru că, așa cum am văzut de-a lungul învățăturilor care au fost expuse în această carte, toate indică în interior. Nu în interior ca încapsulat, ci acel interior care înseamnă miezul, esența a tot ceea ce este Dumnezeu. Toți maeștrii au arătat aceeași Iubire, același Dumnezeu, aceeași putere inteligibilă în acțiune.

Este umanitatea la acel nivel de conștiință în care fiecare dintre noi se întreabă dacă există un alt mod de a trăi, unul în care nu există diviziune și conflict; unde nu există nici o autoritate care să ne spună ce să facem sau cum să iubim și unde putem acționa cu aceeași autoritate care este deja intrinsecă în fiecare dintre noi. Iubirea este natura noastră. Când am descoperit-o, trăim într-o stare de echilibru a minții în care dualitatea există numai la nivelul fizic al existenței, dar la nivel psihologic, în psihicul nostru, nu există deloc dualitate. Nu avem nevoie de adepți. Avem nevoie de ființe iluminate pentru a schimba lumea și am uitat cine suntem. Trebuie să ne trezim la realitatea noastră și atunci lumea se va schimba. În această deșteptare, nimic nu trebuie schimbat: lumea este perfectă așa cum este. Perfecțiunea nu vine printr-o stare perfectă a unei imagini a societății; ea vine doar prin revoluția interioară a Iubirii – o explozie a minții în spațiu în care mintea este totul și totul este minte fără nici o excludere; Totul este incluziv. În cele din urmă, ne întoarcem de unde a început totul, dar *cum*, este o altă întrebare la care trebuie să răspundem.

Maeștrii au afirmat că atunci când Dumnezeu își retrage manifestarea în repaus, fiecare ființă se va odihni cu starea de spirit pe care o posedă în momentul retragerii și când manifestarea începe din nou, începe jocul și toate sufletele se vor alătura din nou jocului vieții până când vor descoperi că iubirea este viață și viața este iubire. Deci, această piesă continuă la infinit. Nu are sfârșit, nu are început. Este o inteligență perfectă care operează. Este dragoste în mișcare și dragoste în odihnă, așa cum a declarat Hristos:

> *Dacă vă spun: De unde ați venit? Spune-le: Noi am venit din lumină, locul unde lumina a luat ființă de la sine. Ea [s-a stabilit] și s-a revelat după chipul lor. Dacă îți spun: Cine ești? spune: Noi suntem fiii Săi și suntem aleșii Tatălui celui viu. Dacă vă întreabă: Care este semnul Tatălui vostru în voi? Spune-le: Este mișcare și odihnă.*

>   - Evanghelia lui Toma: 50

Suntem, de asemenea, un microcosmos al unui macrocosmos, pentru că El ne-a făcut după chipul Său. Când ne unim cu absolutul, devenim adevărați creatori, modelând iubirea în mulțime de forme, exprimând bucuria în jocul vieții. Venim din Iubire și în Iubire ne întoarcem, nu există nici o umbră de îndoială. Iubirea este cheia pentru a deschide inima omului. Toate ființele au această dragoste; Fie ca voi toți să vă deschideți inima la aceasta iubire supremă. Binecuvânta-ți să fiți cu toți.

Fie ca Domnul Iubirii să ne conducă de la ireal la real.
Fie ca Domnul iubirii să ne conducă de la întuneric la
lumină.
Fie ca Domnul Iubirii să ne conducă de la moarte la
nemurire.
Fie ca toate ființele să fie pline de bucurie.
Fie ca toate ființele să-l găsească pe Domnul Iubirii.

- Upanișade

Capitolul 31

CONCLUZIE

Toate luptele și suferințele noastre sunt provocate de noi, pentru că în căutarea fericirii durabile trecem prin multe necazuri. Deci, în această căutare ar trebui să începem cu trei lucruri simple: simplitatea de a avea doar ceea ce avem nevoie; răbdare, în așteptarea oportunităților care ni se oferă, fără să ne grăbim, pentru că creăm haos în grabă; smerenia de a fi mai jos ca marea unde ajung toate râurile. Marea, coborându-se, devine imensă. Dacă avem intenția de a pune capăt suferinței, trebuie să începem cu aceste trei virtuți și să le scoatem la suprafață din ființa noastră, și făcând acest lucru, iubirea ne va arăta calea mai departe. La momentul potrivit, un maestru va sosi și ne va ghida mai departe.

Pe măsură ce realitatea este revelată, va exista mai multă iubire de împărtășit cu lumea și suferința se va diminua, apoi se va ajunge încet la o pace interioară care nu poate fi exprimată sau indusă de gândire. O pace interioară care se va manifesta și în exterior și alte ființe vor fi atrase de această pace. Cu această pace vine iubirea, o iubire care îi include chiar și pe cei care ne-au rănit cel mai mult, pentru că ei sunt cei mai mari învățători ai noștri. Dumnezeu lucrează prin toți pentru a deschide inimile noastre iubirii Sale.

Fără să trecem prin suferință nu am pune la îndoială viața, pentru că atunci când suntem fericiți în bula creată de noi înșine unde nimic nu deranjează bula, atunci nu ne întrebăm prea multe. În această stare, stagnăm spiritual, pierzând de fapt timp, și așa cum a afirmat Buddha, această viață umană este rară, ar trebui să profităm la maximum de ea.

Suntem ceea ce gândim, devenim ceea ce proiectăm și făcând asta suntem prinși în tot felul de iluzii. Unii sunt predispuși și încă trebuie să treacă prin anumite experiențe, iar unii tocmai s-au săturat și sunt gata să curețe mintea de propria lor condiționare. Dacă suntem pregătiți, atunci efortul depus pentru a ne face viața fericită în aspectul material trebuie să fie transmutată și în aspectul spiritual. În societatea de astăzi, avem multe divorțuri, deoarece toată lumea se concentrează doar pe fericirea materială, unde trece cu vederea aspectul spiritual. Până când nu vom ajunge la un echilibru, așa cum a menționat Buddha, vom trăi întotdeauna în diviziune unul cu celălalt, iar eul – care nu este al meu sau al tău, ci este universal – va avea ultimul zâmbet și cuvânt.

De îndată ce ne lovim de luptă și suferință, tindem să fugim, fără să ne dăm seama că după colț o altă formă de suferință a propriei noastre creații va veni și ne va confrunta până când vom fi pregătiți să o înfruntăm. Nu există unde să te ascunzi de eul care este întotdeauna cu un pas înainte. Când ne dăm seama că nu putem alerga și că suferința este creată de propria noastră incapacitate de a percepe cu mintea limpede, trebuie să ne oprim din alergat și să învățăm să rămânem cu ceea ce este, cu momentul prezent. În această răbdare, se poate întâmpla un miracol și suferința și lupta se vor risipi. Pe măsură ce descoperim singuri, natura minții – adevărata meditație – începând de a rămâne cu ceea ce este și a o urmării, în acea observare există conștientizare. Pe măsură ce suntem stabiliți în ea, magia se va întâmpla și eul se va preda.

Toți maeștrii ne-au spus că eul – care este doar o entitate imaginară creată de minte – este de fapt inexistent: unde este iubirea, eul nu este. În această conștientizare, rugina eului este curățată și se instalează sentimentul de unitate. Orice practică spirituală am alege, ne va ajuta să ajungem la această realizare. Cu cât rugina este îndepărtată mai mult, cu atât mai multă iubire poate curge la fel de natural cum râurile curg spre mare sau sângele curge prin venele noastre.

Citind orice carte spirituală, ajungem încetul la acea stare de spirit în care toată lectura se termină, toate practicile sunt redundante, toți profesorii se pot pensiona. Noi realizăm unitatea cu toți; Suntem cu toții existență și iubire. Așadar, dragii mei frați și dragele mele surori, oricine este pregătit să meargă pe calea dragostei și a neprihănirii o poate face dacă are intenția. Toate ființele sunt deschise să urmeze calea. Nu este făcută doar pentru puțini, ci este deschisă tuturor, așa cum au subliniat marii noștri maeștri. Mergând pe cale dreaptă, vom experimenta o deschidere a inimii, și făcând astfel, ușa împărăției va fi deschisă numai de iubirea pe care am descoperit-o în drumul nostru, atunci, aici și acum este raiul, este Dumnezeu, este Iubirea, este pacea și fericirea supremă.

Trebuie doar să ne adunăm curajul și credința pentru a merge spre ea. Drumul nu este ușor; Este la fel de îngust ca marginea unui lame de ras. Aceasta este, în cele din urmă, calea pe care o vor lua toate ființele, pentru că este înrădăcinată în dorința noastră fundamentală de a găsi fericirea veșnică și poate fi găsită numai în inimile noastre.

Iubirea este Viață și Viața este Iubire.

DESPRE AUTOR

Autorii citați în această carte sunt adevărații maeștri iluminați și înțelepciunea lor ne-a fost împărtășită prin această carte. Scriitorul este doar instrumentul care a fost ales să adune și să prezinte aceste adevăruri.

Scriitorul este doar o persoană normală ca oricare dintre voi, cititorii. Mi-am început viața actuală într-un oraș numit Arad din vestul României și am fost crescut într-o familie iubitoare din o clasă de mijloc, cu valori creștine. Nu am mai scris nimic până acum, în afară de eseuri la școală; Cu siguranță nimic de acest fel. Am fost, de asemenea, un scriitor mai puțin decât mediocru. În mintea mea s-au ridicat mici întrebări cu privire la ce este Dumnezeu, sensul vieții, care tradiție susține cel mai înalt adevăr și așa mai departe.

Căutarea adevărului a început după ce am venit în Australia ca refugiat politic în 1988, împreună cu cei doi frați ai mei. Înainte de a ajunge în Australia, am făcut multe proiecții despre libertatea democratică și despre cum ar trebui să fie viața în Occident, precum și ce sentimente de fericire ar aduce acest lucru. De acasă, am adus emoții și sentimente care credeam că vor dispărea odată ce am ajuns în Australia, dar în ciuda faptului că acum eram liber și fericit să fiu în Australia, mi-am dat seama că această fericire este temporară, chit că libertatea în aspectul fizic al vieții s-a realizat, în comparație cu libertatea dintr-o societate comunistă, dar sentimentele, emoțiile și poverile vieții nu au dispărut așa cum speram.

Realizările materiale din Australia nu mi-au oferit bucuria pe care o căutam și în puțin peste cinci ani de la sosire am știut că orice lucru material poate oferi numai satisfacție, dar nu poate oferi adevărata fericire. Am putut observa acest lucru în mine și în ceilalți. Am putut vedea suferința din mine și din ceilalți. Am trăit în ignoranță despre cine eram și despre cine suntem cu toții, dar pentru că am trecut prin multe încercări și obstacole în viața mea interioară și exterioară, asta m-a făcut să mă întreb din ce în ce mai mult despre sensul vieți.

Căutarea fericiri a început, dar în același timp eram încă atras de dorințe în a avea și am fost atras într-un iad al propriei mele creații la nivel interior și la nivel exterior, de asemenea, cu timpul, am fost din ce în ce mai atras să știu care tradiție spirituală deține adevărul: Hristos, Buddha și așa mai departe. Mi-a luat ani de zile să-mi decondiționez încet, cu multă muncă, mintea și, datorită marilor maeștri, de fiecare dată când citeam oricare dintre învățăturile lor, ceva a din mine se rupea, ceea ce a lăsat o deschidere a minții și a inimii. Buddha m-a ajutat să înțeleg învățăturile lui Hristos și Hristos m-a făcut să înțeleg învățăturile lui Buddha și așa mai departe. Am citit o mulțime de cărți și am asimilat și înțeles o mulțime de învățături. Îmi dau seama că în lume, toată lumea este maestrul meu și există loc pentru a învăța de la toate ființele. Cunoașterea spirituală pe care o înțelegem se găsește descoperind-o în ființa noastră, nu adăugând-o dintr-o sursă exterioară. Toate învățăturile marilor noștri maeștri s-au scufundat încet, una câte una, și de fiecare dată când le-am citit, ceva din mine s-a deșteptat. Am fost ghidat să scriu această carte după ani de zile în care am trecut prin purificarea minții și a inimii.

Dacă mă întrebi cine sunt eu, astăzi răspunsul meu este: Eu sunt tu într-o formă diferită. Nu putem fugi de nimic din lume. Trebuie să trecem prin viață pentru a o înțelege în fiecare experiență a prezentului. Dumnezeu, Adevărul, Iubirea nu pot fi cunoscute de intelect, ci de o minte goală și de o inimă plină de iubire. Am făcut multe răutăți în viață, am făcut multe greșeli și făcând acest lucru, m-am rănit pe mine și pe alții, dar prin harul Domnului am fost atras înapoi în direcția corectă și ajutat să-mi găsesc echilibrul, realizând că păcatul este creat de noi și poate fi șters numai de noi cu harul iubirii. Această învățare sună foarte simplu, dar, în același timp, este foarte complexă. Sper ca cititorii acestei cărți să renunțe la unele condiționări și să privească cu o minte mai ușoară la ei înșiși, și la lume, după ce au înțeles Iubirea pe care o subliniază maeștrii. Învățăturile împărtășite ar trebui citite și contemplate, apoi citite din nou după o perioadă de timp. În acest fel, veți observa că de fiecare dată când citiți, ceva este rupt din voi și vă veți simțiți mai ușurați.

Nu sunt nimic special. Sunt doar un om normal, ca majoritatea dintre noi, pe calea dezvăluirii adevăratei noastre realități. Aș schimba dacă aș avea puterea să fac ceva în viața mea diferit? Răspunsul este nu; este perfect așa cum este, acum că știu secretul de a nu interfera cu fluxul vieții. Este ca și cum cineva încearcă să facă pipi împotriva vântului; Putem ghici rezultatul. De asemenea, mergând împotriva curentului vieții, creăm numai răutate. Scurgând-ne cu viața, putem găsi pace, iubire și bucurie în funcție de cât de mult suntem dispuși să ne predăm Domnului Iubirii. Pe scurt, eu sunt voi într-o formă diferită, cu o agendă diferită, dar totuși voi, pentru că noi toți suntem una cu tatăl în unitate.

Dorința mea este ca într-o zi să ne deșteptăm cu toții, să scuturăm ignoranța și să începem să ne iubim unii pe alții așa cum maeștrii iluminați au iubit lumea. Această dorință va fi îndeplinită fără nici o îndoială pentru ca este înerentă în noi toții. Pacea și Iubirea lui Dumnezeu să vă călăuzească fiecare pas în viață.

Dragostea este singura Cale, este Eternă, este Esența Întregii Existențe.